국화와 칼

The Chrysanthemum and the Sword:
Patterns of Japanese Culture
by Ruth Benedict
1946

일본 문화의 패턴

루스 베네딕트 지음 | 이종인 옮김

국화와 칼

The Chrysanthemum and the Sword

연암서가

옮긴이 이종인

고려대학교 영어영문학과를 졸업하고 한국 브리태니커 편집국장과 성균관대학교 전문번역가 양성과정 겸임교수를 역임했다. 주로 인문사회과학 분야의 교양서를 번역했고 최근에는 E. M. 포스터, 존 파울즈, 폴 오스터, 제임스 존스 등 현대 영미 작가들의 소설을 번역하고 있다.

번역서로는 『1984』, 『그리스인 조르바』, 『숨결이 바람될 때』, 『촘스키, 사상의 향연』, 『폴 오스터의 뉴욕 통신』, 『프로이트와 모세』, 『문화의 패턴』, 『폰더 씨의 위대한 하루』, 『호모 루덴스』, 『중세의 가을』, 『군주론·만드라골라·카스트루초 카스트라카니의 생애』, 『로마사론』 등이 있고, 저서로는 『번역은 글쓰기다』, 『번역은 내 운명』(공저)과 『지하철 헌화가』, 『살면서 마주한 고전』이 있다.

국화와 칼

2019년 9월 10일 초판 1쇄 인쇄
2019년 9월 17일 초판 1쇄 발행

지은이 | 루스 베네딕트
옮긴이 | 이종인
펴낸이 | 권오상
펴낸곳 | 연암서가

등록 | 2007년 10월 8일(제396-2007-00107호)
주소 | 경기도 고양시 일산서구 호수로 896, 402-1101
전화 | 031-907-3010
팩스 | 031-912-3012
이메일 | yeonamseoga@naver.com

ISBN 979-11-6087-052-7 03300
값 15,000원

옮긴이의 말

루스 베네딕트의 『국화와 칼』은 1946년 11월에 처음 출간된 이래 미국 워싱턴의 관리들에 의하여 열독되었다. 그뿐만 아니라 당시 일본 점령군 최고사령관 더글러스 **맥아더** 휘하의 미군 장교들은 자신들의 당면 과제를 다룬 책이므로 열심히 읽고서 크게 감명을 받았다. 그리하여 1946년 12월, 맥아더 사령부는 루스 베네딕트에게 일본을 한번 둘러보고 여러 가지 조언을 해달라며 그녀를 초청했다. 그녀도 방문하고 싶어 했으나 건강 문제와 다른 프로젝트 때문에 결국 성사되지 못했다. 또한 워싱턴 육군성의 연구자문단 단장은 루스에게 편지를 보내어 『국화와 칼』을 관심을 가지고 읽었으며, 현재 미국이 당면하고 있는 문제들에 대하여 깊은 통찰력을 얻게 되었다고 말했다. 단장은 그녀를 직접 만나 국가 안보라는 장기적 관점에서 문화의 패턴을 적용하는 문제에 대하여 고견을 듣고 싶다는 뜻도 표시했다.

한 일본인 2세 여인은 베네딕트에게 편지를 보내 이렇게 말했다. "이 책을 읽고 나서 내 머릿속의 안개가 싹 걷히는 기분이었어요. 나는 평생 동안 일본식 생활 방식에 맞서 싸워 왔는데 선생님의 설명을 읽고서 무엇이 문제였는지 온전하게 이해하게 되었어요. 왜 미국에 건너온 일본인 2세로서 이처럼 일상생활에서 고통스러운 혼란을 겪었고, 또 미국 생활의 적응이 그토록 어려웠는지 이제 이유를 알게 되었어요. 내가 일본에서 배웠던 몇몇 오래된 생활 방식은 서구의 생활 방식과는 절충이 될 수 없는 것이었어요. 그걸 절충하려고 하면 할수록 결과는 혼란뿐이었어요." 이 일본인 2세의 사례와 유사한 구체적 사례가 『국화와 칼』에서는 세 건(마키노, 미스 미시마, 스기모토 부인) 다루어져 있는데 독자는 그 부분을 읽으면 이 여인이 왜 이렇게 감동받았는지 수긍이 갈 것이다.

『국화와 칼』이 출판된 지 오랜 시간이 흘러갔지만, 1946년 이후 미국에서 출판된 일본 연구서는 모두 이 책의 주석서에 불과하다는 말을 들을 정도로 높이 평가되고 있다. 인류학 책이라지만 본격적인 학술서라기보다는 루스 베네딕트가 제2차 세계대전 종전 이후에 미국 국민들에게 일본 문화를 좀 더 자세히 알리기 위해 집필한 일반 교양서에 더 가깝다. 저자는 일본 문화를 서술하면서도 구체적 사례와 이론을 동시에 전개하기 때문에, 인류학 이론을 전혀 모르는 사람도 별 부담 없이 읽어내려 갈 수 있다.

『국화와 칼』은 미국에서 당시의 현실적 필요에 의해 출간 즉시 베스트셀러가 되었고, 그 후에도 꾸준히 팔리는 책이 되었다. 일본에서는 미국보다 훨씬 폭발적인 인기를 얻어서 일본어 번역판이 1996년까지 260만 부가 팔렸다. 마거릿 미드는 『루스 베네딕트: 인류학의 휴머니스트』(1974)라는 책에서 『국화와 칼』이 1974년 한 해에만 일본에서 12만 5,000부가 팔렸다고 적고 있다. 그 후에도 일본에서는 꾸준히 팔려나가 2019년 현재 500만 부 이상이 팔렸을 것으로 추정된다. 우리나라에서도 이 책의 인기는 아주 높아서 일본 문화를 알려고 하는 사람들의 필독서가 되었다. 이 글은 저자의 생애, 여권운동, 저작의 배경, 번역하게 된 경위 등으로 진행된다.

저자의 생애

———

루스 베네딕트는 1887년 6월 5일 프레더릭 풀턴의 맏딸로 태어났다. 바로 밑에는 한 살 터울의 여동생 마저리가 있었다. 아버지는 뉴욕에서 장래가 촉망되는 젊고 똑똑한 외과 의사였으나, 1888년 진단명 미상의 질병에 걸렸고 루스가 두 살, 여동생 마저리가 한 살이던 1889년 3월에 사망했다. 이 때문에 루스는 외조부모가 살았던 뉴욕 주 북부의 셰넌고 계곡의 새턱 농장에서 성장했다. 독립적 성격이었던 어머니 베아트리스 풀턴은 인근 노리치 마을, 미주리 주 세인트 조지프, 미네소타 주 오와타나 등에서 교편을 잡았다. 그러나 과부 혼자 벌어서 하는 가정생활이라 경제적 궁핍은 어쩔 수 없었다.

루스는 1905년 어머니가 졸업한 뉴욕시의 배서 대학 영문학과에 입학하여 1909년에 졸업했고 그 후 1년간 친구들과 유럽 여행을 했다. 여행에서 돌아와서는 로스앤젤레스와 패서디나 등지의 여학교에서 교편을 잡았다. 이 무렵 동생 마저리는 졸업과 동시에 프린스턴 신학대학원 출신의 젊고 진보적인 목사와 결혼하여 행복하게 살고 있었다. 1913년 8월, 루스는 배서 대학 동창생의 오빠인 스탠리 베네딕트를 만나 사랑에 빠졌고 이듬해 여름에 결혼했다. 루스보다 세 살 위인 스탠리는 당시 뉴욕시의 코넬 의과대학에서 생화학자로 근무하였다.

1915년에 유럽에서는 제1차 세계대전이 한참 벌어지고 있었으나 이 무렵 루스는 심한 내면의 동요로 고생을 하고 있었다. 여동생 마저리가 아이들을 낳고 행복하게 사는 모습에 감명을 받은 루스는 자신도 아이를 낳기를 원했으나 생각대로 되지 않았다. 대학 다닐 때도 그렇고 졸업 후에도 글을 꾸준히 썼던 루스는 1917년 여권운동가의 전기인 "메리 울스턴크래프트"를 집필했으나 출판을 하지는 못했다. 1911년부터 21년까지

교직 생활과 사회봉사를 하면서 살았으나 루스는 자신의 정체성과 인생의 목적에 대하여 많은 의문을 느끼며 번뇌했다. 1919년 루스의 생애에 결정적 전환점이 찾아왔다. 이 무렵 그녀는 뉴스쿨 대학에 입학하여 2년 동안 강의를 듣게 되었다. 이 무렵 루스는 문화인류학을 공부하면 자신의 여러 질문에 대한 답변을 얻을 수 있겠다는 어렴풋한 희망을 품게 되었다. 그리하여 1921년 뉴욕의 컬럼비아 대학의 대학원 문화인류학과에 입학했다. 지도 교수는 프란츠 보아스(Franz Boas, 1858~1942)였다. 루스는 당시 34세였고 보아스는 63세였다.

그녀는 스승 보아스가 여자를 지도 학생으로 받아주었을 뿐만 아니라 남자들과 어깨를 나란히 할 수 있는 장래의 동등한 동료로 대접해 주는 것을 보고서 존경하게 되었다. 당시 보아스는 20년 가까이 미국 인류학 분야를 이끌어 온 핵심적 학자였다. 유대계 독일인인 그는 베를린 대학에서 인류학 교수로 재직하면서 1886년 밴쿠버 섬의 인디언을 현지 탐사하고서 돌아가는 길에 뉴욕에 들렀다가 눌러앉았고 그 후 컬럼비아 대학의 인류학과 창설 교수가 되어 종신 재직했다(1899~1942). 그의 얼굴에는 칼자국이 있었는데 대학생 시절 유대인을 비하하는 동료 대학생과 결투를 하다가 얻은 상처였다. 그는 1848년 독일 혁명을 존중하여 평생 관용을 중시하는 자유주의 정신, 사상의 자유, 만민의 평등한 권리, 개인의 자유를 존중했다. 그의 학문적 태도는 기존의 권위자들에게 고분고분 승복하지 않고 여론에 휘둘리는 것도 아닌, 오로지 '더 높은 진리'를 추구하는 것이었다. 그는 자신이 옳다고 생각하는 것을 굳세고 밀고 나갔고 그것이 가져올 결과에 대해서는 두려워하지 않았다.

루스 베네딕트는 대학 근처의 원룸에서 살면서 면학에 집중했고 주말이면 집으로 돌아가 남편과 함께 보냈지만 이 무렵 부부의 의사소통은 점점 어려워지고 있었다. 1923년 보아스의 지도 아래 「북미의 수호신 개념」

이라는 논문으로 박사 학위를 받았다. 대학원에 입학하여 3학기 만에 박사학위를 취득한 것으로, 자유주의적인 보아스의 파격적 후원이 없었더라면 불가능한 일이었다. 박사 학위를 받고 1년 동안 강의 조교를 할 즈음, 보아스가 출강하던 바너드 대학에 빈자리가 났다. 보아스는 그 동안 자신이 맡아 온 이 강좌에 계속 출강할 수 없다면서 대학 당국에 전임강사를 쓸 것을 권고했다. 베네딕트는 그 자리에 자신이 가기를 간절히 바랐다. 남편으로부터 독립하려면 무엇보다도 유급 강사직이 절실히 필요했다. 그러나 보아스는 루스의 대학원 동기생인 글래디스 레이처드를 그 자리로 보냈다. 글래디스는 당시 30세에다 미혼이었는데, 보아스는 결혼한데다 남편의 지원을 받을 수 있는 루스보다 그녀가 더 전임 자리를 필요로 한다고 생각했던 것이다. 루스는 1923년 1월 23일자 일기에다 이렇게 적었다. "요 몇 년 사이에 최악의 두통에 시달린다. 바너드에 가고 싶어 했으나 가지 못한 후유증이다." 이후 컬럼비아 대학 인류학과의 조교수로 임명되는 1931년 6월까지 8년 동안 루스는 강사로서 불안정한 생활을 이어가야 했다. 남편과는 아주 서먹한 사이이고, 교수 임용은 언제 될지 알 수 없는 막연한 루스. 그녀에게는 뭔가 위안이 될 만한 것이 절실하게 필요했다.

이 무렵(1926년경) 루스는 마거릿 미드보다 두 살 아래인 21세의 나탈리 레이먼드라는 여성과 사귀게 된다. 역시 루스와 사귄 적이 있는 마거릿 미드는 나중에 루스의 일기를 출간할 때 나탈리 부분은 삭제했다. 또한 베네딕트는 나탈리 레이먼드와 헤어진 후에는 배서 대학 동문인 네 살 아래의 밸런타인과도 사귀었다. 마거릿 미드가 편집한 『루스 베네딕트: 인류학의 휴머니스트』에서는 이 여자 파트너에 대하여 이렇게 적고 있다. "루스 베네딕트는 전쟁공보청의 보직을 받아들이고 1943년 중반 위싱턴으로 이사했다. 거기서 그녀는 캘리포니아에서 사귄 친구 중 하나인 임상 심리학자 루스 밸런타인과 함께 살았다."

루스는 인류학을 전공하기 전에 여러 편의 시를 앤 싱글턴이라는 가명으로 발표했다. 그리하여 1928년 자신의 시들을 하코트 브레이스 출판사의 시 편집 담당자이며 유명한 문학 평론가인 루이스 언터마이어에게 보냈으나 출판을 거부당했다. 언터마이어는 출판할 수 있을 만한 수준의 시들이지만, 모더니즘 계열의 난해한 시들은 상업성이 너무 없어서 출판사가 출간을 꺼린다는 이유를 알려왔다. 이후 루스는 시인이 되겠다는 꿈을 접고 인류학 연구에 몰두했다. 1931년 루스가 남편의 집에서 나와 별거 생활을 시작하자 스승 보아스는 컬럼비아 대학의 정년 보장 없는 조교수 자리를 마련해 주었다. 이때 연봉은 3,600달러였고 대학원 심화 과정에 출강해서 받는 1,000달러까지 포함하여 수입은 총 4,600달러였다. 이제 루스는 재정적으로 남편에게서 독립하여 오로지 연구에 전념할 수 있게 되었다.

그녀는 1934년에 『문화의 패턴』, 1935년에 『주니족 신화』 같은 뛰어난 저작을 연이어 발표했다. 1936년 보아스는 컬럼비아 대학 인류학과의 학과장직에서 은퇴했다. 1936년 봄 당시 대학원장인 하워드 리 맥베인이 루스를 학과장으로 지명할 계획이었으나 맥베인 대학원장이 같은 해 5월 7일 심장마비로 사망하면서 랠프 린턴이 학과장으로 부임해 왔다. 루스는 자신과 학문적 경향이 비슷한 린턴보다는 다른 사람을 학과장으로 밀었는데, 이 사실을 부임 후 알게 된 린턴은 루스를 용서하지 않았다. 보아스는 명예교수로 남아 1942년 사망할 때까지 한 주에 한두 번 학교에 나오기는 했지만 인류학과는 곧 크게 모습을 바꾸었고 그 과정에서 학과장 린턴은 개인적 앙심을 품고 루스의 연구 생활에 애를 먹였다. 1936년 별거 중이던 남편 스탠리 베네딕트가 사망하여 그의 재산을 상속하게 되자, 재정적으로 상당히 유복하게 되었다. 그녀는 이 늘어난 재산으로 제자들의 현지탐사를 지원했다. 그녀도 대학원생 시절에 교수들의 지원을 받아 현지답사를 나갔던 것이다. 1939년 블랙풋족을 상대로 현장 실습을 다녀왔고 『인종: 과학과 정치』(1940)를 발표했다.

1940년대 초반부터는 전쟁공보청에서 근무하면서 유럽과 아시아 문화에 관한 논문을 쓰는 일을 맡았다. 연구 분야가 유럽에서 일본으로 바뀌면서 새로운 도전에 나서게 되었다. 유럽 문화 연구는 미국 내에서 잘 알려진 분야였으나 극동은 미지의 세계였다. 루스는 워싱턴에 오기 전에 컬럼비아 대학에서 중국 문화와 관련된 작업을 하면서 중국 시골 지방의 의견 합치 과정에 대한 논문을 한 편 썼고, 또 전쟁공보청에 와서는 태국 문명에 관한 글을 쓰기도 했다. 그러나 일본은 전혀 아는 바가 없어서 많은 연구 노력을 기울여야 되었다. 이때의 연구 결과가 「일본인의 행동 패턴」이라는 논문이었다.

1945년 여름 루스는 군 당국으로부터 독일로 가서 점령 문제를 연구해 달라는 요청을 받았으나 신체검사를 통과하지 못했다. 원인은 극심한 두통과 갑작스럽고 원인모를 현기증이었다. 이때 이미 심장마비의 징후가 가볍게 드러났으나 당시는 전시였고 눈치 챌 겨를이 없었다. 이렇게 되자 1945~46년 학기 동안 캘리포니아로 가서 『국화와 칼』(1946)을 집필했다. 1946년 학과장 랠프 린턴은 예일 대학 인류학과의 스털링 석좌교수로 자리를 옮겼다. 하지만 대학 당국은 루스에게 학과장직을 주지 않았고 게다가 그녀는 아직도 부교수였기에 제자들에게 연구비를 얻어 줄 영향력이 없었다. 그러나 1948년 그녀는 마침내 컬럼비아 대학의 정교수로 임명되었다.

1948년 5월 루스는 체코슬로바키아의 포데브라디에서 열리는 유네스코 세미나에 참가해 달라는 초청을 받았다. 여기에는 신체검사 같은 것이 없었다. 유네스코 세미나는 대성공이었고 루스의 유럽 문화 연구가 옳았음을 확인했다며 기뻐했다. 그녀는 유럽에서 귀국한 지 닷새 뒤인 1948년 9월 17일 사망했다.

여권운동과 루스 베네딕트
———

루스는 대학 시절 지도 교수들의 가르침으로 여권운동에 눈을 떴고, 여성도 선거권을 가져야 한다고 주장하는 여권운동에 커다란 관심을 보였다. 대학을 졸업하고 학교 교사를 하던 시절에도 자신의 삶을 어떻게 살아가야 하는지 늘 고민이 많았다. 이렇게 된 데는 여동생 마저리와의 어릴 적부터 애증관계가 큰 배경으로 작용했다. 루스는 여동생에 비하여 불리한 점이 너무 많았다. 여동생은 타고난 "인생을 즐기는 사람"이었다. 인생의 모든 상황이 아주 자연스럽게 여동생의 손에서 잘 통제가 되었고, 무슨 일을 하든지 잘 한다는 소리를 들었다. 어릴 적에 마저리는 신경질이 심한 루스와는 다르게 유순하고 명랑한 아이라서 어른들의 사랑을 받았고, 나중에 커서 대학에 가서는 여학생 단체의 구성원으로서 타고난 지도자 기질을 발휘했다. 그리고 대학교 4학년 때에는 프린스턴 신학교 박사과정에 다니던 현지 목사 로버트 프리맨을 만나 자연스럽게 사랑에 빠졌고, 대학을 졸업함과 동시에 이 목사와 결혼하여 자녀들을 낳고서 아주 행복한 삶을 살았다. 마저리가 이처럼 삶을 즐기는 반면, 루스는 시대와 자신의 자아에 대하여 전혀 조화를 이루지 못했고, 이것이 두 자매 사이에서 긴장을 일으키는 원인이었다. 여동생 마저리는 나중에 마거릿 미드에게 보낸 편지에서 이런 회고를 했다. "나는 자연스럽게 모든 일에 행복을 느꼈고 그래서 본능적으로 삶을 사랑했다. 나는 언니의 사고방식의 깊은 심연을 도무지 파악할 수가 없고, 언니가 묻는 말에 내가 평소 하듯이 '뭐, 다 잘 될 거야'라고 말하면 언니는 그것을 참지 못하고 짜증을 냈다."

이처럼 우울증이 심한 루스는 학교 교사를 하면서 자신의 삶에 보람을 느끼지 못하던 중에 생화학자 베네딕트를 만나서 비로소 인생의 의미를 찾았다고 생각했다. 그러나 결혼 후 1년 동안에 두 사람은 너무나 성격이 다르다는 것을 발견했다. 남편은 활동적이었으나 루스는 명상적이었다. 남편의 취미는 여름 휴가철이면 뉴햄프셔의 위니페소키 호수에 가서 모터보트를 타는 것이었다. 그러나 루스는 시끄러운 모터보트를 싫어했고 오히려 조용한 카누를 더 좋아했는데 남편 스탠리는 카누를 따분하게 여겼다. 기질적으로 루스는 문제가 있으면 그것을 끝장 토론하고 분석하는 것을 좋아했으나, 남편은 아무 말도 하지 않으면서 언쟁은 되도록 피하려 했다. 루스는 스웨덴 페미니스트 엘렌 케이의 영향을 받아서 부부는 동지적 파트너 관계라고 생각했는데, 남편은 아내가 집에 그대로 머물면서 내조만 잘해 주기를 바랐다.

여기서 엘렌 케이의 영향은 특히 중요하다. 루스는 1911년과 1912년 무렵에 미국에 소개되기 시작한 엘렌 케이의 책을 읽고서 큰 감명을 받았다. 케이는 **니체**의 사상을 페미니즘의 관점으로 재해석한 여성운동가였다. 니체는 서구의 도덕이 노예의 도덕으로서, 허약한 기독교가 내세운 자기변명의 도덕이라고 맹렬히 공격한 사상가였다. 케이는 이런 니체의 사상에 동의하면서 여성과 남성을 구분하는 쓰레기 같은 기존의 사고방식을 말끔히 청산해야 한다고 가르쳤다. 니체는 인간이 범인에서 초인으로 건너가는 다리 위에 오를 수 있는 것은 부모와 교육의 역할이 아주 중요하다고 가르쳤는데, 엘렌 케이는 이런 사상에 적극 동조했다. 특히 교육을 통하여 기존의 여성관을 완전 개혁한다고 가르쳤다.

이런 여성운동가의 사상에 영향을 받아 루스는 부부는 평등해야 한다고 생각했다. 베네딕트 부부에 대해서는 이런 이야기도 전해진다. 루스와 남편이 장기 게임을 하기로 했다. 그러자 루스는 장기 게임에 관한 책들을 모두 구입해서 읽고 연구하면서 게임에서 남편 못지않은 막강한 플레이어가 되기를 바랐다. 이처럼 부부의 동등성을 확신한 만큼 그녀는 인생에서 뭔가 자신만의 할 일이 있어야 한다고 생각했다. 부부가 이처럼 결혼생활에 대해서 생각이 달랐으니 그 관계는 점차 금이 갈 수밖에 없었다. 이에 대한 돌파구로 루스는 글쓰기에 매달렸다. 이때 쓴 글이 과거의 여권운동가 메리 울스턴크래프트(Mary Wollstonecraft, 1759~97)의 전기였다. 또 시를 썼으나 출판을 하지는 못했다. 이처럼 글쓰기가 본격적인 궤도에 오르지 못하자, 남편은 글쓰기를 게으른 아내의 한가한 취미 정도로 여겼다.

루스는 또 다른 돌파구로 아이를 갖기를 원했다. 여동생 마저리가 두 아이를 키우면서 너무나 행복해하는 모습에 자극을 받았던 것이다. 그러나 루스는 위험한 수술을 하지 않으면 아이를 가질 수 없는 것으로 판명되었고, 남편은 그 수술을 허락하지 않았다. 이 무렵 루스는 대학의 교양 강좌에 자주 나가서 1918년 가을과 1919년 봄에는 컬럼비아 대학에서 존 듀이가 강연한 "승리하는 민주주의"를 듣고서 교육이 아주 중요하다는 것을 깨달았다. 그러나 글쓰기도 출산도 여의치 않자 루스는 다시 학교로 돌아가 연구하는 쪽으로 방향을 돌렸다. 이때 남편 스탠리는 '당신은 뭐든지 끈기 있게 제대로 하는 게 하나도 없고, 그 학교 공부도 그러다가 말 것'이라는 다소 냉소적인 태도를 보였다.

루스는 컬럼비아 대학 박사과정에 들어가면서 남편과는 가능한 한 부딪치지 않는 생활을 하려고 애썼다. 이 무렵 자신의 성 정체성을 다시 돌아보는 계기를 맞이했는데 이때 만난 파트너가 바로 마거릿 미드(Margaret Mead, 1901~78)였다. 미드의 룸메이트가 자살하는 사건이 발생하여 베네딕트가 친절하게 위로해 준 것이 계기가 되어 두 사람은 친해지게 되었다. 1923년 미드가 대학을 졸업하면서 두 사람은 연인 관계로 발전했다.

1925년 미드가 사모아 섬으로 현지 탐사를 나가게 되자 베네딕트는 속으로 굉장히 가슴 아파했다. 미드 이외에도 미드보다 두 살 아래인 21세의 나탈리 레이몬드라는 여성과 사귀었고, 남편과 별거하게 된 1931년부터 루스는 자신의 성 정체성을 확신하고 더 이상 남자와는 데이트하지 않았다. 1938년 나탈리와 헤어졌고, 그 후 52세 때이던 1939년 4세 연하의 루스 밸런타인을 만나서 사망할 때까지 파트너 관계를 유지했다. 캘리포니아 주 패서디나 출신의 밸런타인은 루스의 생애 말년에 뉴욕과 워싱턴을 따라 다닌 친밀한 파트너였다. 그러나 1948년 여름, 루스와 밸런타인의 관계는 긴장 상태였고, 두 사람이 모두 알고 있는 친구의 남편이 암으로 사망하면서 뉴욕에 있던 밸런타인은 그 친구를 돕기 위해 캘리포니아로 갔다. 밸런타인이 과부가 된 여자 친구와 루스 사이에서 '어느 한 사람을 선택해야 하는 문제가 있었던 게 아닌가' 하는 추측도 있었으나 밸런타인은 결국 뉴욕으로 돌아와 베네딕트가 사망할 때도 그 곁을 지켰다.

루스는 『국화와 칼』 12장 "어린아이는 배운다"에서 일본 아이의 성장 과정을 아주 자세히 다루고 있다. 일부 독자들은 '아이의 성장 과정을 왜 이렇게 장황하게 다루고 있을까' 하고 의문을 표시할 수도 있겠지만, 실은 이 아이의 성장과 교육이 그녀로서는 아주 중요한 문제였다. 자신의 어린 시절 여동생 마저리와의 관계, 자아의 발달, 성 정체성의 문제, 우울증의 문제 등이 모두 교육이 잘못된 것에서 온 것이라고 보았기 때문이다. 따라서 『국화와 칼』 12장은 루스의 이런 배경을 잘 알지 못하면, 정말로 지루한 글이 될 수 있으나, 이 배경을 다 알고 읽으면, 그녀의 사상이 정립된 원천이 어디인지를 정확하게 알 수 있다.

저작의 배경

루스 베네딕트가 인류학에 입문하게 된 동기는 늘 그 자신에 대하여 '나는 어떤 사람인가?'라는 의문을 품었기 때문이다. 그리하여 이 의문을 풀기 위하여 인류학 예비 과정에 다녔고, 이어서 컬럼비아 대학원 인류학과 박사과정에 입학했다. 문화인류학은 간단히 말해서 인간을 연구하는 학문이며, 학자들에 따라서는 인간학이라고 말하기도 한다. 이 학문의 연구 목적은 대체로 보아 인류의 역사를 복원하고, 문화의 원리를 발견하고, 인종편견을 소멸시키고, 원시 부족을 개화시키고, 문명 민족 내의 야만적 풍습을 제거하고, 같은 나라 안에 사는 여러 민족 혹은 집단을 동화시키는 것이다. 이와 관련하여 가장 핵심적인 연구는 인간의 행동을 관찰하는 것이다. 이 학문은 외딴 섬의 원시 부족이나 사막 근처의 미개 부족이나 정글속에 유리되어 있는 부족을 주로 연구한다. 이렇게 연구하는 것은 가장 단순한 형태의 인간 행동을 연구하기가 비교적 수월하기 때문이다.

그런데 여기서 우리는 왜 루스 베네딕트가 '인간의 행동에 대하여 그처럼 관심이 많았을까' 하는 의문을 갖게 된다. 그것은 그녀의 글에서 나타나는 자기 지칭성(베네딕트 자신의 문제를 문화의 분석에 원용하는 것)에서 찾아볼 수 있다. 마거릿 미드가 편집한 『작업 중인 인류학자: 루스 베네딕트』(1959)에는 루스 자신이 작성하여 미드에게 건넸다는 「내 어린 시절의 이야기」라는 글이 들어 있다. 이 글을 읽어보면 두 살 무렵에 아버지가 돌아가신 것이 루스에게는 결정적 사건이 되었다. 젊은 나이에 과부가 된 어머니는 신경질적으로 아버지의 얼굴을 기억하라고 채근했다. 루스 자신은 이것을 자신의 '**프라이멀 신**(primal scene)'이라고 규정하고 있다. 또 루스는 아주 어릴 적에 열병을 앓아 한쪽 귀의 청력을 잃었는데, 그 사실을 알게 된 것은 초등학교 들어갈 무렵이었다. 두 살 밑의 여동생 마저리와는 다르게, 루스는 발작 비슷한 심한 신경질(연구자에 따라서는 간질이라고 하기도 하고 어릴 적의 경기라고도 하기도 한다)을 부렸으며, 이것 때문에 어머니의 미움을 받아서 어머니와는 사이가 좋지 않았다. 이처럼 루스와 여동생 사이에서는 자연적으로 형제간 경쟁(sibling rivalry)이 벌어졌다. 어린 시절 루스는 자기가 사는 곳은 두 가지 세계로 이루어져 있는데, 그 하나는 아버지의 세계로서 즉 죽음의 세상으로 그녀가 속한 진정한 세계이고, 다른 하나는 혼돈과 슬픔의 세계로서 곧 어머니의 세계인데 루스는 후자의 세상을 거부했다.

이러한 성장 환경을 살펴보면 루스가 자신을 향해 "나는 누구인가?", "나는 왜 이런 성격의 소유자인가?", "나는 왜 인생에 많은 두려움을 느끼는가?", "나는 왜 현대 미국 사회에서 소외감을 느끼는가?", "내가 할 수 있는 가장 가치 있는 일은 무엇인가?" 등의 질문을 던지는 것은 전혀 이상한 일이 아니고 오히려 자연스러운 것이다. 이러한 질문은 루스 베네딕트 자신의 성 정체성과도 맞닿아 있는 질문이기도 하다.(→ **동성애**)

이런 개인적 배경으로 인류학에 입문한 루스는 '문화는 인성의 확대(personality writ large)'라는 말을 사용하여 심리적 접근을 강조하게 되었다. 문화의 일탈과 관련하여 편집증, 과대망상 같은 정신분석 용어를 사용하여 정신분석적 접근도 시도한다. 루스는 이런 심리와 인성을 깊이 파악하기 위하여 신화, 상징, 스토리텔링, 문화의 패턴, 문화와 개인의 관계 등도 깊이 파고들었다. 특히 그녀가 1934년에 펴낸 『문화의 패턴』은 이런 인성 위주의 연구가 집대성된 것이다. 이 책은 아메리카 대륙 북부에 거주하는 콰키우틀족, 남부에 거주하는 주니족, 그리고 멜라네시아에 사는 도부족 등 세 부족의 문화 패턴을 추적한 명저이다. 이 세 부족의 사례를 읽어보면 인간의 대인 관계가 도부-콰키우틀-주니족의 순으로 진화해 왔겠구나 하는 느낌을 갖게 된다. 문화 인류학에서는 사유 재산을 섹스와 거의 같은 수준의 본능으로 간주하는데, 이 사유 재산을 두고 벌어지는 인간관계가 도부는 적대적, 콰키우틀은 거래적, 주니는 협동적 관계를 보여 주기 때문이다.

이처럼 인류학 연구를 진행하는 과정에서 루스는 기존의 서구 문명과 유대-기독교 문명의 프레임과는 뚜렷하게 다른 세상이 있다는 것을 알게 되었다. 이에 대하여 루스는 『국화와 칼』 1장에서 이런 말을 하고 있다. "인류학자는 이런 평범한 것에 대한 연구의 기술을 계속 발전시켜 왔다. 왜냐하면 그의 연구 대상인 원시 부족의 생활 속에서 평범한 것들이 그의 본국의 생활 속에서 발견되는 평범한 것들과 너무나 다르기 때문이다." 여기서 말하는 평범한 것은, 그 문화 속에서 당연한 것을 가리키는데, 기독교권의 당연한 문화 요소들이 원래부터 그렇게 당연한 것이 아니었음을 지적하는 것이다. 이렇게 하여 루스는 기독교 문명 속에서 적응하지 못하는 사람(가령 루스 자신)이 원천적으로 문제가 있는 것이 아니라, 문화의 작용과 압력으로 그렇게 되는 것임을 확실히 깨닫게 되었다. 그것은 하나의 해방이었다. 루스는 마침내 자신의 우울한 성격을 혁파할 수 있는 하나의 수단을 문화인류학에서 발견하게 되었다. 이에 따라 이 학문에 대한 애정과 열의는 더욱 깊어졌다.

문화의 인성 연구로 명성이 높아지게 된 루스는 1943년 전쟁 지원차 전쟁공보청에 문화 연구원으로 들어가 일본 연구를 담당하여 1944년 6월, 「일본인의 행동 패턴」이라는 보고서를 작성해 제출했다. 그리고 독일과의 전쟁이 끝난 직후인 1945년 여름, 루스는 독일로 건너가 독일인의 인성을 연구할 계획이었는데 군 당국의 신체검사를 통과하지 못해 그 일이 좌절되었다. 마침 미국이 일본에 승리를 거두자, 맥아더 사령부는 5년간 일본을 점령하면서 일본의 민주화 과정을 지원, 감독하게 되어 일본인에 대한 이해가 절실히 필요한 시점이었다. 독일행이 좌절되어 실망한 루스는 심기일

전하여 이런 시대적 요청에 부응하여 전시 휴가를 1946년까지 연장하여 캘리포니아 주 패서디나로 가서 『국화와 칼』의 집필을 준비했는데, 실제로 집필에 들어간 것은 1945년 9월부터였다. 기존에 작성해 놓은 「일본인의 행동 패턴」과 관련 자료들을 참조하며 집중적으로 집필하여 약 3개월 만에 탈고했다. 원고는 당초 11개의 장(章)으로 구성되어 있었고 가제는 "우리와 일본인(We and the Japanese)"이었으나, 출판사와의 협의 과정에서 책 제목이 『국화와 칼(The Chrysanthemum and the Sword: Patterns of Japanese Culture)』로 결정되면서, 국화와 칼을 설명하는 두 장(현재 발간된 책의 1장과 12장)을 새로 써 넣었다.

이 번역본에 대하여

시중에는 『국화의 칼』 번역본이 10여 종 나와 있다. 최초로 출판된 것은 1974년에 문고판으로 나왔는데 뒷부분의 세 장을 생략한 불완전한 책이었다. 그러다가 이 책이 국내 독자들에게 높은 인기를 얻자 완역본이 나왔고, 그 후 여러 출판사들에서 책을 내어 번역본이 많아지게 되었다. 이런 상황에서 열한 번째 번역본이 또 나온다니, 독자들께서 뜨악하게 생각할 것을 우려하여 이 책을 펴내게 된 이유에 대해서 간단한 설명을 덧붙이고자 한다.

첫째, 이 책은 고전은 세대가 바뀔수록 새롭게 번역되어야 한다는 연암서가의 출판 철학의 일환으로 출판되었다. 1974년이면 지금으로부터 근 50년 전의 일인데, 그때 이후 언어의 습관도 많이 바뀌었고 무엇보다도 한문보다는 한글을 더 중시하는 신세대에 맞추어 문장의 스타일도 쉽고 빨리 이해할 수 있는 구어체 문장으로 바꾸어야 한다는 판단이 섰다.

둘째, 기존의 번역본들은 루스 베네딕트가 지적하거나 열거한 인물이나 사건에 대하여 아무런 해설이 없다. 가령 **만주사변**이라고 하면 오늘날 그 사건을 알고 있는 젊은 독자는 별로 없다. 또 라프카디오 **헌**이라는 외국인의 이름이 나오면 그 사람이 일본에서 무슨 일을 한 사람인지 궁금해지는데 거기에 대해서도 별로 설명이 없다. 이 책은 그런 점에 착안하여 텍스트 읽기에 도움이 되는 주요 용어와 인명을 상세히 풀이하여 책 뒤에 첨부했다.(주요 용어와 인명은 본문에서는 눈에 잘 띄게 고딕으로 표기함)

셋째, 기존의 번역본들은 저자가 논지를 전개하면서 중요한 근거로 활용한 표현이나 사상에 대하여 아무런 해설이 없다. 가령 루스는 11장에서 니체를 언급하고 있는데, 여기서 니체가 왜 나오는지 그 전거는 무엇인지 베네딕트의 전반적 논지와는 어떻게 관련되는지 등을 밝히지 않고 있다. 또 베네딕트가 11장에서 인용한 불교의 **화두**는 어떤 선사가 말한 것인지 루스의 논지와는 어떻게 연결되는지, 그 내용상의 전거를 밝히지 않고 있다. 화두는 베네딕트가 일본인이 수치 문화를 극복하는 중요한 근거로 제시하는데 이에 대한 상세한 설명이 기존의 번역본에는 없는 것이다.

넷째, 루스는 니체와 **프로이트**의 사상에서 영향을 받았는데 기존의 번역본은 이에 대하여 아무런 설명이 없으므로 이것을 해설에서 상세히 밝혔다. 12장에서 루스는 '정신 경제'라는 용어를 네 번이나 사용하고 있는데, 비록 본문에서 프로이트를 언급한 건 딱 한 번뿐이지만, 그녀는 프로이트 사상의 영향을 많이 받았다. 루스는 1930년대 후반부터 정신분석학자 카렌 호나이(Karen Horney)와 교류하면서 이 사상에 대한 이해가 더욱 깊어졌는데, 그 영향이 『국화와 칼』에서도 은연중에 드러나고 있다. 특히 프로이트 사상이 루스의 성 정체성이나 자기 지칭성과 어떻게 관련이 되는지도 함께 살펴보았다.

다섯째, 일본은 지리적으로 우리나라와 아주 가까운 나라다. 그러나 한국인은 일본이라고 하면 냉정한 분석을 하기보다는 감정에 휘둘리며 충동적인 대응을 할 때가 많다. 그런 대응을 가능한 한 피하고 냉정하면서

도 합리적인 대응을 하는 데 이 책이 어떤 도움이 될 수 있는지 등을 설명했다.(→ 작품 해설)

이 번역본은 이상과 같은 점들을 감안하여, 기존 번역본에서는 찾아볼 수 없는 용어·인명 풀이를 책 뒤에 넣었고, "작품 해설"에서 위에서 말한 여러 가지 사항들을 설명하였으며, 저자 연보를 덧붙여 독자들이 『국화와 칼』을 종합적으로 이해할 수 있도록 했다.

마지막으로 원서에는 장별로 소제목이 들어 있지 않은데 옮긴이가 독자의 가독성을 높이기 위해 적당한 분량마다 거기에 해당하는 소제목을 달았다. 각 장을 읽기 전에 이 소제목을 미리 읽어두면 해당 내용의 윤곽을 빨리 파악할 수 있으리라 생각한다. 끝으로 이 번역을 위하여 루스 베네딕트 전기와 저작, 불교 관계 자료, 니체와 프로이트 관련 자료, 일본 문학 자료 등을 마음껏 구입하여 번역에 참조할 수 있도록 지원해 준 연암서가에 감사의 말씀을 드린다.

2019년 7월
이종인

감사의 말

과거에 일본에서 태어나 교육을 받았으나 전쟁 중에는 미국에서 살았던 일본인 남녀들은 아주 어려운 입장에 있었다. 그들은 많은 미국인들로부터 불신을 받았다. 그러므로 내가 이 책에 들어갈 자료를 수집하는 동안에 그들이 내게 베풀어 준 도움과 친절을 증언하는 것은 나로서는 아주 큰 즐거움이다. 나는 그런 일본인들에게 특별한 고마움을 표시하고 싶다. 특히 전쟁 중에 나의 동료였던 로버트 하시마(Robert Hashima)에게 감사의 말을 전하고 싶다. 그는 미국에서 태어나 일본에서 성장했으나 1941년에 미국에 돌아오는 것을 선택했다. 그는 **일본인 임시수용소**에 들어가 있었는데 그가 미국의 여러 전쟁 기관들과 협력하기 위해 워싱턴을 방문했을 때 나는 그를 만나게 되었다.

나는 전쟁공보청에 대해서도 감사의 말씀을 드린다. 나에게 일본을 연구하라고 과제를 내준 것이 이 기관이었고 그 연구 보고서 덕분에 나는 이 책을 쓸 수 있었다. 특히 극동문제연구소의 부소장인 조지 E. 테일러 교수와, 외국전의(外國戰意) 조사과의 책임자이며 미 해군 예비군 군의대(MC-USNR)의 사령관 알렉산더 H. 레이턴에게 감사 말씀을 드린다.

이 책을 전부 혹은 일부를 읽고서 조언해 준 다음과 같은 분들에게도 감사드린다. 레이턴 사령관, 클라이드 클럭혼 교수, 네이던 레이테스 박사, 이 세 분은 모두 전쟁공보청에서 함께 근무했으며 내가 그 기관에서 일본에 대한 연구 작업을 수행하던 중에 여러 모로 도움을 주었다. 그 외에 콘래드 아렌스버그 교수, 마거릿 미드 박사, 그레고리 베이트슨, E. H. 노먼 박사 등에게도 감사의 말씀을 드린다. 이 모든 분들이 나에게 조언을 해주고 또 도움을 주었다.

루스 베네딕트

1장

연구 과제: 일본

The Chrysanthemum and the Sword

일본은 미국이 지금껏 치른 전면전 중에서 가장 낯선 적이었다. 주요 적
국들 중에서 이처럼 엄청나게 다른 행동과 생각의 습관을 가진 적을 상대
해 본 적이 없었다. 우리보다 앞서 1905년에 일본을 상대로 싸웠던 제정
러시아와 마찬가지로, 우리는 완전 무장하고 잘 훈련된 나라를 상대로 교
전했다. 그러나 일본은 서양의 문화적 전통에 전혀 소속되지 않은 나라였
다. 서구의 국가들이 인간성의 자명한 발로라고 받아들인 전쟁의 관습은
일본인들에게는 없는 것이나 마찬가지였다. 이 때문에 태평양 전쟁은 넓
은 바다에 흩어져 있는 섬들을 공격하는 일련의 상륙 작전 이상을 의미했
고, 또 군수 물자의 조달이라는 까다로운 문제 이상의 의미를 갖고 있었
다. 그 이상의 것, 좀 더 구체적으로 말해 일본의 문화는 그들을 상대하는
데 아주 중요한 문제로 떠올랐다. 우리는 이 문제를 제대로 다루기 위해
그들의 행동을 반드시 이해해야 되었다.

일본인의 모순적 성격

일본인을 제대로 이해하기는 상당히 어렵다. 일본이 쇄국 정책을 철폐하

고 75년이 흘러가는 동안에, 일본인들은 이 세상의 그 어떤 국민들보다 더 빈번하게 '그러나 또한(but also)'이라는 수식어로 묘사되어 왔다. 여기에 어떤 진지한 관찰자가 있다고 해보자. 그는 일본 이외의 다른 국민들에 대하여 글을 쓸 때에, 그들이 아주 공손하다고 말한 다음에, "그러나 또한 오만하고 무례하다"라고 덧붙이지는 않을 것이다. 그 국민들의 행동이 남들과 비교가 안 될 정도로 경직되어 있다고 말하다가, "그러나 또한 그들은 극단적인 이노베이션에도 잘 적응한다"고 덧붙이지는 않는다. 어떤 민족이 순종적이라고 말하다가, 그러나 또한 그들은 상부의 통제에 저항한다고 말하지 않는다. 또 어떤 국민이 아주 용감하다고 말하다가, 아주 비겁하다고 장황하게 진술하지 않는다. 그들이 남의 의견을 의식하면서 행동한다고 말하다가, 아주 흉악한 속셈을 갖고 있다고 말하지 않는다. 그들의 군대 내의 로봇 같은 엄정한 군기를 묘사하다가, 거의 항명이라고 할 정도로 반항적이라고 말하지는 않는다. 서구의 학문을 열정적으로 배운다고 말하다가, 아주 지독한 보수주의자라고 말하지는 않는다. 배우와 예술가들을 높이 숭상하고 국화의 재배에 온갖 기술과 정성을 쏟으면서 대중적 아름다움의 컬트(숭배)를 가진 나라라고 글을 쓰다가, 칼의 컬트와 무사의 높은 명예를 칭송하는 내용도 추가로 집어넣지는 않을 것이다.

그러나 이러한 모순은 일본을 다룬 책들의 씨줄이요 날줄이다. 그런 모순은 모두 진실이다. 국화와 칼은 일본 문화라는 그림의 한 부분이다. 일본인들은 가장 높은 수준의 대조적인 모습을 보이면서, 공격적인가 하면 비공격적이고, 군국주의적인가 하면 미학적이고, 오만한가 하면 공손하고, 경직되어 있는가 하면 적응을 잘하고, 순종적인가 하면 강제 지시에 분개하고, 충성스러운가 하면 배신을 잘하고, 용감한가 하면 비겁하고, 보수적인가 하면 새로운 방식을 잘 받아들인다. 일본인은 지나칠 정도로 자신의 행동에 대해서 남들이 어떻게 생각할 것인지 신경 쓴다. 그러면서 그들의 실수에 대하여 남들이 모르면 죄책감에 시달린다. 일본 군인들은 철저한 군기로 무장되어 있으나 동시에 반항적이다.

미국이 일본을 이해하는 것이 중요해지자, 이런 모순적인 사항들과 그 밖에 그에 못지않은 대조적 사항들에 대하여, 우리는 우리와 관계없는 일이라며 간단히 내칠 수가 없게 되었다. 우리는 연속적으로 위기를 대면하게 되었다. 일본인은 어떻게 나오려는 것일까? 일본 본토를 침공하지 않고서도 항복을 받아내는 것이 가능할까? 우리는 천황의 황궁을 폭파해야 하나? 우리는 일본인 전쟁포로에게서 무엇을 기대할 수 있을까? 일본 군인들과 일본 본토를 대상으로 하는 선전에서, 미국인 병사들의 목숨을 살리고 일본의 결사 항전 의지를 꺾으려면 무슨 말을 해야 할까?

일본을 잘 아는 미국인들 사이에서는 격렬한 의견 불일치가 발생했다. 전쟁이 끝나고 평화가 찾아올 때, 일본인들을 단속하여 치안을 유지하려면 항구적인 계엄령이 필요할까? 우리 미군은 일본의 산간 오지에서 최후의 한 사람까지 싸우려는 지독한 결사 항전주의자들을 상대해야 할까? 국제 평화를 달성하려면 일본 내에다 프랑스 혁명이나 러시아 혁명급의 혁명을 일으켜야 할까? 그런 혁명은 누가 지도할 것인가? 혁명의 대안은 일본인들의 완전 파멸인가? 이러한 문제에 대한 우리의 판단이 어떤 것이냐에 따라 사태는 크게 달라질 수 있었다.

1944년 6월, 나는 일본 연구를 맡게 되었다. 문화인류학자로서 내가 사용할 수 있는 모든 기술을 동원하여 일본인은 어떤 사람인지 연구하라는 요청을 받았다. 그해 초여름, 일본을 상대로 하는 미국의 대대적인 공격은 엄청난 규모로 전개되었다. 미국 시민들은 대 일본 전쟁이 앞으로 3년은 갈 것이고, 길게 끌면 10년 혹은 그 이상 갈지도 모른다고 말들을 했다. 일본 본국의 사람들은 100년은 갈 것이라고 말했다. 일본인들은 미군이 국지적인 승리를 거두었을 뿐, 일본 본토는 뉴기니와 솔로몬 제도에서 수천 마일 떨어져 있다고 말했다. 그들의 공식 성명서는 해전에서의 패배를 거의 인정하지 않았고 일본인들은 여전히 그들이 승자라고 생각했다.

그러나 1944년 6월 들어 상황은 바뀌기 시작했다. 유럽에 제2의 전선(영미 연합군이 프랑스의 노르망디에 상륙하여 독일을 상대로 동부 전선을 구축한 것을 말하며, 그 이전에 유럽에서는 독일과 러시아의 서부 전선만 있었다.-옮긴이)이 구축되었고 미군 최고사령부가 2년 반 동안 유럽 전쟁 구역을 우선순위로 삼아 심혈을 기울인 효과가 나오고 있었다. 독일을 상대로 하는 전쟁이 곧 끝날 것 같았다. 그리고 태평양 전역에서 미군은 사이판 섬에 상륙했는데, 그것은 궁극적으로 일본의 패망을 예고해 주는 훌륭한 군사 작전이었다. 그때부터 미군은 일본군을 아주 가까운 거리에서 상대하게 되었다. 그리고 우리가 잘 알고 있는 바와 같이, 뉴기니, 과달카날, 미얀마, 애투, 타라와, 비아크 등의 전투에서 미군은 가공할 만한 적국과 상대하게 되었다.

이에 따라 1944년 6월에 들어와서, 우리의 적인 일본에 대하여 많은 질문을 하게 되었고 그에 대한 답변이 중요해졌다. 문제가 군사적인 것이든 혹은 외교적인 것이든, 그 문제가 고위 정책과 관련된 것이든 혹은 적 후방에 뿌릴 전단에 관한 것이든, 적에 관한 모든 정보가 아주 중요하게 되었다. 일본과의 전면전에서 우리는 도쿄 실권자들의 목적과 동기, 일본의 오랜 역사, 경제적, 군사적 통계 수치 등을 잘 알아야 하는 것은 물론이고, 일본 정부가 일본 국민들에게 어떤 기대를 걸고 있는지도 파악해야 되었다. 우리는 일본인의 사고방식과 정서의 습관을 알아야 했고, 그런 습관들이 어떤 일정한 패턴을 형성하는지도 알아야 했다. 또 그런 행동과 의견 뒤에 어떤 제재가 작용하는지도 알아야 했다. 미국인의 행동을 제약하는 전제 조건들은 잠시 제쳐두고서, 이런저런 상황에서 미국인이 행동하는 방식대로 일본인들도 행동할 것이라는 손쉬운 결론으로부터 가능한 한 거리를 두면서 객관적 시각을 확보하려고 노력해야 되었다.

연구 과제는 일본인의 행동 양식

내가 맡은 연구 과제는 어려운 것이었다. 미국과 일본은 전쟁 중이었고 그런 상황에서는 상대방을 객관적으로 바라보기보다는 무조건 비난부터 퍼붓기가 훨씬 쉬웠다. 그런 상황이었으므로 적이 인생을 대하는 방식을 적의 눈으로 바라보려 한다는 것은 아주 어려운 일이었다. 하지만 그일은 반드시 해내야 했다. 문제는 일본인은 어떻게 행동하는가이지, 미국인이 그들의 처지에 있다면 어떻게 행동할 것인가는 아니었다. 나는 전쟁중에 일본인이 보여 준 행동을 일본 이해의 밑천으로 삼으려 했지, 부채라고 보지는 않았다. 나는 그들이 전쟁을 수행하는 태도를 객관적으로 보려고 했으며, 단 한 순간이라도 그런 태도를 군사적 관점에서 보지 않고, 오로지 문화적 관점에서 살펴보았다.

평화 중이든 전쟁 중이든 일본인은 독특한 방식으로 행동했다. 그들은 전쟁을 수행하는 태도에서 어떤 생활 방식과 사고방식의 특별한 표시를 내보였는가? 일본인 지도자들은 병사들의 전의를 북돋우고, 당황하는 병사를 안심시키고, 야전에서 병사들을 적절히 활용했다. 지도자들의 그런 태도는 그들이 활용 가능한 일본의 강점에 대해서 어떤 생각을 갖고 하는지 보여 주었다. 나는 일본인이 전쟁 중에 자신의 모습을 드러내는 것을 살펴보기 위해 전쟁의 세부 사항들을 단계별로 하나하나 추적했다.

그러나 미국과 일본이 교전 중이라는 사실은 어쩔 수 없이 이 연구 과제에 심각한 결점으로 작용했다. 문화인류학자의 가장 중요한 무기인 현장답사를 할 수 없다는 뜻이니까 말이다. 나는 일본으로 가서 그들의 집에서 살면서 일상생활의 어려움과 스트레스가 무엇인지 관찰할 수가 없었다. 또 무엇이 중요하고 중요하지 않은지 내 눈으로 직접 확인할 수가 없었다. 나는 그들이 어떤 결정에 도달하는 복잡한 절차를 지켜볼 수가 없었다. 나는 그들의 아이들이 자라는 방식을 살펴볼 수가 없었다. 한 인류학자의 일본 마을 현장답사서인, 존 **엠브리**(John Embree)의 『스에무라(*Suye Mura*, 須惠村)』는 귀중한 자료였지만, 미국이 1944년에 당면한 일본에 관한 많은 질문들은 이 책 속에서는 제기되어 있지 않았다.

이런 중요한 어려움에도 불구하고 나는 문화인류학자로서 이 연구 과제에 사용될 특정 기술과 원리에 대해서 자신감을 갖고 있었다. 우선 인류학자는 그가 연구하는 사람들과의 대면 접촉을 아주 중시하는데 적어도 나는 이 접촉은 해볼 수가 있었다. 미국에는 일본에서 성장하여 미국으로 이민 온 일본인들이 많이 있다. 나는 그들에게 그들 자신의 실제 경험에 관한 구체적 사실들을 물어볼 수 있었고, 그런 사실들을 그들이 어떻게 판단하는지 알아낼 수 있었으며, 그들의 진술로부터 우리가 알고 있는 지식의 많은 구멍들을 메울 수 있었다. 나는 문화인류학자로서 이렇게 하는 것이 연구 대상인 문화를 이해하는 데 아주 중요하다고 생각한다.

일본을 연구하는 다른 사회과학자들은 도서관을 활용하고, 과거의 사건들이나 통계 수치를 분석하고, 일본 측 선전 매체인 서면 자료나 음성 자료가 어떻게 변해 가는지 등을 추적한다. 나는 이 학자들이 추적하는 답변들 중 많은 것이 일본 문화의 규범이나 가치 속에 들어 있다고 확신한다. 그리고 일본 문화 속에서 실제 살아본 사람들을 상대로 그 문화를 탐구하는 것이 그런 답변을 더 만족스럽게 얻어낼 수 있는 방법이다.

이렇게 말한다고 해서, 내가 그런 자료들을 읽지 않았다거나 일본에서 살았던 경험이 있는 서구인들에게 신세진 바 없다고 말하려는 건 아니다. 일본인에 관한 방대한 문헌과, 일본에 실제로 살았던 다수의 훌륭한 서구인 관찰자들은 내게 커다란 이점을 제공했다. 그것은 아마존 정글의 수원

지나 뉴기니 고원지대를 찾아가 비(非)문자 부족의 문화를 연구하려는 인류학자들은 누릴 수 없는 이점이었다. 이런 부족들은 구어를 기록하는 문자 체계가 없기 때문에, 그들 자신의 문제를 종이에다 기록해 놓지 않았다. 그 부족들에 대한 서구인들의 논평은 별로 많지 않은데다 그나마 피상적이다. 그들의 과거 역사는 아무도 모른다. 현지답사 학자는 선배 연구자들의 도움이 전혀 없이 그 부족의 경제생활, 그 부족의 사회 계층, 그 부족의 종교 생활 등에서 그 부족의 가장 중요한 문화 요소를 알아내야 한다.

그러나 일본을 연구하는 데 있어서 나는 많은 선배 연구자들의 업적을 그대로 활용할 수 있었다. 일상생활의 사소한 사항들에 대한 묘사가 오래된 문헌 속에 잘 갈무리되어 있었다. 유럽과 미국의 연구자들은 그들의 생생한 체험을 기록해 놓았고, 일본인 자신들도 그들의 놀라운 자기 고백을 남겨 놓았다. 대다수의 동양 사람들과는 다르게, 일본인들은 자기 자신의 일을 글로 남겨 놓으려는 커다란 충동을 갖고 있다. 그들은 세계 진출 계획뿐만 아니라 일상생활 중의 사소한 일까지도 기록해 놓았다. 일본인은 놀라울 정도로 솔직하다. 물론 그런 개인들이 일본의 전체적인 그림을 제시하는 것은 아니었다. 그렇게 할 수 있는 사람은 아무도 없다. 일본에 대하여 글을 쓰는 일본인은 아주 중요한 것을 빠트린다. 그 중요한 요소는 일본인에게 너무 친숙하여 그가 숨 쉬는 공기처럼 보이지가 않는 것이다. 이것은 미국인이 미국에 대해서 글을 쓸 때도 마찬가지이다. 그래도 일본인은 자기 자신을 솔직하게 드러내는 것을 좋아한다.

나는 이런 문헌들을 읽으면서 다윈이 '종의 기원' 이론을 작업할 때 사용했다고 말한 방법을 사용했다. 뭐냐면, 내가 이해할 수단이나 방법이 없는 사항에 대해서는 꼼꼼히 노트를 한 것이다. 일본 의회의 연설에서 여러 가지 아이디어가 섞여 있는 것을 이해하려면 나는 사전에 무엇을 알아야 하는가? 사소해 보이는 행동은 격렬하게 비난하면서, 포악한 행동에 대해서는 쉽게 받아들이는 배경에는 무엇이 작용하는가? 나는 문헌을 읽어나가면서 늘 떠오르는 이런 질문을 줄기차게 제기했다. '이 그림에서는 뭐가 잘못되었는가?', '그것을 이해하기 위해서는 무엇을 알아야 하는가?'

나는 또한 일본에서 대본이 작성되고 제작된 영화도 보았다. 선전 영화, 역사 영화, 도쿄의 현대 생활을 다룬 영화, 시골 마을의 현대 생활을 다룬 영화 등이었다. 나는 그런 다음에 그 당시 일본에 살면서 이 영화들을 보았던 일본인들의 영화에 대한 반응을 점검했다. 그들은 미국인의 관점이 아니라, 일본인의 관점으로 그 영화의 주인공, 여주인공, 악당을 보는 사람들이었다. 내가 그 인물들을 이해하지 못해 헤맬 때 그들은 조금도 헤매지 않았다. 영화 속 사건들의 줄거리와 등장인물들의 동기는 나의 예상과는 어긋났으나, 그래도 영화가 구성된 방식에서 살펴보면 그런대로 말이 되는 것이었다. 일본 장편소설들의 경우에도, 내가 이해하는 소설의 의미와, 일본에서 성장한 사람이 이해한 소설의 의미는 겉보기 이상의 차이점을 드러냈다. 이런 일본인들 중 몇몇 사람은 일본의 관습을 재빨리 옹호했고, 어떤 사람은 일본 문화의 모든 점을 증오했다. 내가 이 두 상반되는 그룹 중에서 어느 쪽 사람으로부터 더 많이 배웠는지는 말하기가 어렵다. 하지만 이들은 일본 문화를 기꺼이 받아들이든 혹은 아주 씁쓸하게 배척하든, 다정한 일상생활의 그림 — 일본인이 일본에서 일상생활을 관리해 나가는 방식 — 을 공통적으로 보여 주면서 나의 일본 문화 이해에 큰 도움을 주었다.

인류학자가 이처럼 연구 대상인 문화권의 사람들에 대하여 관련 자료를 얻고, 또 통찰을 얻기 위해 그 사람들을 직접 만난다는 점에서, 그는 일본에서 살아본 경험이 있는 아주 유능한 서구 관찰자들과 똑같은 행동을 하는 것이다. 하지만 이렇게 하는 것이 인류학자가 제공할 수 있는 것의 전부라면, 그는 일본에 살면서 일본인을 관찰한 외국인 거주자들의 귀중한 연구서에 더 이상 보탤 것이 없게 된다. 그러나 문화인류학자는 관련 분야에서 오랜 훈련을 쌓은 결과로, 자신이 어떤 특정한 자격을 가지고 있다고 생각한다. 그리하여 그는 기존의 연구자와 관찰자들이 많은 자료를 내놓은 분야에서 그 자신만의 고유한 기여를 함으로써 자신의 노고에 보람을 느끼게 되는 것이다.

문화인류학자의 도구와 방법

인류학자는 아시아와 태평양의 많은 문화들을 안다. 일본에는 태평양 섬들에서 사는 원시부족들과 긴밀한 유사성을 보이는 많은 사회제도와 생활 습관이 있다. 이런 유사점들 중 일부는 말레이시아, 일부는 뉴기니, 일부는 폴리네시아에서 발견된다. 물론 이런 유사성은 '고대의 이민이나 접촉을 보여 주는 것이 아닌가' 하고 생각하게 만들기 때문에 흥미로운 일이기는 하다. 그러나 이런 역사적 관련성의 문제는 내가 이런 문화적 유사성을 알려고 하는 이유는 아니다. 내가 이런 유사한 원시 문화에서 얻고자 하는 것은 그런 제도들이 어떻게 작동하는가 하는 것이고, 또 그런 유사성과 차이성의 관점에 입각하여 일본의 생활에 대하여 여러 단서들을 얻어내려는 것이다.

나는 또 아시아 본토의 태국, 미얀마, 중국의 문화에 대해서도 어느 정도 알고 있다. 그래서 아시아의 위대한 전통의 일부를 형성하는 다른 나라들과 일본을 비교할 수 있다. 인류학자들은 원시 부족의 연구에서 되풀이하여 이런 문화적 비교가 얼마나 소중한 것인지를 증명해 왔다. 한 부족은 공식적 의례 행사들 중 90퍼센트를 이웃 부족과 공유할 수 있다. 그렇지만 동시에 그 부족은 그들의 생활 방식과 가치관에 맞추어 그 의례를 일부 개조하여 다른 이웃 부족들과는 구분되는 독특한 의례 방식을 갖출 수 있다. 그 과정에서 그 부족은 일부 근본적인 제도를 거부할 수 있는데, 설사 그것이 전체적으로 보면 작은 부분일지라도 미래의 발전 양상을 아주 독특한 방향으로 전환시킬 수 있다. 전반적으로 많은 특징을 공유하고 있는 민족들 사이에서 이런 대조적 사항들을 연구하는 것은 인류학자에게 아주 큰 도움이 된다.

인류학자들은 그들 자신이 속한 문화와 다른 문화 사이에 존재하는 최대한의 차이점에도 익숙해져야 하고, 이런 목적을 위해 자신의 연구 기술을 날카롭게 연마해야 한다. 인류학자들은 서로 다른 문화들이 맞이하는 상황에도 큰 차이가 있고, 또 다른 부족과 민족이 그런 상황의 의미를 규정하는 방식에도 커다란 차이가 있음을 안다. 어떤 북극 지방의 마을이나 열대 사막에서, 인류학자들은 그곳의 부족이 수립한 친족 책임이나 재정적 교환의 사회제도를 만나게 되는데, 인류학자들이 아주 황당무계한 상상을 하는 순간에도 도저히 생각해 볼 수 없는 그런 엉뚱한 제도를 만나는 것이다. 그리하여 인류학자는 친족이나 교환의 세부 사항을 조사해야 할 뿐만 아니라, 그런 사회제도의 결과가 부족의 행동에 어떻게 나타나는지도 파악해야 한다. 가령 각각의 세대가 조상들이 해온 것처럼 그런 제도를 계속 이어가기 위해 어릴 때부터 어떤 조건화의 훈련을 받는지 조사해야 하는 것이다.

이런 차이점, 거기에 따른 조건화, 그리고 그 결과 등에 대한 전문적 탐구 기술이 이 일본 연구에서 사용될 것이다. 미국과 일본 사이에는 뿌리 깊은 문화적 차이가 있다는 것을 모르는 사람은 없다. 미국에는 일본에 관한 민담도 있는데, 일본인은 미국인이 하는 것과 정반대로 행동한다는 내용이다. 그런데 문화의 연구자가 그런 차이점이 너무나 황당무계하여 그런 사람들을 이해하는 것은 불가능하다고 말하면서 연구를 하지 않을 수도 있다. 이것은 차이점에 대한 확신이 나쁜 결과를 가져온 것이라 할 수 있다.

문화인류학자는 아무리 황당무계한 행동도 이해가 되지 않을 정도로 황당무계하지는 않다고 생각한다. 그런 이러한 자신의 생각에 대하여 훌륭한 증거를 가지고 있다. 인류학자는 그 어떤 사회 과학자들보다 더 적극적으로 또 전문적인 관점에 입각하여, 이런 차이점을 부채가 아니라 자산으로 활용하고 있다. 어떤 사회의 제도나 주민의 행동이 아주 이상하다는 사실만큼 인류학자가 깊이 주목하는 사항도 없다. 그는 자신이 연구하는 부족의 생활 방식에 대하여 그 어떤 것도 당연하게 여기지 않으며, 그래서 몇몇 선별된 사실들만 살펴보는 것이 아니라 부족의 생활 방식 전체를 살펴보는 것이다.

서구 민족들의 연구에 있어서, 비교문화의 연구를 훈련받지 않은 사람은 어떤 행동의 영역 전체를 간과해 버린다. 그는 그 영역을 너무나 당연시하여 일상생활 속에서 벌어지는 일련의 사소한 습관의 영역과, 일상적 문제들에 대한 기존에 받아들여진 판결들을 아예 탐구조차 하지 않는다. 그러나 그런 습관과 판결을 국가적 무대 위에다 올려놓고 크게 확대하면, 외교관들이 서명한 조약들보다 더 의미심장하게 국가의 장래에 영향을 미친다.

인류학자는 이런 평범한 것에 대한 연구의 기술을 계속 발전시켜 왔다. 왜냐하면 그의 연구 대상인 원시 부족의 생활 속에서 평범한 것들이 그의 본국의 생활 속에서 발견되는 평범한 것들과 너무나 다르기 때문이다. 어떤 부족의 지독한 사악함이나 다른 부족의 지독한 소심함을 이해하려고 할 때, 또는 그 부족의 사람들이 어떤 특정한 상황에서 어떻게 행동하고 느낄 것이라고 예측하려 할 때, 인류학자는 문명국들에서는 종종 주목되지 않는 관찰 사항과 세부 사항에 크게 의존한다. 그는 그런 세부 사항들이 필수적인 정보라고 믿을 만한 훌륭한 이유를 가지고 있으며, 그것들을 발굴하게 해주는 연구 조사의 방법을 알고 있다.

그 방법은 일본의 경우에 한 번 시도해 볼 만한 가치가 있다. 어떤 민족의 생활에서 아주 인간적인 흥미를 불러일으키는 평범한 사항들을 주목할 때, 우리는 비로소 인류학자의 다음과 같은 전제를 아주 중요한 것으로 받아들일 수 있다. 즉, 원시 부족이든 문명의 선두를 달리는 선진국이든 인간의 행동은 일상생활 속에서 학습된 것이다. 그 사람의 행동이나 의견이 아무리 괴상하게 보여도, 그가 느끼고 생각하는 방식은 그의 체험과 관련이 있다. 내가 일본인의 어떤 행동에 대하여 좌절감을 느끼면 느낄수록 나는 일본인의 일상생활 어딘가에는 그런 이상함을 만들어내는 통상적인 조건화 작업이 있다고 가정했다. 이렇게 연구를 해나가다가 내가 일상적 교제 중의 사소한 세부 사항들을 포착하게 된다면, 그건 아주 좋은 일이었다. 바로 그곳이 사람들이 학습하는 곳이기 때문이다.

모든 행동은 체계적 관계를 맺는다
―――

나는 문화인류학자로서 아무리 단절된 행동들일지라도 서로 체계적인 관계를 갖고 있다는 전제에서 출발했다. 나는 수백 개의 세부 사항들이 전반적인 패턴을 형성하는 방식을 아주 진지하게 주목했다. 인간 사회는 그 자신을 위하여 생활의 설계도를 갖추어야 한다. 그 설계도는 각종 상황을 파악하는 특정한 방식과, 그 상황에 대처하는 특정 방식을 승인한다. 그 사회의 사람들은 그런 해결 방안들을 그들 세상의 단단한 기초로 여긴다. 그들은 아무리 어렵다 하더라도 개의치 않고 그 기초들을 통합한다. 일상생활의 가치체계를 받아들인 사람들이 그런 체계와 상반되는 생각이나 행동을 하는 별도의 생활 영역을 오래 유지한다면, 그것은 틀림없이 비효율성이나 혼란을 불러오게 된다. 그러면 그들은 그 체계에 좀 더 순응하는 생활을 하려고 노력하게 된다. 그들은 어떤 평범한 합리성이나 어떤 평범한 동기를 스스로에게 제공한다. 어느 정도의 일관성이 필요하며 그렇지 않으면 그의 전반적인 생활 구도는 산산조각이 난다.(5장 끝부분에 나오는, 상처한 아버지가 젊은 여자를 아내로 삼으려 하자 자식들이 반대한다는 얘기가 여기에 해당한다. 아버지가 자식들의 마음속에 형성시켜 놓은 '온'의 개념을 지키지 않자 비효율성 혹은 혼란이 발생했고, 인생 상담자가 제시한 두 가지 방안은 위에서 말한 평범한 합리성이나 어떤 평범한 동기에 해당한다.-옮긴이)

따라서 경제적 행위, 가족 제도, 종교적 의례, 정치적 목적 등은 서로 맞물려 돌아간다. 어떤 분야에서의 변화는 다른 분야들의 그것보다 더 빠르게 발생하여 이런 다른 분야들에게 커다란 스트레스를 안긴다. 하지만 그 스트레스 자체는 일관성을 유지하려는 필요성에서 나오는 것이다. 다른 사회들에 대하여 권력을 추구하는 비(非)문자 사회들(미개 사회들)에서, 권력에의 의지는 경제 거래와 다른 부족들과의 관계뿐만 아니라 종교적 의례들에서도 그대로 표현된다. 오래된 문자 성경을 갖고 있는 문명국들에서, 문자를 갖지 않은 부족들과는 다르게 교회가 지난 수백 년 동안의 말씀들을 유지하고 해석해 왔다. 그러나 교회는 경제 권력과 정치 권력 등 점점 더 일반 대중의 승인을 필요로 하는 분야에서 교권(敎權)이 갈등을 일으키자 스스로 그 권위를 포기했다.(서양의 역사에서 교권과 왕권은 서로 갈등을 일으켜 왔으나 결국 세속의 문제는 왕권으로 귀속되었다는 뜻.-옮긴이)

성경의 말씀은 그대로이지만 그 의미는 바뀌었다. 종교적 도그마(교리), 경제적 실천, 정치 등은 별도의 작은 연못에 각자 가두어진 물 같은 것이 아니라, 서로의 경계 너머로 흘러넘쳤고 그 물들은 불가피하게 서로 뒤섞였다. 이것은 언제나 진실이므로, 문화의 연구자는 경제, 섹스, 종교, 육아 등에 관련된 사실들을 향해 탐구의 그물망을 넓게 던지면 던질수록, 그가 연구하는 사회에서 현재 벌어지는 일들을 더 잘 포착하게 된다. 그는 먼저 가설을 설정하고 이어 그가 연구하는 생활 분야의 데이터를 수집함으로써 큰 효과를 거둘 수 있다. 그는 국가가 국민들에게 주문하는 요구 사항들을 알아낼 수 있다. 그런 요구 사항이 정치적, 경제적, 도덕적 용어로 서술되어 있는지, 또 그 나라의 국민들이 사회적 체험 속에서 학습한 사고방식이나 습관의 표현인지 구분할 수 있다.

일본인 생활 속의 행동에 대한 탐구

그러므로 이 책은 일본의 종교, 경제생활, 정치, 가족제도 등 어떤 특정한 부분 하나만을 뽑아서 주된 탐구 대상으로 삼지 않는다. 그보다는 일본인이 일상생활 속에서 하는 여러 행동의 전제 조건들을 탐구한다. 이 책은 논의 중인 행동이 어떤 것이 되었든지 그 행동에 나타나는 전제 조건을 검토한다. 이 책은 일본을 일본인의 나라로 만드는 특징이 무엇인가를 탐구한다.

20세기의 단점 중 하나로는 이런 것이 있다. 우리는 일본을 일본인의 나라로 만드는 특징뿐만 아니라 미국(프랑스 혹은 러시아)을 미국인(프랑스인 혹은 러시아인)의 나라로 만드는 특징에 대해서도 아주 막연하면서도 편견 가득한 생각을 갖고 있다. 이처럼 정확한 지식이 없기 때문에 각국은 상대국을 오해한다. 우리는 그 차이가 **트위들덤과 트위들비** 정도일 때는 거의 타협시키기 어려운 차이인 것처럼 두려워하면서도, 막상 어떤 나라가 그 전반적 체험과 가치 체계를 소중히 여기면서 우리가 생각했던 것과는 완전히 다른 행동 노선으로 나아가고 있을 때는, 엉뚱하게도 그 나라와 우리가 공동의 목표를 가지고 있다고 말한다. 우리는 그들의 습관과 가치가 무엇인지 알아낼 생각을 하지 않는다. 만약 우리가 그런 것들을 알아내려 마음먹는다면, 우리는 어떤 행동 노선이 생소한 것이라고 해서 반드시 사악한 노선이 되는 건 아님을 발견하게 될지도 모른다.

각국이 그들 나라의 생각과 행동의 습관에 대해서 말해 주는 것에 전적으로 의존하는 것은 불가능하다. 모든 나라의 작가들은 그들의 나라와 국민을 설명하는 글을 쓰려고 시도해 왔다. 어떤 나라가 그 나라의 생활을 들여다보기 위해 사용하는 렌즈는 다른 나라들이 사용하는 렌즈와는 다르다.

그런데 사람들은 자신이 주위의 사물을 바라볼 때 사용하는 두 눈을 의식하지 않는다. 어떤 나라 사람이 되었든 그 두 눈을 당연한 것으로 여긴다. 그 나라의 생활환경에 그들이 초점을 맞추거나, 원근법의 조망을 맞추는 요령은, 그 나라 사람들이 볼 때, 하늘이 내려 주신 최고의 관찰 방법인 것처럼 보인다. 가령 안경의 사례를 들어보면, 안경 쓴 사람이 안경의 렌즈 공식을 안다고 볼 수 없듯이, 각 나라들도 자신들이 세상을 바라보는 방식을 적절히 분석할 수 있으리라고 기대하기가 어렵다. 우리는 안경에 대해서 알고 싶은 것이 있을 때, 안과 의사를 훈련시켜 그 의사로 하여금 우리가 가져다주는 렌즈의 공식을 써주게 한다. 장래 언젠가 우리는 현대 세계의 여러 나라들의 문화에 대하여 이런 처방을 내리는 일은 사회과학자의 몫이 될 것이다.

문화 연구에는 강인함과 관대함이 필요

그런 일을 해내려면 분명 강인하고 관대한 마음가짐을 필요로 한다. 그것은 선의를 가진 사람들도 때때로 비난할 수 있는 강인한 마음가짐을 갖출 것을 요구한다. '하나의 세계'를 주장하는 사람들은 온 세상 모든 사람들을 향하여 동양과 서양, 흑인과 백인, 기독교 신자와 무슬림 교도 사이에서 발견되는 모든 차이점들이 피상적인 것이며, 결국 모든 인간은 실제로는 똑같은 마음을 가지고 있다고 설득하는 데 온 희망을 걸고 있다. 이러한 견해는 때때로 인류의 형제애라고 불리기도 한다. 나는 그 형제애를 믿는다고 해서, 일본인은 고유의 행동 양식이 없고 미국인 또한 그러하다, 라고 말해야 하는지 이해가 되지 않는다.

그리하여 마음이 약한 사람은 선의의 원칙을 얘기하려고 하면, "세상 여러 민족이 하나의 원판에서 똑같은 모양으로 찍혀 나온 판박이"라고 말하는 것 이외에는 달리 방법이 없게 된다. 그러나 다른 국가를 존중하는 조건으로 이런 획일성을 요구하는 것은, 어떤 남편이 자신의 아내나 자녀들에게 자신과 똑같이 행동해야 한다고 요구하는 것만큼이나 신경증적 현상이다. 강인한 마음을 가진 연구자는 문화들 사이에 차이점이 존재한다는 것을 받아들인다. 그는 그런 문화적 차이를 존중한다. 그의 목표는 그런 차이에도 불구하고 지금보다 더 안전하게 만들어지는 세상을 지향한다. 그런 세상에서 미국인은 철저하게 미국인답게 행동해도 세계의 평화를 위협하지 않고, 또한 마찬가지 조건에서 프랑스인은 프랑스인답게, 일본인은 일본인답게 행동하는 것이다.

외부의 간섭으로 이런 행동 양식의 개화(開花)를 금지하는 것은 문화 연구자가 볼 때에는 오만한 태도이다. 그 연구자가 문화들 사이의 차이점이 이 세상 위에 드리워진 **다모클레스의 칼**이 아니라고 확신할 때, 문화의 차이를 인정하지 않는 태도는 더욱 못마땅하게 보인다. 그 연구자는 이런 입장(문화의 다양성을 인정하는 입장)을 취한다고 해서 '그 자신이 이 세상의 현상(現狀)을 고착화시키는 것은 아닐까' 하고 걱정할 필요도 없다. 문화의 차이를 권장하는 것이 곧 정적(靜的)인 세상을 의미하는 것은 아니다. 영국은 엘리자베스 시대(1558~1603) 이후에 앤 여왕 시대(1702~14)와 빅토리아 시대(1837~1901)가 뒤이어졌다고 해서 영국은 그 나라의 특성을 잃어버리지 않았다. 영국 사람들은 늘 영국 사람들이었고 다만 서로 다른 기준과 국가적 분위기가 서로 다른 시대에 좀 더 분명하게 드러났을 뿐이다.

국가 간의 차이를 체계적으로 연구하려면 강인한 마음 이외에도 관대한 마음가짐이 있어야 한다. 연구자는 자신이 비상할 정도로 관대한 사람이라는 확신을 갖고 있어야만 비교종교학을 원만하게 연구할 수 있다. 그 연구자는 예수회 회원, 아랍 학자, 혹은 무신론자일 수는 있으나 광분하는 신자 혹은 무신론자가 되어서는 안 된다. 비교 문화의 연구자는 어떤 사람이 되어야 하겠는가? 만약 그가 아주 보수적이어서 자신의 나라에서 널리 인정되는 행동 양식이 당연히 이 세상의 유일한 해결안이 되어야 한다고 생각한다면, 비교문화의 연구는 꽃피어날 수가 없다. 이런 연구자는 다른 생활 방식을 알게 되어 그 자신의 문화를 더욱 더 사랑하게 되는 경우는 결코 알지 못할 것이다. 그는 이러한 즐겁고 풍요로운 체험으로부터 그 자신을 소외시키는 것이다. 그처럼 보수적인 사람이므로, 그는 자기 나라의 특정한 해결안을 받아들이라고 다른 국가들에게 요구하는 것 이외에는 대안이 없다. 그는 미국인으로서 미국인이 선호하는 원칙을 모든 나라에 강요하게 된다. 그러면 다른 나라들은 어떻게 반응하겠는가? 그들은 우리가 일방적으로 요구하는 생활 방식을 채택하려 들지 않을 것이다. 그것은 미국인에게 10진법 대신에 12진법으로 계산하는 방법을 배우라고 요구하거나, 어떤 동아프리카 원주민들이 하듯이 한 발로 서서 휴식을 취하라고 미국인에게 요구하는 것처럼 어리석은 것이다.

일본인이 당연시하는 행동 습관의 연구

——

따라서 이 책은 일본에서 일본 사람들에게 기대되거나 당연시되는 습관

들을 연구한다. 일본인이 예의바른 반응을 기대하는 상황, 그런 반응을
기대하지 않는 상황, 일본인이 수치를 느끼는 때, 당황스러움을 느끼는
때, 일본인이 자기 자신에게 엄격하게 요구하는 것 등을 탐구한다. 이 책
에서 이런 것들과 관련하여 기준으로 삼는 사람들은 일본의 길거리에서
만날 수 있는 흔한 사람들이다. 그들은 보통 사람이다. 이렇게 말한다고
해서, 그 보통 사람이 그런 특정한 상황을 일일이 다 체험했다는 얘기는
아니다. 그 보통 사람이 자신이라면 그런 상황에서 그렇게 행동했으리라
는 것을 금방 알아본다는 뜻이다. 이러한 문화 연구의 목표는 깊게 뿌리
내린 사고방식과 행동 양식을 묘사하는 것이다. 설사 실제로는 그 목표에
미달했다 할지라도 이상적인 목표는 어디까지나 그렇게 되기를 노린다
는 얘기이다.

　이런 연구에서 연구자는 무수한 정보원들의 증언이 더 이상의 타당한
증거를 제공하지 못하는 지점에 곧 도달하게 된다. 가령 '누가 누구에게
언제 목례를 하는가' 하는 문제는 전체 일본인에 대한 통계적 연구가 필
요 없다. 거의 모든 정보원이 공인되거나 관습적인 상황들을 보고해 온
다. 그러면 그런 보고를 몇 건만 확인한 다음에는 100만 명의 일본인으로
부터 동일한 정보를 확인할 필요가 없다.

　그리하여 일본인들이 생활 방식을 구축하는 전제 조건들을 탐구하는
연구자는 통계적 타당성보다는 훨씬 더 어려운 과제에 직면하게 된다. 그
에게는 이런 커다란 요구가 부과된다. 즉, 이처럼 용인되는 관행과 판단
이 어떻게 일본인들이 세상을 바라보는 렌즈가 되는지 그 경위를 알아내
는 것이다. 그는 일본인이 인생을 바라보는 초점과 인생의 전망에 영향을
미치는 전제 조건이 작동하는 방식을 서술해야 한다. 그는 일본인과는 아
주 다른 방식으로 세상을 바라보는 미국인들에게 이런 일본의 방식을 이
해 가능한 것으로 만들어야 한다. 이런 분석 작업에서, 최고의 판단 기준

은 반드시 다나카 상(田中 樣), 즉 일본의 '보통 사람'이어야 할 필요는 없
다. 미국인을 위하여 집필된 여러 가지 해석들은 분명 그 일본 보통 사람
에게는 아주 어색하게 꾸며진 것으로 보일 것이기 때문이다.(미국인의 생활
전제 조건과 일본인의 생활 전제 조건을 비교하여 그 차이점을 미국인에게 이해시키기 위해서
는 인류학자가 필요하다는 뉘앙스를 풍기고 있다. 일본인 보통 사람은 자신의 전제를 옳다고
생각할 것이기 때문에, 인류학자의 종합적인 관점을 어색하게 꾸며진 것으로 느낄 수도 있다는
뜻.-옮긴이)

인간 사회에 대한 미국인들의 연구서는 선진 문화의 전제 사항들을 깊
이 연구하지 않는다. 대부분의 연구서들은 그런 전제 조건들을 자명한 것
으로 여긴다. 사회학자와 심리학자들은 '산발적인' 의견과 행동을 연구하
는 데 몰두하며, 그들이 즐겨 구사하는 기술은 통계적인 것이다. 그들은
다량의 여론조사 자료, 설문지와 직접 인터뷰에 대한 답변 자료, 심리적
측정 등을 통계적으로 분석하고, 특정 요인들의 독립성 혹은 상호의존성
을 추출해내려 한다. 여론 조사 분야에서, 과학적으로 선별된 인구 샘플
을 사용하여 전국적인 여론 조사를 하는 소중한 기술은 미국에서 아주 높
은 수준으로 완성되어 있다. 공직 선거에 나온 후보자 혹은 어떤 특정한
정책에 대하여 여러 사람들이 찬성하는지 혹은 반대하는지, 알아내는 것
이 이런 통계 방식으로 얼마든지 가능하다. 찬성자와 반대자는 다시 도시
와 농촌, 고소득과 저소득, 공화당과 민주당 등으로 다시 분류될 수 있다.
보통 선거권이 부여되어 있고, 법률이 국민의 대표에 의해 제정되고 비준
되는 나라에서, 이런 여론 조사는 실제적인 중요성을 갖는다.

미국인들은 자국민들을 상대로 여론조사를 벌이고 그 결과를 이해한
다. 그러나 그들이 이렇게 할 수 있는 것은 너무나 명백하여 아무도 의문
을 품지 않는 전제 조건이 있기 때문이다. 그들은 미국의 일생생활 속 행
동을 잘 알고 그것을 당연시하는 것이다. 여론 조사의 결과는 우리가 이

미 알고 있는 것에 대하여 더 많이 알게 해준다. 외국을 이해하는 데 있어서, 이런 여론조사가 유익한 기능을 발휘하려면 그에 앞서서 그 나라 사람들의 습관과 전제 조건에 대하여 체계적이고 질적인 연구를 선행해야 한다. 여론 조사는 조심스러운 샘플 작업을 통하여 얼마나 많은 사람이 정부를 지지 혹은 반대하는지 알아낼 수 있다.

그러나 우리가 그 사람들의 국가관을 알지 못한다면 그런 통계 수치가 우리에게 무엇을 말해줄 수 있는가? 오로지 일본의 거리에서 혹은 일본 의회에서 어떤 당파가 무엇을 찬성하고 또 반대하는지 알 수 있을 뿐이다. 정부에 대하여 그 나라 사람들이 갖고 있는 생활의(문화의) 전제 조건들은 어떤 당의 지지도를 보여 주는 수치보다 훨씬 일반적이면서도 항구적인 중요성을 가지고 있다.

미국의 경우, 공화당원이든 민주당원이든 거의 하나같이 정부를 필요악 정도로 생각하며, 개인의 자유를 구속한다고 생각한다. 정부의 일자리도, 전시를 제외하고는 직원들이 개인 기업의 유사한 일자리에서 얻을 수 있는 대우(지위)를 해주지 않는다고 생각한다. 이러한 국가관은 일본의 그것과는 아주 다른 것이며 심지어 유럽 여러 나라들의 국가관과 비교해도 상당한 차이가 있다. 그러니 우리는 무엇보다도 먼저 일본인의 국가관이 무엇인지 알아야 한다. 그것은 그들의 민속적 방식, 성공한 사람에 대한 그들의 논평, 그들의 역사 속의 신화, 국경일에 그들이 행한 연설 등에 구현되어 있다. 국가관은 이런 간접적인 표명을 통하여 연구할 수 있다. 하지만 그것은 체계적인 연구가 되어야 한다.

어떤 나라가 일상생활에 대하여 갖고 있는 기본 전제와, 그것이 승인하는 해결안 등은 아주 꼼꼼하고 자세하게 연구되어야 한다. 미국 내에서 선거가 있을 때, 인구의 어느 정도가 어느 정당에 찬성, 혹은 반대하는지를 알아내는 것처럼 철저하게 수행되어야 한다. 일본은 그 기본적 전제 사항들을 탐구해 볼 만한 가치가 있는 나라이다. 나는 서양식 전제 조건이 그들의 인생관에는 통하지 않는다는 것을 깨닫고, 일본인들이 사용하는 사물의 분류와 상징을 이해하게 되면서, 서구인들이 일본인의 행동에서 지적하는 많은 모순 사항이 더 이상 모순 사항이 아님을 발견했다.

　나는 이제 일본인들이 갑작스러운 180도 행동 변화를 일본의 문화 체계 내에서 필수적인 부분으로 간주하는 이유를 서서히 깨달아가고 있다. 나는 이 책에서 그 이유를 보여 주려고 한다. 나는 일본인들과 함께 작업할 때, 그들이 이상한 표현을 하고 또 생소한 생각을 한다고 보았는데 나중에 알고 보니 실은 그것이 중요한 내적 의미를 갖고 있고 또 아주 오랜 세월 동안 일본 사람들 사이에서 지속되어 온 정서를 그 안에 포함하고 있는 것이었다. 서양인이 알고 있는 미덕과 악덕은 그 문화 체계 내에서는 상전벽해(桑田碧海)의 대변화를 거쳐 갔다. 일본의 문화 체계는 독특한 것이었다. 그것은 불교도 유교도 아니었다. 그것은 일본의 강점과 약점을 모두 내포하고 있는 일본 고유의 문화였다.

2장

전쟁 중의 일본인

The Chrysanthemum and the Sword

모든 문화적 전통에는, 전쟁에 관한 정통적 관행이 있고 그것들 중 일부는 모든 서구 국가들이 공유하고 있다. 이것은 국가들 사이의 차이점과는 무관한데, 가령 국민에게 총동원을 호소하는 방식, 국지적 패배를 당했을 때의 특정한 격려 형식, 전사자와 항복한 자의 일정한 비율, 전쟁포로로 잡혔을 때의 행동 규칙 등이 그런 공유 사항이다. 이런 것들은 서구 국가들 사이에 벌어진 전쟁에서는 예측 가능하다. 이런 나라들은 심지어 전쟁의 경우까지 포함하는 문화적 전통을 크게 공유하기 때문이다.

일본인이 서양의 전쟁 관행으로부터 이탈하는 모든 방식들은 일본인의 인생관과 의무관을 알아볼 수 있는 좋은 자료가 된다. 일본인의 문화와 행동을 체계적으로 연구하는 데서, 그러한 이탈 방식이 군사적으로 중요한지의 여부는 문제가 되지 않는다. 그 방식은 우리가 연구하고자 하는 일본의 특성을 면밀히 살펴보게 한다는 점에서 모두 중요한 것이다.

일본인의 독특한 전쟁관

일본이 전쟁을 정당화하는 전제는 미국의 그것과는 정반대이다. 일본은 국제적 상황을 다르게 정의했다. 미국은 전쟁을 추축국(樞軸國: 제2차 세계대전 때 이탈리아, 일본, 독일의 연합세력을 뜻함.-옮긴이)들의 침략 탓으로 돌렸고, 일본, 이탈리아, 독일은 그들의 정복 행위로 국제 평화에 위반되는 부당한 공격 행위를 했다고 본다. 추축국이 만주국, 에티오피아, 폴란드 등지에서 권력을 잡은 것은, 그들의 사악한 행동 노선 — 약소국가의 억압 — 을 증명하는 것이었다. 그들은 '너도 살고 나도 살자' 혹은 자유로운 사업을 위한 '문호 개방'이라는 국제법을 분명 위반한 것이었다.

그러나 일본은 전쟁의 원인을 다른 관점에서 보면서 이렇게 생각했다. 모든 국가가 절대적 주권을 누리는 바람에 세상은 아나키 상태에 빠졌다. 따라서 일본을 정점으로 하는 엄격한 계층제도(hierarchy)를 확립해야 한다. 왜냐하면 일본은 사회의 맨 위에서부터 맨 아래에 이르기까지 진정한 계층제도를 갖추었고, 따라서 국민이 '저마다 적절한 자리'를 지키는 필요성을 이해하는 유일한 국가이기 때문이다. 일본은 자국 내에서 통일과 평화를 이루었고, 무법자들을 일소했고 도로를 건설하고 전력과 제철 산업을 구축했다. 또 일본의 공식 통계에 의하면, 각급 공립학교에서 자라나는 세대의 99.5퍼센트를 교육시켜 문맹을 퇴치했다. 따라서 일본의 계층제도 전제에 의하면, 일본이 뒤떨어진 어린 동생인 중국을 도탄에서 구출해야 한다. 일본은 대동아(大東亞) 여러 나라들과 동일한 종족이므로, 이 대동아로부터 먼저 미국의 간섭을 배제하고 이어 영국과 러시아를 제거함으로써, 큰형이라는 '자신의 적절한 자리를 지킨다.' 모든 나라들은 하나의 세계가 되어 엄격한 국제 계층제도 속에서 고정된 자리를 지켜야 한다. 이상이 일본의 전쟁관이다.

우리는 다음 장에서 일본 문화에서 계층제도가 얼마나 중요한 가치인지를 살펴보게 될 것이다. 그것은 일본으로서는 생각해낼 만한 멋진 판타지였다.

그러나 불행하게도 일본이 점령한 국가들은 사태를 그런 식으로 보지 않았다. 일본은 전쟁에서 패배했어도 자신들의 대동아 이상에 대하여 도덕적으로 잘못되었다고 생각하지 않았다. 심지어 가장 덜 국수적인 일본인 전쟁포로들도 일본이 중국 대륙과 남서 태평양을 침략한 행위를 잘못되었다고 비판하지 않았다. 앞으로 오랫동안 일본은 타고난 생활 태도를 버리지 않을 것이고, 그런 태도 중 가장 중요한 것 하나로는 계층제도에 대한 믿음과 자신감을 가장 먼저 들어야 할 것이다.

반면에 평등을 사랑하는 미국인은 계층제도를 낯선 개념으로 여긴다. 하지만 일본인이 말하는 계층제도가 무엇인지, 그 질서를 지킬 때 어떤 이점을 누릴 수 있다고 생각하는지 일본인의 관점에서 이해하는 것이 중요하다.

또한 일본이 승리를 기원하는 밑바탕은 미국의 그것과는 다르다. 일본은 물질의 승리가 아니라, 정신의 승리를 거두겠다고 외쳤다. 일본인은 이렇게 생각했다. 미국은 대국이고 군사장비도 월등하지만 그게 뭐 그리 중요한가? 일본은 그런 것들을 이미 예측하여 적절히(대수롭지 않은 것으로) 감안한 바 있다. 일본인들은 그들의 전국적 일간지인 『마이니치신문』에서 이런 기사를 읽었다. "만약 우리가 수학적 수치를 두려워한다면 전쟁을 시작하지도 않았을 것이다. 적의 엄청난 자원은 이 전쟁으로 인해 생긴 것이 아니다."

일본이 승리를 거두고 있을 때에도 일본의 민간인 정치가, 일본군 최고사령부, 일본의 군인들은 이 전쟁은 군사장비의 경쟁이 아니라고 말했다. 이 전쟁은 물질을 믿는 미국인 대 정신을 믿는 일본인의 싸움이라고 했다. 미국이 승리를 거둘 때에도 일본은 이 전쟁에서 물질적 힘은 반드시 패배하게 되어 있다고 되풀이해서 말했다. 물론 이런 도그마는 사이판과 이오지마(硫黃島)에서 연패를 당할 때 편리한 변명거리가 되었다. 그러나 미리 패배에 대비하여 만들어놓은 변명거리는 아니었다. 그것은 일본이 연승하던 여러 달 동안에 기상나팔처럼 울려 퍼진 얘기였고 진주만 공격이 실시되기 훨씬 오래 전에 널리 받아들여진 슬로건이었다. 1930년대에, 광분하는 군국주의자이며 한 차례 육군 장관을 역임한 아라키 사다오(荒木貞夫, 1877~1966) 대장은 『전 일본 국민에게 고함』이라는 팸플릿에서 이렇게 썼다. "일본의 진정한 사명은 황도(皇道)를 네 바다(四海)의 끝까지 펼쳐서 그 영광을 드높이는 것이다. 우리의 힘이 미치지 못하는 것은 우리의 걱정거리가 아니다. 왜 우리가 물질에 대해서 걱정해야 하는가?"

그렇지만 전쟁을 준비하는 다른 나라와 마찬가지로 일본도 실제로는 걱정을 했다. 1930년대 내내, 군사비가 국민 소득에서 차지하는 비율은 천문학적으로 증가했다. 일본이 진주만을 공격할 무렵에, 국민소득의 거의 절반이 육군과 해군의 예산으로 배정되었고, 전체 정부 지출 중 겨우 17퍼센트만이 민간 행정과 관련된 예산으로 배정되었다. 일본과 서구 국가들의 차이는, 일본이 물질적 군사 장비에 무심했다는 것이 아니었다. 그러나 함선과 대포는 불굴의 일본 정신이 겉으로 드러나는 표시일 뿐이다. 사무라이의 미덕을 상징하는 칼 못지않게 함선과 대포도 하나의 상징인 것이다.

미국이 대규모 전쟁 노력에 전력을 기울였다면 일본은 일관되게 비물질적 자원의 중요성을 강조했다. 또한 일본은 미국이 했던 것처럼 전면적인 생산 캠페인을 펼쳤으나 그 캠페인은 일본 고유의 전제 사항들을 바탕으로 한 것이었다. 일본은 정신력이 전부이며 또 영원한 것이라고 말했다. 물론 물질적인 것도 필요하지만 그것들은 부차적인 것이며 기대할 만한 것이 못 된다. 일본 라디오 방송은 이렇게 외쳤다. "물질적 자원은 한계가 있다. 물질적인 것이 천년만년 가지 못한다는 것은 누구나 다 알고 있다." 이러한 정신력 강조는 전쟁의 수행에서도 글자 그대로 받아들여졌다. 그들의 전쟁 교리문답은 그 슬로건을 그대로 사용했다. 그 슬로건은 전통적으로 내려오던 것으로서 이번 전쟁을 위해 급조된 것은 아니었다. "우리의 훈련을 그들의 숫자와 맞세우고 우리의 살로 그들의 칼에 대응하자." 일본의 전쟁 매뉴얼은 다음과 같은 고딕체 문장으로 시작된다. "이 것을 읽으면 전쟁에서 승리한다(必讀必勝)." 소형 비행기를 조종하여 미국 전함에 자살 폭격을 감행하는 일본의 조종사들은 물질에 대한 정신의 우 위를 널리 홍보하는 사례였다. 일본은 그 조종사들을 가리켜 가미가제 특 공대라고 했다. 가미카제(神風)는 '신이 보내온 바람'이라는 뜻으로, 13세 기에 칭기즈칸이 일본을 침략하려 했을 때 몽골군의 운송선들을 난파시 켜 침략을 저지해 주었던 바람을 가리킨다.(실제로는 칭기즈칸의 군대가 아니라 그의 손자인 쿠빌라이 칸의 군대였다.-옮긴이)

물질보다 정신을 강조하는 일본인

민간 사회에서도 일본 당국자들은 물질보다 정신의 우위를 글자 그대로 믿는다. 사람들이 공장에서 12시간을 일하고 야간 폭격으로 피곤함을 호 소한다면? "우리의 몸이 무거울수록, 우리의 의지와 정신은 몸 위로 더 높게 난다.", "우리가 피곤할수록, 그것을 이겨내려는 우리의 훈련은 더 멋진 것이 된다." 겨울철에 사람들이 폭격 대피소에서 추위를 느낀다면? 라디오 방송에서 대일본체육회는 몸을 따뜻하게 하는 도수체조를 권유 한다. 그것은 난방시설과 침구의 대용이 되어 줄 뿐만 아니라, 그보다 더 좋은 것은 정상적인 체력 유지에 필요한 식량의 대용이 되어줄 수 있다. "물론 어떤 사람들은 현재처럼 식량이 부족한 상태에서 도수체조는 엄두 가 안 난다고 말할지도 모른다. 그러나 아니다! 식량이 부족할수록 우리 는 다른 수단을 동원하여 체력을 더욱 향상시켜야 한다." 그러니까 바꿔 말하면, 체력을 더 많이 소모함으로써 체력을 더 향상시킨다는 얘기이다.

미국인들은 체력이라고 하면 먼저 다음과 같은 것들을 연상한다. 지난 밤에 여덟 시간을 잤는가, 혹은 다섯 시간을 잤는가? 제때에 삼시 세끼를 먹었는가? 추운 곳에서 생활하지 않는가? 이런 것들에 따라 비축할 수 있는 체력은 달라진다고 생각한다. 그러나 일본에서는 체력의 비축은 고려하지 않는 계산법이 통용된다. 그렇게 체력을 따지는 것은 물질적 태도라는 것이다.

일본의 방송은 전쟁 중에서 이보다 한 술 더 떴다. 전투에서는 강인한 정신력이 심지어 육체적 죽음마저도 극복한다. 한 방송은 어떤 영웅 조종사와 그가 죽음을 극복한 기적을 보도했다.

공중전이 끝난 후에 일본 전투기들은 서너 대씩 편대를 이루어 기지로 돌아왔다. 한 대위는 귀대한 첫 번째 편대에 들어 있는 조종사였다. 그는 비행기에서 내려 지상에서 우뚝 서더니 망원경으로 하늘을 관찰했다. 그는 부하들이 돌아오자 그 숫자를 세었다. 그는 얼굴이 다소 창백해 보였으나 그래도 서 있는 자세는 꽤 안정되어 있었다. 마지막 비행기가 돌아오자 그는 보고서를 작성하여 사령부로 갔다. 사령부에서 그는 사령관에게 귀대 신고를 했다. 그는 보고를 마치자마자 그 자리에서 쓰러졌다. 그 자리에 있던 장교가 재빨리 그를 도우려 했으나 아! 그는 이미 죽어 있었다. 그의 시신을 살펴보니 이미 온몸이 차갑게 굳어져 있었고, 가슴에는 총탄이 박혀 있었는데 그게 사인이었다. 금방 죽은 사람의 몸이 아주 차갑다는 것은 있을 수 없는 일이다. 그러나 죽은 대위의 몸은 얼음처럼 차가웠다. 대위는 오래 전에 이미 죽은 몸이었고 보고를 한 것은 그의 정신이었다. 이러한 기적 같은 일이 벌어질 수 있었던 것은 작고한 대위가 평소 갖고 있었던 투철한 책임 의식 때문이었다.

　물론 미국인들이 볼 때 이것은 황당무계한 판타지이지만, 교양 있는 일본인들은 이런 방송에 웃음을 터트리지 않았다. 일본인들은 이것이 일본 내에서는 과장된 얘기로 받아들여지지 않으리라는 것을 확신한다. 그들은 먼저 방송인이 대위의 행동을 '기적 같은 일'이라고 진실하게 말했음을 지적할 것이다. 그 다음에 "그런 일이 벌어질 수도 있는 것 아닌가?" 하고 말할 것이다. 영혼은 훈련시킬 수 있다. 분명 그 대위는 과거에 자기를 단련하는 데 숙달되어 있는 사람이었을 것이다. 모든 일본인은 "평온한 영혼은 천년을 간다"는 말을 믿는다. 그렇다면 '책임'을 한평생의 가장 핵심적인 법칙으로 삼아 온 공군 대위의 몸이 비록 죽었더라도 몇 시간 정도 버티는 것은 가능하지 않을까? 일본인들은 전문적 단련을 하면 그 자신의 영혼을 더욱 고귀하게 만들 수 있다고 믿는다. 대위는 그런 단련을 했고 그래서 그런 기상을 발휘한 것이다.
　미국인은 이런 황당무계한 얘기를 들으면, 가난한 나라의 변명거리 혹은 망상에 빠진 나라의 유치한 소행 정도로 치부해 버리면서 평가 절하할 것이다. 그러나 그렇게 해서는 안 된다. 만약 그렇게 한다면 우리는 전시든 평시든 일본인을 상대하는 데 그만큼 미진하게 대응하게 될 것이다. 일본인들의 원칙들은 어떤 일정한 터부(禁忌)와 거부, 어떤 일정한 훈련과 단련 방식에 의해 내면화되어 있는 것이지, 저만치 뚝 떨어져 있는 괴상한 습관은 아닌 것이다. 미국인은 그런 원칙들을 잘 이해할 때, 비로소 일본인들이 패배를 당하고서 그들이 정신적으로 부족했다고 말한 것과, 또 '죽창으로' 진지를 지킨다는 건 판타지(머릿속의 환상)라고 말한 것도 이해하게 된다. 우리는 그들의 정신이 부족했다는 일본인들의 말을 잘 이해해야 하며, 그들의 정신이 전투와 생산 공장에서 미국인의 정신과 맞붙어서 부족했다고 생각한다는 걸 감안해야 한다. 요약하면 전쟁 중에 일본인은 '정신의 전투'를 벌였으나 그 정신력이 부족하여 졌다고 생각하는 것이다.

일본인이 전쟁 중에 계층제도의 필요성과 정신의 우월성을 강조했던 온갖 종류의 발언은 비교 문화의 연구자에게는 시사하는 바가 많다. 그들은 끊임없이 안전에 대해서 말했고 사람들의 사기는 미리 예고를 잘 해주는 정도의 문제일 뿐이라고 말했다.(재앙을 미리 알려주면 그에 따른 사기는 떨어지지 않는다는 뜻.-옮긴이) 재앙이 무엇이 되었든 가령 민간인 폭격이든 사이판에서의 패배든 필리핀 방어의 실패든, 일본 정부가 국민들에게 해주는 말은 이런 것이었다. 그 재앙은 미리 다 알려준 것이므로 걱정할 바가 아니다. 라디오 방송은 그것을 극구 강조했고, 일본 국민들은 여전히 모든 것이 완벽하게 알려진 세상에서 살고 있다는 얘기를 듣는 것만으로도 큰 위안을 느낀다고 생각했다.

"미군이 키스카(Kiska)를 점령하여 일본 본토가 미국 폭격기의 사정권 안에 들어오게 되었다. 그러나 우리는 이런 우발적 상황을 잘 알고 있고 그래서 필요한 준비를 해놓았다."

"적은 틀림없이 육전, 해전, 공중전의 합동 작전으로 우리를 공격해 올 것이다. 하지만 이것은 우리의 계획에 이미 감안되어 있다."

일본인 전쟁포로들, 심지어 가망 없는 전쟁에서 일본의 조기 패배를 바라는 포로들조차도 미군 폭격으로 일본 본토의 국민들을 위축시키지 못할 것이라고 확신했다. 왜냐하면 "일본인들은 사전 경고를 받았기 때문이다."

미군 폭격기들이 일본의 도시들을 폭격하기 시작했을 때, 일본 항공공업회의 부회장은 이런 방송을 했다.

"적기가 마침내 우리 머리 위에까지 나타났습니다. 그러나 항공기 제작업에 종사하면서 이런 사태를 늘 예상해 왔고, 우리는 그에 대비하여 완벽한 준비를 해놓았습니다. 그러므로 걱정할 것이 없습니다."

모든 것이 사전 경고되어 충분하게 계획되어 있으므로, 일본인은 그들에게 아주 필요한 주장, 즉 모든 것이 오로지 일본인 자신의 뜻대로 벌어지고 있다는 주장을 계속할 수 있었다. 그러니까 그 누구도 그들에게 어떤 것을 강요하지 못하는 것이다.

"우리가 수동적으로 공격을 당한다고 생각해서는 안 됩니다. 우리가 적극적으로 적을 우리 쪽으로 끌어당겼습니다."

"적이여, 올 테면 와라. 우리는 '마침내 올 것이 왔다'고 말하는 대신 이렇게 말할 것입니다. '우리가 기다리던 것이 왔다. 그것이 와서 기쁘다.'"

일본 의회에 답변을 하러 나간 해군 장관은 1870년대의 위대한 전사인 사이고 다카모리(西鄕隆盛, 1828~77)의 가르침을 인용했다.

"두 종류의 기회가 있다. 하나는 우연히 얻어걸리는 기회이고, 다른 하나는 우리가 적극적으로 만들어내는 기회이다. 엄청난 어려움에 직면한 시기에, 우리는 반드시 기회를 창조해야만 한다."

일본 라디오 방송은 미군이 마닐라로 진군해 들어갈 때 필리핀 주둔 일본군 사령관 야마시타 도모유키(山下奉文, 1885~1946) 장군의 말을 이렇게 소개했다. "장군은 활짝 미소 지으며 적군이 이제 우리의 품 안으로 들어왔다고 말했습니다."

"미군이 링가옌 만에 상륙한 직후에 마닐라는 신속하게 미군의 수중에 떨어졌습니다. 하지만 이것도 야마시타 장군의 전략에 의한 결과이고 장군의 계획에 따라서 벌어진 일입니다. 야마시타 장군의 작전은 계속 진전을 보이고 있습니다." 달리 말해서 패배하는 작전이 계속 진전되고 있다는 뜻이다.

미국인의 전쟁에 대한 태도는 일본인의 그것과는 정반대 방향으로 나아간다. 미국인은 이 싸움이 강요되었기 때문에 전쟁에 뛰어들게 되었다. 미국은 공격을 당했다. 그러니 너희 일본은 반격을 각오해라. 미국인 병사들에게 격려의 말을 계획하는 미국 대변인은 진주만이나 바탄(Bataan)만에 저질러진 일본의 습격에 대하여 "이것들은 우리 계획이 충분히 감안되어 있는 것들입니다."라고 말하지 않았다. 오히려 이렇게 말했다. "적이 싸움을 걸어왔습니다. 우리는 저들에게 어떻게 반격할 것인지 보여 줄 겁니다." 미국인들은 그들의 생활을 계속 도전이 벌어지는 세상과 연계시킨다. 그리고 미국인은 그 도전을 받아들일 준비가 되어 있다. 일본인의 격려사는 미리 계획되고 대비된 생활 방식에 바탕을 두고 있고 그래서 일본인의 가장 큰 위협은 예상하지 못한 곳에서 불쑥 튀어나오는 위협이다.

전쟁 중의 일본인 행동에서 꾸준히 발견되는 또 다른 주제(남의 시선을 의식)는 일본인의 생활에 대하여 많은 것을 말해 준다. 그들은 끊임없이 '세계의 눈이 그들을 어떻게 바라보는 지'를 의식했다. 그러므로 그들은 일본의 정신을 철저하고 완벽하게 보여 주어야 했다. 미군이 과달카날 섬에 상륙했을 때, 그 섬을 지키는 일본군 병사들에게 내려간 지시는 이런 것이었다. 이제 일본군이 '온 세상'의 직접 주목을 받게 되었으니 일본인의 기질이 어떠한 것인지 보여 주라. 일본 해군의 수병들은 다음과 같은 지시를 받았다. 승선 중인 배가 어뢰를 맞아 침몰하게 되어 하선을 해야 한다면, 아주 질서정연하게 구명보트로 퇴각하라. 이렇게 하지 않는다면 "미군은 자네들의 움직임을 찍은 사진을 영화로 만들어서 뉴욕의 미국인들에게 보여 줄 것이다." 일본인은 세상을 향하여 그들 자신이 어떤 사람이라고 보여 주는 것이 정말로 중요하다고 여긴다. 이처럼 남을 의식하는 태도는 일본 문화에 깊은 뿌리를 내린 관심사이다.

일본 천황과 일본인

일본인의 행동과 관련하여 가장 유명한 문제는 일본의 천황에 관한 것이다. 천황은 일본인들에게 어떤 영향력을 갖고 있는가? 권위 있는 몇몇 일본학 학자들에 의하면, 일본에서 봉건제가 시행되었던 700년 내내, 천황은 그림자 같은 상징적 인물에 불과했다. 모든 일본인의 즉각적인 충성심은 그의 영주인 **다이묘**를 향한 것이었고, 그보다 더 상급자는 대장군인 **쇼군**이었다. 중세 시대에 천황에 대한 충성은 별로 문제시되지 않았다. 천황은 뚝 떨어진 궁정에 철저히 격리되어 있었고 그가 집행하는 예식이나 행위는 쇼군의 규정에 따라 엄격히 제한되어 있었다. 봉건 영주가 천황을 찾아가서 경의를 표시하는 것은 반역 행위였고 일본 국민들이 볼 때 천황은 거의 없는 것이나 마찬가지 존재였다.

몇몇 미국인 분석가들은 일본은 오로지 이런 역사에 의해서만 이해될 수 있다면서 천황의 존재를 가볍게 본다. 현재 살아 있는 사람들의 기억 속에서 천황은 유명무실한 존재였는데, 어떻게 그런 천황이 일약 무명의 상태에 벗어나 일본과 같은 보수적 국가의 명실상부한 구심적 인물로 등장할 수 있겠는가? 미국인 분석가들은 계속 이런 말을 한다. 천황이 일본인에 대해 변함없는 영향력을 갖고 있다는 일본인 선전자들은 상황을 과장하고 있다. 그들이 그런 얘기를 하면 할수록 오히려 그들의 주장이 허약함을 증명해 줄 뿐이다. 따라서 전쟁 중에 천황을 상대로 온건한 정책을 써야 할 이유가 없다. 오히려 일본이 근년에 급조한 이 사악한 퓨러(Fueher: 총통. 제2차 세계대전 중 독일의 히틀러를 가리키는 말로서 천황을 히틀러에 비유.-옮긴이) 개념을 아주 강력하게 공격해야 마땅하다. 천황은 근대에 들어와 생겨난 국수주의적 신토(神道) 종교의 핵심이다. 따라서 미국이 천황의 신성함을 깎아내리고 제거해 버린다면 적국 일본의 사회 구조 전체가 일거에 무너져 내릴 것이다.

그러나 일본을 잘 알고 또 미군 최전선에 날아온 보고서와 일본 측 자료를 섭렵한 많은 유능한 미국인들은 그와는 정반대의 의견을 갖고 있다. 일본에서 살아본 적이 있는 사람들은 천황을 비하하는 말을 하거나 그를 대놓고 공격하면 일본인은 마치 급소를 찔린 것처럼 펄쩍 뛰며 격렬하게 반발한다는 것이다. 미국이 천황을 공격하는 것은 일본의 군국주의를 공격하는 것이지만, 일본인은 그렇게 생각하지 않는다는 것이다. 일본에서 살아본 적이 있는 사람들은 일본의 천황 숭배가 제1차 세계대전 이후의 시기에도 철저했다는 것을 직접 두 눈으로 보았다. 그 시기에 '데모크라시(democracy: 민주주의. 저자는 이를 일부러 일본식 발음을 흉내내 demokrasie라고 표기함)'가 널리 유행되는 말이었고, 군국주의는 심한 멸시의 대상이어서 군인들은 도쿄 시내로 외출 나갈 때에는 사복을 입을 정도였다. 과거에 일본에서 살았던 나이든 일본인들의 증언에 의하면, 일본인의 천황 숭배는 지고지순할 정도로 열렬하다는 것이다. 다 알다시피, 나치 독일의 하일 히틀러라는 구호는 나치당의 흥망을 보여 주는 기준이었고 파시스트 정부의 사악한 소행들과 긴밀히 연결된 것이었는데, 천황 숭배는 그런 히틀러 숭배와는 아예 차원이 다르다는 것이다.

일본인 전쟁포로들의 발언도 이런 숭배를 증언한다. 서방의 군인들과는 다르게, 일본군 포로들은 적에게 생포되었을 때 각종 주제에 대하여 답변을 요구 당했을 때 어떤 것은 말하고, 어떤 것은 말하면 안 된다는 교육을 받지 않았다. 그리하여 그들은 놀라울 정도로 솔직하게 답변했다. 일본이 이처럼 포로로 잡혔을 때에 대하여 교육하지 않은 것은 '항복은 없다'는 그들의 정책 때문이었다. 이러한 정책은 종전의 마지막 몇 달 전까지도 고쳐지지 않았고, 설사 시정이 되었다고 하더라도 특정 부대나 현지 부대 등으로 제한되었다. 전쟁포로의 증언은 경청할 만한데, 그들의 의견이 일본군 내의 전반적 의견에 대한 단면이 되기 때문이다. 항복한 포로들의 소속 부대는 병사들의 사기가 떨어져서 항복한 것이 아니었다. 만약 그런 부대가 있다고 하면 그것은 전형적인 일본 부대가 아니다. 극소수를 제외하고 포로로 잡힐 당시의 병사들은 심한 부상을 입어서 움직일 수 없거나 의식을 잃은 병사들이었다.

철저한 결사 항전주의자들인 일본군 포로들은 그들의 극단적 군국주의를 모두 황은(皇恩)으로 돌렸다. 그래서 그들은 "천황의 뜻을 실천한다.", "천황의 마음을 편안하게 한다.", "천황의 명령에 따라 죽는다.", "천황이 국민을 전쟁으로 이끌었으니 거기에 복종하는 것이 나의 의무다."라고 말한다. 그러나 정반대로 지금의 전쟁(제2차 세계대전)뿐만 아니라 일본이 장차 세상을 정복해야 한다는 계획을 거부하는 사람들조차도, 그들의 평화적인 사상을 황은으로 돌린다. 전쟁을 피곤하게 여기는 사람들은 이렇게 말한다. "천황은 평화를 사랑하는 분이다.", "천황은 늘 자유주의적이었고 전쟁을 반대했다.", "천황은 **도조 히데키**에게 속았다.", "만주사변 때 천황은 군부의 조치에 반대한다는 의사 표시를 했다.", "전쟁은 천황의 인지나 허가 없이 시작되었다. 천황은 전쟁을 싫어하여 백성들이 전쟁에 끌려 들어가는 것을 허락하지 않았다. 천황은 병사들이 군내에서 그토록 학대 당하는 것을 알지 못했다."

이러한 언명은 독일군 전쟁포로의 발언과는 대조된다. 독일군 포로는 히틀러가 수하 장군들이나 독일군 최고사령부에 배신을 당했다고 불평을 하다가도, 전쟁과 전쟁 준비는 어디까지 최고사령관인 히틀러의 책임이라고 말한다. 이에 비하여 일본군 전쟁포로들은 천황 숭배와 군국주의 및 공격적 전쟁 정책은 서로 별개의 것이라고 아주 분명하게 말한다.

그리하여 천황은 일본인들에게 일본과 불가분의 존재로서 천황이 곧 일본이고, 일본이 곧 천황이다. "천황이 없는 일본은 일본이 아니다.", "천황 없는 일본은 상상조차 할 수 없다.", "천황은 일본 국민의 상징이고 종교 생활의 중심이다. 그는 초종교적 대상이다." 설사 일본이 전쟁에서 패배한다고 하더라도 천황이 패배의 책임을 뒤집어쓰는 일은 없을 것이다. "일본 국민들은 천황이 전쟁에 책임 있다고 생각하지 않는다.", "패배할 경우, 내각과 군부 지도자들이 책임을 져야 하고 천황에게 책임을 물어서는 안 된다.", "설사 일본이 전쟁에서 진다고 하더라도 일본인 열 명 중에 열 명은 여전히 천황을 숭배할 것이다."

천황은 '아예 비판의 대상이 아니다'라는 이런 전국적 만장일치는 미국인에게는 가짜로 보인다. 미국인들은 그 어떤 인간도 회의적 검증이나 비판으로부터 면제될 수 없다고 생각하기 때문이다. 하지만 일본이 전쟁에서 실제로 패배했을 때, 일본인들은 천황에 대하여 그런 절대적인 지지의 목소리를 보냈다. 일본인 전쟁포로를 심문한 노련한 미국인들은 심문지에다 "천황을 비방하는 말을 하기를 거부함"이라는 노트를 일일이 쓸 필요가 없다고 판결했다. 모든 포로가 거부했던 것이다. 심지어 연합군에게 협조하면서 미군을 위해 일본인 부대에 방송까지 했던 사람도 천황 비방은 거부했다. 전쟁포로를 심문한 조사지를 모두 수거해 본 결과, 오직 세 사람 정도가 아주 온건한 반(反)천황의 태도를 취했는데, 그중 한 사람은 이런 말을 했다. "천황을 황위에 그대로 둔다면 실수가 될 것이다." 두 번째 사람은 "천황은 마음이 약한 사람이고 괴뢰에 불과하다."고 언급했다. 세 번째 사람은 천황이 아들을 위해 양위할 것이라고 예상했다. 그리고 만약 천황제가 폐지된다면 젊은 일본 여성들은 그들이 부러워하는 미국 여성 같은 자유를 얻게 될 것이라고 덧붙였다.

따라서 일본군 지휘관들은 이런 총체적인 천황 숭배를 적절히 활용했다. 그래서 병사들에게 담배를 나눠 줄 때에도 '천황 폐하로부터'라는 말을 썼고, 천황의 생일 때에는 동쪽으로 세 번 머리를 조아리고 '반자이(萬

歲)'라고 외치게 했다. 그리고 '부대가 밤낮없이 폭격에 시달리고 있는 상황에서도' 지휘관들은 부하 병사들과 함께 천황이 군대에 내려준 군인칙유(軍人勅諭) 속의 '성스러운 말씀'을 아침저녁으로 암송했다. 그리하여 '그 암송하는 소리가 숲속으로 메아리치며 울려 퍼졌다.' 지휘관들은 병사들에게 '천황 폐하의 뜻을 받들고', '천황에 대한 걱정을 모두 떨쳐버리고', '천황의 자비심에 경의를 표시하고', '천황을 위하여 죽을 것'을 요구했다.

그러나 이런 천황의 뜻에 대한 복종은 승전을 재촉하는 것이지만 동시에 항복을 유도하는 양날의 칼이 될 수도 있다. 많은 일본인 포로들이 이렇게 말했다. "만약 천황이 명령한다면, 일본인들은 죽창을 들고서라도 망설임 없이 싸울 것이다. 그렇지만 싸움을 멈추라고 명령을 내린다면 그 즉시 멈출 것이다.", "만약 천황이 그런 명령을 내린다면 일본은 그 다음 날로 모든 무기를 내려놓을 것이다.", "심지어 만주의 관동군 ─ 가장 호전적이고 국수적인 부대 ─ 도 무기를 내려놓을 것이다.", "오로지 천황의 말만 일본인들로 하여금 패배를 받아들이고 전후 복구 사업에 적극 협조하게 할 것이다."

천황 숭배 vs 정부 비판

이런 무조건적이고 무제한적인 천황에 대한 복종은 다른 정부 지도자나 단체에 대한 비판과는 극명한 대조를 이룬다. 일본 신문, 잡지, 그리고 전쟁포로의 증언 등에는 일본 정부나 군사 지도자에 대한 비판이 많다. 전쟁포로들도 그들이 속한 부대의 부대장이나 지휘관들에 대해서는 자유롭게 비난했다. 특히 병사들의 위험과 고초에 동참하지 않은 지휘관일수록 욕을 많이 먹었다. 특히 자신은 비행기를 이용하여 탈출하면서 부하들을 현지에 남겨두고 끝까지 싸우게 한 지휘관은 심하게 욕을 먹었다. 일본인들은 일본 사정과 관련하여 좋은 것과 나쁜 것을 분명하게 구분하려는 의지도 보여 주었다. 심지어 일본 본토에서도 신문과 잡지는 '정부'를 비판했다. 그들은 좀 더 확실한 리더십과 더 폭넓은 협조 아래 이루어지는 전쟁 수행 노력을 요청했다. 또 그들이 정부로부터 필요한 것을 적시에 제공받지 못한다는 얘기도 했다. 그들은 심지어 언론 자유의 제한도 비판했다.

1944년 7월 도쿄의 한 신문에 실린 좌담회 보고서가 좋은 사례이다. 좌담회는 신문 편집자들의 패널, 전직 의회 의원들, 일본의 전체주의적 정당인 대정익찬회(大政翼贊會)의 간부들이 참석했다. 한 참석자가 말했다. "일본인들의 사기를 북돋을 수 있는 방법은 여러 가지가 있다고 생각합니다만, 가장 중요한 것은 언론의 자유입니다. 요 몇 년 동안 사람들은 그들이 생각하는 것을 자유롭게 말할 수 없었습니다. 어떤 문제에 대하여 발언하면 비난을 받을까봐 두려웠던 것입니다. 그들은 망설였고 겉만 좋게 꾸미면서 봉합했고 그래서 대중들의 마음은 소심해졌습니다. 우리는 이런 식으로 해서는 국민들의 총체적인 힘을 이끌어내지 못할 것입니다." 또 다른 참석자는 이런 말을 했다. "나는 선거 지역구의 주민들과 거의 매일 밤 회의를 갖습니다만 그들은 모두 두려워서 말을 하지 않으려 합니다. 언론의 자유는 거부되었습니다. 이것은 주민들의 전의를 북돋는 데는 좋은 방법이 아닙니다. 주민들은 전시형사특별법과 치안유지법으로 크게 제약을 받아서 봉건 시대의 사람들처럼 겁이 많습니다. 그래서 충분히 개발될 수 있는 전투력이 현재 미개발 상태입니다."

따라서 심지어 전쟁 중에도 일본인들은 일본 정부, 최고사령부, 그들의 직속상관들을 비판했음을 알 수 있다. 그들은 일본의 철저한 계층제도를 아무런 의심 없이 전면적으로 인정한 것은 아니었다. 그러나 천황은 예외였다. 그의 존엄한 지위가 비교적 최근에 만들어진 것인데 어떻게 이런 절대적 숭배가 생겨나게 되었을까? 도대체 일본의 성격 중 어떤 독특한 변덕이 작용하여 천황을 그토록 성스러운 지위로 밀어 올렸을까? 천황이 싸우라고 하면 '죽창을 들고서라도' 죽을 때까지 싸울 것이요, 천황이 명령하면 패배와 점령도 평화롭게 받아들일 것이라고 한 일본인 전쟁포로의 말이 정말 맞는 말일까? 이런 말도 안 되는 얘기는 우리를 교란하기 위한 것인가? 아니면 그 말이 진실일까?

일본군 부상병과 포로

전쟁 중의 일본인 행동 양식은 반(反)물질적 태도에서 시작하여 천황에 대한 극진한 숭배에 이르기까지 다양한데, 이런 문제는 전투가 벌어지는 최전선뿐만 아니라 일본 본토와도 중요하게 연결되는 문제이다. 특별히 일본군과 더 관련이 있는 다른 태도들도 있었다. 그것은 일본군이 전투 병력을 소모품 정도로 여기는 태도이다. 일본의 라디오 방송은 일본군과 미군의 대조적인 태도를 보도하면서, 대만 근처에서 비상작전을 수행하던 지휘관인 조지 S. 매케인(George S. McCain) 제독에게 미 해군이 훈장을 수여했다는 사실에 충격과 불신의 반응을 보였다.

존 S. 매케인 지휘관에게 훈장을 수여한 공식적인 사유는 일본군을 격퇴시킨 것이 아니었다. 니미츠 성명에 의하면 일본군 격퇴가 주요 임무 중 하나이므로 매케인으로서는 그런 임무를 수행하지 않을 이유가 없었다··· 그런데 매케인 제독에게 훈장을 수여한 이유는 미군 전함 두 척을 구조하여 그 배들의 기지까지 안전하게 호송했다는 것이었다. 이 정보가 중요한 것은 이게 허구가 아니라 진실이라는 것이다… 그래서 우리는 매케인 제독의 두 척 구조 작전이 진실임을 의심하지 않는다. 그러나 우리가 청취자들에게 주장하고 싶은 것은 파손된 배 두 척을 구조한 것이 미국에서는 훈장 감이 된다는 기이한 사실이다.

미국인들은 구조에 흥분을 느끼고 궁지에 몰린 사람들을 도와주는 것을 좋아한다. 만약 '파손된' 것을 구조했다면 그 영웅의 행위는 그만큼 더 가치 있는 것이 된다. 일본인의 용기는 이런 구제를 거부한다. 일본인은 미군의 B-29 폭격기와 다른 폭격기들에 설치된 안전장치들에 대해서조차도 '비겁하다'고 소리친다. 일본 언론과 라디오는 이 주제를 거듭거듭 다루었다. 그들이 보기에 삶과 죽음의 위험을 받아들이는 것에만 미덕이 있다. 사전 대비는 가치 없는 것이다.

이러한 태도는 부상을 당하거나 말라리아에 걸린 환자들의 경우에도 그대로 드러났다. 이런 병사들은 파손된 물건이었고 그들에게 제공되는 의료 조치는 아주 미흡했고, 전투력을 합리적으로 유지하기에 턱없이 부족한 조치였다. 시간이 흘러가면서 각종 보급상의 어려움은 이런 방만한 의료 시설을 더욱 악화시켰다. 하지만 이것이 이야기의 전부는 아니다. 이렇게 된 데에는 물질을 경시하는 일본인의 사상도 한몫했다. 일본 군인들은 이런 가르침을 받았다. 죽음 그 자체가 정신의 승리이다. 병자를 간호한다는 것은 그런 영웅적 행동에 대한 간섭이고, 예를 들어 폭격기의 안전장치같이 비겁한 것이다. 또 일본 사회의 민간인들은 미국인들처럼 내과 의사나 외과 의사를 찾아가는 게 익숙하지 않다. 반면에 미국에서는 다른 복지 조치들보다는 부상당한 사람들에 대한 관심이 특별히 높다. 이런 관심은 심지어 평화 시에 일부 유럽 국가들에서 미국을 찾아온 방문자들도 논평하는 사항이다.

하지만 이런 태도는 일본인에게 아주 생소한 것이다. 아무튼 전쟁 중에 일본군은 포격을 당하는 상황에서 부상자를 이동시켜서 일차 응급 처치를 하는 훈련된 구조 팀을 두지 않았다. 일본군은 최전선 야전병원, 후방 병원, 멀리 떨어진 곳에 있는 요양병원 등의 체계를 갖추지 않았다. 의료품에 대한 조치는 한심한 수준이었다. 어떤 비상사태에서는 입원 병사들을 사살했다. 특히 뉴기니와 필리핀에서 일본군은 야전병원이 있는 지역에서 없는 지역으로 자주 퇴각을 해야 되었다. 기회가 있는 동안에 병자와 부상자를 후송시키는 절차가 없었다. 일본군 대대의 '계획된 철수'가 실제로 벌어지거나 적군이 진지를 점령할 것 같으면, 조치를 취했다. 담당 의무 장교가 종종 철수하기 직전에 입원 부상병을 사살하거나 아니면 부상병들 자신이 수류탄으로 자살했다.

파손된 물자에 대한 일본인의 이런 태도가 일본인 병사를 대하는 기본적 태도라면, 그것은 미군 포로를 다루는 데서도 똑같이 적용되었다. 우리의 기준에 의하면, 일본 군대는 일본군 병사뿐만 아니라 적군 포로에 대해서도 똑같이 잔인한 행위를 했다. 대만에서 전쟁포로로 3년간 붙잡혀 있었던 해럴드 W. 글래틀리(Harold W. Glattly) 대령은 풀려난 후에 이렇게 말했다. "미군 포로들은 오히려 일본군 병사보다 더 좋은 의무적 치료를 받았다. 포로수용소 내에는 연합군 의무 장교들이 있어서 연합군 포로를 돌보았으나, 일본인들은 그런 의사가 없었다. 한동안 그들이 일본 병사들을 위해 임명한 의무 요원은 하사 한 명이었는데 나중에 상사가 왔다." 그는 일본인 의무 장교는 일 년에 한 번 혹은 두 번 보았을 뿐이었다.[1]

---

1 『워싱턴 포스트』에 실린 기사, 1945년 10월 15일자.

항복을 죄악시하는 일본 군대

이처럼 병사를 소모품 정도로 여기는 극단적 사례는 일본군의 항복 불가 정책이다. 서양의 군대는 최선을 다했는데도 도저히 이길 승산이 없으면 적군에게 항복을 한다. 그래도 서양의 병사들은 자신을 명예로운 군인으로 생각하고 또 국제 협약에 의하여 포로 명단이 본국으로 발송되어 그 가족들에게 그들이 아직 살아 있음을 알린다. 그들은 항복을 했더라도 군인, 시민, 가족의 일원으로서 전혀 치욕이라고 생각하지 않는다.

그러나 일본인은 상황을 다르게 본다. 결사 항전을 명예라고 생각한다. 희망이 없는 상황에서, 일본군 병사는 마지막 남은 수류탄으로 자폭하거나 총알도 없는 상태에서 총에다 대검을 꽂고 적군을 향하여 집단 자살 공격을 감행한다. 일본군 병사는 절대로 항복해서는 안 된다. 심지어 부상을 당했거나 무의식 상태에서 적군에게 포로로 잡혔을 때에도, "이제 일본에 가서는 고개를 들고 살 수 없다."고 생각한다. 그는 치욕을 당한 것이다. 그는 자신의 옛 모습에 비추어 '죽은' 사람이 된 것이다.

물론 절대 항복하지 말라는 최고사령부의 명령이 내려와 있었다. 하지만 전선에서는 이것을 공식적으로 특별히 훈육시킬 필요가 없었다. 일본군은 항복 불가 정책을 철저히 실천했다. 그리하여 북미얀마 전투에서 포로 대 전사자의 비율이 142명 대 1만 7,166명이었다. 이것은 1대 120의 비율이다. 포로수용소에 들어온 142명 중에서 극소수를 제외하고, 모든 병사가 생포되었을 때 부상을 당했거나 무의식 상태였다. 극소수의 항복 병사들이 혼자서 혹은 두세 명의 그룹으로 '항복했다.' 서양 국가들의 군대에서는 병력이 4분의 1 내지 3분의 1이 전사할 지경이 되면 항복이 정해진 수순이다. 그리하여 항복 병사와 전사 병사의 비율이 4대 1 정도가 된다.

그러나 홀란디아 전투에서는 일본군 부대의 투항자 숫자가 크게 늘어나서 1대 5 정도가 되었다. 이것은 북미얀마의 1대 120에 비하면 엄청나게 좋아진 수치이다.

이런 배경을 갖고 있기에 일본인이 볼 때, 전쟁포로가 된 미국인들은 항복했다는 그 사실만으로도 이미 치욕스러운 한심한 자들이었다. 그들은 '파손된 물품'이었다. 부상, 말라리아, 이질 등의 질병으로 인해 '온전한 사람'이 될 수 없었는데도 여전히 포로를 파손된 물품 취급했다. 많은 미국인들은 포로수용소에서 웃음을 터트리는 것이 위험한 일이고, 또 일본인 교도관의 비위를 크게 건드리는 일이라고 회상했다. 일본인의 눈으로 볼 때 미군 포로들은 치욕스러운 존재임이 분명한데, 포로들이 그걸 깨닫지 못하고 웃음이나 터트리다니 괘씸한 것이었다. 미군 포로들이 복종해야 하는 많은 명령들은, 일본군 장교들이 일본인 교도관들에게 복종을 요구한 것과 똑같은 명령들이었다. 강제 행군과 비좁은 수송선 등은 일본군 병사들에게는 흔한 일이었다. 미국인들은 또 교도관들이 미군 포로들에게 규칙 위반이 발생하면 그것을 철저히 감추라고 했던 것을 회상했다. 가장 큰 죄는 규칙을 노골적으로 위반하는 것이었다.

포로수용소에서 미군 포로들은 낮 동안에 도로나 군 시설에서 좀 떨어진 곳에서 강제 노동을 했다. 이때 수용소 규칙은 노동을 했던 시골 지방에서 과일이나 야채를 가지고 와서는 안 된다는 것이었다. 하지만 그런 것들을 잘 감추어서 들키지만 않는다면 그런 금지 규정은 없는 것이나 마찬가지 규칙이었다. 하지만 들키는 경우에, 그것은 노골적인 규칙 위반이 되었다. 다시 말해 미국인 포로가 교도관의 권위를 무시한 것이었다. 설사 간단한 '말대꾸'라도 권위에 대한 노골적 도전은 철저히 응징되었다. 일본의 민간인 사회에서도 말대꾸는 엄격히 금지되어 있었고 일본 군대는 그런 관습에 따라 무거운 형벌로 처벌하는 것이다. 나는 이처럼 포로에 대한 미국과 일본의 차이가 다른 것은 문화적 습관의 결과임을 지적하고자 한다. 그러나 이렇게 말한다고 해서 포로수용소 내에서 벌어진 폭력 행위와 과도한 학대 행위가 무죄라는 얘기는 아니다.

특히 개전 초창기 단계에서 항복을 수치로 여기는 태도는 일본인들 사이에 널리 퍼진 잘못된 정보에 의해 강화되었다. 즉, 적군(미군)은 그 어떤 포로가 되었든 고문한 후 죽인다는 것이었다. 과달카날에서 붙잡힌 포로들의 신체 위로 탱크들이 깔고 넘어갔다는 소문이 거의 모든 일본인 점령 지역에 퍼져 있었다. 미군은 항복을 하려고 하는 일본 병사들을 아주 의심하는 눈초리로 쳐다보면서 예방 조치로 그들을 살해한 적이 있었다. 이런 미군의 의심은 때때로 정당한 것이었다. 죽음밖에 남아 있는 것이 없는 어떤 일본 병사는 죽을 때 적군을 함께 데리고 가겠다고 자랑스럽게 말했던 것이다. 그는 포로로 잡힌 후에도 그런 일을 할 수도 있었다. 그들 중 한 명은 이렇게 말했다. "승리의 제단에 소신(燒身) 공양을 하기로 결심했으므로, 아무런 영웅적 행위도 하지 못하고 죽는 것은 치욕이 될 것이다." 이러한 가능성 때문에 미군은 경계를 하게 되었고 자연히 투항자의 숫자는 줄어들었다.

항복 불가와 항복 후의 적극적 협조

항복의 수치는 일본인의 의식 속에 깊이 각인되었다. 그들은 미국인의 전쟁 수행 규약과는 생판 다른 행동을 당연한 것으로 받아들였다. 당연히 미국의 전쟁 규약은 그들에게 생소한 것이었다. 그들은 미군 포로들이 미국에 그들의 이름을 알려주어 가족들에게 생존해 있음을 통보하도록 해달라고 요구하는 것에 충격을 받았고 또 비난하는 어조로 말했다. 일본군 병사들은 필리핀의 바탄에 주둔한 미군 병사들이 항복하는 사태에 전혀 대비가 안 되어 있었다. 그들은 미군도 일본군처럼 최후의 일인까지 싸우다 죽을 줄 알았기 때문이다. 그들은 미군 병사들이 포로 신세가 되고서도 부끄러워하지 않는 사실을 납득할 수가 없었다.

연합군 병사와 일본군 병사 사이의 가장 극적인 차이는, 일본군 병사가 연합군 포로로 붙잡혔을 때 연합군에 적극 협조했다는 것이다. 그들은 이런 새로운 상황에 적용되는 삶의 규칙을 알지 못했다. 그들은 불명예를 당했고 일본인으로서의 삶은 끝장났다. 종전 마지막 몇 달 전에야 소수의 일본군 포로들은, 전쟁이 어떤 식으로 끝나든 상관없이, 자신들도 본국으로 돌아갈 수 있다는 것을 상상할 수 있었다. 어떤 일본군 포로들은 죽여달라고 했다. "하지만 미국의 관습이 이것을 허용하지 않는다면 나는 모범 포로가 되겠습니다." 그들은 모범 포로 이상의 역할을 했다. 일본군의 고참병이었고 장기간 지독한 국수주의자였던 그들은 일본군 탄약고의 위치를 알려주었고, 일본군의 배치를 꼼꼼하게 설명했으며, 미군의 선전 자료를 집필했고, 폭격 조종사들과 동승하여 그들에게 군사 목표물을 안내해 주었다. 일본군 포로들은 인생의 새로운 페이지를 펼친 것 같았다. 새로운 페이지 위에 쓰인 것은 낡은 페이지 위에 적힌 것과는 정반대였다. 하지만 그들은 그 새로운 페이지에 적힌 대사를 전과 똑같은 성실성을 발휘하며 읽어 내려갔다.

물론 이것은 모든 일본군 포로에 해당되는 얘기는 아니다. 몇몇 포로들은 타협이 불가능했다. 하지만 그들의 이런 협조적 행동이 나오려면 먼저 어떤 좋은 환경이 조성되어야 했다. 처음에 미군 지휘관들은 일본인 포로의 협조를 액면 그대로 받아들이기를 망설였는데 그건 이해할 만한 일이다. 포로들의 도움 제안을 받아들이지 않은 미군 부대들도 있었다. 그러나 제안을 받아들인 미군 부대들의 경우, 당초의 의심은 곧 사라지고, 일본인 포로들의 성실한 협조에 점점 의존하게 되었다.

미국인들은 전쟁포로들로부터 이런 180도 전환을 기대하지 않았다. 그것은 미국인의 행동 규범과는 맞지 않는 것이었다. 그러나 일본인 포로의 행동거지는 마치 이렇게 말하는 것 같았다. 어떤 한 행동 노선에 있는 것을 다 투입했는데 그것이 실패했으므로, 이제 다른 행동 노선을 선택해야 한다. 이것은 미국이 종전 후의 점령 시대에도 기대해 볼 수 있는 그들의 방식인가? 아니면 개별적으로 생포된 일본군 병사들에게서만 볼 수 있는 특수한 행동 양식인가? 전쟁 중에 우리에게 불쑥 들이밀어진 일본인들의 다른 특수한 행동 양식들과 마찬가지로, 이런 180도 방향 전환은 다음과 같은 질문을 던지게 했다.

- 일본인들이 사전에(180도 방향 전환 이전에) 적응되어 있는 전반적인 생활 방식은 무엇인가?
- 일본 사회의 제도들은 어떻게 작동하는가?
- 일본인들이 성장하는 과정에서 어떤 생각과 행동의 습관을 학습하는가?

3장

자신의 적절한 자리
찾아가기

The Chrysanthemum and the Sword

일본 문화의 연구자는 먼저 일본인이 말하는 '자신의 적절한 자리 찾아가기'를 이해해야 한다. 미국인이 자유와 평등을 확고하게 믿는다면 그들은 위계와 질서를 무엇보다도 중시한다. 미국인은 계층제도를 사회적 제도의 중요한 한 부분으로 받아들이기가 어렵다. 일본인들은 계층제도를 확고하게 믿으며 이것이 동료 일본인과의 관계, 그리고 국민과 국가와의 관계에서 가장 기본적인 사항이라고 생각한다. 우리는 일본의 국가적 제도, 가령 가정, 국가, 종교 생활과 경제생활 등을 살펴봄으로써 비로소 그들의 인생관을 이해하게 된다.

일본인은 그들의 국내 문제도 계층제도의 관점에서 바라보듯이, 국제 문제도 그런 관점에서 바라보아 왔다. 지난 10년 동안 일본인은 그들 자신이 피라미드의 정점에 도달했다고 생각해 왔다. 그러나 그 자리가 이제 서구 국가들에 돌아가자, 그들의 계층제도 관념은 새롭게 작동하여 현재의 세계 질서를 받아들이는 쪽으로 돌아서고 있다. 일본의 국제관계 문서들은 일본이 계층제도를 얼마나 중시하는가를 보여 준다. 일본이 1940년에 독일과 이탈리아와 함께 서명한 삼국동맹의 전문은 이렇게 시작한다. "일본, 독일, 이탈리아 정부는 지속적인 평화의 선결 조건으로서 세계의 모든 나라들이 각자의 적절한 자리를 찾아가야 한다고 생각한다…." 그리고 삼국동맹이 맺어진 날에 나온 천황의 조서는 같은 말을 하고 있다.

우리의 대의를 온 세상에 선양하고 또 온 세상을 하나의 집으로 만드는 것은 우리 황실의 선조들이 남긴 커다란 유훈이다. 우리는 이것을 밤낮없이 마음속에 깊이 간직하고 있다. 오늘날 세상이 직면하고 있는 엄청난 위기 상황 속에서, 전쟁과 혼란은 끝없이 악화되고 인류는 헤아릴 수 없는 재앙을 겪고 있다. 우리는 가능한 한 신속하게 이러한 혼란이 종식되고 평화가 회복되기를 열렬히 희망한다… 따라서 우리는 이 조약이 3국 사이에서 체결된 것을 아주 기쁘게 생각한다.

각국이 알맞은 자리를 찾아가도록 하고 모든 개인들이 평화와 안전 속에서 살아가게 하는 과업은 가장 중요한 일이다. 그것은 역사에 전례가 없는 것이다. 이 목표는 아직도 멀리 떨어져 있다….

진주만 공격을 하던 당일에도 일본의 사절들은 미국 국무장관 코델 헐 (Cordell Hull)에게 이 점에 대해서 아주 분명하게 밝히는 성명을 전달했다.

각각의 나라가 세계에서 자신의 적절한 자리를 찾아가게 하는 것이 일본 정부의 변함없는 정책이다… 일본 정부는 현재의 상황이 항구적으로 지속되는 것을 용납할 수 없다. 그것은 각각의 나라가 세계 내에서 그 적절한 자리를 향유하게 하려는 일본의 근본 정책에 위배되기 때문이다.

이러한 일본의 문서는 그보다 며칠 전 헐 국무장관이 미국의 원칙들은 일본의 위계제도 못지않게 미국 내에서는 근본적이면서 명예로운 것이라고 주장한 성명에 대한 답변으로 나온 것이었다.

미국인이 중시하는 4가지 원칙

헐 국무장관은 다음과 같은 네 가지 원칙을 열거했다.

첫째, 주권과 영토의 침범 불가능성.

둘째, 다른 국가들의 내정에 불간섭.

셋째, 국제 협력과 타협을 중시.

넷째, 평등성의 원칙.

이 4원칙은 평등하고 침범 불가능한 권리에 대한 미국인의 믿음을 표현한 것이었다. 사실 미국인의 일상생활은 국제질서 못지않게 이 네 원칙을 밑바탕으로 삼고 있다. 평등성은 미국인들이 더 나은 세상을 희망할 때, 가장 높고 가장 도덕적인 바탕으로 여기는 덕목이다. 그것은 독재, 간섭, 부당한 명령으로부터의 자유를 의미한다. 그것은 우리가 알고 있는 세상에서 인간의 권리를 확립할 때 인권의 기반이 되는 것이다. 우리는 평등을 위반할 때조차도 평등의 미덕을 찬양하고, 정의로운 분노 속에서 위압적인 계층제도를 상대로 싸운다.

이것은 미국이 건국될 때 이후 계속 그래 왔다. 토머스 제퍼슨(Thomas Jefferson)은 그것을 독립선언서에 집어넣었고 미국 헌법에 들어간 권리장전(Bill of Rights)도 그것(평등)에 바탕을 둔 것이다. 신생 국가의 공식 문서에 들어간 이런 공식적인 표현들은 중요한 것이었다. 그것들이 미 대륙 주민들의 일상생활 중에 벌어지는 생활 방식을 반영하기 때문이다. 하지만 이 평등함을 지향하는 생활 방식은 유럽인들에게는 낯선 것이었다.

국제 관계를 기록한 위대한 문서들 중 하나는 젊은 프랑스인 알렉시 드 토크빌(Alexis de Tocqueville)의 관련 책자이다. 그는 1830년대 초반에 미국을 방문하고서 평등성이라는 주제로 그 책을 썼다. 그는 지성적이고 동정적인 관찰자로서 아메리카라는 낯선 세계에서 많은 좋은 점을 발견할 수 있었다. 실제로 그 세계는 낯선 것이었다. 젊은 토크빌은 프랑스의 귀족제 사회에서 성장한 사람이었다. 당시 프랑스 사회는 프랑스 대혁명, 그리고 뒤이어진 나폴레옹의 과격한 신법 등으로 인해 프랑스 사회는 동요되고 충격을 받았다. 토크빌 당시에 아직 살아 있던 사람들의 머릿속에서 이런 사건들의 기억이 여전히 생생한 상태였지만 토크빌은 앞날을 내다볼 수 있었다. 그는 아메리카의 새롭고 낯선 생활 질서를 높이 평가했으나 프랑스 귀족의 눈으로 그 세계를 관찰했다. 그의 책은 구세계를 상대로 앞으로 벌어질 일들에 대하여 알리는 보고서였다. 그는 미국이 발전의 전진기지라고 믿었고, 유럽에도 현지 사정에 따라 차이점은 있겠지만 그런 발전이 있을 것이라고 예측했다.

그는 이 신세계에 대하여 길게 보고했다. 미국 사람들은 그들 자신을 남들과 조금도 다를 바 없는 평등한 사람이라고 생각했다. 그들의 사교는 새로우면서도 자유로운 발판 위에서 이루어졌다. 미국인들은 다른 사람들과 얘기를 하면 일대일로 평등하게 대화를 나누었다. 미국인들은 계층 사회의 예법 같은 것은 별로 신경 쓰지 않았다. 그들은 자신이 그런 예의바른 대접을 받아야 한다고 생각하지 않았고 또 상대방에게 그렇게 해주겠다는 말도 하지 않았다. 그들은 그 누구에게도 빚진 게 없다고 말하기를 좋아했다. 유럽의 오래된 귀족제나 고대 로마의 원로원 가문이 미국에는 없었다. 구세계를 지배했던 사회적 계층제도는 존재하지 않았다. 미국인들은 평등함을 믿었고 나머지 것들은 믿지 않았다. 토크빌은 또 미국인들이 자유가 창밖으로 내던져지는데도(무시되는 데도) 종종 딴 데를 쳐다보는 일이 있다고 말했다. 하지만 미국인들은 평등을 생활 속에서 실천했다.

미국인들로서는 1세기 전에 미국의 생활 방식을 집필한 이 낯선 외국인의 눈을 통하여 조상들의 모습을 살펴보는 것은 흥미로운 일이다. 그 후 미국에서는 많은 변화가 있었지만 중요한 윤곽은 변하지 않았다. 우리는 이 책을 읽으면 1830년의 미국이 우리가 지금 알고 있는 미국의 모습을 갖추고 있었음을 발견한다. 그 당시부터 현재에 이르기까지 좀 더 귀족적인 사회 질서를 선호한 제퍼슨 시대의 알렉산더 해밀턴(Alexander Hamilton) 같은 사람이 꾸준히 있어 왔다. 그러나 해밀턴 같은 생각을 하는 미국인들조차도 미국의 생활 방식이 귀족제도는 아니라는 것을 인정한다.

　진주만 습격 사건 직전에 미국은 일본에게 태평양 정책의 근간인 높은 도덕적 근거를 말해 주었다. 그때 우리는 가장 소중하게 여기는 원칙들을 말했다. 우리가 가리킨 정책 방향이 아직도 불완전한 세상을 향상시킬 것이라고 우리는 확신했다. 일본인 또한 '적절한 위치'를 믿는다고 말했을 때, 그들이 사회적 체험을 통해 내면화한 생활의 규칙을 말한 것이었다. 지난 수세기 동안, 불평등은 잘 조직된 일본의 생활—특히 예측 가능하고 널리 인정되는 사회 내의 여러 지점들—에서 하나의 용인된 규칙이었다. 계층제도를 인정하는 일본인의 행동 양식은 그들에게는 숨 쉬는 공기처럼 자연스러운 것이었다. 하지만 그것은 일방적인 동양의 권위주의는 아니었다. 통제의 권력을 행사하는 사람이나 통제를 당하는 사람이나 모두 전통에 입각하여 행동했다. 그 전통은 미국의 그것과는 다른 것이었다.

　이제 일본인들이 일본 내에서 미국의 권위에 최고의 높은 위계적 지위를 부여하는 데 동의했으므로, 우리는 그들의 위계적 관습에 대하여 가능한 한 명확하게 이해하는 것이 필요해졌다. 이렇게 할 때에, 비로소 우리는 일본인들이 현재의 상황에서 행동할 수 있는 방식을 예상해 볼 수 있다.

전시 일본은 신분제 사회

최근의 서구화 작업에도 불구하고 일본은 여전히 귀족제 사회이다. 모든 인사 예법, 모든 대인 접촉은 사람들 사이의 사회적 거리가 어떤 종류이고 또 어느 정도인지를 분명하게 드러내는 것이어야 한다. 일본인이 상대 방에게 '먹어라', '앉아라' 등의 말을 할 때, 상대가 동급인 사람, 하급자인 사람, 상급자인 사람 여부에 따라서 다른 단어를 사용한다. 각각의 경우에 사용되는 '당신'이라는 단어도 다르고 그에 따른 동사도 다른 어간을 갖고 있다. 달리 말해서, 일본인은 태평양의 많은 부족들이 그러하듯이 '경어'를 갖고 있다. 그런 경어를 사용하면서 적절한 허리 굽히기와 무릎 꿇기 등의 인사 예법이 동반된다.

이런 모든 행동은 세세한 규칙과 관습의 지배를 받는다. 누가 누구에게 허리를 굽혀야 하는지 알아야 할 뿐만 아니라 어느 정도 굽힐 것인지도 미리 파악해야 한다. 어떤 초대자에게는 적절하고 타당한 허리 굽히기 인사가 다른 초대자, 가령 절을 하는 사람보다 약간 사회적 지위가 높은 사람에게는 모욕으로 느껴져서 분노를 자아낼 수도 있다. 허리 굽혀 인사하기는 무릎을 꿇고 방바닥에 내려놓은 두 손에 이마를 조아리는 것에서 시작하여 머리와 어깨를 살짝 굽히는 것에 이르기까지 다양하다. 일본인은 각각의 특수한 경우에 알맞은 인사 예법을 배워야 하며 그것도 가능한 한 어릴 적부터 빨리 배워야 한다.

적절한 행동에 의하여 경의를 표시할 때, 계급의 차이만 중요한 게 아니다. 가령 성별, 연령, 가족 간의 거래 관계, 두 사람 사이의 과거 교제 등을 반드시 감안해야 한다. 심지어 같은 지위의 두 사람이라고 할지라도 상황에 따라서는 다른 정도의 경례 인사가 필요하다. 가령 어떤 민간인이 다른 민간인과 친밀하다면 그에게 경례를 할 필요가 없다. 그러나 그가 군복을 입고 나오면 민간인은 그에게 목례를 해야 한다. 계층제도의 준수는 무수한 요인들을 잘 감안하여 균형을 잡아야 하는 기술이다. 그 요인들은 어떤 경우에는 서로 상쇄가 되어 준수할 필요가 없지만 다른 경우에는 중층 가산되어 더욱 공손한 인사가 필요한 것이다.

그러나 서로 간에 의례가 별로 필요 없는 사람들도 있다. 미국의 경우 이런 사람들은 가족들이다. 미국인은 가족의 품안으로 돌아오면 에티켓 중 약간이라도 남아 있던 형식성마저도 내던진다. 일본에서는 이와는 정반대로 가정에서 규칙의 준수 방법을 배우고 또 꼼꼼하게 그것을 지킨다. 지금도 일본의 어머니는 아이를 등에 업고 다니면서 손으로 아이의 머리를 밑으로 잡아당긴다. 그리하여 아이가 배우는 첫 번째 교훈은 아버지와 형들에게 존경의 태도를 보여야 한다는 것이다. 아내는 남편에게 고개를 숙이고, 아이는 아버지에게 고개를 숙이고, 어린 남동생은 손위 형에게 고개를 숙이고, 여자아이는 남자 형제의 나이가 어떻게 되었든 모든 남자 형제에게 고개를 숙여야 한다. 이것은 결코 겉치레 동작이 아니다. 고개를 숙이는 사람은 상대방이 그의 마음대로 일을 처리할 수 있는 권리를 인정하는 것이며, 반대로 그런 인사를 받는 사람은 그의 지위에 걸맞은 책임을 느껴야 한다는 뜻이기 때문이다. 성별, 세대별 계층제도와 장유유서(長幼有序)는 가정생활의 핵심이다.

자식의 효도는 일본이 중국과 공유하는 높은 윤리 법칙이다. 중국식 효도관은 중국 불교, 유교의 윤리, 중국의 세속 문화 등과 함께 6세기와 7세기에 일본에 수입되었다. 그러나 효의 개념은 일본 가정생활이라는 중국과는 다른 구조에 적응하기 위하여 불가피하게 수정되었다. 중국에서는 오늘날에도 넓게 퍼진 씨족에 대하여 충성을 바쳐야 한다. 그 씨족은 수만 명에 달하는데 그런 많은 사람들을 상대로 효도의 개념이 적용되고 또 지지를 받고 있다. 중국은 광대한 땅이어서 조건이 지역마다 다르지만,

중국의 많은 지역들에서 어떤 특정 마을의 주민들은 같은 씨족의 사람들
이다.

　중국의 전체 인구 4억 5,000만 명 중에서 성(姓)은 470개뿐이며, 같은
성을 가진 사람들은 정도의 차이는 있지만 그들 자신을 형제라고 생각한
다. 넓은 지역에 사는 모든 주민이 독점적으로 하나의 성만 가지고 있을
수도 있고, 게다가 멀리 떨어진 도시들에 사는 가족들도 같은 씨족으로
여겨진다. 광둥(廣東) 같은 인구 조밀한 지역들에서 모든 씨족 구성원들은
힘을 합쳐 커다란 씨족 회관을 유지하며, 특별히 지정된 날들에는 같은
시조에서 나온 1천 명에 달하는 조상의 신위(神位)를 모아놓고 제사를 올
린다.

　각 씨족은 재산, 토지, 사당을 소유하고 있고, 장래가 유망한 씨족의 아
들에게 학비를 지원하는 기금을 유지한다. 씨족은 흩어진 구성원들의 소
재를 추적하여 10년 정도의 시간 단위로 정밀한 족보를 발간하여, 씨족의
특권을 누리를 있는 사람들의 명단을 널리 알린다. 씨족은 조상 전래의
법칙을 갖고 있으며, 만약 씨족이 국가 당국에 동의하지 않는다면 집안의
범죄자를 국가에 신고하는 것을 금지하는 법규도 갖고 있다. 왕조 시대에
이러한 반(半) 자율적 씨족의 거대한 공동체는 그보다 큰 단위인 국가가
임명한 순환 보직의 고관에 의해 조심스럽게 통치되었다. 사실 그 고관은
그 지역에서 외국인이나 다름없었다.

　이런 사정은 일본으로 오면 전혀 달라진다. 19세기 중반까지 오로지
귀족 가문과 전사(사무라이) 가문만이 성을 사용하는 것이 허용되었다. 성
은 중국의 씨족 제도에서 근본적인 개념으로서, 이것이나 그에 상당하
는 장치가 없으면 씨족 조직은 발전할 수가 없다. 그런 상응하는 장치들
중 하나가 족보를 발간하는 것이었다. 그러나 일본에서는 상류 계급만
족보를 유지했고, 그나마 미국에서 '미국 혁명의 딸들(Daughters of American

Revolution)'이 하는 것처럼, 현재 살아 있는 사람을 기준으로 과거로 소급하면서 족보를 유지했지, 시간 경과 순으로 시조에서 아래로 내려오면서 같은 시조에서 파생된, 현 세대의 살아 있는 모든 사람을 포함하는 방식은 아니었다. 일본과 중국은 족보를 유지하는 방식이 이처럼 다른 것이다.

게다가 일본은 봉건제 국가였다. 각 개인의 충성은 대규모 친척 집단에 바치는 것이 아니라 봉건 영주에게 바치는 것이었다. 영주는 현지에 상주하는 사람이었으므로 중국의 중앙 정부가 임명한 순환 보직의 고관과는 크게 대조되는 통치자였다. 중국 고관은 해당 지역에서 외국인이나 다름없는 존재였다. 일본에서는 번(藩: 봉건 영지)의 개념을 중시하여 어떤 사람이 사쓰마 번 출신이냐 혹은 히젠 번 출신이냐를 더 중요하게 따졌다.

일본의 조상 숭배 의식

씨족을 제도화하는 또 다른 방식은 사당이나 다른 신성한 곳에서 씨족의 먼 조상을 추모하는 것이었다. 이것은 성이나 족보가 없는 일본의 '보통 사람들'도 할 수 있는 것이었다. 그러나 일본에는 먼 조상을 받들어 모시는 제사 의식은 없었고, '보통 사람들'이 받들어 모시는 사당(신사)에는, 공동 조상을 두었는지 여부를 따지지 아니하고 온 마을 사람들이 모여 함께 기도를 올렸다. 그들은 자신들을 가리켜 신사에 모셔진 신의 '자녀들'이라고 했는데 그들이 그 신이 지배하는 영역에 함께 살기 때문에 그런 '자녀들'이 된 것이다. 이런 마을 사람들은 세상의 여타 마을에서도 그러하듯이 오래 같이 살다보니 서로 관계를 맺게 되었지만, 공동 조상에서 파생된 단단한 결속력을 가진 씨족 집단은 아니었다.

직접적인 조상에 대한 의례는 가정 내에 마련된, 신사와는 아주 다른 사당에서 이루어진다. 가정 내의 자그마한 사당(佛壇)에는 최근에 돌아가신 여섯 내지 일곱 분 정도의 조상만 기념되고 있다. 일본 내의 모든 계급은 이 불단 앞에서 날마다 예식을 올린다. 돌아가신 지 얼마 되지 않아 몸소 기억하고 있는 양친, 조부모, 가까운 친척 등에 대해서는 자그마한 비석 모형(位牌)을 불단에 세워놓고 그 앞에 음식을 바치면서 추모한다. 기억을 하지 못하는 먼 조상에 대한 제사는 그리 열심히 올리지 않는다. 심지어 공동묘지에서도 증조부모의 비석들은 새겨진 글자들이 비바람에 마모되었어도 개보수하지 않으며, 심지어 증조부모의 이름도 잘 기억하지 못한다. 일본의 가족 간 유대관계는 서양식이라고 할 정도로 간출하게 정리되어 있으며, 서양으로 치자면 프랑스인 가족과 가장 비슷하다.

따라서 일본의 '효도'는 서로 얼굴을 아는 가족들로 국한된다. 그것은 아버지, 할아버지, 그 형제와 자녀 등으로 국한되는 집단 내에서 세대, 성별, 연령 등에 따라 자신의 적절한 자리를 찾아가는 것을 의미한다. 가족 구성원들이 많은 중요한 가문들에서조차, 가족은 여러 계파로 나뉘고 장남의 손아래 아들들은 분가를 한다. 구성원이 서로 얼굴을 알고 있는 이런 협소한 집단 내에서도, '적절한 자리'를 강요하는 규정은 아주 세부적으로 정해져 있다. 손위 사람들의 명령이라면 그들이 은퇴(인교: 隱居)할 때까지 철저하게 복종해야 한다.

심지어 오늘날에도 슬하에 장성한 아들을 둔 아버지라 할지라도 그 자신의 아버지가 아직 은퇴를 하지 않았다면 고령의 아버지로부터 승인을 받지 않는 한 그 어떤 계약도 성사시킬 수 없다. 자녀가 서른 살, 마흔 살이라고 할지라도 부모는 자녀의 결혼을 성사시킬 수도 있고 파혼시킬 수도 있다. 집안의 어른인 아버지가 제일 먼저 식사 대접을 받고, 제일 먼저 가족 욕탕에 들어가고, 가족 구성원들의 공손한 목례를 받는다. 일본에는 잘 알려진 수수께끼가 있는데 미국의 수수께끼 형식으로 구성해 보면 이러하다. "부모에게 조언을 하고 싶은 아들은 왜 머리에 두발을 기르고 싶어 하는 불교 승려와 비슷한가?"(불교 승려는 삭발을 한다.) 그 대답은, "그가 아무리 하고 싶어 해도 그것을 하지 못한다."이다.

적절한 자리는 세대 차이뿐만 아니라 연령 차이도 의미한다. 일본인은 엄청난 혼란의 느낌을 표현하고자 할 때에는 어떤 것이 "형도 아니고 동생도 아니다"라고 말한다. 이것은 우리 식으로 하자면 물고기도 닭고기도 아니라는 것이다. 일본인이 볼 때 형이라고 하면 물고기가 물속에 있는 것처럼 형으로서 적절한 자리를 지켜야 마땅한 것이다. 맏아들은 상속자이다. 일본을 여행한 사람들은 '일본에서 맏아들이 일찍부터 습득하는 책임 의식'에 대해서 자주 말한다. 맏아들은 상당한 정도로까지 아버지의 특권을 공유한다. 과거에 맏아들 밑의 동생들은 그에게 의존할 수밖에 없었다. 오늘날, 특히 읍이나 마을에서는 맏아들이 본가에 그대로 머무르면서 오래된 전통을 이어가는 반면, 밑의 남동생들은 밖으로 나아가 더 많은 교육을 받고 더 많은 수입을 올린다. 그렇지만 장유유서의 오래된 관습은 여전히 강력한 힘을 발휘하고 있다.

심지어 오늘날의 정치적 논평에서도 맏형의 전통적 특권이 대동아 정책의 논의에서도 생생하게 거론되고 있다. 1942년 봄, 일본 육군성의 대변인인 어떤 중령은 대동아공영권에 대하여 이렇게 말했다. "일본은 아시아 공영권의 맏형이고 나머지 나라들은 남동생들이다. 이 사실을 점령 지역들의 주민들에게 생생하게 각인시켜야 한다. 현지 주민들에 대한 지나친 배려는 그들의 마음속에 일본의 친절함을 제멋대로 해석하게 만들어서, 일본의 통치에 해로운 효과를 가져올 수 있다." 달리 말하면, 맏형이 밑의 동생들에게 좋은 것을 결정하는데, 그 결정 사항을 요구하면서 '지나친 배려'를 해서는 안 된다는 것이다.

남녀의 엄격한 신분 차이

그 사람의 나이가 어떻게 되었든 간에, 계층제도 내의 그 사람 자리는 그가 남자냐 혹은 여자냐에 따라 달라진다. 일본인 여자는 남편보다 뒤에 처져 걸어야 하며 지위도 낮다. 미국식 옷을 입고 남편과 나란히 걷거나 문을 통과할 때 남편보다 앞서 걷는 여자도, 일단 기모노를 입으면 뒤로 처진다. 일본 가정의 딸들은 남자 형제들에게 선물, 관심, 학비 등이 먼저 지원되는 것을 가능한 한 용납해야 한다. 어린 여성들을 위한 고등학교 과정이 설치되었더라도, 교과과정은 예의와 행동거지를 다루는 학과목에 편중되어 있다. 남학생과 동급이 될 정도로 진지한 지적 교육은 실시하지 않는다. 어떤 여학교의 교장은 그 학교의 여학생들에게 유럽 언어를 공부시키는 것을 권장했다. 그러나 그 권장의 사유가 묘했다. 여학생들이 장차 결혼하여 남편의 책들에서 먼지를 턴 다음에 그 책을 서가의 제 자리에 꽂아놓으려면 어느 정도 관련 언어를 알고 있어야 하기 때문이라는 것이다.

하지만 일본 여성들은 대부분의 다른 아시아 국가 여성들에 비해서는 자유가 많은 편인데, 이것은 단지 서구화 작업의 영향 때문만은 아니다. 중국의 상류 계급 여성들과는 다르게, 일본 여성들 사이에 전족 제도는 없었고, 인도 여성들은 오늘날에도 동네 가게를 마음대로 드나들고 거리를 활보하면서 몸을 감추는 법이 없는 일본 여성들에 대하여 찬탄한다. 일본의 아내들은 집안의 쇼핑을 도맡아 하고 가계를 책임진다. 돈이 떨어지면 집안의 물건을 골라서 전당포로 가져와 돈을 빌려 오는 것도 일본 아내의 몫이다. 일본 여성은 집안이 하인들을 부리고 자녀의 결혼에 엄청난 발언권을 갖고 있다. 그리고 나중에 시어머니가 되면 지난 반평생 동안 고분고분한 며느리였던 적이 전혀 없었다는 듯이 강력한 통치권을 발휘하여 며느리를 지배하며 집안 문제를 다스려 나간다.

일본에서 세대별, 성별, 연령별 특권은 엄청나다. 그러나 이런 특권을 부여받은 사람들은 멋대로 행동하는 독재자라기보다는 권리를 위임받은 수탁자처럼 행동한다. 아버지 혹은 맏아들은 가족 구성원들이 살아있건 죽었건 혹은 아직 태어나지 않았건, 가족 전체에 대해서 책임이 있다. 그는 중대한 결정을 내리고 그것이 성사되는지를 지켜보아야 한다. 그러나 그는 무조건적인 권위를 갖고 있는 것은 아니다. 그는 집안의 명예를 위하여 책임 있게 행동해야 한다. 그는 아들이나 남동생에게 물질적, 정신적인 가문의 유업을 상기시키면서 그에게 걸맞게 행동하도록 요구한다. 설사 농부 집안의 가장이라고 할지라도 집안의 조상들에 대한 **노블레스 오블리주**(noblesse oblige)를 상기시킨다. 만약 그가 명망 높은 가문의 가장이라면 집안에 대한 책임의 무게는 더욱 커진다. 가문의 요구는 개인의 요구보다 늘 더 중요하다.

중요한 안건이 있을 때, 가장은 가족회의를 소집하여 그 안건을 논의한다. 가령 혼사의 문제로 의논을 할 때, 일본의 먼 지방에 사는 가족 구성원들도 그 회의에 참석한다. 결정에 이르는 과정은 참석자들의 독특한 성격에서 나오는 예상치 못한 의견들까지도 감안한다. 가장의 손아래 남동생이나 아내가 판결을 번복시킬 수도 있다. 집안의 가장은 이런 집단 의견을 무시한 채 행동하면 엄청난 어려움에 직면하게 된다. 물론 그런 과정을 거쳐 내려진 결정은, 그에 따라 자신의 운명이 결정되는 당사자에게는 영 못마땅한 것일 수도 있다. 그러나 자신들도 한평생 가족회의의 결정에 승복해 온 웃어른들은 아랫사람들에게 과거 자신이 받아들였던 것을 철저하게 요구한다. 이러한 요구 뒤에 있는 제재는 프로이센의 아버지가 아내와 자식들에 대해 갖고 있었던 친권을 보장하는 법적, 관습적 제재와는 다른 것이다. 그렇다고 해서 일본에서 요구되는 사항이 프로이센보다 덜 가혹하다고 할 수도 없다. 하지만 제재의 효과는 다르다.

일본인들은 가정생활 속에서 임의적인 권위를 존중하라는 가르침을 받지는 않는다. 그 권위에 쉽게 승복하는 습관은 일부러 촉진시킨 것도 아니다. 집안의 의지에 승복하는 것은 아주 높은 가치의 이름으로 요구되는 것이다. 그 요구가 아무리 과중한 것이라 할지라도 가족 구성원 모두가 그것을 지켜야 한다. 그것은 가족 전체에 대한 충성의 이름으로 요구된다.

계층제도와 가정 내의 유대감

모든 일본인은 집안에서 제일 먼저 계층제도의 습관을 배우고, 이렇게 배운 습관을 나중에 경제생활과 정치활동의 더 넓은 분야에서 그대로 적용한다. 그는 배정된 '적절한 자리'에서 그보다 높은 사람들에게 공손한 태도를 취해야 한다. 그 높은 사람이 해당 집단 내에서 실세인지 아닌지는 중요하지 않다. 아내에게 휘둘림을 당하는 남편도, 남동생에게 밀리는 맏아들도 외형적으로는 그런 공손한 대접을 받는다. 어떤 다른 사람이 막후에서 영향력을 행사한다고 해서 특권들 사이의 형식적 경계선은 허물어지지 않는다. 실세의 상황을 반영하기 위하여 남들 앞에 내놓는 겉모습이 바뀌지는 않는다. 그런 외형적 체면은 절대 침범할 수 없는 것이다. 하지만 이런 보이지 않는 손 같은 실권의 행사는 그 나름대로 전략적인 장점이 있다. 일본인은 그런 경우에는 남들의 공격을 덜 받는 것이다.

일본인들은 가족 체험에서 이런 점도 배운다. 어떤 결정이 엄청난 무게감을 갖는 것은 그것이 가문의 명예를 지켜준다는 확신 때문이다. 그 결정은 가장인 어떤 독재자가 자신의 변덕에 따라 쇠주먹으로 단속하는 그런 법령은 아니다. 가장은 물질적, 정식적 유산의 수탁자 비슷한 사람이다. 그 유산은 가족 구성원 모두에게 소중한 것이며 그들 모두가 개인적 생각을 그 결정에 복종시키라고 요구하는 것이다. 일본인은 쇠주먹의 사용을 거부한다. 그렇다고 해서 가문의 요구에 덜 복종하는 것도 아니고, 일정한 가문 내 지위를 갖고 있는 사람에게 덜 공손하게 대하는 것도 아니다. 집안의 웃어른들이 완력을 사용하는 독재가 될 기회가 거의 없지만, 가문 내의 계층제도는 지켜지는 것이다.

일본 가정의 위계질서에 대하여 이처럼 노골적으로 말해 보았는데, 대인 행동의 기준이 다른 미국인의 관점에서 보면 그것(위계질서)은 충분히 이해하기 어려운 점이 있다. 이런 위계질서에도 불구하고 일본 가정에는 널리 인정되는 강력한 정서적 유대관계가 있기 때문이다. 일본 가정 내에 존재하는 상당히 끈끈한 유대감이 어떻게 형성되는지, 그 과정을 살펴보는 것은 이 책의 여러 주제들 중 하나이다. 정치와 경제의 더 큰 분야에서 통용되는 그들의 위계질서를 이해하려면, 그런 습관이 가정에서 어떻게 완벽하게 습득되는지 파악하는 것이 중요하다.

간략한 일본의 근대사

일본 생활의 위계적인 상하관계는 가정 내에서도 그렇지만 계급들 사이의 관계에서도 극명하게 드러난다. 전 역사를 통하여 일본은 강력한 계급 및 신분 사회였다. 여러 세기에 걸쳐서 카스트 제도의 관습을 유지해 온 나라는 특별하면서도 중요한 장단점을 갖고 있다. 일본은 기록된 역사 내내 카스트 제도가 원칙이었고, 심지어 오래 전인 7세기에도 카스트 제도 없는 중국에서 빌려온 생활 방식을 일본의 위계질서 문화에 맞추어 수정했다. 7세기와 8세기에, 일본 천황과 그 궁정은 중국에 파견 나갔던 일본 사절들의 눈을 휘둥그레 하게 만들었던 높은 문명의 관습들을 가져와서 일본의 문화를 풍성하게 발전시키는 사업에 착수했다. 그들은 이 사업을 아주 정력적으로 펼쳐 나갔다. 그 시기 이전에 일본은 심지어 문자 체계조차 없었다. 7세기에 일본은 중국의 상형문자(한자)를 받아들여 일본 고유의 언어를 기록하는 데 사용했다.

일본은 산과 마을을 지배하면서 사람들에게 행운을 가져다주는 4만의 신들(800만의 신들이 맞는데 저자의 착오.-옮긴이)을 둔 종교를 믿었다. 이 민속 신앙은 그 뒤 여러 변화를 겪었지만 그래도 살아남아 현대의 신토(神道)로 정립되었다. 7세기에 일본은 '우수한 호국 종교'[1]라고 하여 중국으로부터 불교를 통째로 받아들였다. 일본은 국가든 개인이든 항구적인 대규모 건축물이 없었다. 천황은 중국 수도를 모범으로 나라(奈良)라는 새로운 도성을 건설했고, 중국의 사찰을 모방하여 아주 정교한 불교 사찰과 대규모 불교 수도원들을 일본 전역에 건립했다. 천황들은 일본 사절들이 중국으로부터 수입해 온 관직, 작위, 법률 등을 정부 내에 도입했다. 전 세계 역사상, 이처럼 하나의 주권 국가가 다른 나라의 문명을 계획적으로 통째 수입해 온 사례는 찾아보기가 어렵다.

그러나 일본은 처음부터 중국의 카스트 없는 사회구조를 그대로 수입하는 데 실패했다. 일본이 채택한 관직은 중국에서는 국가시험에 통과한 행정관에게 주는 것이었으나, 일본에 와서는 세습 귀족과 봉건 영주들에게 부여되었다. 이 사람들은 일본의 카스트 제도의 한 부분이 되었다. 일본은 다수의 준주권적 봉건 영지(번)들로 나누어져 있었고, 그 영주들은 끊임없이 상대방 영주의 권력을 질투했다. 정말로 중요한 사회제도는 영주, 봉신, 가신의 특권과 관계였다. 일본이 아무리 열심히 중국의 문명을 수입해 온다 하더라도, 일본 고유의 계층적 위계제도를 철폐하고, 그 대

---

[1] George Sansom, *Japan:A Short Cultural History*, p. 131에 나온 나라 시대의 관련 기사에서 인용.

신에 중국의 행정 관료제 혹은 다양한 계급의 사람들을 하나로 묶는 확대된 씨족 제도를 채택할 수는 없었다.

일본은 황제가 세속적 인물이라는 중국식 개념도 도입할 수 없었다. 황실을 가리키는 일본식 이름은 '구름 위에 사는 사람들(雲上人)'이었고 이 가문의 사람들만이 황제가 될 수 있었다. 중국은 자주 왕조가 바뀌었지만 일본은 왕조가 바뀐 적이 없었다. 천황은 공격할 수 없는 존재이고 그의 신체는 신성한 것이었다. 중국의 문물을 일본에 도입한 일본 천황들과 그 궁정은 황궁의 문제들과 관련하여 중국은 어떤 제도를 갖고 있는지 생각조차 할 수 없었고, 또 중국인들이 그 제도를 어떻게 고쳐나가는지 짐작하지 못했다.

천황과 쇼군

일본이 이처럼 중국으로부터 많은 문물을 수입해 왔음에도 불구하고, 이 새로운 중국 문명은 수세기에 걸친 갈등의 길만 닦아놓았을 뿐이다. 그 갈등은 세습 영주와 가신들 사이에 누가 나라를 다스릴 것인가 하는 문제였다. 8세기가 끝나가기 전에 귀족인 후지와라(藤原) 가문이 권력을 잡고서 천황을 뒷전으로 몰아냈다. 그러나 시간이 흘러가면서 후지와라 정권은 봉건 영주들의 도전을 받았고 온 나라가 내전에 휩싸였다. 그리하여 영주들 중 한 사람인 유명한 미나모토노 요리모토(源賴朝, 1147~1199)가 모든 경쟁자들을 정복하고 쇼군이라는 명칭 아래 일본의 실질적인 권력자가 되었다. 쇼군(將軍)의 글자 그대로 뜻은 '야만인을 정복하는 대장군(征夷大將軍)'인데 뒤의 두 글자만 줄여서 부르는 것이다.

일본에서는 늘 그렇듯이 요리모토는 이 쇼군이라는 직위를 미나모토 가문의 세습직으로 만들었고, 그의 후계자들은 다른 봉건 영주들을 제압할 수 있는 한, 그 자리에 계속 머무를 수 있었다. 천황은 아무 권력이 없는 상징적 인물로만 남았다. 천황의 중요성은 그가 쇼군을 의례적으로 임명할 때만 필요한 의례적 기능에 그쳤다. 천황은 아무런 정치적 실권이 없었다. 실권은 소위 군사적 진영인 막부(幕府)가 장악했고, 막부는 무력으로 반항적인 지방 영주들을 제압하면서 권력을 유지했다. 각 영지의 영주인 다이묘는 무장 가신인 사무라이를 거느렸다. 사무라이의 칼은 영주의 명령에 따랐고 혼란의 시기에는 경쟁자 영주와 집권 중인 쇼군의 '적절한 자리'에 대하여 이의를 제기할 준비가 되어 있었다.

16세기에는 내전이 만연했다. 수십 년에 걸친 혼란 끝에 도쿠가와 이에야스(德川家康, 1542~1616)가 모든 경쟁자들을 누르고 1603년에 도쿠가와 가문의 첫 번째 쇼군이 되었다. 이에야스의 가문은 쇼군 지위를 2세기 반 동안 유지했고 1868년이 되어서야 도쿠가와 막부가 끝이 났다. 이 해는 현대가 시작되는 해로서 이때 천황과 쇼군의 '이중통치'가 종식되었다. 여러 면에서 이 장기간에 걸친 도쿠가와 시대는 일본 역사에 아주 특기할 만한 시대 중 하나이다. 도쿠가와 막부는 종식되기 직전의 마지막 세대에 이르기까지 일본에 무장 평화를 유지했고, 도쿠가와 가문의 목적에 충실히 봉사하는 중앙집권적 행정 제도를 실시했다.

당초 이에야스는 아주 까다로운 문제에 봉착했으나 손쉬운 해결안을 선택하지 않았다. 일부 강력한 봉건 영지의 영주들은 내전에서 그의 반대편에 섰고 치명적인 패배를 당한 이후에야 비로소 그에게 고개를 숙였다. 이 반항적인 영주들을 가리켜 도자마 다이묘(外樣大名: 외부 영주)라고 했다. 이에야스는 이 도자마 다이묘들이 그들의 영지와 사무라이를 그대로 유지하도록 허용했다. 일본의 모든 영지들에서 영주들은 자기 지역 내에서만큼은 커다란 자율권을 보장받았다. 그렇지만 이에야스는 이런 도자마 다이묘들이 그 자신의 가신이 되거나 국가의 중요 역할을 수행하는 것은 금지시켰다. 이런 중요한 자리들은 내전 때 이에야스 편을 들었던 후다이 다이묘(譜代大名: 내부 영주)들에게 돌아갔다.

　도쿠가와 가문은 불안한 정권을 유지하기 위해 또 다른 전략을 구사했다. 하나는 봉건 영주들이 권력을 축적하지 못하게 막는 것이고, 다른 하나는 영주들끼리 힘을 합쳐 쇼군의 통치권을 위협하는 일을 사전에 예방하는 것이었다. 이렇게 하여 도쿠가와 가문은 봉건제들을 그대로 유지했을 뿐만 아니라 거기서 한 걸음 더 나아갔다. 그들은 일본 내에 평화를 유지하고 도쿠가와 가문의 권력을 공고히 하기 위해, 봉건제를 더욱 강화하면서 아주 경직된 통치 제도로 만들었다.

사농공상과 천민

일본의 봉건 사회는 정교하게 계층화되어 있었고 각 개인의 지위는 상속에 의해 고정되어 있었다. 도쿠가와 막부는 이 제도를 더욱 견고하게 만들었고 각 카스트의 일상적 행동을 세세하게 규정했다. 각 가정의 장은 그의 계급적 지위와 그의 상속 신분에 관련된 사항들을 적은 명판을 현관문에다 붙여 놓아야 했다. 이 세습된 지위에 의하여, 그가 입을 수 있는 옷, 그가 사들일 수 있는 음식, 그가 합법적으로 살 수 있는 집 등이 규제되었다.

　황실과 궁중 귀족들 바로 아래에는 위계질서에 따라 일본의 4개 카스트가 계층을 이루었다. 곧 전사(사무라이), 농부, 장인, 상인이었다. 이들 아래에는 버림받은 천민 계급이 있었다. 천민들 중에서 가장 숫자가 많고 유명한 것이 '에타(穢多)'인데, 금기시되는 직업에 종사하는 사람들이다. 가령 쓰레기를 청소하는 사람, 처형된 자를 매장하는 사람, 죽은 동물의 가죽을 벗기는 사람, 동물 가죽을 무두질하는 사람들이었다. 이들은 일본의 불가촉천민 혹은 좀 더 정확하게 말하자면 사람 숫자 계산에 안 들어가는 사람들이었다. 에타가 사는 지역의 땅과 주민들은 아예 존재하지 않는 것처럼, 그들의 마을을 통과하는 도로들의 거리는 아예 계산에 넣지 않았다. 그들은 아주 가난했고, 생계에 종사하는 것은 보장받았으나 공식적인 사회 구조 밖에서 살아가는 사람들이었다.

상인 계급은 천민 바로 위의 계급이었다. 미국인에게는 이런 신분이 아주 이상하게 보이지만, 그것은 봉건사회에서는 아주 현실적인 것이었다. 상인계급은 언제나 봉건제도를 파괴하려는 경향이 있었다. 결과적으로 상인이 존경받고 번영하면서 봉건제도는 붕괴했다. 17세기에 도쿠가와 막부가 일찍이 다른 나라에서는 시행해본 적이 없는 가장 과격한 법령을 반포하여 쇄국 정책을 시행했을 때, 그들은 상인들의 발밑의 땅(근거지)을 파헤쳐 버렸다. 일본은 그 동안 중국과 한국의 해안을 오르내리며 해외 교역을 해왔고, 따라서 상인 계급은 자연히 발전을 해왔다. 도쿠가와 막부는 일정한 크기 이상의 배를 건조하는 것을 사형으로 다스리는 중죄로 만들어 버림으로써 이 모든 교역 활동을 중단시켰다. 건조가 허용된 소형 배로는 바다를 건너 중국 대륙으로 갈 수가 없었고 교역 물품들을 배에 실어올 수도 없었다.

국내 교역도 각 영지들의 경계선에 세관 사무소를 설치하여 물품의 유입과 유출을 막아버림으로써 크게 제약을 가했다. 상인들의 낮은 사회적 지위를 강조하는 다른 법률들도 시행되었다. 사치 법이 제정되어 상인들이 입을 수 있는 옷, 그들이 가지고 다닐 수 있는 우산, 결혼식과 장례식에서 사용할 수 있는 금액의 한도 등이 사전 고지되었다. 상인들은 사무라이들이 사는 동네에서는 살 수가 없었다. 그들은 특권층 전사인 사무라이들의 칼 앞에서 아무런 법적 보호를 받지 못했다. 그러나 화폐 경제를 살펴보면 얘기는 달라진다. 상인을 열등한 지위에 묶어놓으려는 도쿠가와 정책은 성공을 거두지 못했다. 그 당시 일본은 화폐 경제에 의해 돌아가고 있었는데도 막부가 그런 무모한 정책을 시도했으니 실패할 수밖에 없었다.

안정된 봉건제의 유지에 꼭 필요한 두 계급인 전사와 농부에 대하여, 도쿠가와 막부는 이 두 계급을 더욱 경직된 형태로 고정시켰다. 이에야스가 마침내 종식시킨 내전 중에, 위대한 군벌인 도요토미 히데요시(豊臣秀吉, 1537~98)는 저 유명한 '칼 사냥'에 의하여 두 계급의 분리를 완료했다. 그는 농민들에게서 칼을 빼앗아 무장 해제시켰고, 사무라이 계급에게만 칼을 차고 다니는 독점적 권리를 부여했었다. 이제 전사는 농부, 장인, 상인 등이 될 수가 없었다. 사무라이 계급 중 가장 신분이 낮은 자라도 더 이상 법적으로 생산에 종사하지 못하게 되었다.

사무라이는 농부들에게 부과되는 세금으로부터 일정한 수량의 쌀을 연간 보수로 지급받는 기생 계급이었다. 다이묘(지방 영주)는 이 쌀을 거두어들여 사무라이 가신들에게 정해진 보수를 나누어 주었다. 그러니 사무라이가 누구를 믿고 살아야 할 것인지는 너무나 분명하다. 그는 영주에게 완전 매인 몸이었다. 일본 역사의 초창기 시대에 봉건 영주와 그의 전사들 사이의 강력한 유대관계는 영주들 사이에 끊임없는 전투 중에 형성된 것이었다. 평화를 구축한 도쿠가와 시대에 들어와서 그 유대 관계는 경제적인 것으로 바뀌었다. 이 전사-가신은 유럽의 전사-가신과는 다르게, 그 자신의 봉토나 농노를 갖고 있지 않고 또 재산이 많은 군인도 아니었다. 그는 도쿠가와 시대의 초창기에 그의 가계 운영을 위해 미리 고정된 일정한 보수를 받고 사는 연금 생활자였다.

사무라이가 받는 보수는 큰 것이 아니었다. 일본의 학자들은 모든 사무라이의 평균 보수가 농부들이 벌어들이는 수입과 비슷했고, 그 액수는 정말로 최저 생계비 수준이었다.[2] 사무라이 가문에서는 이 수입이 상속자들 사이에서 분할되는 것만큼 불리한 게 없었다. 그래서 가족 수를 제한했다. 특히 그들은 부와 부의 과시에 의존하는 특권을 아주 못마땅하게 여겼고, 그래서 그들의 행동 규범에서 근검절약의 훌륭한 미덕을 크게 강조했다.

사무라이 계급과 나머지 농공상 3계급 사이에는 커다란 심연이 가로 놓여 있었다. 농공상의 세 계급은 '보통 사람들(평민)'이었고 사무라이는 아니었다. 사무라이들이 특권과 신분의 표시로 차고 다니는 칼은 단순한 장식물이 아니었다. 그들은 평민에게 그 칼을 사용하는 권리를 갖고 있었다. 그들은 전통적으로 도쿠가와 시대 이전에도 그런 특권을 갖고 있었고, 이에야스의 법령은 이렇게 선포하여 이 오래된 관습을 승인했다. "사무라이에게 불손하게 대한 평민 혹은 그들의 상급자에게 경의를 표시하지 않은 평민은 그 자리에서 베어 죽일 수 있다." 평민과 사무라이 계급 사이에 상호 의존의 관계가 구축되어야 한다는 것은, 이에야스의 국가 경영 청사진에는 들어 있지 않았다. 그의 정책은 철저히 위계제도에 바탕을 둔 것이었다.

평민과 사무라이의 두 계급은 다이묘를 찾아가서 그와 직접 담판을 벌일 수 있었다. 하지만 두 계급은 비유적으로 말하자면 다른 계단 위에 있었다. 각 계단을 오르내리는 데에는 법규, 규정, 통제, 상호주의 등이 존재했다. 두 계단 위에 서 있는 사람들 사이에는 일정한 거리가 있었다. 두 계급의 구분은 여러 상황적 필요에 의하여 두 계급 사이에 자주 연결하는 다리가 놓였지만, 그런 가교는 국가 제도의 한 부분은 아니었다.

도쿠가와 시대에 사무라이 가신들은 그저 칼만 휘두르는 사람들이 아니었다. 그들은 점점 더 영주의 영지를 관리하는 집사장이 되어 갔고, 고

---

2 Herbert Norman, *Japan's Emergence as a Modern State*, p. 17, n. 12에서 인용.

전극이나 차회(茶會) 같은 평화로운 행사의 전문가로 변신했다. 모든 의전 절차는 사무라이의 업무 영역이었고 다이묘의 은밀한 계획은 사무라이의 노련한 배후 조종에 의하여 수행되었다. 200년에 걸친 평화 시대는 긴 세월이었고, 개인이 그저 칼을 휘두르는 것만으로는 그 역할에 한계가 있을 수밖에 없었다. 신분제도에도 불구하고 상인들이 세련되고 예술적이고 즐거운 행사를 높이 평가하는 생활 방식을 개발한 것처럼, 사무라이도 허리에 찬 기다란 칼에도 불구하고 평화의 기술을 개발해야 되었다.

농민들은 사무라이의 칼에 대한 법적 보호 없음, 무거운 쌀 세금, 각종 제약 등으로 어려움을 겪었지만 그럼에도 불구하고 그들의 신분에 대하여 보장을 받았다. 그들은 자신의 농토에 대하여 보장을 받았고, 일본에서 땅의 소유는 사람의 위신을 높여 주는 것이었다. 도쿠가와 체제 아래에서, 다시 사들이는 것을 전제로 하지 않는 토지의 영구적 양도는 금지되어 있었다. 이 법은 봉건 영주에게 유리한 것(유럽 봉건제의 경우처럼)이 아니라, 개인 경작자에게 유리한 것이었다. 농부는 그가 그토록 소중하게 여기는 농토에 대하여 항구적인 권리를 갖고 있었기 때문에 아주 근면하게 몸을 사리지 않는 열정으로 그 땅을 경작했다. 그 농토는 오늘날에도 그의 후예들이 열심히 경작을 하고 있다.

그렇지만 농민은 쇼군 정부, 다이묘 정부, 그리고 사무라이 가신 등 약 200만 명에 달하는 기생 계급 전체를 떠받치는 아틀라스 같은 존재였다. 농민에게는 현물로 내는 세금이 부과되었다. 다시 말해 그는 다이묘에게 수확량의 일정 퍼센트를 납부해야 되었다. 반면에 또 다른 쌀농사 국가인 태국의 경우, 전통적인 세금은 10퍼센트인데 비해, 도쿠가와 일본에서는 40퍼센트였다. 하지만 실제에 있어서는 이보다 더 높았다. 일부 봉건 영지들에서는 세금이 수확량의 80퍼센트나 되었고 또 부역과 강제 노역이 따로 있어서 농부의 체력과 시간을 빼앗아 갔다. 쇼군 정부는 사무라이와 마찬가지로 농민들도 식구 수를 제한했고, 그래서 전 일본의 인구는 도쿠가와 시대 250년 동안 거의 그대로였다. 오랜 세월 평화를 누린 아시아 국가에서, 이처럼 정체된 인구 숫자는 그 체제에 대해서 많은 것을 말해 준다. 도쿠가와 막부는 세금으로 지탱되는 가신 계급이나 세금을 납부하는 계급에게 스파르타처럼 엄격한 제한을 부과했다. 그러나 하급자와 상급자의 관계는 서로 믿을 만한 것이었다. 누구나 자신의 의무, 특권, 지위 등을 잘 알았고, 만약 그런 것들이 침해되면 가장 가난한 사람이라 할지라도 항의할 수 있었다. 농민들은 심지어 아주 가난한 상태에서도 봉건 영주뿐만 아니라 쇼군 정부에게도 항의서를 제출할 수 있었다.

이런 모든 방식으로 행정 당국은 민관 관계에서 우위를 유지하고 위계질서 내의 주도적 위치를 단속할 수 있었다. 도쿠가와 시대 250년 동안에 이런 농민 반란이 적어도 1,000건 정도 발생했다. 농민 반란은 영주 40퍼센트, 경작자 60퍼센트의 전통적인 중과세 규칙 때문에 발생한 게 아니었다. 반란은 모두 추가 부역에 대하여 항의하면서 벌어졌다. 부과 조건이 더 이상 감내하기 어렵다고 판단되면 그들은 영주의 관청으로 떼를 이루어 행진해 갔으나 그래도 질서정연한 대오를 유지했다.

농민들은 사태의 시정을 요구하는 공식적인 청원서를 작성하여 다이묘의 집사장(家老)에게 제출했다. 이 탄원서가 중간에서 따돌려지거나 다이묘가 그들의 청원을 무시해 버리면, 그들은 대표를 수도로 보내어 탄원서를 쇼군 정부에 제출했다. 여러 유명한 사례들을 살펴보면, 농민 대표들은 수도의 거리를 가마 타고 내려가는 어떤 고관의 가마 창문을 통하여 그 탄원서를 던져 넣기도 했다. 농민들이 그 탄원서를 제출하기 위해 그 어떤 위험을 감수했든 간에, 그렇게 되면 쇼군 정부는 사태의 진상 파악에 나섰고 그렇게 해서 내려진 판결의 절반 정도는 농민 손을 들어주었다.[3]

쇼군 정부가 농민 편을 들어서 판결을 내렸다고 할지라도 법과 질서를 중시하는 일본 정부의 엄중한 체면은 손상당한 것이었다. 농민의 불평은 정당한 것이어서 국가는 그 불평을 존중하는 것이 바람직하지만, 농민 지도자들은 위계질서라는 엄중한 법률을 위반한 것이었다. 농민들 편을 들어서 판결을 내린 것과는 무관하게, 농민 지도자들은 복종이라는 엄중한 법률을 위반한 것이었고 그것은 그냥 지나갈 수 없는 문제였다. 그래서 그들은 사형에 처해졌다. 그들의 주장이 정당했다는 것은 이 처벌의 문제와 아무런 관련이 없었다. 심지어 농민들조차도 이런 처분의 불가피성을 받아들였다. 그러나 단죄 받은 지도자들은 그들의 영웅이었다. 다수의 농민들은 처형장에 나와 영웅들의 죽음을 지켜보았다. 지도자들은 기름에 삶아 죽이거나, 단두형을 당하거나, 십자가형을 당했다. 그러나 처형장에서 농민들은 반란을 일으키지 않았다. 그들은 나중에 영웅들을 위해 사당을 세우고 그들을 순교자로 추모하고 숭앙했다. 하지만 그들은 그 처형을 그들이 살고 있는 위계질서 사회의 필수적 한 부분으로 받아들였다.

다이묘: 쇼군 정부의 골칫거리

────

도쿠가와 시대의 쇼군들은 각 봉건 영지 내에서의 카스트 구조를 공고히 했고 각 계급이 봉건 영주에게 의존하도록 만들었다. 각 영지에서 다이묘는 계층제도의 정상을 차지했고, 그의 밑에 있는 모든 계급에 권위를 행사할 수 있었다. 쇼군 정부의 가장 큰 행정적 문제는 다이묘를 통제하는 것이었다. 쇼군은 철저하게 다이묘들이 서로 연합하거나 침공의 계획을 수행하는 것을 사전에 방지했다. 각 영지의 경계선에는 여권과 세관 관리

---

3 Hugh Borton, *Peasant Uprisings in Japan of the Tokugawa period*, Transactions of the Asiatic Society of Japan, 2nd Series, 16, 1938.

들을 상주시켜서 '밖으로 나가는 여인들과 안으로 들어오는 총포'를 엄격하게 감시했다. 혹시라도 다이묘가 여자들을 밖으로 내보내 무기를 수입해 오지 않을까 우려했기 때문이다. 그 어떤 다이묘도 쇼군의 허락 없이는 혼사 문제를 성사시킬 수 없었다. 다이묘 간의 결혼이 위태로운 정치적 동맹으로 이어질 수도 있었기 때문이다.

각 영지들 간의 교역을 얼마나 적극적으로 억제했는가 하면, 기존에 있던 다리들도 통행이 가능하지 못하게 막을 정도였다. 쇼군의 염탐꾼들은 다이묘의 지출 현황을 파악하여 상세히 쇼군에게 보고했다. 어떤 영지의 재정이 풍족한 것 같으면, 쇼군은 그 다이묘에게 값비싼 공공사업을 명령하여 다이묘의 재정을 적정한 수준으로 감소시켰다. 다이묘를 감시하는 가장 철저한 규제는 다이묘가 일 년의 절반은 수도에서 살아야 한다는 것이었다. 나머지 반년을 영지로 돌아와 살 때에는 그의 아내를 쇼군의 인질로 에도(도쿄)에 남겨 놓아야 했다. 이런 모든 방식을 통하여 쇼군 정부는 위계질서 내에서 윗자리를 차지할 수 있었고 그런 주도적 지위를 계속 유지했다.

물론 쇼군은 이런 위계질서의 아치형에서 가장 높은 곳에 있는 중심 돌은 아니었다. 그는 천황의 임명을 받아서 나라를 다스리는 존재이기 때문이다. 세습적인 귀족들(구게公卿)로 구성된 궁정을 거느린 천황은 교토에 격리되어 있었고 실권은 없었다. 천황의 재정 상태는 심지어 등급이 떨어지는 다이묘의 그것보다 못했고 궁중 행사는 철저히 쇼군 정부의 규정에 따라 제한되어 있었다. 그러나 아무리 강력한 도쿠가와 쇼군이라 할지라도 천황과 실권자의 이원 통치 제도를 철폐하려 들지 않았다.

그것은 일본에서 새로울 것도 없는 제도였다. 12세기 이래에 일본은 실권을 박탈당한 천황의 이름으로 쇼군이 국가를 다스려왔다. 어떤 세기에는 기능의 분업이 아주 정밀하게 진행되어 그림자 천황이 쇼군에게 위임한 실권이 그를 보필하는 세습 고문관에 의하여 행사된 적도 있었다. 이처럼 원래의 권위가 위임되었다가 다시 위임되어 왔다. 도쿠가와 막부가 망해가던 절망적인 마지막 시기에도 **페리** 제독은 배경으로 물러난 천황이 있다는 사실을 알지 못했으며, 최초의 미국인 사절 타운센드 해리스(Townsend Harris)는 1858년 일본과 최초의 통사조약을 교섭할 때 스스로의 힘으로 천황이라는 존재가 있다는 것을 알아내야 했다.

상징적 왕: 태평양 지역의 관습

사실을 말해 보자면 일본 천황의 이러한 지위는 태평양의 여러 섬들에서 거듭하여 발견되는 사항이다. 그 섬들에서 왕은 신성한 우두머리로서 행정에 참여할 수도 있고 안할 수도 있다. 몇몇 태평양 섬들에서 왕은 행정을 직접 펴기도 하고 아니면 그의 권위를 위임하기도 한다. 하지만 그의 신체는 언제나 신성한 것이었다. 뉴질랜드 부족들 사이에서 신성한 우두머리는 너무나 신성하기 때문에 직접 식사를 해서는 안 되고, 또 그가 식사를 한 숟가락은 그의 신성한 치아를 건드려서도 안 되었다. 그가 밖으로 나갈 때에는 가마에 타고 나가야 했다. 왜냐하면 그의 신성한 발로 밟은 땅은 저절로 신성한 땅이 되어 신성한 우두머리의 소유로 편입되어야 하기 때문이다. 그의 머리는 특히 신성하여 아무도 감히 만질 수가 없었다. 그가 말을 하면 그 말이 부족의 신들에게까지 올라간다고 생각되었다.

사모아와 통가 같은 일부 태평양 섬들에서, 신성한 우두머리는 생활의 영역으로 내려오는 법이 없었다. 세속의 추장이 왕을 대신하여 국정의 모든 업무를 수행했다. 18세기 말에 동태평양의 통가 섬을 방문했던 제임스 윌슨(James Wilson)은 이렇게 썼다. "통가 정부는 일본 정부와 비슷하다. 일본의 신성한 국왕은 대장군에게 사로잡힌 국가 죄수 비슷한 몸이다."[4] 통가의 신성한 우두머리들은 공공 업무로부터 격리되어 있었으나 의례의 의무는 수행했다. 그들은 정원에서 난 최초의 과일들을 받았고, 사람들이 먹기 전에 일정한 예식을 수행했다. 신성한 우두머리가 사망하면 그의 죽음은 '하늘이 비었다'는 말과 함께 공고되었다. 그는 성대한 의식과 함께 커다란 왕릉에 매장되었다. 그렇지만 그는 섬의 행정에 참여하지는 않았다.

천황은 정치적으로 실권이 없고 '대장군에게 사로잡힌 국가 죄수 비슷한 몸'이었지만, 일본식 규정에 의하면 위계제도 내의 '적절한 자리'를 차지하고 있었다. 일본인들이 볼 때, 천황이 세속적인 일에 적극적으로 관여하는지 여부는 그의 지위를 보여 주는 기준이 될 수 없었다. 교토에 있는 황궁은 정이대장군(쇼군)이 국가를 다스리던 오랜 세월 동안 일본인들이 보존해 온 국가적 가치였다. 천황의 기능은 서구인의 눈으로 볼 때에만 피상적인 것으로 보일 뿐이다. 매 순간 위계제도의 엄격한 규정에 익숙해져 있는 일본인들은 이 문제를 다르게 보는 것이다.

봉건제가 현대 일본에 미친 영향

천민에서 천황에 이르기까지 엄격한 구조를 갖추고 있는 중세 일본의 계층제도는 현대 일본에 엄청난 영향을 미쳤다. 봉건제도가 합법적으로 종식된 것은 약 75년 전의 일이었는데, 강력한 국가적 습관은 한 사람의 평

---

4 James Wilson, *A Missionary voyage to the Southern Pacific Ocean performed in the years 1796, 1797 and 1798 in the ship Duff*. London, 1799, p. 384. 이 문장은 다음의 자료에 인용되어 있음. Edward Winslow Gifford, *Tongan Society*. Bernice P. Bishop Museum, Bulletin 61. Hawaii, 1929.

생에 해당하는 기간(70년) 정도로는 사라지지 않는다. 우리가 다음 장에서 살펴보겠지만, 현대 일본의 정치가들은 국가 목표를 대대적으로 수정했음에도 불구하고 봉건제도의 상당 부분을 유지하기 위해 세심한 국가 재건 계획을 수립했다.

일본인들은 그 어떤 주권국가의 국민들보다 어떤 일정한 세계에 조건화되어 있었다. 일본인의 세계는 아주 사소한 행동도 미리 규정되어 있고 개인의 신분이 미리 정해져 있는 세계였다. 이런 세계에서 철권통치로 법과 질서를 유지해 온 지난 200년 동안, 일본인들은 이처럼 세심하게 조직되어 온 계층제도가 곧 안심이요 안전이라고 생각하게 되었다. 그들이 잘 알려진 일정한 경계 범위 안에 머무는 한, 그리고 잘 알려진 의무사항들을 적절히 수행하는 한, 그들은 자신들의 세계가 안전하고 또 안심할 수 있는 곳이라고 생각했다. 강도행위는 통제되었다. 다이묘들 사이의 내전도 사전 예방되었다. 백성이 다른 사람들이 그의 권리를 침범했다는 것을 증명할 수 있다면, 착취당하는 농민들이 항의했던 것처럼 항의할 수 있었다. 그런 항의는 개인적 위험이 따르는 일이었지만 그래도 용인되었다. 도쿠가와 쇼군들 중 가장 선정을 베풀었던 쇼군은 심지어 '소원 상자(目安箱)'를 설치하여 모든 시민이 거기에다 불만 사항을 투서할 수 있었고, 그 상자의 열쇠는 쇼군만이 가지고 있었다. 만약 어떤 공격적 행위가 기존의 행동 지도(地圖)에서 용인되지 않는 것일 경우, 그것이 제재를 받아 시정될 것이라는 진정한 믿음과 보장이 일본 내에 확립되어 있었다.

일본인은 그 행동 지도를 믿었고 그걸 따라가면 안전하다고 생각했다. 일본인이 용기를 발휘하는 것은 그것을 성실하게 준수하는 데 있는 것이지, 그것을 수정하거나 반발하는 데 있는 것이 아니었다. 그 정해진 한계 내에서 그 지도는 이미 알려져 있었고, 일본인이 볼 때 믿을 만한 세계였다. 그것은 십계명 같은 추상적인 윤리 원칙이 아니라, 이 상황에서 타당하고, 저 상황에서는 안 통하는 것들을 세밀하게 분류해 놓은 것이었다. 당사자가 사무라이일 경우에 타당한 것과, 당사자가 평민일 때 타당한 것, 맏아들에게 타당한 것, 남동생에게 타당한 것 등을 규정해 놓은 것이었다.

일본인들은 이런 위계제도 아래에서 산다고 해서, 강력한 계층제도가 존속하는 다른 나라 사람들처럼 온순하고 복종적인 사람이 되지는 않았다. 여기서 각 계급에 일정한 보장이 주어졌다는 것을 인식하는 것이 중요하다. 심지어 천민들도 그들의 직업을 독점적으로 보장받았고 그들의 자치 단체는 정부 당국에 의해 공인되었다. 각 계급에 대한 제약도 심했으나 그래도 질서와 안전이 보장되었다.

일본의 이러한 카스트(신분) 제약은 가령 인도에서는 찾아볼 수 없는 특별한 유연성을 갖고 있었다. 일본의 관습은 기존의 방식을 폭력적으로 건드리지 않면서도 계층제도를 조종하는 여러 가지 노련한 기술을 갖고 있었다. 일본인은 여러 가지 방식으로 자신의 카스트 지위를 바꿀 수 있었다. 일본의 화폐 경제 아래에서는 그럴 수밖에 없는 일이지만, 대금업자나 상인이 부유하게 되면, 이 부자들은 여러 가지 전통적 방식을 써서 상류 계급 속으로 편입되었다. 그들은 선취특권(채권자가 채무자의 재산에 대하여 갖는 권리로서, 이 경우 대금업자가 농민의 수확물에 대한 권리를 말함.-옮긴이)과 소작료를 잘 활용하여 '지주'가 되었다. 농민의 땅은 양도가 불가능하지만 일본에서 농지의 소작료는 아주 높았고, 그래서 농민들을 그 땅에 그대로 놔두면서 농사짓게 하는 것이 더 유리했다. 대금업자들은 토지에 눌러앉아 소작료를 거두어들였고 이러한 토지의 '소유'는 일본에서 이익을 가져다주었을 뿐만 아니라 지주의 위상을 높여 주었다. 돈 가진 자의 자녀들은 사무라이 집안과 통혼하여 영국식으로 말하면 귀족 바로 아래의 신사(紳士) 계급이 되었다.

카스트 제도를 조종하는 또 다른 전통적 방식은 입양의 관습이었다. 이 것은 사무라이 신분을 '사들이는' 방법이었다. 도쿠가와 시대의 각종 제약에도 불구하고 상인들이 점점 더 부자가 되면서 그들은 아들들을 사무라이 집안으로 입양시켰다. 일본인은 좀처럼 외부에서 데려온 아이를 아들로 입양하지 않고 그 대신 딸의 남편을 아들로 입양한다. 그 남자는 '데릴사위(婿養子)'로 알려지고, 그리하여 장인의 후계자가 된다. 이렇게 되기 위해 그는 높은 대가를 지불한다. 그의 이름이 본가 호적에서 빠지고 아내의 호적에 올라가기 때문이다. 그는 아내의 성을 취하고 장모를 모시고 살러간다. 이러한 대가가 높다고 한다면, 그에 따른 혜택 또한 컸다. 번영하는 상인 집안의 후예가 사무라이가 되고, 가난해진 사무라이 집안은 부자와 동맹을 맺기 때문이다. 이렇게 하는데 기존의 카스트 제도에 아무런 피해를 주지 않는다. 그 제도는 여전히 예전 그대로이다. 하지만 그 제도에 신축성을 부여하여 부유한 상인이 상류 계급의 지위를 얻게 해준 것이다.

서구의 중산층 vs 일본의 중산층

그러므로 일본은 각 계급이 그들끼리만 결혼하는 것은 아니었다. 계급들 사이의 통혼을 허용하는 공인된 절차가 있었다. 번영하는 상인들이 하위 사무라이 계급으로 편입된 현상은 서구와 일본의 극명한 대조를 더욱 심화시킨다. 유럽에서 봉건제가 붕괴된 것은 점점 더 강력해지는 중산층의 압박 때문이었고, 중산층은 그 후 현대 산업 시대를 지배해 왔다. 일본에서는 이런 강력한 중산층이 등장하지 않았다. 상인과 대금업자들은 승인된 절차를 통하여 상류 계급 신분을 '사들였다.' 그런데 다소 기이하면서 놀라운 사실로는 이런 것이 있다. 일본 문명과 서구 문명에서 봉건제가거의 붕괴되어 가던 시절에, 일본은 유럽 대륙보다는 계급 유동성을 훨씬 더 크게 인정해 주었다는 것이다. 이러한 주장을 가장 잘 뒷받침해 주는 사실로는, 일본 귀족과 부르주아지 사이에 계급투쟁의 흔적이 별로 없다는 사실을 들 수 있다.

　귀족 계급과 부르주아지 계급이 공동의 목표 아래 제휴한 것은 그 두 계급에게 서로 이익이 되었기 때문일 것이라고 지적하고 나설 수도 있을 것이다. 하지만 프랑스에서도 두 계급에게 상호 이익이 된 것은 마찬가지였다. 서유럽에서도 그런 제휴가 벌어진 곳들에서는 분명 상호 이익이 실현되었다. 그러나 유럽에서는 계급의 경직성이 아주 심했고, 그래서 프랑스의 계급 갈등은 결국 귀족 재산의 몰수로 이어졌다. 그러나 일본의 경우, 두 계급은 서로 단단하게 동맹했다. 허약한 쇼군 정부를 무너트린 동맹은 상인-금융가들과 사무라이 가신들 사이의 동맹이었다. 그리하여 일본은 현대에 들어와서도 귀족 제도를 그대로 유지했다. 이것(귀족제의 유지)은 계급 유동성을 허용하는 일본의 승인된 방식이 아니라면 생겨나지 않았을 것이다.

　일본인은 꼼꼼하게 규정된 행동의 지도를 좋아하고 또 신임하는데, 여기에는 타당한 이유가 있다. 그것은 그 규칙만 따르면 개인의 안전을 보장해 준다는 것이다. 그것은 불법적 공격에 항의할 수 있는 길을 허용했고, 또 필요에 따라서는 개인의 입장에 유리하게 조종할 수도 있었다. 그것은 상호 의무사항의 완수를 요구했다. 19세기 전반기에 도쿠가와 체제가 붕괴했을 때, 일본 내의 그 어떤 그룹도 그런 행동의 지도를 찢어버리려 하지 않았다. 프랑스 대혁명 식의 혁명도 벌어지지 않았다. 1848년조차도 없었다.(1848년 2월 프랑스에서 일어난 혁명을 가리킨다. 이 혁명으로 프랑스 제2공화국이 성립되고 루이 나폴레옹이 대통령에 당선되었다. 또한 이 여파로 1848년 3월에 독일 베를린에서 시민 혁명이 발생하여 자유주의를 주장했다. 루스 베네딕트의 스승 프란츠 보아스는 이 1848년 혁명의 정신을 이어받은 자유주의자였다.-옮긴이)

그러나 그 시대는 아주 절망적인 상황이었다. 평민에서 쇼군 정부에 이르기까지 모든 계급이 대금업자와 상인들에게 빚을 졌다. 생산에 종사하지 않는 계급의 숫자가 엄청나게 많았고 통상적인 관공서 비용은 막대하게 불어나서 도저히 감당할 수가 없었다. 가난의 족쇄가 옥죄어오자 다이묘는 사무라이 가신들에게 고정된 급여를 지불할 수가 없었고 봉건적 유대관계의 연결망은 조롱거리가 되고 말았다. 그들은 농민들에게 이미 과도한 세금을 더 많이 내라고 요구함으로써 사태를 해결하려 했다. 세금을 몇 년이나 앞당겨서 징수했고 농부들은 극도의 가난에 아주 고통스럽게 시달리고 있었다. 쇼군 정부 또한 파산하여 현 상태를 그대로 유지할 수가 없었다. 페리 제독이 군함을 이끌고 일본 근해에 나타난 1853년에 이르러, 일본은 극심한 국내 문제로 고통을 받고 있었다. 페리가 무력으로 일본 항구에 들어왔고 뒤이어 1858년에 미국과 무역 조약을 체결했다. 당시 일본은 그 조약을 거부할 형편이 아니었다.

이때 일본에서 터져 나온 함성이 잇신(一新)이었고, 과거를 되돌아보며 현 제도를 새롭게 한다는 것이었다. 그것은 혁명과는 정반대의 길이었다. 그것은 진보적인 것도 아니었다. "천황 제도를 회복하자(존황)"라는 함성에는 "야만인을 물리치자(양이)"는 역시 인기 높은 함성이 뒤따랐다.(→ 손**노조이**) 일본은 격리의 황금시대로 되돌아가는 계획을 지지했고, 그런 계획이 불가능하다고 주장하는 소수의 지도자들은 그런 주장 때문에 암살되었다. 이 일본이라는 비혁명적 국가가 서구의 패턴을 준수하며 앞으로 발전해 나갈 희망이 거의 없었고, 더욱이 그 나라가 앞으로 50년 내에 서구의 기준 위에서 서구 국가들과 경쟁할 수 있으리라고는 아예 예상할 수도 없었다.

그렇지만 일본은 그런 놀라운 발전을 이룩했다. 일본은 자국 내의 강력한 세력 집단과 국내의 일반 여론의 반대에도 불구하고 정해진 목표를 성취하기 위하여, 그 자신의 힘 ― 그것은 전혀 서구적인 힘이 아니었다 ―
을 활용했다. 1860년대에 서구인이 수정공(미래를 점치는 도구)을 통하여 미
래 일본의 모습을 보았더라면 그것을 결코 믿지 못했을 것이다. 그 후 수
십 년 동안 일본의 놀라운 국가 재건의 열기를 예고해 주는 것이라고는,
지평선 위의 손바닥만한 구름조차 보이지 않았다. 그렇지만 불가능하다
고 생각되었던 일이 벌어졌다. 낙후된 계층제도의 부담에 짓눌리던 일본
인은 새로운 방향으로 급격히 전환하여 그 노선을 고수하면서 경이적인
발전을 이룩했던 것이다.

4장

메이지 유신

The Chrysanthemum and the Sword

일본에 현대를 도입하자고 외치는 전투 나팔은 손노조이(尊皇攘夷: 황제를 회복시키고 야만인을 물리치자)였다. 그것은 일본을 외부세계의 오염으로부터 보호하고 10세기의 황금시대를 회복하자는 구호였다. 황금시대라 함은 천황과 쇼군의 '이중통치'가 없는 시대를 가리키는 것이었다. 교토에 있는 황궁은 극도로 보수적이었다. 천황파가 승리했다는 것은, 천황 지지자들이 볼 때, 외국인에게 모욕을 주어 그들을 물리치는 것, 그리고 일본의 전통적인 생활양식을 회복하는 것을 의미했다. '개혁자들'이 국내 정치에 아무런 발언권이 없게 되는 것을 의미했다. 쇼군 정부를 전복시키는 데 앞장섰던 일본의 강력한 외부 다이묘들은 유신을 이렇게 그들이 편리하게 생각했다. 이제 도쿠가와 막부가 아니라 그들 자신이 그 대신 들어가서 일본을 다스려야 한다는 것이었다. 그들은 제도의 변화가 아니라 단지 사람만 바꾸기를 원했다. 농민들은 그들이 경작한 쌀을 더 많이 가질 수 있기를 바랐지 '개혁'은 싫어했다. 사무라이들은 그들의 연금을 그대로 유지한 채 그들의 칼을 더 많이 휘두를 수 있는 영광을 얻기를 바랐다. 유신 세력을 재정적으로 지원했던 상인들은 중상주의를 확대하기를 바랐을 뿐 봉건제도를 비난하는 것은 아니었다.

도쿠가와파 vs 천황파

———

도쿠가와에 반대하는 세력이 승리를 거두어 '이중통치'가 왕정복고에 의해 1868년에 폐지되자, 서방의 기준으로 볼 때 승리한 세력은 아주 보수적인 쇄국 정책을 펼 것으로 예상되었다. 그러나 처음부터 그 세력은 정반대의 방향으로 나아갔다. 집권한 지 1년도 채 되지 않아 모든 봉건 영지에서 다이묘들이 행사했던 과세권을 폐지했다. 유신 당국은 토지 등기부를 전면 회수하여 다이묘에게 돌아갔던 농민들의 40퍼센트 세금을 그들 자신이 차지했다. 이런 몰수에는 그에 따른 보상이 있었다. 정부는 각 다이묘에게 그가 평소 올렸던 수입의 절반을 배정했다. 동시에 정부는 사무라이 가신들의 급여를 지급하고 또 공공사업의 비용을 지원하는 다이묘의 의무를 해제시켜 주었다. 사무라이 가신들도 다이묘와 마찬가지로 정부로부터 연금을 수령하게 되었다.

그로부터 5년 이내에 모든 계급들 사이의 합법적 불평등은 전면적으로 폐지되었다. 카스트의 신분 표시와 복장 구분은 불법화되었고 변발도 잘라야 했으며 천민들도 해방되었다. 토지의 양도를 금하는 법도 취소되었고 각 영지를 갈라놓던 세관이 제거되었고 불교는 국교의 지위를 박탈당했다. 1876년에 이르러 다이묘와 사무라이 연금은 일괄 지급 방식으로 변경되었고 그 금액은 5~15년에 걸쳐 지불하게 되었다. 이 지불 금액은 이들이 도쿠가와 시대에 받았던 고정 급여에 따라 적기도 하고 많기도 했다. 그들은 이 돈으로 새로운 비(非)봉건적 경제제도에서 새 출발을 할 수가 있었다. "그것은 상인-금융 세력과 봉건-지주 세력 사이의 특별한 연합이 더욱 공고해지는 최후의 단계였다. 하지만 그런 연합은 이미 도쿠가와 시대에도 분명하게 드러났던 것이었다."[1]

메이지 시대 초창기의 이런 놀라운 개혁사업들은 인기가 없었다. 이런 개혁 조치들보다는 1871년에서 1873년 사이에 조선을 정벌하자는 논의가 훨씬 더 전반적으로 열렬한 지지를 받았다. 그러나 메이지 정부는 과격한 개혁 노선을 고집했을 뿐만 아니라 정한론(征韓論)의 계획을 취소시켰다. 메이지 정부의 계획은 그 정부의 수립을 위해 싸운 대부분의 사람들이 원했던 것과는 너무나 반대되는 것이었다. 그리하여 1877년에 이르러 한때 유신 세력의 위대한 지도자였던 사이고 다카모리(西鄕隆盛)는 정부에 저항하여 전면적인 반란을 일으켰다. 사이고의 반군은 메이지 유신 1년차에 정부에 의해 배신을 당했던 황제 지지파의 친봉건적 소망을 대변하는 것이었다. 정부는 사무라이가 아닌 지원병 군대를 편성하여 사이고의 사무라이군을 격파하였다. 그러나 그 반란은 일본 내에서 개혁 세력이 일으킨 반감이 어느 정도인지를 생생하게 보여 주는 사례였다.

농민들의 불만도 그에 못지않게 대단했다. 메이지 시대 첫 10년인 1868년에서 1878년 동안에 최소한 190건의 농민 반란이 있었다. 새 정부는 1877년에 농민들이 부담하는 엄청난 세금 부담을 늦게나마 경감시키는 일차적 조치를 취한 바 있어서, 농민들의 기대를 저버린 것은 아니라고 생각할 만한 구석이 있었다. 그러나 농민들은 그것 이외에도 그들의 기존 생활양식을 바꾸는 많은 개혁 조치들, 가령 학교의 설립, 징병 제도, 토지 측량 사업, 변발을 잘라야 하는 것, 천민들에 대하여 합법적 평등성을 부여한 것, 달력을 바꾼 것 등에 반대했다.

---

1 Herbert Norman, *Japan's Emergence as a Modern State*, p. 96.

메이지 유신 세력의 국가 개혁

그렇다면 이처럼 과격하고 인기 없는 개혁을 밀어붙인 '정부'는 누구였는가? 그것은 낮은 사무라이 계급과 상인 계급의 '특별한 연합 세력'이었다. 이미 중세 시대에도 일본의 특별한 제도는 이 두 세력의 연합을 양성해 왔다. 낮은 사무라이 계급은 다이묘의 집사장 혹은 집사 자격으로 국정을 배웠고 광업, 직물업, 제지업 등 영지의 독점적 사업을 운영해 온 사람들이었다. 상인 계급은 돈으로 사무라이 지위를 사들여서 사무라이 계급 내에다 생산 기술을 퍼트린 사람들이었다. 이 사무라이-상인 연합은 유능하고 자신감 넘치는 행정가들을 전면에 내세워 메이지 정책을 수립하고 그 실천 방안을 독려했다.

그러나 중요한 문제는 그들이 어떤 계급 출신이냐가 아니라 그들이 어떻게 그리도 유능하고 또 현실적인 사람이 될 수 있었느냐는 것이다. 19세기 후반기에 중세 시대를 막 빠져나온 일본은 오늘날의 태국처럼 허약한 상태였다. 그렇지만 그 어떤 나라에서 했던 것보다 더 노련하고 성공적인 국가 개혁 사업을 구상하고 실행할 수 있는 지도자들을 배출했다. 이런 지도자들의 장단점들도 전통적인 일본적 특징 속에 뿌리를 내리고 있다. 그런 일본적 특징이 무엇이었고, 또 현재는 어떤 상태인지를 논의하는 것이 이 책의 주된 목적이다. 우선 여기서는 메이지 정치가들이 개혁 작업을 어떻게 수행했는지를 살펴보기로 하자.

그들은 자신들이 맡은 과제가 이데올로기적 혁명이라고 생각하지는 않았다. 그들은 그것을 하나의 중요한 임무라고 생각했다. 그들이 구상하는 목표는 일본을 세계적으로 평가받는 국가로 만드는 것이었다. 그들은 우상파괴자가 아니었다. 그들은 봉건 계급을 비방하지도 폄훼하지도 않았다. 그들은 봉건 세력에게 높은 연금을 주어 궁극적으로는 메이지 체제를 지원하게 만들었다. 그들은 마침내 농민들의 생활 조건을 완화시켰다. 그들이 10년이나 지나서 농민 지원 정책을 펴게 된 것은 메이지 체제에 대한 농민들의 주장을 거부하기 때문이 아니라 초창기 국고가 너무나 빈약했기 때문이었다.

메이지 정부를 운영했던 정력적이고 재주 많은 정치가들은 일본의 계층제도를 종식시키자는 모든 아이디어를 거부했다. 메이지 유신은 쇼군을 제거하고 권력 피라미드의 정점에 천황을 옹립함으로써 위계질서를 단순화시켰다. 유신 정치가들은 봉건 영지들을 철폐함으로써 지방 영주와 국가에 대한 충성심의 갈등 소지를 제거했다. 하지만 이러한 변화가 위계질서를 지향하는 관습마저 바꾸어 놓은 것은 아니었다. 그런 변화는 메이지 정치가들에게 새로운 지위를 부여했다. 일본의 새로운 지도자인 '장관 각하들'은 그들의 실무적인 계획을 백성에게 부과하기 위하여 더욱 중앙 집중적인 권력을 강화했다. 그들은 이번에 상부에서 요구 사항을 한번 내리면 다음번에는 상부에서 선물을 한번 주는 방식으로 살아남을 수 있었다. 그러나 그들은 여론의 비위를 맞추어야 한다는 생각은 하지 않았다. 가령 백성들은 달력을 개혁하거나, 공립학교를 세우거나, 천민들에 대한 차별을 철폐하는 것 등을 좋아하지 않을 수도 있었다.

상부에서의 선물 중 하나가 천황이 1889년에 국민들에게 하사한 일본 헌법이었다. 그 헌법으로 일본 국민은 국민의 지위를 부여받았고 또 일본 의회가 설립되었다. 그 헌법은 서구 세계의 여러 헌법들을 면밀히 검토한 끝에 장관 각하들에 의해 작성되었다. 그러나 헌법을 기초한 사람들은 '국민의 간섭과 여론의 방해를 막아내기 위해 모든 예방 수단'[2]을 강구했

---

2 헌법 기초자의 한 명이었던 가네코 겐타로(金子堅太郎) 남작의 진술을 바탕으로 한, 권위 있는 일본인의 말에서 인용. Herbert Norman, *op. cit.*, p. 88 참조.

다. 헌법을 기초한 부서는 제국 궁내성(宮內省) 소속이었고 그런 만큼 아주 신성한 부서에서 담당했다.

메이지 정치가들은 그들의 목표를 분명하게 인식했다. 1880년대에 헌법 입안자인 이토 공작(→ **이토 히로부미**)은 기도(木戶) 후작을 영국으로 보내 일본의 앞날에 놓인 문제들에 대하여 허버트 스펜서(Herbert Spencer)와 논의하게 했다. 스펜서는 기도 후작과 오래 대화를 나눈 끝에 그 자신의 판단을 이토에게 편지로 써서 보냈다. 계층제도와 관련하여, 스펜서는 일본이 전통적으로 그 제도로 국가의 안녕을 유지해 와서 소중하게 여기고 있는 만큼, 그대로 유지하면서 강화하는 것이 좋겠다고 조언했다. 스펜서는 또 상급자에 대한, 더 나아가 천황에 대한 전통적인 의무감은 일본의 커다란 기회라고 말했다. 일본은 '상급자들'의 지도 아래 단단하게 밀고 나아가고, 또 개인주의적인 국가들에서 불가피하게 발생하는 어려운 일들을 잘 대응할 것이라고 진단했다. 메이지 정치가들은 그들의 확신을 이처럼 인증 받게 되자 크게 만족했다. 그들은 현대 세계에서도 '적절한 자리'를 지키는 이점을 유지할 계획이었다. 그들은 계층제도의 관습을 건드릴 생각이 없었다.

정치, 종교, 경제 등 모든 활동 분야에서, 메이지 정치가들은 국가와 백성 사이에서 '적절한 자리'를 찾아가는 의무를 배정했다. 일본의 전반적인 계획은 미국이나 영국의 제도와는 너무나 다른 것이어서 우리는 그 제도의 근본적인 원칙을 이해하지 못한다. 물론 여론에 흔들리지 않는, 위로부터의 강력한 통치가 있었다. 메이지 정부는 계층제도의 상부에 위치한 그룹이 운영했고 선출직 인사들은 이 그룹에 포함되지 않았다. 국민은 이 그룹의 인사들에 대해서는 전혀 발언권이 없었다. 1940년에 정부의 상층부를 구성하는 사람들은, 천황에게 직접 '접근할' 수 있는 사람들, 내각의 장관들, 현지사들, 재판관들, 국가기관의 장들, 기타 고위 정부 관리 등이었다. 선출된 관리들은 이런 계층제도의 상층부에 들어가지 못했다. 일본 의회의 의원이 내각의 각료나 대장성, 운수성의 장관을 선발하거나 임명하는 데 영향력을 행사한다는 것은 생각조차 할 수 없었다.

선출된 의원으로 구성되는 일본 하원은 국민의 대변자로서 고위 관리들을 심문하고 비판하는 등 그래도 상당한 특권을 갖고 있었지만, 정부 고위직 임명, 정책 결정, 예산 편성 등에 대해서는 실권이 없었고 입법을 주도하지도 못했다. 하원은 비(非)선출직 의원으로 구성된 상원의 견제를 받았는데 상원의 절반은 귀족 출신이었고 나머지 절반의 절반은 황실에서 임명한 사람들이었다. 법안의 승인에 대해서도 상원은 하원과 거의 동등한 권력을 갖고 있었으므로, 또 다른 위계질서 상의 견제가 가능했다.

따라서 일본은 정부 고위직들이 '각하'로 대접받도록 각별히 신경을 쓰지만, 그렇다고 해서 그 '적절한 자리'에서 자율권이 없다는 얘기는 아니다. 어떤 체제가 되었든 모든 아시아 국가들은, 권위가 아래로 내려가서 밑에서 올라오는 지방자치와 중간쯤에서 만나게 되어 있다. 서로 다른 나라들마다 차이가 나는 점은 다음과 같은 것들이다. 민주적 책임의 한계가 어느 정도로까지 위로 올라가는가? 그 책임사항들이 얼마나 많거나 혹은 적은가? 지역의 지도자들은 공동체 전체에 대하여 어떤 책임을 지는가? 현지 지도자들이 현지 실력자에게 부당한 간섭을 받아서 현지 주민에게 피해를 입히는 일은 없는가?

도쿠가와 시대의 일본은 중국과 마찬가지로 다섯 집에서 열 집 정도의 작은 단위를 유지했었는데, 오늘날에는 이 단위를 가리켜 도나리구미(隣組)라고 한다. 이것은 인구 중의 가장 작은 단위이다. 이 단위의 장은 그들과 관련되는 문제에서 지도력을 발휘하고, 그 그룹에 속한 사람들이 선량한 행동을 하도록 지도하고, 수상한 행동을 하는 사람을 당국에 보고하고, 또 당국에서 원하는 사람의 신병을 건네주는 일 등을 했다. 메이지 정치가들은 처음에는 이 단위를 폐지했으나 나중에 회복되어 도나리구미라는 이름이 붙었다.

일본 정부는 한동안 시와 읍에서 이 단위를 적극 육성해 왔으나, 오늘날 이 단위는 마을에서는 거의 작동되지 않는다. 그보다는 부라쿠(部落)가 더 중요하다. 부라쿠는 폐지되지도 않았고 정부 단위로 편입되지도 않았다. 부라쿠는 국가의 기능이 미치지 않는 지역이다. 15호 정도로 구성된 이 작은 공동체는 해마다 돌아가며 맡는 부라쿠 장의 지도 아래 운영된다. 그는 "부라쿠의 재산을 보살피고, 어떤 집에 상사가 나거나 화재가 발생하면 부락 전체가 도와줄 것을 지시하고, 농사, 집짓기, 도로 보수 등에서 서로 돕는 날들을 결정하고, 화재 종을 울리거나, 두 개의 나무판을 일정한 리듬으로 두드려대며 그 지역의 휴일이나 축일을 알린다."[3] 그러나 이런 부라쿠 장은 일부 아시아 국가들과는 다르게 부라쿠의 국가 세금을 징수하는 부담스러운 일은 하지 않는다. 그의 입장은 아주 명확한 것으로서, 그는 민주적 책임의 영역에서만 기능을 발휘하는 것이다.

일본 정부 형태 vs 서구 정부 형태

일본의 현대 문민 정부는 시(市), 정(町), 촌(村)의 지역 행정 단위를 공식적으로 인정하고 있다. 선출된 '원로들'이 각 단위의 장을 선택하여 그 장이 해당 공동체의 대표자로서 현(縣) 정부나 중앙 정부와의 거래를 맡게 한다. 촌장은 주로 그 마을에 오래 산 사람이면서 토지를 소유한 농가의 사람이다. 촌장은 금전적으로 다소 손해를 보면서 봉사하지만 그래도 그 위신은 상당하다. 촌장과 마을 유지들은 마을 재정, 공공 보건, 학교의 유지,

---

3 John F. Embree, *The Japanese Nation*, p. 88.

재산 등기부와 개인 호적 서류 등의 관리를 책임진다. 시·정·촌 사무소는 바쁜 곳이다. 이곳은 모든 자녀의 초등학교 교육에 대한 국가 보조금을 지불하고, 마을에서 부담해야 할, 보조금보다 훨씬 액수가 큰 학교 교육비를 징수하여 지출하고, 마을 소유 재산을 임대하거나 관리하고, 토지 개량과 삼림 산업을 계도하고, 모든 부동산 거래의 기록을 유지한다. 특히 부동산 거래는 이 사무소에 비치된 등기부 등본에 그 사실이 등재되어야 비로소 법적 효력을 갖게 된다.

시·정·촌 사무소는 또한 현재 마을에 공식적으로 살고 있는 주민 개인의 주거, 결혼, 자녀의 출생, 입양, 법률관계, 기타 관련 사항 등에 대하여 최신 정보를 유지하며, 또 가족 기록부도 유지하는데 여기에도 가족들에 대하여 위와 비슷한 사항들이 기재된다. 개인이 일본 어느 지역에 살던지, 그 개인의 고향 마을 사무소에는 이런 정보가 통보되어 그의 기록부에 기재된다. 어떤 개인이 회사에 입사 원서를 내거나 판사 앞에서 재판을 받거나 그 외의 다른 방식으로 신원 증명을 요구받으면 고향의 시·정·촌 사무소에 편지를 쓰거나 직접 방문하여 관계 기관에 제출할 서류를 발부받는다. 개인은 자신의 기록이나 가족의 기록에 나쁜 기록이 올라가게 될 경우에는 그 문제를 심각하게 생각한다.

시·정·촌 사무소는 따라서 상당한 책임을 갖고 있다. 일본에 전국 정당들—어느 나라에서건 정권을 잡는 데 따라 '여당'과 '야당'이 번갈아 교체되지만—이 들어섰던 1920년대에도 지방행정은 이런 정계의 발전에 영향을 받지 않았고 전체 공동체를 책임지는 유지들에 의해 지도되었다. 그러나 지방 행정은 세 가지 측면에서 자율성이 없었다. 판사들은 모두 중앙 정부에서 임명했고, 모든 경찰관과 교사는 국가 공무원이었다. 일본에서 대부분의 민사 사건들은 중재나 중개인을 통하여 해결되기 때문에, 법원은 지방 행정에서는 별로 중요하지 않았다. 그러나 경찰은 좀 더 중요했다. 경찰은 공공 집회에 입회하나 이런 업무는 산발적인 것이었고, 대부분의 업무 시간을 개인 기록과 재산 기록을 유지하는 데 할당했다. 국가는 수시로 경찰관들을 전보 발령했는데 그렇게 해야 현지인들과 유착하지 않고 국외자로 공정하게 일처리를 할 수 있기 때문이다.

학교 교사들도 전근이 되었다. 중앙 정부는 학교 제도의 아주 세세한 부분까지 규제했다. 그래서 프랑스와 마찬가지로 일본 전국의 모든 학교가 같은 날, 같은 교과서에 같은 교재로 공부를 가르친다. 모든 학교가 매일 아침 같은 라디오에서 흘러나오는 음악 방송에 맞추어 같은 도수 체조를 한다. 지방 공동체는 학교, 경찰, 법원에 대해서는 전혀 자율권이 없었다.

일본 정부는 이처럼 미국 정부와는 크게 다르다. 미국은 선출직 인사가 가장 높은 행정, 입법의 책임을 갖고 있고, 지방 행정은 지방자치 단체의 통제를 받는 경찰과 법원의 지도에 따라 이루어진다. 그러나 일본의 정부는 네덜란드나 벨기에 등 서구 국가의 그것과 비교하여 형태의 측면에서 별로 다르지 않다. 가령 네덜란드는 일본과 마찬가지로 여왕의 내각이 모든 법안을 만들고, 의회는 법안 작성을 주도하지 않는다. 네덜란드의 왕실은 법적으로 모든 시와 읍의 시장과 읍장을 법에 따라 임명하며, 이것은 1940년 이전의 일본보다 더 지방 행정에 영향을 미치는 것이다. 네덜란드 왕실은 현지에서 지명 상신한 자를 그대로 승인하지만 그래도 최종 결정은 왕실이 하는 것이다. 네덜란드는 경찰과 법원도 왕실에 직접 보고하지만, 학교는 그 어떤 당파에 의해서든 마음대로 설립할 수 있다. 한편 프랑스의 학교 제도는 일본의 그것과 똑같다. 네덜란드에서는 운하, 해안 매립지, 현지 시설 개선 등은 대체로 말해서 현지 공동체의 책임이고, 선거에 의해 선출된 시장이나 정치적 관리의 책임이 아니다.

일본 정부 형태와 서구의 그것 사이의 진정한 차이는 형태에 있는 것이 아니라 기능에 있다. 일본 정부는 오래된 공손함의 관습에 의존한다. 그 관습은 과거의 체험에 의해 확립되었고 일본의 윤리 제도와 예법에 공식화되어 있다. 국가는 그것에 의존할 수 있다. 가령 장관 각하들이 '적절한 자리'에서 제대로 기능을 발휘한다면, 그들의 특권은 존중받을 것이다. 그들의 정책이 승인을 받기 때문이 아니라 일본에서는 특권들 사이의 경계를 침범하는 것은 잘못된 일이므로 그런 일을 하지 않아야 칭송을 받는 것이다. 정책의 최상위 수준에서 '국민 여론'은 끼어들 틈이 없다. 정부는 '국민의 지지'만을 요구한다. 정부가 지방의 관심사에 대하여 공식적인 입장을 밝히면 국민들은 그러한 결정을 공손한 태도로 받아들인다. 미국인들은 여러 가지 기능을 발휘하는 국가를 일반적으로 필요악으로 느끼는 반면에, 일본인의 눈에 국가는 아주 선량한 존재로 인식된다.

더욱이 일본 정부는 아주 신경을 많이 써서 국민의 뜻에 '적합한 자리'를 알아내려고 애쓴다. 정부가 합법적으로 권한을 행사할 수 있는 분야에서도, 먼저 주민들의 뜻을 살핀다. 그리하여 정부는 주민들에게 좋은 일을 할 때도 먼저 주민들의 비위를 맞추려고 애쓴다 해도 과언이 아니다. 일본 정부의 농업 진흥 담당 관리는 미국 아이다호 주의 농업 공무원 못지않게 농사 방법을 개선하는 문제를 논의하면서 아주 공손한 태도를 취한다. 국가가 보증하는 농민 신용 조합이나 농산물을 구매하고 판매하는 농민 협동조합을 지원하는 일본 관리들은 먼저 현지의 유지들과 장시간에 걸친 원탁회의를 하고 그 다음에 그 유지들이 내린 결정을 그대로 승인한다. 현지의 문제는 현지의 지도자들이 알아서 하도록 하는 것이다. 일본의 생활 방식은 적절한 권위를 배정하고 그 적절한 영역을 규정한다. 일본 문화는 서구 문화에 비하여 '상급자들'에게 훨씬 공손한 태도—그리하여 상급자에게 더 많은 행동의 자유를 부여하는 태도—로 임한다. 하지만 상급자들도 그들의 적절한 자리를 지켜야 한다. 일본의 좌우명은 모든 것은 알맞은 자리를 찾아가서 그 자리를 지켜야 한다는 것이다.

신토: 일본의 국가 종교

종교의 분야에서 메이지 정치가들은 정부 형태와 마찬가지로 아주 괴이한 공식적 제도를 수립했다. 그러나 그들은 위에서 말한 일본의 좌우명을 그대로 실천했다. 중앙 정부는 국가적 단결과 우월성의 상징들을 수호하는 영역만 국가가 개입할 수 있는 부분으로 규정하고, 그 나머지 종교의 영역은 개인들의 자유로 넘겨주었다. 이렇게 하여 국가가 주관한 분야가 신토(神道)라는 국가 종교이다. 미국에서 성조기에 경례를 올리는 것처럼 국가적 상징들에 경례를 하는 것이기 때문에 국가 신토는 "종교가 아니다"라고 그들은 말한다. 따라서 일본 정부가 모든 국민에게 이 국가 신토를 요구한다 해서 서구적 기준의 종교적 자유를 침해하는 것이 아니라고 주장한다. 미국에서 국민들에게 성조기에 경례를 하도록 하는 것이 종교 자유의 침해가 아닌 것과 똑같다는 논리이다. 국가 신토는 단지 충성의 표시라는 것이다. 그것은 '종교가 아니기' 때문에 일본은 각급 학교에서 그것을 가르쳐도 서방의 비판을 받을 이유가 없다고 주장한다. 각급 학교에서 국가 신토는 신들의 시대로부터 이어지는 일본의 역사와 '영원한 시대로부터의 군주'인 천황 숭배로 구성되어 있다. 그것은 국가가 지원하고, 국가가 규제하는 의례이다.

국가 신토 이외의 다른 종교, 불교와 기독교는 말할 것 없고 각종 종파의 신토나 컬트 신토 등은 미국과 마찬가지로 개인의 자유에 맡겨졌다. 이 두 분야는 행정적으로나 재정적으로 분리되어 있다. 국가 신토는 내무성의 국가 신토국이 관리하고 그 신토의 신관, 의식, 사당 등은 국가 재정으로 지원한다. 컬트 신토, 불교, 기독교는 교육성 산하의 종교국 담당이고, 이런 종교들의 재정은 신자들의 자발적인 헌금에 의존한다.

일본 정부가 이 문제에 대하여 종교가 아니라는 입장을 밝혔기 때문에 우리는 그것을 대규모 기성 종교라고 말할 수는 없어도, 적어도 대규모 조직이라고는 말할 수 있다. 태양 여신의 사당인 거대한 이세신궁(伊勢神宮)에서 시작하여, 현지 신관이 가끔 행사가 있을 때만 청소를 하는 현지의 자그마한 사당에 이르기까지 일본 전역에는 11만 개 이상의 신사가 있다. 신사에 소속된 신관의 전국적 계층제도는 정부의 그것과 유사하여, 가장 낮은 계급의 신관에서 시작하여 부와 현 단위의 신관, 그리고 가장 상층부의 신관으로 구성되어 있다. 이들은 사람들의 예배를 주도하는 것이 아니라 사람들을 위하여 의식을 수행한다. 국가 신토는 미국에서 교회에 가는 행위와 닮은 데가 전혀 없다. 국가 신토의 신관들은—그것이 종교가 아니기 때문에—교리를 가르치는 것이 법으로 금지되어 있으며, 서구인들이 알고 있는 교회의 예배 의식 같은 것도 없다.

그 대신에 정해진 예식일에 공동체의 공식 대표들이 신사를 찾아와서 신관 앞에 가만히 서 있는다. 그러면 신관들은 삼과 종이가 매달린 막대기를 그들 앞에 흔들어서 몸을 정화시킨다. 이어 신관은 신사 내부의 문을 열어 주고 아주 높고 가느다란 소리로 신들을 불러서 내려오게 하여 의식에 차려진 음식을 흠향하라고 말한다. 이어 신관은 기도를 올리고 그 다음에 의식에 참여한 사람들은 계급 순으로 앞으로 나선다. 그들은 아주 공손한 태도를 취하면서 과거와 현대의 일본에서 신사 참배 때에는 반드시 등장하는 물건을 선물로 바친다. 그것은 일본인들이 신성하게 여기는 나무 가지에다 하얀 종잇조각을 매달아서 늘어뜨린 것이다. 신관은 이어 또다시 높고 가느다란 소리를 질러 신들을 돌려보내고 신사 내부의 문을 닫는다. 국가 신토의 축일에 천황도 국민들을 위해 의식을 거행하고 정부 관공서는 임시 휴무이다. 하지만 이런 축일은 현지 사당을 기념하는 축일이나 심지어 불교 축일처럼 그리 인기가 높은 것은 아니다. 현지 사당 축일이나 불교 축일은 모두 국가 신토 밖의 '자유로운' 영역에 속하는 것이다.

이 자유로운 영역에서 일본인들은 그들의 마음에 맞는 많은 유력 종파와 축일을 가지고 있다. 불교는 많은 일본인들의 종교이고 불교 내에서도 다른 가르침과 시조를 갖고 있는 여러 종파들은 전국 어디에서 적극적으로 포교활동을 펴고 있다. 심지어 신토조차도 국가 신토 밖에서는 유력한 종파가 있다. 이들 중 어떤 것은 일본 정부가 민족주의적 태도를 취하기 시작한 1930년대 이전부터 국수주의의 요새였고, 어떤 것은 크리스천 사이언스(Christian Science: 1866년 미국인 Mrs. Mary Baker Eddy가 창시한 그리스도교의 한 파로서, 신앙 치료법을 베푼다.-옮긴이)와 종종 비교되기도 했다. 어떤 종파는 유교 교리를 따랐고 어떤 것은 신 내린 상태나 신성한 산속의 신사를 참배하는 것을 전문으로 했다. 이런 대중적인 축일들 또한 국가 신토의 영역 밖에서 벌어지는 행사였다.

일본인들은 이런 축일에는 신사로 몰려든다. 각 개인은 물론 자신의 입 안을 헹구어낸 다음에 종(鍾)이 달린 줄을 잡아당기거나 양손으로 손뼉을 치면서 신이 하강하도록 부른다. 이어 강림한 신에게 허리 숙여 예배한 다음에는 다시 종 달린 줄을 잡아당기거나 손뼉을 치면서 신을 돌려보낸다. 그렇게 신사 참배를 마친 다음에는 그 날의 볼일을 본격적으로 보기 시작한다. 좌판을 차려놓은 장사꾼으로부터 간단한 장식품이나 소품을 사들이고, 레슬링 경기를 구경하거나, 구마(驅魔) 행위 혹은 가쿠라(神樂) 춤을 보는 것이다. 가쿠라는 광대가 추는 아주 생생한 춤인데 일반적으로 많은 사람들을 즐겁게 했다. 일본에 한동안 살았던 어떤 영국인은 일본의 축일 생각을 하면서 윌리엄 블레이크의 다음과 같은 시를 인용했다.

교회에서 맥주를 좀 내온다면 그리고
우리의 영혼을 즐겁게 할 모닥불이 있다면
우리는 하루 종일 노래하고 기도하면서
교회에서 벗어날 생각을 단 한 번도 하지 않았네.

전문적으로 종교적 고행에 전념하는 소수의 사람들을 제외하고, 일본에서 종교는 고행을 연상시키지 않는다. 일본인들은 종교적 순례 행사도 좋아하는데 이 또한 다들 크게 즐기는 휴일이다.

메이지 장관들의 군대 개혁
—

메이지 정치가들은 행정 분야와 국가 신토 분야에서 국가가 기능을 발휘할 영역을 조심스럽게 구분해 놓았다. 그들은 이것 이외의 영역들은 국민에게 맡겼으나, 새로운 계층제도의 최고 행정관으로서, 그들이 볼 때 국가의 안위에 곧바로 영향을 미치는 분야에 대해서는 그들이 직접 관장했다. 가령 군대를 설치하는 데서 그들은 그런 국가 안위의 문제에 직면했다. 그들은 다른 분야들에서 그렇게 했던 것처럼, 군대에서도 낡은 카스트 제도를 철폐했다. 특히 육군과 관련해서는 민간 분야보다 한 발 더 나아갔다. 그들은 군대 내에서 일본식 경어를 사용하지 못하게 했다. 하지만 실제에서 오래된 관행은 그대로 유지되었다. 육군은 가문 배경이 아니라 능력 위주로 장교 자리에 승진시켰다. 사회의 다른 분야에서는 이런 파격적인 발탁은 보기 드문 것이었다. 그리하여 일본인들 사이에서 육군의 명성은 높았고, 또 그럴 만한 이유가 있었다. 그것은 새로운 군대에 국민들의 지지를 얻어낼 수 있는 가장 좋은 방법이었다. 중대와 소대는 같은 지역 출신의 장정들로 구성되었고 평화 시의 군 복무는 고향 근처에 주둔하는 부대에서 근무했다. 이것은 현지들 사이의 유대 관계가 그대로 유지된다는 것을 의미했다. 또 함께 육군 훈련을 받은 병사들은 2년간의 군대 생활을 통하여 장교와 사병, 2년차 사병과 1년차 사병의 관계가 돈독해졌고, 그런 관계가 예전의 사무라이와 농민, 부자와 빈자의 관계를 대체했다. 육군은 여러 면에서 민주적 평등 추의 역할을 했고 여러 모로 진정한 국민의 군대였다. 대부분의 다른 나라들에서 군대는 현상 유지를 수호하는 강력한 팔로 인정되었지만, 일본의 군대는 농민들에게 공감하는 바가 많아서, 대규모 재정가와 산업 세력에 맞서는 거듭된 소규모 농민 반란에서 농민들의 편을 들었다.

일본의 정치가들은 국민의 군대를 창설하면서 생겨나온 이런 결과들을 모두 승인하지는 않았을 것이다. 그들은 계층제도 내에서 육군에게 최고 우위의 자리를 부여한 것은 그런 목적을 위한 게 아니었다. 그들은 자신들이 내심 갖고 있던 군부 우위의 목적을 가장 높은 권력의 영역에서 하나의 불문율로 확립했다. 그들은 그것을 헌법에 명시하지는 않았지만, 이미 인정되고 있던, 군부의 민간 정부로부터의 독립을 하나의 관행으로 인정해 주었다.

가령 육군 장관과 해군 장관은 외무성 장관이나 다른 정부 부서의 장관들과는 다르게 천황을 직접 알현할 수 있는 권한을 갖고 있었고, 그들의 정책을 천황의 이름으로 밀어붙일 수가 있었다. 그들은 그 정책을 내각의 민간인 장관과 상의하거나 알릴 필요가 없었다. 게다가 군부는 내각 통제의 수단을 갖고 있었다. 군부는 내각에서 육군 장관과 해군 장관을 담당할 장군이나 제독을 파견하기를 거부함으로써 그들이 불신하는 내각의 구성을 방해할 수 있었다. 육군성과 해군성을 관장하는 고위 현역 장군들이 참여하지 않는 상태에서는 내각은 조각을 할 수가 없었다. 위에서 말한 불문율 때문에 민간인이나 퇴역 장군들을 육군 장관이나 해군 장관으로 임명할 수 없었다. 마찬가지로 군부가 내각의 어떤 조치가 마음에 들지 않는다면 그들은 육군성과 해군성 소속의 장관들을 원대 복귀시킴으로써 내각의 해산을 유도할 수 있었다.

최고위 정책 수준에서 군부의 최상층부는 다른 정부 부처의 간섭을 철저히 배제했다. 군부가 그 이상의 불간섭 보장을 필요로 한다면 헌법에도 이미 그것이 들어가 있었다. "만약 의회가 제출된 예산안을 승인하지 않는다면, 전년도 예산이 자동적으로 금년도 예산으로 정부에 제공된다." 일본 외교부가 관동군이 경거망동하지 않을 것이라고 약속을 했는데도 불구하고, 관동군이 만주를 점령해 버린 사건은 군부가 전횡을 벌인 여러 사례들 중 하나일 뿐이다.(→ **만주사변**) 군부의 최고 지도부는 내각의 합의된 정책이 없는데도 불구하고 야전군 사령관들을 지원하여 만주사변을 성사시켰다. 일본인들의 태도는 다른 분야에서도 그렇지만 군대 분야에서도 마찬가지였다. 계층제도 내의 어떤 특권이 문제될 때, 일본인들은 그 모든 결과를 받아들이는 경향이 있다. 정책에 대하여 합의가 있었기 때문이 아니라 특권들 사이의 경계를 침범하는 것을 용납하지 않기 때문이다.

일본의 산업 발전 정책

산업 발전 분야에서 일본은 서구 국가에서는 전례를 찾아볼 수 없는 방향으로 나아갔다. 또다시 일본의 장관 각하들이 게임의 범위와 규칙을 수립했다. 그들은 계획을 수립했을 뿐만 아니라 그들이 필요하다고 생각하는 산업을 구축하고 정부 예산을 집중 지원했다. 국가의 관료제가 산업들을 조직하고 운영했다. 외국의 기술자들이 수입되었고 일본인들을 해외에 보내 기술을 배워 오게 했다. 그리고 장관 각하들이 말한 것처럼 이들 산업이 '잘 조직되고 사업이 번창하면', 정부는 그 산업들을 개인 기업에 넘겨주었다. 그 산업들은 '아주 낮은 가격'[4]에 점진적으로 선택된 금융 과두세력인 **자이바쓰**(財閥)에 매각되었다. 과두세력의 주축은 미쓰이와 미쓰비시였다. 일본의 정치가들은 산업 발전이 너무나 중요한 국가사업이기 때문에 수요공급의 법칙이나 자유로운 경쟁에 맡겨둘 수 없다고 생각했다. 하지만 이런 정책은 결코 사회주의적 이상에서 나온 것이 아니었다. 오히려 그런 정책의 열매를 그대로 가져간 것은 자이바쓰였다. 일본은 실수와 낭비를 최소한으로 억제하면서 그들이 필요하다고 생각하는 산업을 구축할 수 있었다.

일본은 이러한 방법을 통하여 '출발점의 정상적인 질서와 자본주의적 생산의 후속 단계들'을 수정할 수 있었다.[5] 소비재와 경공업의 생산으로 시작한 것이 아니라 처음부터 핵심 중공업의 구축에 주력했다. 무기 공장, 조선소, 제철공장, 철도 건설 등이 우선 사업이었고 높은 단계의 기술적 효율성을 신속하게 달성했다. 이런 사업들은 개인 손에 맡겨두지 않았고, 광범위한 군수산업은 정부 기관들이 관장했으며 특별 정부 예산이 투입되었다.

정부가 최우선 산업으로 지정한 분야들에서 소상공인이나 비(非)관료적 매니저는 '적절한 자리'가 없었다. 오로지 국가와, 신임 받고 정치적으로 혜택을 받는 소수의 자이바쓰만이 이 분야에 참여할 수 있었다. 그러나 일본 생활의 다른 분야들이 그러하듯이, 산업에도 자유로운 분야가 있었다. 이것들은 정부가 개인들에게 '남겨 둔' 산업으로서, 최소한의 자본과 최대한의 값싼 노동력으로 운영되는 것들이었다. 이런 가벼운 산업들

---

4 Herbert Norman, *op. cit.*, p. 131. 이 논의는 노먼이 제시한 탁월한 분석에 바탕을 둔 것이다.
5 *Ibid.*, p. 125.

은 현대적 기술이 없어도 살아남을 수 있었고 실제로 살아남았다. 이들은 미국에서 말하는 가내 수공업의 형태로 기능을 발휘했다. 소규모 제조업자는 원 재료를 사들여서 가정이나 5인 이하의 소규모 공장에 하청을 주어 완성된 부품을 거두어들이고, 이런 과정을 반복하여 관련 부품들을 조립하여 완제품을 만들어서 그것을 상인이나 무역회사에 팔았다. 1930년대에 산업에 종사하는 모든 일본인의 53퍼센트가 이런 방식으로 가정이나 5인 이하 공장에서 일을 했다.[6] 이런 노동자들 중 다수가 과거의 온정주의적 도제 방식으로 보호를 받았고 또 많은 노동자가 집에서 아이를 등에다 포대기로 둘러업고 일을 하는 가정주부들이었다.

일본 산업의 이러한 이원 구조는 정부와 종교의 이원 구조 못지않게 중요한 일본적 생활 방식이었다. 일본 정치가들은 다음과 같은 생각을 가지고서 움직인 것 같다. 다른 여러 분야에 상응하는 계층제도가 산업 분야에도 필요하다. 그러니 전략 산업을 건설하고 정치적으로 적당한 상인 가문을 선택하여 그들을 '적절한 자리'에 두어 다른 계층제도들과 보조를 맞추게 해야 한다. 일본 정부가 거상(巨商) 가문과 자이바쓰 등과 절연하는 것은 애당초 정부의 계획에 들어있지 않았다. 그들은 정부의 지속적인 온정주의로부터 커다란 혜택을 보았다. 그리하여 거상과 자이바쓰는 큰 이익을 올렸을 뿐만 아니라 사회 내에서 높은 지위를 차지했다. 이익과 금전에 대한 옛 일본의 태도를 감안할 때, 금융 귀족제가 국민들의 비판을 받는 것은 불가피한 일이었다.

그러나 정부는 기존의 위계질서의 사상에 입각하여 금융 귀족제를 구축하기 위해 할 수 있는 일을 다 했다. 그런 정부의 정책이 100퍼센트 성공한 것은 아니었다. 자이바쓰는 육군의 '젊은 장교들' 집단과 농촌 지역

---

6 Professor Uyeda, quoted by Miriam S. Farley, "Pigmy Factories," *Far Eastern Survey*, VI (1937), p. 2.

으로부터 지속적으로 공격을 받아 왔던 것이다.

자이바쓰와 나리킨

그러나 일본 여론이 아주 강력하게 비난한 것은 재벌이 아니라 나리킨(成金)이었다. 나리킨은 종종 '누보리슈(nouveau riche: 벼락부자)'라고 번역되는데, 이 번역어는 나리킨에 대한 일본인의 감정을 적절히 표현해 주지 못한다. 미국에서 누보리슈는 엄밀하게 '최근에 돈을 번 사람'이다. 미국의 신흥부자는 행동이 어색하고 세련미를 갖출 시간이 없어서 비웃음의 대상이 된다. 하지만 이런 약점은 다른 강점에 의해 상쇄된다. 그들은 시골의 통나무집 출신이고 노새를 몰던 신분에서 수백만 달러의 오일 머니를 굴리는 사람이 되었다.

그러나 일본의 나리킨은 일본 장기에서 나온 단어인데 갑자기 여왕으로 승진한 졸(卒)을 의미한다. 졸이 장기판 위를 횡행하면서 '거물'인 양 행동하는 것을 가리킨다. 위계제도 내에서 나리킨은 그런 행동을 할 말한 권리가 없는 것이다. 나리킨은 사기와 착취로 큰돈을 번 자이고, 그에 대한 일본인의 분노는 '시골 통나무집 출신의 출세한 친구'를 대하는 미국인의 태도와는 아주 다른 것이다. 일본은 거부에게 계층제도 내의 적절한 자리를 부여하고 거부와 동맹을 맺는다. 이러한 동맹의 제도 밖에서 부가 형성되면 일본 여론은 그에 대하여 분노하는 것이다.

이처럼 일본인은 계층제도를 늘 의식하면서 그들의 세계를 조직한다. 가족 관계와 대인 관계에서, 연령, 세대, 성별, 계급 등의 위계질서가 적절한 행동을 규정한다. 정부, 종교, 군대, 산업 등에서 여러 분야들이 치밀하게 계층화했다. 그리하여 상급자와 하급자는 각자 그들의 특권을 침범하지 말아야 하며 만약 침범할 경우 처벌을 받게 된다. 계층제도 내의

'적절한 자리'가 유지되면 일본인은 아무런 항의 없이 사태의 진행을 받아들인다. 그들은 안전함을 느낀다. 물론 이 안전은 그들의 최대한 편의가 보호되는 데서 오는 '안전'이 아니라, 계층제도를 받아들일 때 오는 그런 '안전'이다. 계층제도를 지킴으로써 안전을 도모하는 것은 일본의 특징적인 인생관인데, 미국에서 평등과 자유를 신봉하는 것만큼이나 소중한 것이다.

계층제도는 일본 내에서만 통하는 것
—

그런데 일본이 그런 '안전'의 공식을 수출하려고 할 때 일본의 천적이 나타났다. 일본 내에서는 계층제도가 대중의 상상력에 부합하는 것이었다. 그런 제도를 만들어낸 것이 일본인의 상상력이었으니까 말이다. 일본이 어떤 야심을 갖고 있다면, 그것은 그런 종류의 세계에서만 형성되고 수용될 수 있는 것이었다. 따라서 일본의 야심은 수출용으로는 치명적인 결함이 있었다.

다른 나라들은 일본의 거창한 요구를 뻔뻔하고 사악한 것으로 여기면서 분노했다. 그리하여 일본군의 장교들과 병사들은 그들이 점령한 지역의 현지 주민들이 그들을 환영하지 않는 것을 보고서 충격을 받았다. 일본은 비록 낮은 것이기는 하지만 그들에게 계층제도 내의 적절한 자리를 제공하지 않는가? 그 제도의 밑바닥에 있다고 하더라도 계층제도는 심지어 피점령 지역의 사람들에게 적절한 것이 아닌가?

일본 군부는 일련의 전쟁 홍보물을 제작하여 내보냈다. 절망과 혼란에 빠진 중국 소녀들이 일본 군인이나 엔지니어와 사랑에 빠짐으로써 비로소 행복을 찾았다는 내용으로, 중국은 일본을 '사랑'한다고 홍보하는 선전 책자였다. 일본의 아시아 타 지역 점령은 나치의 타국 점령과는 아주 다른 양상을 띠었으나 결국에는 나치와 마찬가지로 성공하지 못했다.

　일본은 다른 나라들로부터 그들이 일본 국민들에게 강요하여 얻어냈던 것을 얻지 못했다. 얻어낼 수 있을 것이라고 생각하는 것은 일본의 착각이었다. 일본인은 다음과 같은 사실을 알지 못했다. '사회 내의 적절한 자리'를 찾아가도록 유도한 일본의 도덕 체계가 다른 나라에서는 통하지 않는 것이었다. 다른 나라들은 그런 체계를 갖고 있지 않았다. 그것은 일본 고유의 제품이었다. 일본의 작가들은 그러한 윤리 체계를 너무나 당연한 것으로 받아들여 그것에 대해 기술할 필요를 느끼지 못했다. 그러나 이제 우리는 일본인을 알고자 하므로, 그 체계에 대하여 기술할 필요가 있다.

5장

과거와 세상에
빚진 사람

The Chrysanthemum and the Sword

우리는 영어로 '시대의 상속자(heirs of the ages)'라는 말을 자주 해왔다. 두 번의 세계대전과 엄청난 경제적 위기를 겪은 후에 이런 말이 풍기는 자신 감을 다소 잃기는 했지만, 그래도 이런 변화가 곧 과거에 대한 우리의 부채 의식을 증가시키는 것은 아니다. 그러나 동양적 개념은 동전을 정반대로 뒤집어놓는다. 동양인들은 자신을 과거에 빚진 사람이라고 생각한다. 서양인들이 사용하는 조상 숭배라는 말도 그들은 상당 부분 다르게 사용한다. 그저 숭배에만 그치는 것이 아니고 또 숭배의 대상이 조상들에게만 국한되는 것도 아니다. 그들 자신보다 앞서 있는 모든 것에 대하여 엄청난 빚을 졌다고 생각하는 것이다. 더욱이 그(동양인)는 과거에만 빚을 진 것이 아니다. 날마다 다른 사람들과 접촉하면서 지금 현재에도 남들에 대한 부채가 증가하고 있다고 생각한다. 이런 부채 의식으로부터 그의 일상적 결정과 행동이 흘러나온다.

서구인은 세상에 대한 부채 의식을 거의 느끼지 않으며, 세상이 육아, 교육, 보호 등을 해준 것, 그리고 더 나아가 그 자신이 세상에 태어나게 된 것에 대해서도 빚진 것이 없다고 생각한다. 반면에 일본인들은 서구인의 이러한 동기부여가 적절치 못하다고 생각한다. 미국인은 자신이 남들에게 아무것도 빚진 게 없다고 말하길 좋아하는데, 도덕적인 일본인은 그렇게 말해서는 안 된다고 생각하는 것이다. 일본인은 과거를 경시하지 않는다. 일본에서 올바른 행동은 상호 부채 의식을 느끼는 거대한 연결망—조상뿐만 아니라 현대인들까지 포함하는 연결망— 속에서 자신의 적절한 자리를 찾아가는 것이다.

동양과 서양 사이의 이런 대비를 말로 표현하는 것은 간단하다. 그러나 그것이 실제생활에서 어떤 차이를 만들어내는지 깊이 있게 이해하는 것은 간단하지 않다. 우리가 일본의 그런 측면을 깊이 이해하지 못한다면, 우리가 전쟁 중에 익히 보았던 일본인의 엄청난 자기희생이라든지, 우리가 보기에 별로 화 낼만한 게 아닌 상황에서 일본인이 버럭 화를 내는 이유를 이해하지 못할 것이다. 빚을 지게 되면 사람은 극단적으로 공격적인 태도를 취하게 되는데, 일본인의 사례는 그것을 잘 증명한다. 동시에 그 부채 의식 때문에 일본인은 강한 책임감을 느낀다.

중국인과 일본인은 '의무 사항(obligation)'을 뜻하는 여러 단어들을 갖고 있다. 이 단어들은 동의어가 아니며 그 독특한 의미는 영어로 직역이 되지 않는다. 그 단어들이 표현하는 아이디어가 미국인에게는 낯선 까닭이다. 한 개인이 질 수 있는 가장 큰 것에서 가장 작은 것에 이르기까지 '의무'를 적절히 표현해 주는 단어는 온(恩)이다.('온'이라는 일본어를 은혜라는 한국어로 번역하면 한국 독자들은 은혜와 관련된 한국적 상황을 연상할 수가 있으므로 온의 특별한 의미(부채의식)를 환기시키기 위하여 이하 온이라는 일본어를 그대로 사용함. 마찬가지로 우리는 의리라고 하면 우리 나름의 의리를 연상할지도 모르므로, 이 의리에 해당하는 일본어 기리도 그대로 사용함. 이하 기무(義務), **마코토**(誠), 주(忠), 고(孝) 등의 일본어도 동일하다.-옮긴이)

이 온이라는 일본어를 영어로 번역한다면 '의무'뿐만 아니라 '충성', '친절함', '사랑' 등 일련의 단어들을 동원해야 되겠지만, 그런 단어들조차도 온의 의미를 온전히 전달하지 못하고 오히려 왜곡시킨다. 만약 온이 사랑과 의무를 표현하는 것이라면 일본인은 이 단어를 그들의 자식에게도 사용할 수 있어야 하지만, 그렇게는 사용하지 않는다. 그것은 충성을 의미하지도 않는다. 그런 뜻은 다른 일본어 단어들이 있는데, 그것들은 온과 동의어가 아니다.

온은 그 전반적 용례를 볼 때, 부담, 부채의식, 짐 등의 뜻이며 일본인으로서는 각자 형편에 알맞게 반드시 지고 가야 하는 것이다. 일본인은 상급자로부터 온을 받는다. 상급자도 아니고 적어도 동등한 자도 아닌 사람으로부터 온을 받는다는 것은, 일본인을 불편하게 하고 또 열등감마저 느끼게 한다. 일본인이 "나는 그에게 온을 입었다"고 말하는 것은 곧 "나는 그에게 의무의 부담을 지고 있다"는 뜻이다. 그들은 이렇게 온을 베풀어준 사람을 가리켜 채권자, 후원자, 은인이라고 한다.

'자신의 온을 기억하는 것'은 상호 헌신의 순수한 발로이다. 일본 초등학교 2학년 교과서 속에 들어 있는 "온을 잊어버리지 말자"는 글은 온이라는 단어를 그런 의미로 사용하고 있다. 다음은 윤리 시간에 어린 2학년 학생들이 읽는 이야기이다.

하치는 귀여운 개입니다. 태어난 직후에 낯선 사람이 가져가서 그 집의 자식처럼 사랑을 받으며 컸습니다. 그런 사랑 덕분에 그의 허약한 몸도 건강하게 되었습니다. 주인이 매일 아침 출근을 하면 그는 주인을 따라 전차 정류장까지 배웅을 하고, 주인이 집으로 돌아오는 퇴근 무렵이면 또다시 전차 정류장으로 나가서 그를 맞이합니다.

곧 주인은 세상을 떠났습니다. 그 사실을 아는지 모르는지 하치는 날마다 주인을 찾으려고 주위를 두리번거립니다. '늘 가던 전차 정류장에 나가서 전차가 도착할 때마다 거기서 내리는 사람들 속에 주인이 혹시 있지 않나' 하고 찾았습니다.

　이런 식으로 여러 날이 흘러가고 여러 달이 지나갔습니다. 1년, 2년, 3년이 지나갔고 심지어 10년이 지나갔는데도 늙은 하치의 모습이 전차 정류장 앞에 날마다 보였습니다. 하치는 지금도 주인을 찾고 있는 것이었습니다.

　이 작은 이야기의 주제는 충성심인데, 사실 그것은 사랑의 다른 이름인 것이다. 어머니를 지극히 사랑하는 아들은 어머니로부터 받은 온을 잊지 않는다고 말하는데, 이때의 온은 하치가 주인을 향한 일편단심과 똑같은 의미인 것이다. 하지만 아들이 사용한 온이라는 단어는 특별히 그의 어머니에 대한 사랑만을 지칭하는 것은 아니다. 어머니가 갓난아이였던 그에게 해준 모든 것, 소년이었을 때 어머니가 한 희생, 그가 훌륭한 성인으로 자라나도록 뒷받침해 준 모든 것, 그리고 단지 어머니가 존재한다는 그 사실에 대한 고마움 등, 이 모든 것을 지칭한다. 그것은 부채에 대한 보답을 내포하고 또 사랑의 의미도 들어 있다. 그러나 온의 일차적 의미는 사랑이 아니라 부채의식이다. 미국인은 사랑이라고 하면 의무와는 상관없이 무상으로 주어지는 것이라고 생각한다.

온의 여러 가지 사례들

일본인이 갖고 있는 최초, 최고의 부채의식인 '천황의 온'은 늘 이런 무한한 헌신의 의미로 사용된다. 그 온은 천황에 대한 부채를 의미하는데, 무한한 감사함을 느끼면서 받아들여야 한다. 일본인은 자기 조국이나 자기 생활, 그리고 크고 작은 주변의 일들을 기뻐할 때마다 반드시 그런 천황의 온을 느껴야 한다고 생각한다. 일본의 전 역사를 통하여 일본인이 이런 최고의 온을 느끼는 궁극적 상급자는, 일본인의 의식(意識) 지평에서 당연히 가장 높은 곳에 있는 사람이었다. 시대에 따라 그 사람은 현지 영주, 봉건 영주, 쇼군 등이었다. 오늘날은 일본 천황이다. '최고의 지위에 있는 사람이 누구인가'라는 사실은 '온을 기억하는' 수세기에 걸친 일본식 관습에 비하면 그다지 중요한 것이 아니었다.

현대 일본은 이런 정서를 천황에게 집중시키기 위해 모든 수단을 강구해 왔다. 일본인은 그들 나름의 생활 방식을 좋아했고 그 방식은 천황의 온에 대하여 각별한 느낌을 갖도록 만들었다. 천황의 이름으로 최전선에 나가 있는 군부대 병사들에게 돌린 담배는 각 병사가 천황에 대하여 갖고 있는 온을 더욱 강화시켰다. 전투에 돌입하기 전에 병사들에게 나눠 준 한 모금의 사케(酒)는 천황의 온을 더욱 배가시키는 것이었다. 가미카제 특공대의 조종사는 그렇게(자살공격) 함으로써 천황의 온을 되갚는 것이라고 말했다. 태평양의 어떤 섬을 방어하다가 전원 사망한 일본군 부대의 군인들은 그렇게 전사하는 것이 무한한 천황의 온을 되갚는 것이라고 말했다.

일본인은 천황보다 하위직 인사에게도 온을 입는다. 또한 부모에게서 받은 온도 있다. 이것은 저 유명한 동양식 효도의 바탕인데, 이로 인해 부모는 자식들에 대하여 권위 있는 전략적 지위를 차지하게 된다. 그 지위는 아이들이 부모에게 빚지고 있으며 자식은 그것을 갚기 위해 노력해야 한다는 부채 의식으로 잘 표현된다. 따라서 일본에서는 자녀들이 복종심을 열심히 갈고닦아야 한다. 반면에 독일—부모가 자식 위에 군림하는 또 다른 국가—에서는 부모가 자식들로부터 그런 복종심을 이끌어내고 단속하기 위하여 열심히 노력한다.

일본인은 동양식 효도에 대하여 아주 현실적인 인식을 갖고 있다. 그들에게는 부모로부터 받은 온에 대한 속담이 있는데 영어로 의역하면 대강

이런 뜻이다. "사람은 나중에 부모가 되어 봐야 그가 전에 얼마나 부모에게 큰 빚을 졌는지 알게 된다." 다시 말해 부모가 자식을 키우기 위해 날마다 신경 쓰고 근심 걱정을 하며 살았는데 그게 부모의 온이라는 것이다. 일본의 조상 숭배가 몸소 기억하는 가까운 조상만으로 국한되는 것도 유년 시절의 이러한 실제적 도움을 다시금 깊이 깨닫게 만든다. 사실 그 어떤 문화가 되었든 모든 남녀는 한때 무기력한 아이였을 때가 있었고 부모의 양육이 없었더라면 살아남지 못한다. 그가 성인으로 자라날 때까지 부모는 집, 음식, 옷을 제공하며 뒷바라지를 한다. 일본인은 미국인들이 이런 사실을 당연시하면서 그리 중시하지 않는 것을 못마땅하게 여긴다. 한 일본인 작가는 이렇게 말한다. "미국에서 부모의 온을 기억한다는 것은 아버지와 어머니에게 친절하게 대하는 것 이상의 의미가 없다." 일본인 중 그 누구도 자식에게 온가에시(恩返し: 온의 보답)의 의무를 물려주는 건 아니지만, 일본인이 자신의 자녀를 헌신적으로 돌보는 것은 자신이 무기력한 어린아이였을 때 부모님이 해주신 것에 대한 부채를 자식에게 갚는다는 의미이다. 일본인은 자신의 자녀에게 전에 부모님으로부터 받았던 것과 똑같은 혹은 그보다 나은 자녀 양육을 해줌으로써, 부모님에게 입은 온을 부분적으로 갚는 것이다. 따라서 일본인이 자녀에게 느끼는 의무는 '부모에 대한 온'이라는 개념 속으로 포섭될 수 있다.

일본인은 교사나 직장의 고용주(누시)에게도 각별한 온을 느낀다. 교사나 고용주는 사회생활을 해나가는 데 도움을 주었으므로, 일본인은 이 두 사람에게 온을 입었다. 그래서 일본인은 장래 언젠가 그 두 사람이 어려울 때 그들의 요구를 들어주거나 혜택을 주어야 할 의무감을 느낀다. 만약 그 두 사람이 사망했다면 그들의 어린아이들에게 대신 갚아 주어야 한다. 일본인은 그런 의무의 이행을 철저히 지켜야 하며 시간이 경과한다고 해서 그런 부채 의식이 경감되는 것은 아니다. 세월이 흘러가면 부채 의식은 오히려 늘어나지 줄어들지 않는다. 거기에는 일종의 이자가 붙는 것이다. 어떤 사람에게 온을 느낀다는 것은 중대한 문제이다. 일본인에게는 이런 어법이 있다. "온의 만분의 일도 가에시(보답)하지 못합니다." 그것은 무거운 부담이며, '온의 위력'은 일본인의 개인적 선호를 제압할 정도로 막강하다.

온의 부채 의식

이러한 부채 의식이 원활하게 작동하기 위해서는 각 개인이 그 자신을 커다란 채무자라고 생각함과 동시에, 그런 의무의 이행에 분노하지 말아야 한다. 우리는 이미 앞에서 일본 사회 내에 계층제도가 철저하게 조직되어 있음을 살펴보았다. 그런 제도에 따라 관련된 부수적 관습들도 잘 정착이 되었고, 그리하여 일본인은 서구인이라면 상상도 하지 못할 정도로 그들의 도덕적 부채 의식을 아주 소중하게 여긴다. 부채의 지불은 상급자가 선의를 가진 사람이라면 더욱 수월하게 이루어진다. 일본어에는 상급자가 하급자를 '사랑'한다는 것을 보여 주는 재미있는 단서들이 있다. 일본어에서 '사랑(love)'은 아이(愛)이다. 19세기에 일본을 방문한 선교사들이 기독교의 '사랑'이라는 개념을 번역하려 할 때, 쓸 수 있었던 유일한 단어가 바로 이 아이였다. 그래서 선교사들은 성경을 번역할 때, 인간에 대한 하느님의 사랑, 그리고 하느님에 대한 인간의 사랑에 대하여 아이를 사용했다. 그러나 일본어 아이는 구체적으로 상급자가 하급자에게 보여 주는 따뜻한 배려를 뜻한다. 서구인이 그런 아이를 받았더라면 'paternalism(온정주의)'이라는 단어를 떠올렸을 것이다. 그러나 일본어 단어 '아이'의 뜻은 그 이상을 의미한다. 그것은 애정을 의미하는 단어이다. 현대 일본에서 '아이'는 엄격하게 말해 보자면 상급자에게서 하급자로 내려오는 사랑의 의미로 사용되고 있지만, 부분적으로 기독교적 용례 때문에, 또 부분적으로는 신분 제도를 혁파하려는 공식적인 노력 때문에 오늘날 동급자들 사이의 사랑을 가리키기도 한다.

이런 문화적 요소들이 온의 부담을 덜어주는데도 불구하고, 일본에서는 감정을 상하는 일 없이 '온'을 입는 것은 다행이라고 생각한다. 일본인은 우연하게라도 온이 내포하는 보답의 부채를 떠안는 것을 좋아하지 않는다. 일본인은 "온을 입게 만들었다"는 말을 많이 한다. 이 말을 영어로 가장 가깝게 번역하면 "imposing upon another(다른 사람에게 강요하다)"이다. 미국에서 imposing은 다른 사람에게 무엇인가를 강하게 요구한다는 뜻이다. 그러나 일본에서 '온을 입게 만들었다'는 말의 구체적 상황은 '어떤 사람이 나에게 무엇인가를 주었다', 혹은 '어떤 사람이 나에게 친절을 베풀었다' 등으로 표면적으로는 어떤 사람이 나에게 강요한다는 의미가 전혀 없다. 그러나 속뜻은 전혀 그게 아니어서 반드시 갚아야 하는 부채로 인식하는 것이다.

비교적 관계가 먼 사람으로부터 혜택을 받는 것은 일본인이 가장 싫어하는 것이다. 이웃들과의 거래나 오래된 위계질서 속의 거래라면, 일본인은 온의 함축된 의미를 잘 알고 그것을 받아들인다. 그러나 막연히 아는 사람 혹은 동급자들이 온을 베푼다면, 일본인들은 화를 낸다. 그들은 온의 온갖 결과에 휘말리는 것을 피하고 싶어 한다. 일본의 거리에서 사고가 발생했을 때 군중들이 수동적인 태도를 보이는 것은 단지 적극적인 태도가 부족해서 그런 것은 아니다. 비공식적인 개입을 하게 되면, 상대방이 온을 입었다고 생각할지 모른다는 우려가 적극적 행동을 제지하는 것이다.

메이지 이전 시대에 널리 알려진 생활 법규로는 이런 것이 있었다. "싸움이나 언쟁이 벌어지면 불필요하게 거기에 개입해서는 안 된다." 그런 상황에서 어떤 일본인이 공식적 허가 없이 상대방을 도왔다면 '그는 근거 없는 이득을 취하려는 자가 아닌가' 하는 의심을 받는다. 도와준 사람에게 상대방(도움을 받은 사람)이 엄청난 부채 의식을 느끼게 된다는 사실 때문에, 일본인은 그런 도움에서 오는 이득을 취하려고 하기보다는 아예 도와주지 않는 쪽을 선택하는 것이다.

특히 비공식적 상황에서, 일본인은 온에 휘말리는 것을 극도로 경계한다. 전에 일면식도 없던 사람이 내주는 담배 한 개비도 일본인을 불편하게 만들며 그때 일본인이 감사하는 마음을 공손하게 표현하는 방식은 이러하다. "아, 송구스러운 마음입니다(기노도쿠気の毒)." 이와 관련하여 한 일본인은 나에게 이런 설명을 해주었다. "그런 식으로 돌려 말하지 않고, 솔직하게 이런 난데없는 대접을 받아서 기분이 나쁘다고 했더라면, 한결 견디기가 쉬웠을 겁니다. 나는 상대방에 대하여 아무것도 해줄 생각을 안했는데 갑자기 온을 받으니까 부끄러워지는 거지요." 따라서 기노도쿠는 때때로 담배 한 개비를 건네받아서 '고맙다'의 뜻이 되고, 빚을 져서 '송구스럽다'는 뜻도 되고, 때로는 상대방이 이런 관대한 행동을 갑자기 해왔으므로 '염치없는 느낌이 든다'는 뜻도 된다. 그것은 이 모든 것을 의미할 수도 있고 아니면 그 어떤 것도 의미하지 않을 수도 있다.

고마움을 표시하는 여러 가지 방식

일본인은 온을 받으면서 느끼는 불안감을 표시하는 '고맙습니다'를 여러 가지 방식으로 말한다. 가장 애매모호함이 덜한 감사 표시는 현대의 대도시 백화점에서 사용하는 '아리가토(有り難う)'인데 '아, 이 어려운 일'이라는 뜻이다. 이 말 뜻은 고객이 백화점의 물건을 사주는 중요하고 희귀한 혜택을 베풀었으니 '이 어려운 일'을 했다는 것이다. 이것은 칭찬의 말이다. 누군가에게서 선물을 받았을 때 또 기타 무수한 상황에서 자주 쓴다. '고맙습니다'를 표시하는 다른 말인 스미마센(濟みません)은 기노도쿠와 마찬가지로 그것을 받아들이기가 어렵다는 뜻이다. 가령 자신의 가게를 운영하는 가게 주인은 문자 그대로 스미마센이라는 말을 자주 사용하는데, '아, 이거 안 될 일입니다' 정도의 뜻이다. 스미마센을 좀 더 부연 설명하면 이러하다. "나는 당신(고객)으로부터 온을 받았습니다. 하지만 현재의 경제 제도 아래에서는 당신의 온을 되갚을 길이 없습니다. 나는 이런 입장에 놓이게 되어 안 되었다고 생각합니다." 스미마센을 영어로 번역한다면, "Thank you(감사합니다)", "I am grateful(나는 고마움을 느낍니다)", "I am sorry(미안합니다)", "I apologize(사죄드립니다)" 등이 된다. 내가 바람 세게 부는 날, 거리를 걸어가다가 내 모자가 바람에 날아갔는데 누군가가 그것을 주어서 내게 준다면, 나는 다른 감사 표시의 말보다 스미마센을 먼저 쓴다. 그 사람이 내게 모자를 건네주면 나는 예의상 그런 온을 받게 되어 내심 불편함을 느낀다고 시인해야 하는 것이다. "그는 내게 온을 제공하고 있지만 나는 그를 전에 본 적이 없다. 나는 그에게 첫 번째 온을 제공할 기회가 없었다. 나는 그에 대해서 죄송하게 느끼고 그래서 그에게 사죄를 한다면 한결 기분이 좋아질 것이다. 스미마센은 감사함을 표시하는 가장 흔한 말이다. 나는 그에게 스미마센이라고 말함으로써 그로부터 온을 받은 사실을 시인하면서 또 일이 내가 모자를 돌려받는 것으로 끝난 게 아님을 알고 있다고 알린다. 그렇지만 내가 지금 어떻게 할 것인가? 우리는 서로 낯선 사람이 아닌가."

부채 의식을 보여 주는 이런 태도는, 일본인이 볼 때 좀 더 강력한 감사 표시의 말인 가타지케나이(かたじけない)로 표현된다. 이 말은 '모욕' 혹은 '면목 없음'을 의미하는 한자와 함께 쓰인다. 이 말은 '나는 모욕을 당했다'와 '나는 감사하다'의 두 가지 뜻을 나타낸다. 일본의 국어사전에 의하

면 이 표현은 이런 뜻이다. 엄청난 혜택을 받았는데 실은 내가 그런 혜택을 받을 자격이 안 되니 부끄럽고 또 모욕을 당했다. 이 표현을 쓰는 사람은 온을 받아서 부끄럽다는 것을 명시적으로 인정하는 것이다. 우리가 앞으로 살펴보겠지만, 하지(恥: 부끄러움 혹은 수치를 나타내는 일본어)는 일본에서 아주 치욕스럽게 여기는 것이다. '나는 모욕을 당했다'는 뜻의 가타지케나이는 아직도 보수적인 가게 주인들이 고객에게 감사함을 표시할 때 쓰는 말이다. 또 고객은 어떤 물건을 가게에서 사고서 외상으로 달아놓으라고 할 때에도 이 말을 쓴다.

이 단어는 메이지 이전 시대의 소설에서도 자주 나온다. 낮은 계급 출신의 아름다운 소녀가 다이묘의 궁중에서 일을 하다가 다이묘의 첩으로 간택될 때, 그 소녀는 다이묘에게 가타지케나이라고 말하는데 그 뜻은 이러하다. "나는 자격도 없이 이런 온을 받으니 부끄러움을 느낍니다. 나는 영주님의 자비로운 마음에 압도되어 어쩔 줄 모르겠습니다." 혹은 봉건 시대에 싸움에 말려든 사무라이가 관계 당국에 의해 석방이 되면 가타지케나이라고 말한다. "내가 이런 온을 받게 되다니 면목이 없습니다. 나 자신 이런 비루한 입장에 놓이게 되다니 적절치 못한 일입니다. 죄송합니다. 나는 정말로 고맙게 생각합니다."

이러한 표현들은 그 어떤 일반적 개념보다 더 강력하게 '온의 위력'을 말해 준다. 일본인은 항상 애매모호한 심정으로 그 온을 입는다(받는다). 널리 통용되는 구조적 인간관계 속에서, 온이 의미하는 엄청난 부채 의식은 일본인으로 하여금 혼신의 힘을 다하여 그 빚을 갚을 것을 재촉한다. 그래서 채무자가 된다는 것은 괴로운 일이고 그 채무자는 툭하면 분노를 느끼게 된다.

나쓰메 소세키의 장편소설 『봇짱』

일본인이 얼마나 쉽게 온에 대하여 분노를 느끼는지는 일본의 저명한 소설가인 **나쓰메 소세키**의 대표작 『봇짱』에 잘 묘사되어 있다. 주인공 봇짱은 도쿄 출신의 청년인데 난생 처음으로 지방의 자그마한 중학교에서 수학 교사로 근무하게 된다. 그는 곧 동료 교사들을 다 경멸하게 되고 그리하여 그들과 잘 어울리지 못한다. 그렇지만 그가 가까움을 느끼는 단 한 명의 젊은 교사가 있다. 어느 날 봇짱은 그가 고슴도치라고 부르는 교사와 함께 외출을 했는데 고슴도치(원작에서 이 인물은 고슴도치가 아니라 '거센 바람'으로 나오는데, 루스 베네딕트가 읽은 영역본 『봇짱』에서는 고슴도치로 번역된 듯함.-옮긴이)가 그에게 빙수를 한 그릇 사주었다. 고슴도치는 빙수 값으로 1전 5리를 냈는데 그 가치는 1센트의 5분의 1 정도이다.

그 후 얼마 지나지 않아 다른 교사가 봇짱에게 고슴도치가 그에 대하여 가벼운 험담을 했다고 고자질했다. 봇짱은 그 말썽꾼 교사의 말을 그대로 믿고서 그 즉시 그가 고슴도치로부터 받은 온에 대해서 깊이 생각한다.

빙수 한 그릇에 불과한 것이지만 이런 친구에게 온을 입었으니 내 명예를 그르친 것이다. 1전이든 5리든 내가 이런 온을 입고 있으면 평온하게 죽을 수가 없다… 내가 아무런 항의 없이 남의 온을 받아들인 것은 선의의 행동이었고 그를 예의 바른 친구로 생각했기 때문이다. 내 빙수 값은 내가 지불하겠다고 고집하지 않고 그 온을 받아들이고 감사를 표시했다. 그것은 그 어떤 금액의 돈으로도 살 수 없는 감사 표시였다. 나는 작위도 공식 지위도 없지만 독립적인 인간이다. 이런 독립적인 인간이 남의 온을 인정했다는 것은 100만 엔을 되돌려준 것이나 마찬가지이다. 나는 고슴도치가 1전 5리를 내게 쓰게 함으로써 100만 엔 이상이나 되는 감사를 그에게 표시한 것이다.

그 다음날 그는 고슴도치의 책상에다 1전 5리를 내던진다. 빙수 한 그릇으로 온을 입은 것을 취소해야만 두 사람 사이에 비로소 현재의 문제―고슴도치가 봇짱에 대하여 가벼운 험담을 한 모욕적인 행동―를 해결할 수 있는 것이었다. 문제를 해결하려면 주먹다짐으로 발전할 수도 있으나, 두 사람 사이에 더 이상 온이 존재하지 않으므로 온을 먼저 닦아내는 것이 중요했다.

사소한 것에 대한 이런 민감한 반응, 이런 고통스러운 마음가짐은 미국의 경우에는 청소년 깡패의 기록이나 신경증 환자의 사례집에서나 나오는 것이다. 하지만 일본에서는 그것이 미덕이 된다. 『봇짱』에 대하여 일본 평론가들은 그를 가리켜 "성질이 급하고, 수정처럼 순수하며, 정의의 수호자"라고 말한다. 저자 자신도 봇짱과 그 자신을 동일시하고, 실제로 평론가들도 봇짱이 곧 소세키의 초상화라고 말한다.

이 소설은 높은 미덕을 다룬 것이다. 온을 받은 사람은 자신의 감사 표시가 '100만 엔'의 가치가 있다고 여김으로써 채무자의 입장에서 벗어날 수 있다고 보고 실제로 그렇게 행동한다. 그는 '예의 바른 친구'에게서만 온을 받아들인다. 봇짱은 화를 내면서 고슴도치에 대한 온과, 오래 전 늙은 유모 기요(淸)에게서 받았던 온과 대비시킨다. 기요는 거의 맹목적일 정도로 그를 편애하고 집안의 다른 사람들은 봇짱을 별로 알아주지 않는다고 느낀다. 기요는 그에게 과자나 색연필 같은 선물을 몰래 가져다주고 한번은 그에게 돈을 3전 주었다. "그녀의 끊임없는 관심은 내 골수에 사무쳤다." 봇짱은 3전을 주겠다는 제의에 '모욕'을 느꼈으나 빌린 셈치고 그것을 받아서 그 후 몇 년이 흘렀는데도 갚지 않았다. 하지만 기요에 대한 온을 고슴도치에 대한 온과 비교하면서 이렇게 혼잣말을 한다. "하지만 나는 기요를 나 자신의 일부라고 생각해." 이것은 온에 대한 일본인의 반응을 해석하는 단서가 된다.

'온을 베풀어 준 사람'이 사실상 자기 자신이나 다름없는 사람이라면, 온에 대하여 아무리 착잡한 심정일지라도 그 온은 감내할 수 있다. 그 사람은 '나의' 위계질서 구도에서 고정되어 있는 존재이다. 그는 바람 세게 부는 날에 내 모자를 돌려주는 행위처럼 내가 할 법한 행동을 하는 사람이다. 또는 나를 존경하는 사람이다. 그러나 이런 동일시가 무너지면 온은 아주 괴로운 문제가 된다. 아무리 사소한 온의 부채일지라도 그것을 부담스럽게 여기는 것이 일본식 미덕이다.

온가에시와 위기의식

모든 일본인은 경위야 어찌 되었든 온이 너무 부담스러운 것이 되어 버리면 누구라도 곤경에 처하게 된다는 것을 알고 있다. 여기에 대한 좋은 사례는 최근에 발간된 잡지의 '상담 코너'에서 나온 것이다. 이 코너는 미국 잡지에서 찾아볼 수 있는 일종의 '실연자(失戀者) 상담'란 같은 것인데, 『도쿄 정신분석학 저널』의 인기 기사이다. 제시된 조언은 프로이트적인(Freudian) 것이라고 할 수 없으나 그래도 아주 일본적인 조언이다. 어떤 일본인 노인이 다음과 같은 편지를 쓰고서 조언을 구했다.

나는 3남1녀의 아버지입니다. 내 아내는 16년 전에 죽었습니다. 나는 아이들이 안 되어서 재혼을 하지 않았고 애들은 이것을 나의 미덕이라고 여깁니다. 이제 애들은 다 커서 결혼을 했습니다. 8년 전 내 아들이 결혼했을 때, 나는 몇 블록 떨어진 집으로 이사를 했습니다. 이런 말을 하기가 좀 당황스럽습니다만 지난 3년간 나는 어둠 속의 여자(공창에서 계약제로 일하는 창녀)와 교제를 해왔습니다. 그녀는 내게 자기 신세를 털어놓았고 나는 그녀가 안 됐다는 생각이 들었습니다. 나는 소액의 돈을 내고 그녀의 자유를 되찾아 주었고 그녀를 내 집으로 데려와 예절을 가르쳤고 집안의 하녀로 삼았습니다. 그녀는 책임의식이 강하고 놀라울 정도로 근검절약을 잘합니다. 그러나 내 아들과 며느리들, 그리고 내 딸과 사위는 내가 이런 여자를 데려온 데 대하여 나를 깔보면서 나를 낯선 사람처럼 대합니다. 나는 그 애들을 책망하지 않습니다. 내 잘못이니까요.

여자의 집안은 상황을 잘 알지 못하는 것 같습니다. 딸애가 결혼 적령기가 되었으니 집으로 돌아오기를 바란다고 편지를 보내 왔어요. 나는 그 부모를 만나서 상황을 설명했습니다. 그들은 아주 가난하지만 돈을 밝히는 사람들은 아닙니다. 그들은 딸애를 죽은 셈치겠다고 약속했으며 딸애가 현재 상황 그대로 살아가는 것에 동의했습니다. 그녀 자신도 내가 죽을 때까지 내 곁을 지키고 싶어 합니다. 그러나 우리 둘의 나이 차이가 아버지와 딸 정도로 심하므로 '나는 때때로 그녀를 고향 집으로 돌려보낼까' 하는 생각도 듭니다. 나의 자식들은 그녀가 내 재산을 노린다고 생각합니다.

나는 몸에 불치의 병이 있어서 앞으로 1, 2년 정도밖에 못 살 거라고 생각합니다. 나는 상담자께서 내가 나가야 할 길을 알려주기를 바랍니다. 결론적으로 말해서 이 여자는 한때 '어둠 속의 여자'였지만 그건 형편상 어쩔 수 없이 그렇게 된 것입니다. 그녀의 성격은 선량하며 그녀 부모도 돈을 밝히는 사람들은 아닙니다.

일본 의사는 이 상황을 노인이 자녀들에게 너무 부담스러운 온을 안겨준 명백한 사례라고 보았다. 의사는 이런 조언을 했다.

당신은 세상에서 날마다 벌어지는 일을 얘기했습니다…

먼저 서두에서 이런 말을 하고 싶습니다. 당신은 내게서 당신이 원하는 대답을 듣고 싶어 하는데 그 때문에 나는 당신에게 약간의 적대적 감정을 느끼게 됩니다. 물론 당신이 오랜 동안 재혼을 하지 않은 것은 높이 평가합니다. 하지만 당신은 그 사실을 가지고 자녀들에게 온을 입게 했고, 또한 현재 당신이 취한 행동을 정당화하고 있습니다. 나는 이것이 마음에 들지 않습니다. 물론 당신이 교활하다고 말하는 것은 아니고, 단지 당신의 성격이 강하지 못하다는 겁니다. 당신이 자녀들에게 어쩔 수 없어서 이 여자와 살아야겠다고 설명했다면 또 자녀들에게 온을 입히지 않았더라면 더 좋았을 것입니다. 당신이 재혼하지 않은 온에 대하여 그처럼 강조했기에 자녀들이 당신에게 반발하는 것은 당연합니다.(자식들이 아버지로부터 무거운 온을 입었는데 그 온을 아버지의 재혼을 인정하는 것으로써 갚으라고(온가에서) 하니까 자녀들이 반발한다는 뜻.-옮긴이)

아무튼 인간은 성욕을 마음대로 할 수는 없는 노릇이고 당신에게도 그런 욕망이 생길 수 있습니다. 하지만 인간은 욕망을 극복하려고 노력해야 합니다. 당신의 자녀들은 당신이 그렇게 하기를 기대합니다. 왜냐하면 그 자녀들이 당신에 대해서 갖고 있는 이상적인 모습에 따라 당신이 행동하기를 바라기 때문입니다. 그런데 정반대로 그런 기대를 배신당했으니 그들의 심정이 어떠할지 이해가 됩니다. 물론 자녀들이 그렇게 생각하는 것은 이기적이기는 하지만 말입니다. 자녀들은 결혼을 해서 성적으로 만족하고 있는데 그런 만족을 아버지에게는 거부하고 있으니까 이기적인 것이지요. 당신은 자녀들이 이기적이라고 생각하고 자녀들은 위에서 말한 것처럼 아버지가 이상적인 모습을 지켜야 한다고 생각하는 거지요. 이 두 가지 사고방식은 서로 절충될 수가 없습니다.

당신은 그 여자와 부모들이 선량한 사람이라고 말했습니다. 그것은 당신이 그렇게 생각하고 싶어 하는 것입니다. 사람들이 선량하거나 사악한 것은 환경과 상황에 달려 있습니다. 그들이 현재 유리한 입장을 추구하지 않는다고 해서 그들이 '선량한 사람'이라고 말할 수는 없습니다. 나는 그 여자의 부모가 딸애를 곧 죽으려 하는 노인의 첩으로 그냥 놔두다니 좀 멍청하다고 생각합니다. 만약 그들이 딸애를 앞으로 계속하여 첩으로 놔두려고 한다면 그들은 그런 사실로부터 어떤 이익이나 혜택을 취하려 들 겁니다. 그 부모가 그렇게 하지 않을 거라고 생각하는 것은 당신의 환상일 뿐입니다.

당신의 자녀들이 여자의 부모가 당신의 재산을 노린다고 걱정하는 것이 조금도 이상하지 않습니다. 나는 그들이 실제로 재산을 노리고 있다고 생각합니다. 여자는 나이가 어리니까 이런 생각을 하지 않을지 모르지만 그녀의 부모는 그런 생각을 하고 있다고 봐야 합니다.

당신의 앞에는 두 가지 방법이 있습니다.

1) '하나의 온전한 인간'(아주 원만한 성품을 가지고 있어서 그 어떤 일도 해낼 수 있는 사람)으로서, 그 여자와 타협하여 그녀와의 관계를 끊어버리십시오. 하지만 나는 당신이 이렇게 할 수 있으리라고 보지 않습니다. 당신의 인간적 감정이 허락하지 않을 겁니다.

2) '보통 사람으로 돌아와'(당신의 허세를 내던지고), 당신을 이상적인 사람으로 생각하는 자녀들의 환상을 깨트리십시오.

재산에 대해서는 지금 즉시 유서를 작성하여 그 여자의 몫과 자녀들의 몫이 얼마인지를 정하십시오.

결론적으로, 당신이 노인이라는 것을 기억하십시오. 당신의 필적으로 보아 알 수 있듯이 당신은 점점 아이가 되어 가고 있습니다. 당신의 사고방식은 합리적이라기보다 감정적입니다. 당신은 그 여자가 어머니 대신이 되어 주기를 바랍니다. 당신은 그 여자를 구렁텅이로부터 구원해 주기 위해 그렇게 했다고 말하지만 말입니다. 어린아이는 어머니가 떠나 버리면 살지를 못합니다. 그러므로 나는 당신이 위의 두 번째 방법을 취할 것을 권합니다.

온가에시에 대한 반발

이 편지는 온에 대하여 여러 가지를 말해 준다. 자녀들에게 엄청나게 무거운 온을 입히기로 선택한 사람도 나중에 행동 노선을 바꾸면 커다란 난관에 부딪치게 된다. 그는 그런 온 때문에 고통을 당하리라는 것을 미리 알고 있어야 마땅하다. 게다가 그의 자녀들이 받은 온으로 인해 그가 어떤 비용을 치렀던 간에, 그 비용을 저축 삼아 놔두었다가 나중에 꺼내 쓸 수 있는 저금으로 삼아서는 안 된다. 그 온을 가지고 '현재 당신이 취한 행동을 정당화하는 것'은 잘못이다. 그의 자녀들은 '당연히' 반발하는 것이다. 아버지가 해서는 안 될 행동을 했기에 그들은 '배신'을 당했다. 아버지가 아이들이 그의 보호를 필요로 할 때 전적으로 그 일에 매달렸다고 해서, 이제 다 자란 자녀들이 아버지의 행복을 몹시 바랄 것으로 상상하는 것은 어리석은 짓이다. 오히려 그들은 자신들이 입은 온만을 의식하면서 '당신에게 반발하는 것은 당연합니다.'

미국인들은 이런 상황을 이런 식으로 판단하지 않는다. 우리는 어머니 없는 자식들을 위해 헌신해 온 아버지가 생애 후반기에 접어들어 자식들에게서 따뜻한 대접을 받을 자격이 있다고 생각한다. 그래서 미국인 자녀들은 '당연히 아버지에게 반발하지' 않는다. 이 상황을 일본인이 보는 방식대로 보려면 그 상황에다 미국식 금전 거래를 대입하면 딱 들어맞는다. 미국인 아버지가 자식들에게 정식으로 금전 거래 계약을 맺고서 돈을 빌려주었는데, 그 돈에 대하여 이자까지 쳐서 착실히 갚으라고 한다면, '(미국인) 자녀들은 당연히 아버지에게 반발할 것이다.'

만약 이런 관점에서 상황을 보아야 한다면 미국인도 '왜 담배 한 개비를 건네받은 사람이 그 자리에서 감사합니다'라고 말하는 대신에 '수치'를 말해야 하는지 이해할 수 있다. 일본인들이 왜 누군가가 자기에게 온을 입히는 것에 대하여 분개하는지 이해할 수 있다. 적어도 우리는 봇짱이 빙수 한 그릇의 부채에 대하여 그처럼 거창하게 말하는지 단서를 얻을 수 있다.

그러나 미국인들은 소다수 한 잔을 얻어먹거나, 여러 해 동안 홀아비가 된 아버지의 헌신적 자녀 사랑을 받아 왔거나, 하치 같은 영리한 개가 충성스러운 행동을 할 때, 그것에 대하여 금전적 거래의 기준을 적용하는 데 익숙하지 못하다. 그러나 일본인은 그런 기준을 적용한다. 사랑, 친절, 관대함에 대해서, 미국인은 아무런 조건 없이 주어지는 비율에 따라 그것을 평가한다. 그러나 일본에서는 그런 것들에 모두 조건이 붙어 있다. 그러한 것을 남한테서 받는 일본인은 채무자가 된다. 그래서 일본의 속담에는 이런 것이 있다. "온을 받아들인다는 것은 (거의 무모할 정도의) 타고난 배포가 있어야 한다."

6장

만분의 일의 되갚기

The Chrysanthemum and the Sword

온은 부채이고 반드시 갚아야 한다. 그러나 일본에서 온과 관련된 변제(온가에시)는 일반적인 금융 거래상의 변제와는 완전히 다른 범주로 간주된다. 일본인은 미국인이 이 두 범주를 혼동하는 것을 이해하지 못한다. 그들은 우리가 윤리의 문제나 책임과 의무 등에서 이 둘을 서로 구분하지 못한다고 보면서, 기이하게 여기는 것이다. 그 기이함은 미국인이 금전 거래에서 '채권자'와 '채무자'를 구분하지 못하는 어떤 부족의 금전 거래를 목격했을 때의 기이함과 비슷한 것이다. 일본인이 볼 때, 온이라고 하는 핵심적이고 상존하는 부채 의식은, 적극적이고 딱 맞아떨어지는 되갚기─변제, 상환, 보상 등 일련의 개념들─와는 완전 다른 것이다. 일본인은 온을 미덕으로 여기지 않는다. 그 온의 되갚기(온가에시恩返し)를 미덕으로 여긴다. 이런 감사 표시의 일에 전적으로 헌신할 때 비로소 미덕이 생겨나는 것이다.

온가에시 vs 미국의 금전 거래

미국인이 이 미덕의 문제를 이해하는 데는 하나의 비유로서 금전 거래를 연상하면 도움이 될 듯하다. 그러니까 그 미덕의 배후에는 미국 내에서 부동산 거래를 했을 때 약속 불이행에 따른 제재가 도사리고 있다. 미국인은 계약 증서로 사람을 묶어 둔다. 어떤 사람이 자신의 것이 아닌 물건을 가져가면 정상 참작을 해주지 않는다. 어떤 미국인이 은행에 빚을 졌으면 반드시 갚아야지 그 빚을 갚고 말고 하는 것이 감정상의 문제가 아니다. 미국인 채권자는 돈을 빌렸으면 원금은 물론이고 이자까지 지불해야 할 의무가 있다. 우리는 애국심이나 가족에 대한 사랑은 이런 금전적 문제와는 완전 별개의 것이라고 생각한다.

미국인에게 사랑은 마음의 문제이며 무상으로 주어질 때 가장 아름다운 것이다. 국가의 이익을 그 무엇보다도 위에 있다고 생각하는 애국심은 우스꽝스러운 것이며, 잘못을 저지르기 쉬운 인간의 본성과도 양립되지 않는 것이다. 그러나 미국이 다른 나라로부터 군사적 공격을 받아서 개인의 자유가 침해당하게 된다면 그때는 얘기가 달라진다. 미국인은 사람은 태어나면서부터 자동적으로 부채 의식을 갖게 된다는 일본식 전제를 인정하지 않는다. 그렇지만 가난한 부모를 안쓰럽게 여겨 도와주어야 하고, 아내를 때리지 말아야 하며, 자식들을 양육해야 한다고 생각한다. 그러나 이런 것들은 금전적 부채처럼 수량적으로 파악되는 것이 아니며, 또 이런 것들을 잘 했다고 해서 사업상의 성공처럼 물질적 보상이 돌아오는 것도 아니다.

그러나 일본에서는 이런 것들이 마치 미국에서의 금전 거래 문제인 것처럼 여겨지고 있다. 그런 것들을 제대로 하지 않았을 때의 제재가 마치 미국에서 대금 청구서를 지불하지 않았을 때나 빌린 돈의 이자를 갚지 않았을 때처럼 강력하다. 그런 것들은 적국의 선전 포고나 부모의 심각한 질병 등 비상 상태에만 신경 써야 하는 그런 문제가 아니다. 그것들은 일본인의 의식 속에서 끊임없이 어른거리는 그림자 같은 것으로서, 비유적

일본인의 의무와 보답 일람표

---

1. 온(恩): 수동적으로 입게 된 의무. '온을 받는다', '온을 입는다' 등으로 표현한다. 그러니까 온은 수동적으로 그것을 받는 사람의 관점에서 본 의무이다.
   - 고온(皇恩): 천황으로부터 받는 온
   - 오야노온(親の恩): 부모로부터 받는 온
   - 누시노온(主の恩): 영주로부터 받는 온
   - 시노온(師の恩): 스승으로부터 받는 온
   - 그리고 인생을 살아가는 과정에서 여러 사람을 접촉하면서 받는 온

   노트 자기가 어떤 사람에게 온을 받았을 때 그 사람은 모두 자기의 은인이 된다.

2. 온에 대한 되갚기. '은인에 대한 부채를 갚는다', '은인에 대한 의무를 갚는다' 등으로 표현된다. 다시 말해 적극적 되갚기의 관점에서 본 의무이다.
   A. 기무(義務): 아무리 노력하더라도 전부 갚을 수 없고 시간적으로 한계가 없는 의무
   - 주(忠): 천황, 법률, 일본이라는 국가에 대한 의무
   - 고(孝): 부모와 조상에 대한 의무(자손에 대한 의무도 포함)
   - 닌무(任務). 자기의 맡은 일에 대한 의무

B. 기리(義理): 자신이 받은 혜택과 똑같은 양으로 갚으면 되고, 또 시간 제한이 있는 부채

① 세상에 대한 기리
- 영주에 대한 의무
- 친족에 대한 의무
- 타인에 대한 의무. 남에게서 받은 온, 즉 돈을 받았거나 호의를 받았거나 품앗이와 같은 협동에서 받은 온에 대한 의무
- 직계가 아닌 친척(아주머니, 아저씨, 조카, 조카딸)에 대한 의무. 그들로부터 직접 받은 온은 아니지만 공동의 조상을 갖고 있는 데서 생겨나는 온

② 이름에 대한 기리. 이것은 독일식 명예(die Ehre)에 상응하는 일본식 명예임.
- 모욕이나 비방을 받았을 때 자신의 명성을 '깨끗이' 해야 하는 의무. 다시 말해 보복이나 복수의 의무(특히 주목해야 할 사항: 이런 보복이나 복수는 공격적 행위로 간주되지 않음)
- 직업적 실패나 무지를 인정하지 말아야 할 의무
- 일본인의 예절을 지키는 의무. 가령 모든 예의범절을 지킬 것. 자신의 신분과 어울리지 않는 생활을 하지 말 것, 엉뚱한 상황에서 자신의 감정을 드러내는 것을 피하기 등

으로 말한다면 미국 뉴욕 주의 소규모 농민이 토지를 맡기고 빌린 돈을 걱정하는 것이나 월스트리트의 증권 분석가가 어떤 주식을 손해보고 팔았는데 그 주식의 주가가 올라가고 있을 때의 심정과 비슷한 것이다.

일본인은 되갚기를 뚜렷이 다른 범주로 구분하고 각 범주에는 서로 다른 규칙이 있다. 그리하여 온에 대한 되갚기(온가에시)는 그 수량이나 지속 기간이 무한정인 반면에, 다른 일반적 되갚기는 수량적으로 정해져 있고 특별한 경우에만 지불 요구가 들어온다. 이 무한정의 온가에시를 가리켜 기무(義務)라고 하는데 일본인은 이렇게 말한다. "이 온을 만분의 1도 갚지 못합니다." 일본인의 기무는 서로 다른 두 가지 형태의 의무로 구성된다. 하나는 부모의 온에 대한 되갚기인데 고(孝)라고 하고, 다른 하나는 천황에 대한 것인데 주(忠)라고 한다. 이 두 가지 기무는 필수적인 것으로서 일본인의 보편적 운명이다. 실제로 일본의 초등학교 과정은 '의무 교육'이라고 하는데 '필수'라는 의미를 전달하는 데는 이 단어가 가장 적절하기 때문이다. 인생의 돌발 변수가 기무의 세부 사항을 수정할 수도 있지만, 기무는 모든 일본인에게 자동적으로 부과되는 것이며 우발적 상황과는 무관하다.

인(仁)의 개념: 중국과 일본

충과 효라는 기무의 두 형태는 무조건적인 것이다. 이 두 미덕을 절대적인 것으로 만듦으로써 일본은 국가에 대한 의무와 효도라는 중국적 개념으로부터 벗어났다. 중국의 윤리 체계는 7세기 이후 일본에 수입되어 왔는데 주(忠)와 고(孝)는 중국어 단어이다. 그러나 중국인은 충효를 무조건적인 것으로 보지 않았다. 중국은 충효의 밑바탕이 되는, 그보다 더 높은 미덕을 요구한다. 그 미덕은 보통 '인(仁)'을 뜻하는데, 'benevolence'로 번역된다. 이 인이라는 말은 서구인들이 좋은 인간관계라고 말할 때 의미하는 거의 모든 것을 포함한다. 부모는 인을 갖고 있어야 한다. 만약 통치지가 인자하지 않으면 백성들이 그에게 반란을 일으키는 것은 옳은 일이다. 그것은 충성의 기초가 되는 조건이다. 중국 황제나 신하들은 인을 행함으로써 비로소 존재할 수 있다. 중국의 윤리 체계는 모든 인간관계에서 인을 핵심 사항으로 중시한다.

이러한 중국의 윤리 체계는 일본에서 받아들여지지 않았다. 위대한 일본 학자 아사가와 간이치(朝河貫一, 1873~1948)는 중세 시대의 이러한 대비에 대하여 이렇게 말했다. "일본에서 이런 사상은 분명 천황의 주권과 양립할 수 없는 것이었고 그래서 이론의 측면에서도 전적으로 수용된 적이 없었다."[1] 실제로 일본에서 인은 도외시되는 미덕이었고 중국 윤리 체계에서 차지했던 높은 지위로부터 완전 강등되었다. 일본에서 인(仁)은 '진'이라고 발음되는데, '진을 행하는 것' 혹은 그의 변종인 '진기(仁義)를 행하는 것'을 그리 큰 미덕으로 여기지 않으며, 심지어 일본의 최상층에서도 필수라고 생각하지 않는다. 진의 개념은 일본의 윤리 체계에서 완벽하게 추방되어 법 밖에서 행해지는 어떤 것을 의미하게 되었다. 그것은 공공 자선사업의 기부자 명단에 이름을 올리거나 범죄자에게 자비를 베푸는 행위 등 그 자체로는 칭찬을 받을 만한 것이다. 하지만 어디까지나 필요한 것 이상의 직무 수행일 뿐이다. 다시 말해 그것은 반드시 해야만 하는 필수 행동은 아니다.

'진기를 행하는 것'도 '법 밖의 행동'이라는 또 다른 의미로 사용된다. 구체적으로 깡패들 사이의 미덕이라는 뜻으로 쓰이는 것이다. 도쿠가와 시대에 약탈과 상해를 일삼던 도둑들—그들은 칼을 두 개 차고 다니던

---

1 Kanichi Asakawa, *Documents of Iriki*, 1929, p. 380, n. 19.

사무라이와는 구분되게 칼을 하나만 찼다—은 '진기를 행했다.' 가령 이 무법자들 중 어떤 자가 일면식도 없는 다른 무법자에게 피신처를 요구하면, 그런 부탁을 해온 깡패 집단에 보험을 들어두기 위하여, 피신처를 제공하는데 이것이 '진기를 행하는 것'이다. 현대적인 용례에서 인의는 그 가치가 더 떨어졌다. 범죄 행위를 논의할 때 이 단어가 사용되는 것이다. 일본의 신문들은 이렇게 말한다. "일반 노무자들은 아직도 진기를 행하고 있는데 반드시 처벌되어야 한다. 경찰은 일본의 구석구석에서 성행하는 진기를 단속해야 한다." 진기를 행하는 것은 분명 사기집단이나 깡패 집단에서 성행하는 '도둑들 사이의 명예'이다. 특히 현대 일본의 소규모 인력 회사는 미숙련 노동자들과 불법적인 계약을 맺고서 그들의 노동력을 무자비하게 착취하여 부자가 되었는데, 이것은 20세기 초에 미국의 항구 부두에서 만연했던 이탈리아 노무 십장의 행동과 유사한 것이다. 바로 이런 행위를 가리켜 '진기를 행한다'고 한다. 중국의 인 개념이 아주 심각하게 타락한 경우인 것이다.[2]

일본인은 중국 윤리 체계의 핵심인 인을 이처럼 재해석하여 강등시켰고, 그것을 무조건적인 '기무'의 상위 개념으로 삼지 않았다. 그리하여 일본에서 효도는 아무런 조건이 달려 있지 않는 윤리가 되었고, 심지어 부모의 악덕과 불의를 묵과할 정도로 철저히 무조건적인 개념이 되었다. 효도는 천황에 대한 의무와 갈등을 일으킬 때만 취소될 수 있었다. 하지만 부모가 부도덕한 사람이거나 자식의 행복을 파괴할 때도 효도는 취소될 수 없는 것이었다.

---

2 일본인이 '진을 안다'고 말할 때, 이 용례는 중국의 그것에 다소 가깝다. 불교도들도 사람들에게 '진을 알아야 한다'고 말하는데 이것은 자비롭고 인자하게 행동하라는 뜻이다. 그러나 일본어 사전'에도 나와 있듯이, '진을 아는 것'은 구체적 행위를 가리키는 것이라기보다 이상적 인간을 가리킨다.

한 일본 현대 영화에서 어머니는 결혼한 아들이 모아놓은 돈을 발견했다. 그 돈은 학교 교사인 아들이 어린 여학생을 구해 줄 목적으로 마을 사람들이 가져온 돈을 맡아 둔 것이었다. 어린 여학생의 부모는 시골의 춘궁기에 굶주림을 참지 못해 어린 딸을 막 창가에 팔아넘기려는 참이었다. 교사의 어머니는 자신 소유의 그럴 듯한 식당을 운영하고 있어서 가난하지 않은데도 아들의 돈을 훔쳤다. 아들은 어머니가 그 돈을 훔쳤다는 것을 알지만 그 사태에 대하여 그 자신이 책임을 져야 한다. 그의 아내도 진실을 발견하지만, 돈을 도둑맞은 데 대하여 책임을 통감하는 유서를 남기고 자살한다. 그 아내는 어린아이를 데리고 물에 빠져 죽는다. 뒤숭숭한 여론이 뒤따르지만, 이 비극에서 어머니의 처신은 전혀 문제가 되지 않는다.

그리하여 아들은 효도의 의무를 완수했고 혼자 심신 단련차 홋카이도(北海道)로 간다. 더욱 튼튼하게 자신을 단련하여 앞으로 이런 유사한 시련이 닥쳐오면 더욱 강하게 대처하기 위해서이다. 이렇게 하여 그 아들은 높은 덕성을 갖춘 영웅이 되었다.

나는 미국인의 관점에 입각하여 그런 끔찍한 비극에 전적으로 책임져야 할 사람은 그 어머니라고 판결했다. 하지만 나와 함께 그 영화를 관람한 일본인 남자는 나의 그런 판결에 거세게 항의했다. 그는 아들의 효도는 종종 다른 미덕들과 갈등을 일으킬 수 있다고 말했다. 만약 아들이 좀 더 현명했더라면 자존심을 잃지 않고 그런 갈등을 봉합할 수 있었을 것이라는 말도 했다. 하지만 그 아들이 심지어 자기 혼자 있을 때 자기 머릿속에서 그 어머니를 비난한다면, 그것은 사람의 자존심을 지키는 방도가 아니라는 설명도 했다.

일본인의 효도 개념

일본 젊은이는 결혼을 하고 나면 효도 때문에 엄청난 부담을 떠안게 되는데 그런 이야기는 실제 생활이나 장편소설 속에서 자주 나온다. 일부 '모단(저자는 modern을 일본식으로 modan이라 표기함)'한 계층을 제외하고, 점잖은 가문에서는 보통 부모가 중매인을 통해 아들의 혼처를 선택하는 것이 당연시된다. 신붓감의 선택에 대해서 아들이 아니라 그 아들의 집안이 주로 관여한다. 결혼에는 금전 거래가 따를 뿐만 아니라, 며느리가 집안의 족보에 오르고, 또 그녀가 장차 낳을 아이를 통하여 가계를 이어가야 하기 때문이다.

중매인은 양가 부모의 입회하에 남녀의 비공식적 만남을 주선하는데 이때 남녀는 서로 대화를 나누지 않는다. 때때로 부모가 아들을 대신하여 편의상의 결혼을 선택한다. 그 경우 여자의 아버지는 재정적인 이득을 얻고 남자의 부모는 좋은 가문과 동맹을 맺게 된다. 좋은 아들이라면 부모에 대하여 온가에시를 해야 하기 때문에 부모의 결정에 의문을 제기하지 않는다. 결혼한 후에도 아들의 온가에시는 계속된다. 특히 아들이 그 집안의 장남이라면 부모와 함께 살아야 하는데, 시어머니가 며느리를 좋아하지 않는다는 것은 널리 알려진 사실이다. 시어머니는 며느리에 대하여 온갖 흠집을 잡다가 심지어 며느리를 쫓아내 결혼을 파탄시키기도 한다. 젊은 남편이 아내와 금실이 좋고 그저 아내와 함께 살게만 해달라고 해도, 마음에 안 들면 막무가내이다. 일본의 장편소설과 개인 회고록들에는 아내는 물론이고 남편이 당한 고통스러운 체험이 자주 나온다. 남편은 자신의 결혼이 파탄 나도 승복해야 하는데 그게 '고(孝)'이기 때문이다.

지금 미국에 살고 있는 한 '모단'한 일본인 여성은 도쿄에 살던 시절에 어떤 젊은 임신한 부인을 그녀의 집에 살게 해준 적이 있었다. 그 젊은 임신부는 시어머니의 강요를 못 이겨 슬퍼하는 남편을 뒤로 하고 시집을 나와야 했다. 임신부는 몸이 아프고 상심이 이만저만이 아니었으나 그녀의 남편을 비난하지 않았다. 곧 그녀는 자신이 낳게 될 아이에 대하여 관심을 쏟기 시작했다. 그러나 막상 아이를 출산하자 시어머니가 말 없고 순종적인 아들을 데리고 그녀를 찾아와 아이를 내놓으라고 요구했다. 아이는 당연히 남자 집안의 것이었고, 그래서 시어머니는 그 아이를 데려갔다. 하지만 시어머니는 곧 그 아이를 아동보호시설에 보내 버리고 말았다.

이 모든 것이 때때로 효도의 항목 속에 들어가며, 부모에 대한 온가에시의 일부이다. 미국에서 이런 얘기는 개인의 정당한 행복에 외부 인사가 개입하는 것이 된다. 일본은 부채 의식이라는 대전제가 있기 때문에 이런 개입을 '외부 인사의 소행'으로 여기지 못한다. 일본에서 이것은 진정으로 덕성스러운 사람의 이야기이다. 미국으로 따지면, 엄청난 개인적 어려움을 무릅쓰고 채권자들에게 빚을 다 갚은 정직한 사람의 이야기이다. 일본인이 볼 때, 그것은 자신의 자존심을 지킨 사람의 이야기, 개인적 좌절을 극복할 정도로 강인한 사람임을 입증한 이야기이다. 하지만 그런 억압과 좌절은 아무리 덕성스러운 것일지라도 당연히 적개심의 찌꺼기를 남긴다. 이와 관련하여 다음과 같은 아시아의 속담을 주목할 필요가 있다. 가령 미얀마에서 싫어하는 것의 목록을 작성하면 '불, 물, 도둑, 관리, 사악한 자' 순으로 거론된다. 반면 일본에서는 '지진, 천둥, 노인(집안의 가장: 아버지)'이다.

일본의 효도는 중국과는 다르게 몇 세기 전의 조상으로까지 거슬러 올라가지 않는다. 또 먼 조상으로부터 아래로 흘러내려와 식구 많은 대가족이 형성되지도 않는다. 일본은 최근의 조상들만 제사를 지낸다. 비석은 그 묘의 주인을 분명히 밝히기 위하여 해마다 비문 정리 작업을 한다. 그러나 살아 있는 사람이 그 조상을 더 이상 기억하지 못하면 그 조상의 무덤은 방치된다. 집안의 사당(불단)에서도 그의 위패는 더 이상 모시지 않는다. 일본인은 몸소 기억하는 조상들에게만 효도를 강조하고, 따라서 지금 여기에 집중한다. 많은 일본인 작가들은 실체 없는 추상적 생각에는 흥미가 없고, 또 실재하지 않는 대상을 상상하는 것도 무관심하다고 말했다. 일본식 효도는 중국의 그것과 비교해 볼 때, 바로 이런 구체적 사안에 대한 집중을 잘 보여 준다. 일본식 효도의 가장 큰 실용적 중요성은 '고'의 의무를 살아있는 사람들에게 국한시킨 것이다.

　중국과 일본에서 효도는 자신의 부모나 조상에게 바치는 존경과 복종 그 이상의 것을 의미한다. 서구인들이 모성 본능이나 아버지의 책임 의식으로 돌리는 모든 육아 행위에 대하여, 중국인과 일본인은 그들의 조상에 대한 효도의 일환으로 생각한다. 일본인은 이와 관련하여 아주 분명하게 자신이 부모와 조부모에게서 받은 사랑과 보호를 자식에게 베풂으로써 조상에 대한 빚을 갚는다고 말한다. '아버지가 자식들에 대해 갖는 의무감'을 표현하는 단어는 없으며, 이런 아버지의 의무는 모두 부모와 조부모에 대한 '고'에 포함된다. 효도는 여러 가지 책임 사항을 부과하는데, 가령 가장이 자녀들을 돌보는 것, 그 자신의 자식들과 손아래 동생들을 교육시키는 것, 집안의 재산을 관리하는 것, 도움이 필요한 친척을 도와주는 것, 그 외에 이와 유사한 여러 가지 일상적 의무 등이 포함된다. 일본의 엄격히 제도화된 가정은 이런 '기무'를 느껴야 하는 가족 구성원의 숫자를 크게 제한하고 있다. 만약 아들이 죽으면 그의 미망인과 자녀들을 돌볼 책임을 진다. 경우에 따라서 과부가 된 딸과 그 자녀들을 보호해야 한다. 하지만 과부가 된 조카딸을 보살피는 것은 '기무'에 해당되지 않는다. 만약 어떤 사람이 그렇게 한다면 그것은 전혀 다른 의무를 이행하는 것이다. 자기 자신의 자녀를 키우고 교육시키는 것은 '기무'이다. 그러나 조카를 교육시킨다면 그를 법적으로 양자로 들이는 것이 관습이다. 만약 그가 조카의 지위를 그대로 유지하려고 한다면 교육시켜야 할 의무가 없다.

효행을 한다고 해서, 손아래 세대의 궁핍한 친척들에게까지 공대와 사랑으로 도움을 베풀어야 할 필요는 없다. 집안의 젊은 과부들은 '찬밥 친척'이라는 소리를 듣는다. 그들은 눈치를 보며 찬밥을 먹어야 하고, 핵심 가족 구성원들의 뜻을 따라야 하고, 그들 자신의 문제에 대한 결정을 아주 공손하게 받아들여야 한다. 그들은 자신의 아이들과 함께 불쌍한 친척이다. 따라서 이보다 더 나은 대접을 받는 특별한 경우에도, 집안의 가장이 그것을 '기무'로 느꼈기 때문은 아니다. 또한 형제들이 서로 따뜻하게 상호간의 의무를 수행하는 것도 반드시 지켜야 하는 '기무'가 아니다. 두 형제가 서로 노골적으로 죽자 사자 미워하는데도 형이 동생에게 의무를 다하면 그는 종종 칭찬을 받는다.

아주 불편한 고부관계

시어머니와 며느리 사이에는 아주 적대적인 감정이 존재한다. 며느리는 외부의 사람으로 남편의 집안에 들어온다. 며느리는 시어머니가 일을 어떻게 처리하는 걸 좋아하는지 눈여겨보고 그에 따라 행동하는 것이 의무이다. 시어머니는 젊은 며느리가 자신의 아들에게 훌륭한 아내가 될 자격이 부족하다고 노골적으로 드러내거나, 또 어떤 경우에는 며느리에 대하여 상당한 질투심을 가지고 있음을 은근히 보여 주기도 한다. 그러나 일본의 속담에도 있듯이, "미움 받는 며느리가 사랑 받는 손자들을 계속 낳는다." 따라서 '고'는 언제나 지켜야 한다.

젊은 며느리는 표면적으로는 무한히 복종적이지만, 이 부드럽고 매혹적인 젊은 여성이 세월이 지나가서 시어머니가 되면 예전의 시어머니 못지않게 가혹하고 비판적인 사람이 되며, 이것은 세대에서 세대로 이어가

며 계속된다. 며느리들은 젊은 아내 시절에 공격적인 태도를 드러내지 못
하고 참아야 하는데, 그렇다고 해서 진정으로 부드러운 사람이 되는 것은
아니다. 생애 후반에 도달하면 그들은, 뭐라고 할까, 그동안 쌓여 온 분노
를 그들 자신의 며느리에게 폭발시키는 것이다. 오늘날 일본 처녀들은 차
남에게 시집가서 심술궂은 시어머니와 같이 살지 않는 것이 유리하다고
노골적으로 말하고 있다.

'고를 위해 힘쓰는 것'이 반드시 가정 내의 화목한 가족관계를 성취하
는 것이라고 볼 수 없다. 어떤 문화들에서는, 그런 가족관계가 대가족제
가 지향하는 도덕적 법칙의 핵심 사항이다. 그러나 일본에서는 그렇지 않
다. 한 일본 작가는 이렇게 말했다. "가족 자체를 높이 평가한다는 바로
그 사실 때문에 일본인은 개별 가족 구성원이나 구성원들 사이의 유대관
계는 높은 평가를 하지 않는다."[3] 이것이 늘 사실인 것은 아니지만 어떤
전체적인 그림을 보여 준다.

일본인이 강조하는 것은 의무와 부채의 되갚기이다. 이와 관련하여 손
위 어른은 커다란 책임감을 느끼며, 그런 책임 사항들 중 하나는 손아래
사람들이 필요한 희생을 잘하는지 감독하는 것이다. 만약 그들이 이런 희
생을 고깝게 생각한다고 해도 그것은 전혀 영향을 미치지 못한다. 그들은
손위 어른의 결정에 승복해야 하고 그렇지 않으면 '기무' 불이행이 된다.

메이지 장관들의 천황 사상
―

일본에서는 효행과 관련하여 가족 구성원들 간의 적개심이 눈에 띄게 드
러난다. 그러나 효행과 마찬가지로 온의 두 가지 형태 중 하나를 차지하

---

3 K. Nohara, *The True Face of Japan*, London, 1936, p. 45.

는 '기무', 즉 천황에 대한 충성심에는 그런 적개심이 전혀 드러나지 않는다. 일본의 정치가들은 천황을 신성한 수장으로 격리시켜서 세속의 혼잡한 일에 말려들지 않도록 미리 잘 계획해 놓았다. 천황은 일본에서 그런 신성하고 격리된 지위를 가지고 있기 때문에 국가에 무조건 복종하려는 국민들을 하나로 통합할 수 있었다. 천황을 국민의 아버지로 만드는 것만으로는 충분하지 않았다. 왜냐하면 집안의 아버지는 많은 의무 사항에도 불구하고 '높은 평가를 받지 못하는' 사람이 될 수도 있기 때문이다.

따라서 천황은 모든 세속적 고려 사항들을 초월한 신성한 아버지가 되어야 마땅했다. 일본인이 천황에게 바치는 충성심은 지고한 미덕이 되어야 하므로 그 미덕의 지향점은 세속과의 접촉이 절연된 환상 속의 '훌륭한 아버지'를 황홀하게 명상하는 것이 되어야 한다. 초창기 메이지 정치가들은 서구의 여러 나라를 방문하고 돌아와 이렇게 판단했다. 서구 모든 나라의 역사는 통치자와 국민들 사이의 갈등의 역사이다. 이러한 갈등은 일본의 정신과는 위배된다. 그래서 그들은 일본 헌법에다 통치자는 '신성불가침'이고 내각 장관들의 행동에 대하여 책임을 지지 않는다고 적어 넣었다. 천황은 일본 통합의 지고한 상징일 뿐, 국가의 책임 있는 수장은 아니다. 천황은 약 7세기 동안 실질적 통치자의 역할을 하지 않았으므로 그가 막후에 머물러 상징의 역할을 수행하는 것은 쉬운 일이었다. 메이지 정치가들은 일본인의 마음속에다 무조건적인 최고 미덕인 '주(忠)'를 천황에게 바치도록 유도하기만 하면 되었다. 중세 일본에서 충성은 세속의 통치자인 쇼군에 대한 의무였다. 일본의 오랜 역사를 잘 알고 있는 메이지 정치가들은 새로운 체제에서 그들의 목표인 일본의 정신적 통합을 이루기 위해 무엇이 필요한지 꿰뚫어 보았다.

지나간 여러 세기 동안에 쇼군은 정이대장군에 국가 최고 통치자였다. 따라서 그에게 모두가 '주(忠)'를 바쳐야 함에도 불구하고 그의 지고한 권위와 목숨을 노리는 음모가 빈번하게 벌어졌다. 쇼군에 대한 충성은 지방 봉건 영주에 대한 충성과 갈등을 일으켰고 더 높은 충성이 때로는 그보다 낮은 충성보다 힘이 약했다. 지방 영주에 대한 충성은 얼굴과 얼굴을 맞대는 충성이었으므로 강력했으나, 쇼군에 대한 충성은 그에 비하면 미지근할 수밖에 없었다. 지방 영주의 가신들도 혼란의 시대에는 쇼군을 전복시키려 했고 그 자리에 자신의 봉건 영주를 옹립하려 했다.

메이지 유신의 예언자들과 지도자들은 1세기 동안 도쿠가와 막부를 전복시키려고 애쓰면서, 그림자처럼 배경에 머물러 있는 천황에게 '주'를 바쳐야 마땅하다는 구호를 내걸었다. 천황은 보이지 않는 존재였으므로 온 국민은 자신의 소망에 따라 그의 모습을 그려냈다. 메이지 유신은 이 개혁파의 승리였고, '주'를 쇼군에게서 상징적 천황에게 돌린 것이 1868년에 '유신'이라는 단어의 사용을 정당화했다. 천황은 여전히 배경에 머물렀다. 그는 내각의 장관 각하들에게 권위를 위임했고 정부나 군대를 직접 통치하지 않았고 또 정책을 친히 명령하지도 않았다. 전과 다름없는 고문관들—물론 전보다 뛰어난 인물들이었지만—이 정부를 계속 운영했다.

'주(忠)'가 이처럼 원활하게 천황에게 돌려진 배경에는, 황실은 태양 여신의 후예라는 전통적 민간설화의 도움도 있었다. 그러나 이런 신성의 후예라는 전설적 주장은 서구인들이 생각하는 것처럼 그리 핵심적인 것이 아니었다. 하지만 이런 신성함의 주장을 전면 거부한 일본 지식인들도 천황에 대한 '주'를 의심하지 않았고, 천황의 신성함을 믿는 일반 대중도, 서구인들이 생각하는 것처럼 천황을 신이라고 보지는 않았다. 'god'로 번역되는 일본어 '가미(神)'는 글자 그대로의 의미는 '머리(頭)', 즉 계층제도의 정점을 의미한다. 일본인은 서구인처럼 신과 인간의 사이에 깊은 심연이 있다고 생각하지 않는다. 일본인은 아무나 사망 후에 '가미'가 될 수 있다. 중세 시대의 '주'는 신성한 자격을 갖추지 않은, 계층제도의 꼭대기 인물들에게 바친 것이었다. '주'를 천황에게 되돌리는 데 있어서, 그보다 더 중요한 것은 일본의 역사를 통틀어서 하나의 황실이 줄기차게 유지되어 왔다는 사실이다.

서구인이 그런 황실의 세계(世系)가 영국이나 독일의 왕가 계승 규칙과는 다르다고 지적하면서 만세일계(萬世一系) 운운은 가짜라고 말하는 것은 쓸데없는 얘기일 뿐이다. 황실 계승의 규칙은 일본의 규칙이고 그에 따라 '영원한 시대'로부터 일관되게 계승되어 온 것이다. 일본은 36개 왕조가 역사책에 기록되어 있는 중국과는 경우가 다르다. 일본은 많은 변화를 수용해 왔으나 결코 사회 조직을 산산조각 낸 적이 없었다. 그러한 사회의 패턴은 항구적으로 유지되어 왔다. 메이지 유신 이전 100년 동안 도쿠가와 막부에 반대하는 천황파는 바로 이 패턴을 활용했지, 황실의 신성한 가계에 의존하지 않았다. 그들은 계층제도의 정점에 있는 사람에게 돌아가야 하는 충성을 오로지 천황에게만 바쳐야 한다고 주장했다. 그들은 천황을 위해 국가의 대제사장 자리를 구축했지만, 그 역할은 반드시 신성의 후계자로서 신성한 특징을 가지고 있어야 하는 것은 아니었다. 계층제도의 정점에 있다는 사실이 여신의 후예라는 사실보다 더 중요했다.

천황에 대한 충성심

현대 일본은 '주'를 개인적인 것으로 만들어서 그것을 천황에게만 돌리기 위하여 모든 노력을 다했다. 유신 직후의 **메이지 천황**은 영향력과 위엄을 갖춘 인물이었고 장기간의 통치를 통하여 쉽게 전 국민의 개인적 상징이 되었다. 그는 드물게 국민 앞에 나타났고 그의 공식 등장은 숭배의 여러 장식들이 동원되었다. 군중은 그의 앞에서 고개를 숙이면서 숨을 죽였다. 군중은 감히 고개를 쳐들어 그를 빤히 쳐다보지 못했다. 그가 행차하는 곳은 어디에서나 2층 이상의 창문은 셔터를 내려서 높은 곳에서 천황을 내려다볼 수 없게 했다.

천황이 고관들을 접촉할 때도 그와 마찬가지로 위계적인 것이었다. 천황은 장관들을 직접 부르는 일이 없었다고 한다. 특권층인 소수의 각하들만이 그에게 '접근'할 수 있었다. 논쟁적인 정치적 문제들에 대하여 칙령이 내려오는 일은 없었다. 윤리나 근검절약 같은 원론적 얘기를 할 때, 혹은 어떤 중대한 문제가 종결되어 국민들을 안심시킬 때, 이런 때만 칙령이 나왔다. 천황이 임종의 자리에 들었을 때 온 일본이 하나의 사원이 되었고 온 국민은 천황이 자리를 털고 일어나기를 기원했다.

천황은 이런 식으로 국가의 상징으로 옹립되어 국내의 논쟁이 미치지 않는 높은 곳에 위치했다. 성조기에 대한 충성이 모든 정당 정치를 초월하듯이 천황도 '불가침'이었다. 미국인은 성조기를 아주 엄숙한 의례 속에서 다루지만, 만약 인간에 대하여 그런 의례를 거행한다면 우스꽝스럽다고 생각할 것이다. 그러나 일본인은 그들의 상징이 인간임에도 불구하고 철저한 의례를 바친다. 그들은 천황을 사랑하고 그도 그런 의례에 반응한다. 그들은 천황이 '그들에게로 생각을 돌렸다'고 생각하면 감동하여 거의 황홀경에 빠진다. 그들은 '천황의 마음을 편안하게 하기 위하여' 목숨을 바쳤다. 일본처럼 개인적 유대관계에 바탕을 둔 문화에서 천황은 국기의 상징보다 더 아득히 높은 충성의 상징이다. 교사 임명을 위해 연수를 받는 교사 후보는 만약 필답고사에서 국민의 가장 높은 의무는 국가에 대한 사랑이라고 적었다가는 낙제 처리된다. 정답은 천황 폐하의 '온'을 직접 보답하는 것이다.

충성의 구체적 사례들

———

'주(忠)'는 신하-천황의 이중 체계를 제공한다. 신하는 중간 매개인 없이 천황을 직접 알현한다. 신하는 자신의 행동으로 친히 '그의 마음을 편안하게 한다.' 그러나 신하들은 천황의 명령을 받을 때는 중간에 있는 여러 중개인들을 통하여 그 명령을 듣게 된다. '그는 천황을 대신하여 말한다'는 '주'를 환기시키는 말이며, 그 어떤 근대 국가가 일으킬 수 있는 것보다 더 강력한 제재이다.

힐리스 로리(Hillis Lory)는 평화 시의 군사 작전 때 벌어진 일에 대해 다음과 같이 서술한다. 연대장은 연대 병력을 이끌고 훈련장으로 나가면서 그의 허락 없이 수통의 물을 마셔서는 안 된다는 명령을 내렸다. 일본군 훈련은 까다로운 조건 아래에서 휴식 없이 50 내지 60마일을 강행군할 수 있는 능력을 높이 평가한다. 이날 스무 명의 병사가 갈증과 탈진으로 길옆에 쓰러졌다. 그 중 다섯 명이 사망했다. 그들의 수통을 검사해 보니 전혀 손을 대지 않았다. "연대장은 명령을 내렸다. 그는 천황을 대신하여 말했다."[4]

민간 행정에서 '주'는 죽음에서 세금에 이르기까지 모든 것을 단속한다. 세금 징수관, 경찰관, 현지 징병관 등은 신하(백성)가 천황에게 '주'를 바치는 중개 기관이다. 이에 대한 일본인의 관점은 이러하다. 법률에 복종하는 것은 일본인의 가장 큰 부채인 고온(皇恩)에 대하여 온가에시(온을 되갚기)를 하는 것이다. 미국의 민간 방식과 대조해 볼 때 이처럼 극명한 차이가 나는 것도 없을 것이다. 미국인은 거리 신호등에서 소득세에 이르기까지 새로운 법률이 나오면 개인 문제에 대한 개인 자유의 침해라면서

———

4 Hillis Lory, *Japan's Military Masters*, 1943, p. 40.

전국적으로 분노한다. 연방 규정에 대해서는 이중으로 의심한다. 개인의 자유를 침해할 뿐만 아니라, 스스로 법률을 제정할 수 있는 주의 자유까지 침해한다고 보기 때문이다. 워싱턴의 관료들이 새로운 법률을 일방적으로 국민들에게 강요한다고 느끼며, 많은 시민들이 그런 강력한 절규가 그들의 자존심을 합당하게 표현하는 데 크게 미치지 못한다고 생각한다.

그래서 일본인들은 미국인이 무법자 같다고 생각한다. 반면에 우리는 일본인들이 민주주의의 사상을 제대로 이해하지 못하는 너무나 순종적인 국민이라고 생각한다. 하지만 미국과 일본 두 나라에서 시민의 자존심은 서로 다른 태도에 연계되어 있다고 말하는 것이 더 진실에 가깝다. 미국에서는 개인이 자기 자신의 일을 직접 관장하는 태도를 자존심이라고 본다. 반면에 일본인은 빚을 진 은인에게 빚을 갚는 것(온가에시)이 자존심을 지키는 태도라고 본다. 이 두 가지 태도는 각각 난점이 있다. 미국의 태도는 어떤 새로운 규정이 미국 전체에 이익이 되는 상황에서도 그것을 받아들이게 하는 데 난점이 있다. 일본의 태도는 일단 '온'이라는 부채를 지게 되면, 어느 모로 보나, 평생에 걸쳐서 그 그림자를 의식하며 살아가야한다는 데 난점이 있다. 모든 일본인은 생애의 어떤 지점에서 그 온의 법칙 안에서 살아가는 방법을 만들어 내거나, 아니면 그들에게 요구되는 것을 피해 나가는 방법을 고안해낼 것이다. 일본인은 어떤 특정한 형태의 폭력, 직접 행동, 개인적 복수 등을 존중하지만 미국인은 그런 것들을 존중하지 않는다. 그러나 이런 유보 조건들과 기타 제시 가능한 난점들은 일본인에게 미치는 충성의 영향력을 물리칠 정도는 되지 못한다.

일본의 항복: '주(忠)'의 극치
——

일본이 1945년 8월 14일에 항복했을 때 세계는 '주'가 어떻게 작동하는

지, 거의 믿을 수 없을 정도의 증거를 목격하게 되었다. 일본을 잘 알고 경험도 있는 많은 서구인들은 일본이 항복하는 것은 불가능하다고 보았다. 아시아와 태평양 여러 섬들에 흩어져 있는 일본 군대가 평화롭게 무기를 내려놓으리라고 예상하지 않았다. 많은 일본 군부대가 현지에서 패배를 당하지 않았고 그들의 전쟁 대의가 옳다고 확신했다. 일본 본토도 결사 항전을 외치는 자들로 가득했고, 점령군의 선봉 부대는 당연히 병력이 소규모일 수밖에 없으므로 미 해군 함포의 사정거리를 벗어나면 일본군에게 몰살을 당할 우려도 있었다. 전쟁 중에 일본군은 그 어떤 일도 마다하지 않았고 그들은 호전적인 민족이었다.

이렇게 일본의 결사 항전을 예상한 미국인 분석가들은 일본 특유의 '주' 개념을 고려하지 않았다. 천황은 항복을 말했고 전쟁은 종식되었다. 그의 라디오 방송이 나가기 전에 항복에 반대하는 극렬분자들은 황궁 주위에 차단 줄을 치고서 방송을 저지하려 했으나 실패했다. 아무튼 일단 천황의 방송 목소리가 나가자 항복은 곧바로 받아들여졌다. 만주나 자바의 현지 사령관들, 일본 도쿄의 도조 히데키 등도 감히 반대하고 나서지 못했다. 미군은 일본 내 공항들에 착륙했고 공손한 영접을 받았다. 해외 특파원들 중 한 사람이 보고한 바에 의하면, 그들은 오전에 소규모 병기를 만지작거렸으나 정오에는 그것을 내려놓았고, 저녁이 되자 작은 장신구를 사러 쇼핑을 나갔다. 일본인들은 이제 평화의 방식을 따름으로써 '천황의 마음을 편안하게' 하려는 것이었다. 일주일 전만 해도 그들이 천황의 마음을 편안하게 하는 방식은 심지어 죽창을 들고서라도 야만인들을 물리치기 위해 혼신의 힘을 다하는 것이었는데 말이다.

이러한 180도 방향 전환에는 아무런 신비가 없다. 단지 행동을 바꾸게 하는 인간의 감정이 얼마나 다양한지를 모르는 서구인들에게만 신비롭게 보일 뿐이다. 그런 서구인들 중 어떤 사람은 사실상의 현실적 대안은 일본인을 모조리 죽이는 것밖에 없다고 말했다. 어떤 사람은 일본 내의 자유주의 세력이 권력을 잡아서 정부를 전복시켜야만 일본이 그나마 살아날 수 있다고 주장했다. 이런 사람들은 민중의 지지를 받는 전면전을 수행하는 서구 국가의 관점에서 일본 사태를 파악한 것이다. 하지만 그들의 진단은 틀렸다. 그들은 일본의 예상 행동 노선에다 본질적으로 서구적인 행동 방식을 대입시켰기 때문이다. 어떤 서구의 예언자들은 평화로운 일본 점령이 끝난 지 몇 달이 지나간 이 시점에서도, 일본에 서구식 혁명이 벌어지지 않았고, 또 '일본인들이 그들 나라의 패전을 모르고 있기' 때문에 모든 것이 수포로 돌아갔다고 말한다. 이것은 서구식 기준으로 시비를 판단하는, 서구식 사회 철학의 발로인 것이다.

그러나 일본은 서구가 아니다. 일본은 서구 국가들의 마지막 힘(수단)인 혁명을 사용하지 않았다. 일본은 적국의 점령군에 대하여 시무룩한 태업의 태도를 보이지도 않았다. 일본은 그 나름의 힘을 사용했다. 일본의 전투 병력이 완전히 망가지기 전에, 전 국민을 상대로 무조건 항복이라는 엄청난 요구를 할 수 있는 '주'라는 힘을 사용했던 것이다. 일본의 관점에서 볼 때, 무조건 항복의 엄청난 대가를 지불하고서 일본이 아주 소중하게 여기는 것을 사들일 수 있었다. 그것은 그 명령이 설사 항복 명령이라고 할지라도 그런 명령을 내린 사람이 천황이라고 말할 수 있는 권리였다. 패배의 상황에서도 여전히 가장 높은 법률은 '주'였던 것이다.

7장

'기리보다 쓰라린 것은 없다'

The Chrysanthemum and the Sword

일본인의 속담에는 이런 것이 있다. "기리(義理)보다 쓰라린 것은 없다." 일본에서 기무(義務)를 반드시 되갚아야 하듯이 기리도 되갚아야 한다. 하지만 기리는 기무와는 색깔이 다른 일련의 의무를 가리킨다. 기리에 상응하는 영어 단어는 없다. 인류학자들이 세상의 여러 문화에서 발견하는 온갖 기이한 범주의 도덕적 의무 중에서, 이 기리라는 것은 가장 기이한 것들 중 하나이다. 이것은 일본의 독특한 범주이다. '주(忠)'와 '고(孝)'는 중국과 공유하는 도덕적 개념이고 일본이 이들 개념을 여러 모로 수정하기는 했지만 다른 동양 국가들에서 찾아볼 수 있는 도덕적 명령과 가족적 유사성이 있다.

그러나 기리는 중국의 유교나 동양 불교에 빚진 것이 아니다. 이것은 일본 특유의 도덕적 범주이고 이것을 감안하지 않으면 일본의 행동 노선을 이해하기가 어렵다. 일본인이 그들 나라에서 날마다 부딪치는 행동 동기, 좋은 명성, **딜레마** 등을 이야기하는 곳에서는 반드시 이 기리가 등장한다.

기리와 기무

서양인에게 기리는 아주 잡다한 의무의 리스트(p. 160의 일람표 참조)를 포함한다. 그것은 오래 전의 친절함에 대한 감사에서 시작하여 복수의 의무에 이르기까지 다양하다. 일본인이 서구인을 상대로 기리의 뜻을 자세히 설명하지 않는 것은 그리 놀라운 일이 아니다. 그들이 펴낸 일본 국어사전에는 이 단어의 뜻을 정확하게 규정하고 있지 않다. 한 국어사전에 나와 있는 정의를 번역해 보면 이러하다. "올바른 길. 인간이 따라가야 할 길. 세상에 대하여 죄송하게 되는 것을 피하기 위해 비자발적으로 하는 어떤 것." 이러한 뜻풀이는 서구인에게 기리의 의미를 정확하게 전달하지 못한다. 하지만 '비자발적으로'라는 어구는 기리가 기무와는 대조되는 것임을 잘 짚어내 준다.

기무는 주(忠)와 고(孝)로 대표된다. 이에 입각하여 일본인에게 아무리 힘든 요구 사항이 부과되더라도 지켜야 하는 일련의 의무들이다. 직계 가족, 국가의 상징인 통치자, 일본인의 생활 방식, 애국심 등과 관련된 것이다. 일본인이 출생하면서부터 설정된 강력한 유대관계이기 때문에 이를 피해갈 수는 없다. 기무와 관련된 어떤 구체적 행동이 아무리 마음에 내키지 않는 것일지라도, 기무는 결코 '비자발적인 것'으로 정의되지 않는다. 반면에 '기리의 되갚기'는 불안감이 가득하다. 일단 '기리의 영역' 안에 들어서면 그것을 되갚아야 하는 채무자의 어려움은 최고조에 달한다.

기리는 뚜렷하게 두 가지로 구분된다. 하나는 '세상에 대한 기리'이고 다른 하나는 '이름에 대한 기리'이다. 세상에 대한 기리는 글자 그대로의 의미는 '기리 되갚기'인데, 일본인이 동료들에게 입은 '온'을 되갚아야 하는 의무를 가리킨다. 이름에 대한 기리는 일본인이 자신의 이름과 명성에 대하여 오명을 뒤집어쓰는 것을 피해야 하는 의무이다. 이것은 독일식

'명예(die Ehre)'와 상당히 비슷하다. 세상에 대한 기리는 대충 말해서 계약적 관계의 완수라고 할 수 있다. 기리는 출생할 때부터 느끼게 되는 개인적 의무의 완수인 기무와는 대조를 이룬다.

그리하여 기리는 일본인이 처가 혹은 시가의 가족들에 대하여 느끼는 모든 의무를 포함한다. 기무는 일본인의 직계 가족에 대한 의무이다. 반면에 장인(시아버지)에 대한 용어는 기리상의 아버지라 할 수 있고, 장모(시어머니)는 기리상의 어머니이며, 처남(시동생)과 처제(시누이)는 각각 기리상의 형제, 기리상의 여형제가 된다. 이러한 용어는 배우자의 형제 혹은 형제의 배우자에게 사용된다. 일본의 결혼은 물론 두 가문 사이의 계약이고 이런 계약적 의무를, 사돈 가에 대하여 평생에 걸쳐 이행하는 것은 '기리를 행하는 것'이 된다. 이런 의무는 그 계약 관계를 주선하는 세대―부모세대―에게 가장 무거운 것이고, 그 중에서도 젊은 아내에게 가장 무겁게 떨어지는 의무이다. 신부는 자신이 태어나지 않은 집으로 살러 들어가야 하기 때문이다. 장인장모에 대한 사위의 의무 또한 두려워할 만한 것이다. 왜냐하면 사위는 장인이 금전적으로 어려움을 겪으면 돈을 빌려줘야 하고, 또 그 외의 다른 계약적 책임도 이행해야 하기 때문이다. 한 일본인은 이렇게 말했다. "장성한 아들이 어머니를 위해서 뭔가를 해준다면 그것은 어머니를 사랑해서 한 것이므로 기리가 되지 않는다. 마음에서 우러나오는 행동을 할 때에는 기리를 행하는 것이 아니다." 일본인은 시가든 처가든 그의 의무를 꼼꼼하게 이행해야 한다. 안 그러면 그가 가장 두려워하는 비난, '기리를 모르는 사람'이라는 소리를 듣기 때문이다.

일본의 정략결혼

법률상의 가족(사돈 가족)에 대하여 일본인이 의무감을 느끼는 방식은 '데릴사위'의 경우에서 아주 분명하게 드러난다. 데릴사위는 여자의 방식을 따라서 결혼하는 남자를 가리킨다. 어떤 집안에 딸만 있고 아들이 없을 경우에 그 집안의 부모는 딸들의 남편 중 한 사람을 골라서 집안의 대를 잇게 한다. 이 데릴사위 남자는 자신의 집안 호적에서 지워지고 대신에 장인의 성을 갖게 된다. 그는 아내의 집으로 살러 들어가고 장인, 장모에 대하여 '기리의 관계'를 맺으며, 사망하면 그 집안의 묘지에 매장된다. 이런 모든 행위에서 데릴사위는 통상적으로 시집간 여자의 행동 패턴을 그대로 따른다. 데릴사위를 데려오는 이유는 단지 집안에 아들이 없기 때문만은 아니다. 종종 양가에 이득이 되기 때문이다. 이것을 가리켜 '정략결혼'이라고 한다. 여자의 집안은 가난하지만 훌륭한 가문이고, 남자의 가문은 부유하여 계급의 사다리를 타고 올라가기 위해 즉시 돈을 내놓을 수 있는 집안이다. 혹은 여자의 집안이 부유하여 남편을 교육시킬 수 있고 이런 혜택을 받은 남편은 본가의 호적에서 빠져나와 처가에 입적한다. 혹은 여자의 아버지가 이런 방식으로 사위를 그의 회사 내의 유망한 파트너로 삼기도 한다.

아무튼 데릴사위의 기리는 아주 무겁다. 일본에서 남자가 자신의 성을 여자 집안의 성으로 바꾼다는 것은 특히 무거운 부담이었다. 중세 일본에서 데릴사위는 새로 들어간 집안에서 장인의 편에 서서 전투에 나섬으로써 그 자신의 가치를 증명해야 되었다. 설사 그것이 자신의 생부를 죽이는 일이라도 망설이지 말아야 했다. 현대 일본에서도, 데릴사위를 데려온 '정략결혼'은 기리의 강력한 제재를 부과한다. 그리하여 일본 사회가 부과할 수 있는 가장 강력한 구속력을 발휘하여 데릴사위를 장인의 사업이나 그 집안의 운명에 단단히 묶어 둔다. 특히 메이지 시대에 이것은 양가에 아주 유리한 제도였다.

그러나 일본인 남자는 데릴사위에 대하여 대체로 강한 반발심을 품었고, 그래서 "쌀이 세 홉이라도 있으면 데릴사위가 되지 말라"는 말이 있다. 일본인들은 '기리 때문에' 이런 반발이 생긴다고 말한다. 만약 미국에 그런 유사한 관습이 있다면 미국인들은 '그게 남자의 역할을 제대로 못하는 것이기 때문에 싫다'고 말했을 것이다. 하지만 일본인은 이렇게 말하지 않고 기리를 말하는 것이다. 기리는 견디기 어려운 것이고 '비자발적인' 것이므로 일본은 '기리 때문에'라고 말하는 것만으로도 부담스러운 관계를 충분히 표현했다고 보는 것이다.

법률상 친척에 대한 의무만 기리에 해당하는 것은 아니다. 심지어 아저씨, 아주머니, 조카, 조카딸 등에 대한 의무도 같은 범주에 들어간다. 일본에서 이런 친척들에 대한 의무는 '고'의 범주에 들어가지 않는다. 이것이 일본과 중국의 가족 관계 중 커다란 차이점들 중 하나이다. 중국에서 이런 친척들(아저씨, 아주머니, 조카, 조카딸 등)은 물론이고 그보다 먼 친척들도 공동 자산을 공유하는 반면에, 일본에서 그들은 기리 혹은 '계약 관계적' 친척일 뿐이다. 일본인은 그런 친척들이 자신에게 온을 베푼 적이 없다고 말한다. 그런데도 도와달라고 했을 때 그들을 도와주는 것은 공동의 조상에 대한 온 때문이라는 것이다. 일본인이 자신의 아이들을 보살피는 것—물론 이것은 기무이지만—에도 이와 똑같은 제재가 작동한다. 이처럼 배후에서 작동하는 제재는 똑같은 것이지만, 먼 친척들을 도와주는 것은 기리에 해당한다. 일본인이 법률상 친척을 돌봐줄 때처럼 친가의 먼 친척들을 돌보아줄 때, 그는 이렇게 말한다. "나는 기리 때문에 이렇게 할 수밖에 없어."

벤케이 설화: 일본의 전통적 기리

일본인이 법률상 친척에 대한 관계보다 더 앞서서 생각하는 중요한 전통적 기리 관계가 있다. 그것은 가신이 영주에 대해서 맺는 기리 관계와 동료 무사들 사이의 기리 관계이다. 그것을 명예를 중시하는 남자가 상급자 및 계급의 동료들에게 바치는 충성이다. 이 기리의 의무는 광범위한 전통적 문헌에서 칭송되고 있다. 그것은 사무라이의 미덕과 같은 것이다. 도쿠가와 가문이 일본을 통일하기 이전의 과거 일본에서, 심지어 '주'보다 더 크고 소중한 미덕으로 여겨졌다. 그 당시 주라고 하면 쇼군에게 바치는 의무였던 것이다. 12세기에 미나모토(源) 가문의 한 쇼군이 어떤 다이묘에게 현재 숨겨 주고 있는 적군 영주를 내놓으라고 요구하자, 그 다이묘는 거부하는 편지를 썼는데, 이 편지는 오늘날까지 전해지고 있다. 그는 쇼군이 자신의 기리에 오명을 씌우려는 것을 크게 분개하면서 설사 주의 명분을 내세우더라도 기리를 위반하는 일은 할 수 없다고 말했다. 그는 이렇게 썼다. "공사(公事)는 내가 개인적으로 통제할 게 별로 없는 일이지만, 명예를 중시하는 남자들 사이의 기리는 영원한 진리이다." 다시 말해 기리가 쇼군의 권위보다 위에 있다는 것이다. 그는 "자신의 명예로운 친구들에게 신의 없는 행동을 할 수 없다"[1]고 하면서 숨겨준 영주를 내놓기를 거부했다. 과거 일본의 이런 초월적 사무라이 미덕은 다수의 역사 민담에서 등장한다. 이런 민담은 오늘날에도 일본 전역에서 널리 알려져 있으며, 노(能) 드라마, 가부키(歌舞伎) 연극, 가구라(神樂) 춤 등으로 재연되고 있다.

이런 민담 중에서 무적의 로닌(浪人: 자신의 수완으로 먹고 사는 영주 없는 사무라이)인 12세기의 영웅 벤케이(弁慶)의 이야기이다. 놀라운 완력 이외에는 다른 재주가 없는 벤케이는 사찰에 몸을 피해 있으면서 승려들을 벌벌 떨게 했다. 또 중세풍으로 필요한 의복과 무구를 준비하기 위하여 지나가는 사

---

1 Kanichi Asakawa, *Documents of Iriki*, 1929에서 인용함.

무라이를 닥치는 대로 죽여서 그들의 칼을 빼앗았다. 마침내 그는 겉보기에 허약하고 맵시 있는 젊은 영주와 싸우게 되었다. 하지만 벤케이는 이번에야말로 임자를 만났으며 그 젊은이가 가문의 쇼군 지위를 되찾으려고 애쓰는 미나모토 가문의 후예라는 것을 알게 되었다. 그는 일본에서 널리 사랑받은 영웅인 **미나모토 요시쓰네**(源賴朝)였다. 벤케이는 그 청년에게 열정적인 기리를 바쳤고 그의 대의를 위하여 온갖 무공을 세웠다.

그러나 그들은 적의 엄청난 병력을 상대할 수가 없어서 그들의 추종자들과 함께 달아나게 되었다. 그들은 적에게 발각되지 않기 위하여 사찰 건립을 위해 전국을 돌며 시주를 요청하는 행각승의 모습으로 변장하기로 했다. 요시쓰네도 그런 행각승의 모습을 했고, 벤케이는 그 무리의 우두머리 차림을 했다. 그들은 적군이 길에다 배치한 감시병들을 만나게 되었다. 벤케이는 가짜로 만든 사찰 건립을 위한 '기부자'의 명단 두루마리를 읽는 시늉을 한다. 적군은 그들을 거의 통과시킬 뻔했다. 그러나 마지막 순간에 그들은 요시쓰네의 귀족적 풍모를 눈여겨보고서 의심을 하게 되었다. 그는 하급 행각승의 모습으로 변장했으나 타고난 품위마저 감출 수는 없었던 것이다.

경비병들은 벤케이 무리를 불러 세웠다. 벤케이는 즉시 요시쓰네에 대한 의심을 불식시킬 수 있는 조치를 취했다. 벤케이는 사소한 일로 그를 나무라면서 그에게 따귀를 올려붙였다. 그러자 적군은 그가 하급 행각승이라는 것을 확신했다. 그 행각승이 정말 요시쓰네라면 그의 가신이 영주의 얼굴을 후려친다는 것은 있을 수 없는 일이었기 때문이다. 그것은 기리를 엄청나게 위반하는 일이었다. 그러나 벤케이의 불경한 행동은 그 일행의 목숨을 구했다. 그들이 안전한 지역에 들어서자마자 벤케이는 요시쓰네의 발밑에 몸을 내던지면서 죽여 달라고 했다. 그의 영주는 관대하게 그를 용서했다.

기리가 마음에서 우러나오고 아무런 분노도 어른거리지 않는, 이런 옛날의 민담은 현대 일본인들이 황금시대에 대해서 갖고 있는 백일몽이다. 그 민담에 의하면, 그 황금시대에는 기리에 '비자발성'이라는 건 전혀 없었다. 설사 주와 갈등이 있다고 해도 사나이는 명예롭게 기리를 고수했다. 그 당시 기리는 중세풍의 장식물이 주렁주렁 매달린 얼굴 대 얼굴을 맞대는 사랑스러운 대면 관계였다. '기리를 안다'는 것은 영주에게 평생 충성을 바치는 것이었고, 영주 또한 가신들을 극진히 돌보았다. '기리를 되갚는 것'은 자신의 모든 것을 빚진 영주에게 자신의 목숨마저도 바치는 것을 의미했다.

기리의 두 측면: 의무와 부채
———

이것은 물론 판타지이다. 일본의 중세사는 반대편 다이묘의 돈에 매수되어 충성을 팔아버린 다수의 가신들에 대해서 얘기하고 있다. 우리가 다음 장에서 살펴보게 되겠지만, 더욱 중요한 사실은, 영주가 가신에게 오명을 뒤집어씌울 경우, 그 가신은 명예롭고 떳떳하게 그 영주를 떠나 적군 영주와 협상을 할 수도 있었다. 일본인은 죽을 때까지의 충성을 높이 칭송하는 한편, 복수의 주제도 그에 못지않게 평가한다. 그리고 기리에는 두 가지가 있다. 충성은 영주에 대한 기리이고, 모욕에 대한 복수는 이름에 대한 기리이다. 동일한 방패에 이런 두 가지 측면이 있는 것이다.

그러나 충성을 칭송한 과거의 민담들은 오늘날 일본인들에게 즐거운 백일몽일 뿐이다. 왜냐하면 오늘날 '기리 되갚기'는 자신의 합법적 영주에게 바치는 충성심이 아니라 온갖 종류의 사람에게 바치는 온갖 종류의 의무이기 때문이다. 오늘날 꾸준히 사용되는 문구(文句)에는 분노의 감정이 가득하고, 본인의 의사와는 무관하게 기리를 이행할 것을 강요하는 여론의 압력도 거론하고 있다. 일본인들은 이렇게 말한다. "나는 단지 기리 때문에 이 결혼을 주선하고 있어.", "기리 때문에 그에게 일을 줄 수밖에 없어.", "기리 때문에라도 그를 꼭 봐야 해." 그들은 끊임없이 "기리에 얽매여 있다."는 말을 한다. 이 어구를 사전은 이렇게 번역하고 있다. "I am obliged to it(나는 그것을 해야 할 의무가 있다)." 그들은 이런 말도 한다. "그는 내게 기리를 강요하고 있어.", "그는 기리 얘기를 꺼내면서 나를 몰아붙이고 있어." 이런 용례들은 다른 것들과 마찬가지로 어떤 사람이 화자에게 그가 원하지 않거나 할 생각이 없는 행동을 강요하고 있다는 뜻이다. '온'에 대하여 마땅히 되갚기(온가에시)를 해야 한다는 얘기를 꺼내면서 말이다.

농촌 마을이든, 조그마한 가게의 거래든, 자이바쓰(재벌)의 높은 세계든, 일본의 내각이든, 사람들은 "그는 내게 기리를 강요하고 있어.", "그는 기리 얘기를 꺼내면서 나를 몰아붙이고 있어." 등의 말을 한다. 구혼자가 장래의 장인에게 양가의 옛 관계나 거래를 들어 이런 말을 하면서 몰아붙일 수도 있고, 또 어떤 사람이 농민의 땅을 얻기 위해 이런 무기를 사용할 수도 있다. 그런 식으로 '몰아붙임'을 당한 사람은 요구하는 대로 해줄 수밖에 없다고 느낀다. 그 사람은 이런 식으로 말한다. "내가 은인의 어깨를 붙잡아 주지 않는다면, 나의 기리는 먹칠을 당하게 돼." 이런 용례들은 비자발성의 함의를 담고 있으며, 일본 국어사전에 따르면 '단지 체면을 지키기 위해(for mere decency's sake)' 상대방의 말을 따른다는 것을 보여 준다.

기리의 규칙은 엄격하게 말하면 강제적 되갚기의 규칙이다. 그 규칙은 십계명 같은 도덕률이 아니다. 일본인은 기리를 강요당하면 당사자의 정의감을 무시하고서라도 그 기리를 이행해야 한다는 느낌을 받는다. 그래서 일본인들은 종종 이렇게 말한다. "나는 기리 때문에 기(義)를 행할 수가 없어." 또한 기리의 규칙은 네 몸을 사랑하듯이 이웃을 사랑하는 계율과는 무관하다. 기리는 저절로 우러나오는 마음에서 관대하게 행동할 것을 요구하지 않는다. 일본인은 말한다. "사람은 기리를 행해야 한다. 만약 그렇게 하지 않으면 사람들은 너를 '기리를 모르는 인간'이라 손가락질 할 것이다." 기리를 그토록 준수해야 한다고 느끼는 이유는 사람들의 시선(발언) 때문이다. 그래서 '세상에 대한 기리'는 종종 "conformity to the public opinion(여론에 대한 순응)"으로 영역된다. 일영사전은 "세상에 대한 기리 때문에 그건 어쩔 수 없다"는 문장을 "People will not accept any other course of action(사람들은 다른 행동 노선은 받아들이지 않을 거야)."이라고 영역하고 있다.

일본의 '기리의 영역'은 미국에서 돈을 빌리고 갚지 않으면 제재를 당하는 것과 비슷하다. 이 둘의 유사성을 파악하면 우리는 일본인의 태도를 가장 잘 이해하게 된다. 미국인은 남의 다정한 편지를 받은 것, 작은 선물을 받은 것, 적절한 때에 남이 해준 다정한 말 등에 대하여, 원금은 물론이고 이자까지 쳐서 갚아야 하는 칼 같은 은행 대출과 같은 것으로 보지 않는다. 이런 은행 거래에서 부도를 낸다는 것은 실패자라는 엄중한 낙인(형벌)이 따르게 되었고, 그것은 미국 사회 내에서 아주 심각한 형벌이다. 그런데 일본인은 만약 어떤 사람이 기리를 되갚지 않으면 그것을 마치 은행 대출 후 부도를 낸 것과 똑같이 생각한다. 일본의 일상생활에서는 모든 접촉이 이런 저런 방식으로 기리를 발생시킨다. 그리하여 일본인은 사소한 말과 행동도 다 머릿속에 기억해 둔다. 미국인 같으면 전혀 의무 사항이 된다고 보지 않고서 가볍게 내던지는 말이나 행동도 그들은 소홀히 하지 않는 것이다. 그러니 이 복잡한 세상에서는 아주 조심스럽게 움직이지 않으면 안 된다.

일본의 기리 개념과 미국의 빌린 돈 상환 개념의 상호 유사성을 보여주는 또 다른 사례가 있다. 기리의 되갚기는 정확하게 받은 분량만큼만 되갚는 것으로 이해된다. 이 점에서 기리는 기무와 다르다. 기무는 아무리 많이 되갚아도 충분히 갚았다고 생각되지 않는 것이기 때문이다. 그러나 기리는 무제한적인 것이 아니다. 미국인이 볼 때, 되갚기는 원래 받았던 혜택에 비하여 터무니없을 정도로 커 보인다. 하지만 일본인은 이것을 그렇게 보지 않는다. 우리는 그들의 선물 주기 또한 터무니없다고 생각한다. 일본인은 일 년에 두 번 모든 가정이 6개월 전에 받은 선물에 대한 보답으로 되갚기 선물을 아주 정성스럽게 포장한다. 또 집안에 두고 있는 하녀의 가족들은 그들의 딸을 고용해 주어서 고맙다면서 여러 해에 걸쳐서 선물을 보내온다. 그러나 일본인은 받은 것보다 더 큰 선물을 보내는 것은 금기시한다. '횡재'로 여겨질 법한 큰 선물을 하는 것은 명예로운 행동이 아니다. 어떤 선물에 대하여 가장 강하게 비난하는 말은 이런 것이다. "피라미 한 마리를 거대한 도미 한 마리로 갚았군." 기리도 받은 것에 상응하는 만큼 되갚아야지 그렇지 않으면 이런 비난을 당한다.

일본인은 가능한 한 품앗이든 선물 주고받기든 서로 교환한 것들에 대하여 서면 기록을 남겨둔다. 마을에서 이런 것들은 촌장이 기록하며, 어떤 것들은 협동조합 관계자 가족 혹은 개인이 보관한다. 장례식 때에는 '향료(부의금)'를 가져오는 것이 일반적 관습이다. 친척들은 만장에 사용할, 여러 색깔의 물들인 천을 가지고 온다. 이웃들도 함께 와서 도와주는데 여자들은 주방에서 일하고, 남자들은 무덤을 파거나 관을 짜는 데 조력한다. 스에무라(須惠村)에서 촌장은 이런 일들을 기록한 치부책을 갖고 있다. 그 책은 이웃들이 얼마나 부조했는지 잘 정리해 놓은 것이기 때문에 상을 당한 집안에서는 아주 소중한 기록이다. 이것은 또한 부조를 낸 집에서 초상이 생긴 경우 갚지 않으면 안 되는 상대방의 이름을 보여 주는 명부이기도 하다. 이런 것들은 장기적인 상호의무이다. 마을의 장례식에는 다른 경조사에서도 그러하듯이 단기간의 교환도 있다. 관 짜는 데 도움을 준 사람들에게는 식사를 제공하는데 그들은 식사 대금의 일부로 약간의 쌀을 상가에 가져다준다. 그 쌀 또한 이장의 치부책에 기록된다. 대부분의 경조사에서 손님은 일을 치르는 집에서 마시게 될 술에 대한 부분 되갚기로 약간의 청주를 가져간다. 해당 행사가 생일잔치든 장례식이든 모내기든 집짓기든, 혹은 친목회든 기리의 교환은 장래의 되갚기를 위하여 꼼꼼하게 기록된다.

일본의 기리 개념과 미국의 빌린 돈 상환 개념이 서로 비슷함을 보여주는 또 다른 사례가 있다. 만약 기리의 되갚기가 연기되어 만기일을 지나치게 되면 그것은 마치 연체 이자가 붙은 것처럼 되갚아야 할 분량이 늘어난다. 에크슈타인(G. Eckstein) 박사는 한 일본인 제조업자에게서 겪었던 일을 보고했다. 에크슈타인은 노구치 히데오(野口英世, 1876~1928. 일본의 세계적인 세균학자) 전기를 쓰는 데 필요한 자료를 수집하기 위하여 일본 여행을 했는데 그 비용을 제조업자가 댔다. 에크슈타인은 그 후 미국으로 돌아와 전기의 원고를 일본으로 보냈다. 하지만 원고를 받았다는 편지를 받지 못했다. 그는 '원고 중 어떤 부분이 일본인의 심기를 건드렸나 보다' 하고 걱정을 하기 시작했다. 에크슈타인은 편지를 여러 번 보냈으나 답장이 오지 않았다. 몇 년 뒤 그 제조업자는 그에게 전화를 했다. 미국에 와 있다는 얘기였으며 통화 직후에 수십 그루의 일본 벚나무를 가지고 에크슈타인 박사의 집을 찾아왔다. 그 선물은 엄청난 것이었다. 선물 답례가 그처럼 미루어졌기에 당연히 큼직한 선물이 되어야 마땅하다는 것이었다. 그 제조업자는 에크슈타인 박사에게 말했다. "그러니 선생님은 제가 재빨리 되갚지 않은 걸 잘 했다고 생각하실 겁니다."

'기리로 코너에 몰리는' 사람은 종종 시간의 경과와 함께 부피가 커지는 부채의 되갚기를 강요당한다. 어떤 소규모 상인이 있었는데 그는 어린 시절 학교 선생님에게 '온'을 느꼈다. 그리고 세월이 한참 지나 그 선생님의 조카가 상인에게 도움을 요청해 왔다. 젊은 시절 학생은 선생님에

게 기리를 되갚지 못했으므로 부채는 세월이 흘러가면서 커져 갔다. 그리
하여 상인은 '세상에 대하여 죄송하게 되는 것을 피하기 위해 비자발적으
로' 그 조카에게 도움을 주어야 했다.

8장

자신의 이름을 깨끗이 하기

The Chrysanthemum and the Sword

자신의 이름에 대한 기리는 자신의 명성을 깨끗이 유지하려는 의무이다.
그것은 일련의 미덕들로 구성되는데 그 중 어떤 것들은 우리 서양인이 보
면 서로 정반대되는 것이다. 그러나 일본인들에게는 충분한 통일성이 있
는 것으로 여겨진다. 왜냐하면 그것들은 온가에시에 해당하는 의무들이
아니기 때문이다. 그것들은 '온의 영역 바깥'에 있는 것이다. 그것들은 이
전에 다른 사람으로부터 받은 특별한 부채 의식 없이 자신의 명성을 깨끗
하게 만들어 주는 행위들이다. 따라서 이런 행위에는 '적절한 자리'를 지
키는 데 따르는 잡다한 예절, 고통 속에서의 참을성, 직업이나 기술에서
의 명성을 지키기 등이 포함된다.

또한 이름에 대한 기리는 오명이나 모욕에 적극적으로 맞서서 그것을
설욕하는 행동을 하도록 요구한다. 그러자면 자신을 중상한 자에게 보복
하거나 스스로 자결을 할 필요가 있다. 이 두 극단(보복과 자살) 사이에는 온
갖 종류의 다양한 행동 노선이 있을 수 있다. 일본인은 자신의 이름을 더
럽히는 것은 무엇이 되었든 가볍게 넘겨 버리지 않는다.

'온' 바깥의 기리

일본인은 내가 여기서 '이름에 대한 기리'라고 부르는 것에 대하여 별도의
용어를 가지고 있지 않다. 그들은 그것을 단지 '온'의 영역 바깥의 기리라
고 한다. 이것(온의 영역 안에 있느냐 혹은 밖에 있느냐)이 분류의 기준이 된다. 세
상에 대한 기리는 친절함을 되갚아야 하는 의무이고, 자신의 이름에 대한
기리는 주로 복수를 의미한다는 사실은 분류의 기준이 되지 않는다. 서구
인은 그 두 가지 행위(감사와 복수)를 정반대의 범주로 분류한다. 하지만 이
런 서구의 시각은 일본인은 이해하지 못한다. 일본인은 이런 생각을 하는
것이다. 왜 친절한 행동에 대하여 감사로써 반응하고 조롱이나 악의에 보
복으로 반응하는 것이 하나의 미덕 아래 포섭되지 못한다는 말인가?

일본에서는 감사와 복수가 하나의 미덕 아래 포섭된다. 선량한 일본인
은 자신이 받은 혜택에 대하여 고맙게 생각하는 것만큼이나 자신에게 가
해진 모욕에 격렬하게 반응할 수 있다. 어떤 쪽이 되었든 그런 식으로 되
갚는 것이 미덕이다. 일본인은 미국인처럼 그것을 둘로 나누어서 하나는
공격적 행위, 다른 하나는 비공격적 행위 이렇게 분리하지 않는다. 일본
인에게 공격적 행위는 '기리의 영역' 밖에서 시작된다. 그가 기리를 유지
하면서 자신의 이름에서 오명을 씻어내면 그것은 공격적 행위가 아니다.
그는 오히려 모욕을 설욕한 것이다.

모욕, 오명, 패배 등이 설욕되거나 제거되지 않으면 일본인은 '세상이
기울어졌다'고 말한다. 훌륭한 남자라면 그 기울어진 세상을 바로잡아 균
형을 갖추도록 노력해야 한다. 그런 노력은 인간적 미덕이지, 결코 악덕
이 될 수는 없다. 이름에 대한 기리와, 그것이 일본에서 언어적으로 감사
와 충성에 연계되어 있는 방식은, 유럽 역사의 어떤 시기에 존재했던 서
구의 미덕과 동일하다. 그 미덕은 르네상스 시기에, 특히 이탈리아에서

많이 발휘되었고, 고전 스페인어에서 'El valor Espanol(에스파냐의 용기)', 그리고 독일어의 'die Ehre(명예)'와 공통점이 많다. 100년 전 유럽에서 신사들 사이의 결투 관습에도 그 근저에는 일본의 이름에 대한 기리와 비슷한 점이 많았다.(이탈리아의 복수극은 vendetta라고 하는데 옛날 코르시카 섬이나 이탈리아의 일부 지역에서 살해된 사람의 일족이 가해자 또는 그 일족의 사람들을 죽여서 복수를 하는 근친 복수를 가리킨다.-옮긴이)

일본이든 서구의 국가든 오점을 씻어내는 행위를 미덕으로 여기는 곳에서, 그런 행위의 핵심은 물질적 의미의 이득을 초월한다는 것이었다. '명예'를 위하여 자신의 재산, 가족, 심지어 자신의 목숨을 내놓는 것 등 조치의 강도에 비례하여 당사자의 행동이 덕성 높은 것으로 평가되었다. 이것이 명예의 핵심적 부분이며 이들 나라가 그런 행위에 '정신적' 가치가 있다고 주장하는 근거이다. 그런 행동에는 엄청난 물질적 손실이 뒤따르고 손익의 관점에서 보면 별로 정당화될 수 없는 것이다. 바로 이것이 그런 형태의 명예와, 미국의 일상생활에서 자주 목격되는 치열한 경쟁과 노골적 적개심 사이에 놓여 있는 커다란 차이점이다. 미국에서는 어떤 정치적, 금전적 거래에서 한 치의 양보도 없으며, 물질적 이득을 얻기 위해 거의 전쟁이라고 할 정도로 치열하게 싸운다. 이름에 대한 기리의 범주에 들어갈 정도로 명예를 중시했던 켄터키 산간지역 주민들 사이의 불화는 아주 예외적인 사례이다.

어느 문화권이 되었든, 이름에 대한 기리와 그에 부수되는 적개심이나 호시탐탐 공격을 엿보는 태도 등은 아시아 대륙의 특징적인 미덕은 아니다. 그것은 이른바 동양적인 특징은 아니다. 중국도, 태국도, 인도도 그것이 없다. 중국인들은 모욕과 공격에 그처럼 민감하게 반응하는 것은 '소인(小人)'의 특징으로 간주한다. 그것은 일본에서는 고상한 행동으로 여겨지지만 중국에서는 그렇지 않다. 어떤 사람이 느닷없이 폭력적으로 나오는 것은 중국의 윤리 체계에서는 잘못된 행동이며, 설사 모욕을 설욕하기 위해 그런 행동을 했다 하더라도 옳다고 보지 않는다. 중국인은 그처럼 민감하게 반응하는 것을 다소 우스꽝스럽다고 생각한다. 그들은 어떤 비방을 당했을 때 그 비방이 근거 없는 것임을 증명하기 위해 어떤 거창한 행동을 함으로써 해결하려고 하지도 않는다. 태국 사람들은 모욕에 대해서 그처럼 민감하게 반응하지 않는다. 중국인과 마찬가지로 그들은 비방하는 사람을 우스꽝스러운 사람으로 만드는 데 힘쓸 뿐, 그런 비방으로 자신의 명예가 오염되었다고 생각하지 않는다. 그들은 이렇게 말한다. "상대방이 짐승이나 다름없다는 걸 보여 주는 가장 좋은 방법은 그에게 져주는 것이다."

우리는 이름에 대한 기리를 충실하게 이해하려면 그 기리에 포함되는 모든 비공격적 미덕들을 그 맥락 속에서 파악해야 한다. 복수는 때때로 요구되는 여러 가지 미덕들 중 하나일 뿐이다. 거기에는 조용하고 절제된 행동도 다수 포함된다. 자중하는 일본인에게 요구되는 자기 절제도 이름에 대한 기리의 일부이다. 여자는 출산 시에 큰 소리를 내지 말아야 하고, 남자는 고통과 위험을 초월해야 한다. 홍수가 일본 마을을 덮치면 자중하는 남자라면 자신이 휴대할 생필품을 챙겨서 높은 곳으로 올라간다. 이때 소리치면 안 되고 여기저기 내달려도 안 되고, 겁먹어서도 안 된다. 추분 전후의 거센 비바람이 태풍이 되어 몰려와도 이와 유사한 자기 절제를 보여야 한다. 이러한 태도는 일본인이라면 자존심의 일부이라고 생각하며 설혹 그런 태도를 완벽하게 실천하지 못한다 하더라도 그런 생각을 늘 품고 있어야 한다.

일본인은 미국인의 자존심은 이런 자기 절제를 요구하지 않는다고 생각한다. 일본의 자기 절제에는 노블레스 오블리주가 있고, 봉건 시대에는 평민보다 사무라이 계급에게 그것이 더 많이 요구되었다. 이 미덕은 정도의 차이가 있기는 하지만 모든 일본 계급에 통용되는 생활의 법칙이었다. 사무라이가 신체적 고통을 참는 데서 철저한 용기를 발휘해야 했다면, 평민은 무장 사무라이 계급의 공격적 태도를 받아들이는 데 철저한 용기를 발휘해야 했다.

사무라이의 극기 정신에 대한 이야기들은 유명하다. 그들은 배가 고파도 표현을 하면 안 되었는데 그건 언급할 가치도 없는 사소한 문제였기 때문이다. 그들은 배가 고파 죽을 지경이면서도 금방 밥을 먹은 것처럼 허세를 부리도록 요구당했다. 심지어 배에서는 심하게 쪼르륵 소리가 나는데도 잘 먹은 것처럼 이쑤시개로 이를 쑤셔야 했다. 일본 격언에는 이런 것이 있다. "어린 새는 먹이를 달라고 울지만 사무라이는 이쑤시개를 물고 있다." 지난 전쟁 중에 이것은 일본 사병들이 군내에서 자주 중얼거리는 격언이 되었다. 그들은 고통에 굴복하면 절대 안 되었다. 일본인의 태도는 소년병이 나폴레옹 황제에게 했다는 대답과 비슷하다. "부상당했느냐고요? 아닙니다, 폐하. 저는 지금 죽어가고 있습니다." 사무라이는 곧 죽어도 고통의 표현을 해서는 안 되었고 얼굴도 찡그리지 않은 채 그 고통을 참아야 했다. 1899년에 사망한 **가쓰 가이슈** 백작에 대해서 이런 말이 전해진다. 그가 어린 소년이었을 때, 개가 그의 고환을 물어뜯어 갔다. 그는 사무라이 집안 출신이었으나 그 당시 집안은 영락하여 형편이 없었다. 의사가 수술할 때 가쓰의 아버지는 그의 코앞에 칼을 내밀고 "네가 단 한 번이라도 신음 소리를 내지르면 너는 적어도 수치스럽지는 않은 방식으로 죽게 될 것이다."라고 말했다.

기리와 분수에 맞는 삶

이름에 대한 기리는 또한 일상생활에서 자신의 자리(분수)에 따라 살 것을 요구한다. 만약 어떤 사람이 이 기리를 지키지 못한다면 그는 자기 자신을 존중할 권리가 없는 사람이 된다. 도쿠가와 시대에 이 권리라는 것은, 그가 입는 것, 소유하는 것, 사용하는 것 등 실제적으로 모든 것을 규제하는 자세한 사치금지법을 그런 자기존중의 일부분으로 받아들이는 것을 의미했다. 미국인들은 이런 것들을 세습 지위에 따라 규제한다는 사실에 충격을 받는다. 미국인의 자존심은 자신의 지위를 향상시키는 것과 밀접한 관계가 있는데, 당연히 이런 사치금지법은 미국 사회의 근본을 부정하는 조치라고 생각할 것이다. 우리는 어떤 계급의 농민은 어린이에게 이러이러한 인형을 사줄 수 있고 다른 계급의 농민은 다른 인형을 사주어야한다고 규정한 도쿠가와 법률에 충격을 받는다.

하지만 미국에서 우리는 다른 제재를 가동함으로써 똑같은 결과를 얻는다. 우리는 공장주의 아이는 전기 열차 장난감을 갖고 노는 데 비하여 소작농의 아이는 옥수수 속대 인형으로 만족해야 하는 사실을 아무런 비판 없이 받아들인다. 우리는 소득의 차이를 인정하고 그것을 당연시한다. 높은 봉급을 받는 것은 미국식 자존심 체계의 한 부분이다. 인형의 종류가 소득 규모에 의해 달라진다면, 그건 우리의 도덕적 체계를 위반한 것이 아니다. 부자가 된 사람은 그의 자녀에게 더 좋은 인형을 사줄 수 있다.

일본에서는 부자가 되는 것은 수상한 일이지만 알맞은 자리를 지키는 것은 의심스러운 일이 아니다. 심지어 오늘날에도 부자든 가난한 사람이든 위계질서의 관습을 잘 지키는 데서 자존심을 확보한다. 이것은 미국인들에게는 낯선 것이다. 프랑스 사람 토크빌은 이미 1830년대에 앞서 인용한 바 있는 그의 저서에서 이것을 지적했다. 토크빌은 18세기 프랑스에서 태어났기 때문에 미국의 평등주의를 높게 평가했음에도 불구하고 귀족적 생활 방식을 잘 알았고, 또 사랑했다. 하지만 미국은 그 미덕에도 불구하고 진정한 위엄은 결여되어 있다고 말했다. "진정한 존엄이란, 너무

높지도 너무 낮지도 않은 자신의 자리를 차지하는 것이다. 이것은 군주뿐만 아니라 농민 자신도 충분히 해낼 수 있는 일이다." 토크빌은 계급 차이가 그 자체로 치욕적인 것은 아니라고 보는 일본인의 태도를 잘 이해했을 것이다.

그렇다면 문화를 객관적으로 연구하는 것이 가능한 이 시대에 '진정한 위엄'이란 무엇인가? 다른 민족들이 굴욕을 다르게 규정하듯이, 그것(위엄)도 다르게 규정될 수 있는 것이다. 오늘날 미국인 중에는 미국의 평등주의를 일본에게 강요하지 않으면 일본인에게 자존심을 심어 주는 것은 요원한 일이라고 주장하는 사람들이 있다. 그런 사람들은 자기민족 중심주의라는 오류를 범하는 게 된다. 만약 이 미국인들이 원하는 것이, 그들 말대로 자신을 존중하는 일본인이라면, 일본에서 자존심의 밑바탕을 이루는 것이 무엇인지 먼저 파악해야 할 것이다. 우리는 토크빌이 그랬던 것처럼 귀족적인 '진정한 위엄'이 현대 사회에서 사라져 가고 있고, 그와는 다른 좀 더 세련된 위엄이 그 자리에 들어서고 있음을 목격할 수 있다. 이런 일이 틀림없이 일본에서도 벌어질 것이다. 그 동안 일본은 미국의 기초가 아니라 그들의 기초 위에 국가의 자존심을 다시 세워야 할 것이다. 또 일본의 방식으로 그것을 순화해야 할 것이다.

자살: 기리 지키기의 한 방법

이름에 대한 기리는 알맞은 자리를 찾아가는 것 이외에도 온갖 종류의 약속을 실천하면서 사는 것이다. 돈을 빌리는 사람은 대출을 요구할 때 그 자신의 이름에 대한 기리를 담보로 내놓는다. 한 세대 전만 해도 다음과 같은 말하는 것은 아주 흔한 일이었다. "만일 이 돈을 되돌려주지 못한다면 공개적으로 조롱을 당해도 좋습니다." 설사 그가 돌려주지 않았다 하더라도 문자 그대로 웃음거리가 되는 것은 아니다. 일본에는 공개적인 조롱의 관습이 없었다. 그러나 새해가 돌아올 즈음, 부도가 난 채무자는 부채를 갚아야 할 날짜에 '이름을 깨끗이 하기 위하여' 자살을 한다. 현재도 섣달그믐이면 자신의 명예를 지키기 위해 이런 극단적인 방법을 택하는 사람이 상당히 있다.

모든 직업적 약속에도 이름에 대한 기리가 작용한다. 남들의 주목을 받게 되거나 널리 비판을 받게 되는 특정 상황에서 일본인에게 요구되는 의무 사항은 때때로 황당무계한 것이다. 가령 학교에 불이 나서 그 여파로 자살을 한 교장들의 리스트는 상당히 길다. 그 교장들 자신은 그런 화재에 아무런 책임이 없는데, 화마가 모든 학교에 걸려 있는 천황의 사진을 태워 버렸기 때문이다. 그 사진을 구하기 위하여 불타는 학교에 뛰어 들어갔다가 불에 타서 죽은 교사들도 있다. 그들은 자신의 죽음으로써 이름에 대한 기리와 천황에 대한 주(충성)를 얼마나 소중하게 여기는지 보여 주었다.

또한 교육칙어나 군인칙유를 대중 앞에서 말실수로 잘못 읽고 나서 자신의 깨끗한 이름을 지키기 위해 자살을 선택한 사람들의 유명한 이야기들도 있다. 또한 현재 천황이 황제 자리에 있는 동안에, 부주의하게도 자식의 이름을 **히로히토** ─ 천황의 이름인데, 이 이름은 일본에서 결코 입 밖에 내어 말하지 않는다 ─ 라고 지었던 아버지는 그 이름을 가진 아들과 함께 자결했다.

일본의 전문직에 종사하는 사람은 이름에 대한 기리를 아주 철저하게 지켜야 한다. 그러나 그 기리는 미국인이 알고 있는 높은 직업적 기준에 의해 유지되는 것이 아니다. 일본 교사는 이렇게 말한다. "나는 교사라는 이름의 기리 때문에 그걸 모른다고 시인할 수가 없다." 가령 그가 개구리가 어떤 종에 속하는지 모른다 해도 그는 아는 척해야 하는 것이다. 가령 그가 고작 몇 년 교육을 받고서 영어를 가르치는 교사라 해도, 다른 사람이 그의 잘못된 점을 고쳐 줄 수도 있다는 것을 시인하지 않는다. '교사로서 이름에 대한 기리'는 바로 이런 종류의 방어적 자세를 가리키는 것이다. 기업인도 자신의 기업인 기리에 충실하기 위하여 그의 자산이 심각하게 고갈되었고 그의 회사를 위해 수립한 계획이 실패로 돌아갔다 해도, 그 사실을 아무에게도 알릴 수가 없다. 그리고 외교관은 이름의 기리 때문에 그 자신의 정책이 실패했다는 것을 인정하지 못한다. 이런 기리의 사례에서 볼 수 있듯이, 기리라는 말은 어떤 사람과 동일시되기에 그 사람의 행위나 능력에 대한 비판은 자동적으로 그 사람에 대한 인신공격이 되어 버린다.

　일본인은 이처럼 실패나 무능을 비판하는 데 대하여 예민하게 반응하는데, 미국에서도 유사한 반응이 거듭하여 발견된다. 우리는 중상비방에 미친 듯이 화를 내는 사람들을 알고 있다. 그러나 우리는 일본인처럼 방어적이지는 않다. 만약 교사가 개구리가 어떤 종에 속하는지 모른다면 그걸 아는 척하기보다는 솔직히 모른다고 시인하는 것이 더 좋다고 생각한다. 그 교사가 자신의 무지를 감추고 싶은 유혹은 느끼겠지만 말이다. 만약 사업가가 자신이 추진해 온 정책이 불만이라면 새로우면서 다른 지시를 내리는 것이 더 좋다고 생각한다. 그는 자신이 늘 옳았다고 주장하는 데 자신의 체면이 달려 있다고 생각하지 않으며, 설사 그가 잘못했다고 시인하더라도 사임하거나 은퇴해야 되는 것은 아니다. 그러나 일본에서는 이런 방어적인 태도가 아주 뿌리 깊다. 어떤 사람의 면전에서 그가 직업상 오류를 저질렀다고 분명하게 말하는 것은 지혜로운 일이 아니다. 오히려 그렇게 하지 않는 것이 보편적 예의이다.

기리와 경쟁의 모순적 관계

———

한 일본인이 다른 일본인에게 패배한 상황에서 이런 기리의 민감성이 더욱 두드러지게 나타난다. 사실 사정은 어떤 일자리에 다른 사람이 더 선호되었다거나, 실패한 사람이 치열한 입사 경쟁에서 실패한 것뿐이었다. 패자는 이런 실패에 대하여 '수치를 입는다.' 이 수치는 어떤 경우에는 더 큰 노력과 분발의 강력한 동기가 되지만, 많은 경우에 위험한 우울증 요소로 작용한다. 그는 자신감을 잃고 우울해지거나 화를 내거나 그 둘 다가 된다. 그의 노력은 방해를 받은 것이다.

여기서 미국인은 경쟁이 미국 사회의 생활 구도 속에서 발휘하는 그런 바람직한 사회적 효과를 내지 못한다는 것을 깊이 인식해야 한다. 우리는 경쟁을 '좋은 것'으로 철저히 믿고 있다. 심리 실험에 의하면 경쟁은 우리를 자극하여 더 좋은 일을 하게 만든다. 이런 자극이 있을 때 업무 수행 정도는 높아진다. 우리는 혼자서 하는 과제를 부여받았을 때는, 경쟁자가 있는 상태에서 과제를 수행할 때보다 기록이 저조하다.

그러나 일본에서 심리 실험은 정반대의 결과를 보여 준다. 특히 아동기가 끝난 직후에 그런 결과가 더욱 두드러진다. 일본 아동들은 경쟁에 대하여 적극적이고 그 결과를 걱정하지 않기 때문이다. 그러나 청년이나 성인의 경우, 경쟁이 있으면 업무 수행 정도는 악화되었다. 혼자 있을 때 실수도 적고 속도도 빨라서 좋은 진전을 보였던 피실험자들은, 경쟁을 도입하자 실수를 하기 시작했고 속도도 느려졌다. 그들은 자기 자신의 기록과 싸울 때는 업무 수행 능력이 향상되었으나, 다른 경쟁자들과 함께 일해야 하게 되었을 때는 그렇지 않았다. 일본인 실험자들은 경쟁 상황에서 신통치 못한 기록이 나오는 이유를 옳게 분석했다. 그들은 이렇게 말했다. 피실험자들이 경쟁 상태에 돌입하면 주로 자신이 패배할지 모른다는 위험에 신경을 썼고 그러다 보니 업무 수행 능력이 떨어졌다. 그들은 경쟁을 하나의 공격적 행위를 인식하여 그 공격자와의 관계에 너무 신경을 쓰다 보니 막상 눈앞의 일에 대해서는 집중하지 못했다.[1]

이 실험에 참가한 학생들은 실패에 따른 수치감에 가장 큰 영향을 받았다. 직업적 이름의 기리를 지켜야 하는 교사나 사업가와 마찬가지로, 피실험자는 학생이라는 이름의 기리를 크게 의식했다. 경쟁적 게임에서 패배한 학생팀들은 심각할 정도로 실패의 수치감에 내몰렸다. 보트 선수들은 노를 내려놓고 보트 안에서 몸을 내던지고 엉엉 울며 슬퍼했다. 패배한 야구팀들은 얼싸안고 한 덩어리가 되어 큰 소리를 울었다. 미국에서 이런 모습을 보았다면 그들이 패배의 상황에서 의연하지 못하다고 말했을 것이다. 우리는 패배한 팀이 예의상 더 기량이 나은 팀이 이겼다고 말하기를 기대한다. 패자는 승자와 악수를 나누는 것이 올바른 태도이다. 아무리 패배를 싫어한다고 해도 우리는 패배한 사실 때문에 정서적 위기를 겪는 사람들을 경멸한다.

일본인은 직접적 경쟁을 회피하는 방식을 아주 창의적으로 고안해냈다. 일본의 초등학교는 미국인이 가능하다고 생각하는 것 이상으로 경쟁을 최소화했다. 교사들은 아이들에게 그들의 성적을 올리라고 말할 뿐 다른 아동들과 비교해서는 안 된다는 지시를 받는다. 초등학교에서 아이들을 유급시키는 일은 없으며, 함께 초등학교에 입학한 아이들은 함께 초등학교 과정을 마친다. 초등학교의 성적표는 품행에 대한 등급을 매길 뿐 학업 성적에 대해서는 등급을 매기지 않는다. 중학교 입학 등 정말로 경쟁이 불가피한 상황이 되면 아이들이 느끼는 긴장감은 매우 크다. 교사들

---

1 개요에 대해서는 다음 자료를 볼 것. *The Japanese: Character and Morale*(등사판). Ladislas Farago가 Committee for National Morale(9 East 89th Street, New York City 소재)을 위해 작성.

은 가르친 제자들 중 입학시험에 실패하여 자살한 아이들의 사례를 갖고 있다.

직접 경쟁을 최소화하려는 노력은 일본인의 생활 구석구석에서 발견된다. '온'에 바탕을 두고 있는 윤리 체계에는 경쟁이 들어설 자리가 없는 반면에, 미국인은 동료들과 경쟁함으로써 효과를 높일 수 있다면서 적극 권장한다. 가족 제도 또한 경쟁을 최소화하는 경향이 있는데 가령 아버지와 아들이 서로 경쟁을 한다는 것은 생각하기 어렵다. 하지만 미국에서는 그런 경쟁이 벌어진다. 일본의 부자는 서로 거부하는 것은 가능하지만 경쟁은 하지 않는다. 일본인은 미국의 가정에서 아버지와 아들이 집안의 차를 사용하는 문제 혹은 어머니-아내의 관심을 두고서 서로 경쟁하는 것을 보고서 놀랍다고 말한다.

일본 어디에서나 널리 사용하는 중개인 제도는, 서로 경쟁하는 두 사람의 직접적인 대면을 피하기 위하여 일본인이 고안해낸 특징적인 방법이다. 중개인은 일본인이 기대에 미흡하여 수치를 느낄 수 있는 상황에서 등장한다. 가령 결혼 협상, 취직 요청, 이직 허가, 기타 무수한 일상적인 문제 등에서 등장하여 양쪽의 체면을 살려가며 일을 성사시키는 것이다. 이 중개인은 양측에 보고를 하며, 특히 결혼 같은 중대한 문제일 경우에는 양측에서 각자 중개인을 고용한다. 그런 이 두 중개인이 서로 만나서 자세한 사항을 협상하고 그 결과를 각자 대변하는 측에다 보고한다. 이런 식으로 중개인을 통하여 일을 처리함으로써, 양측의 당사자들은 그들이 직접 협상을 했더라면 직면해야 하는 요구와 비난을 피할 수 있고, 또 그로 인해 얼굴 붉히는 일도 없게 되는 것이다. 중개인도 이런 공식적인 자격으로 행동하여 신망을 얻고 성공적으로 양측을 타협시켜서 공동체의 존경을 받게 된다. 중개인들은 원활한 협상에 그들의 체면이 달려 있으므로 평화적으로 일이 주선될 가능성은 그만큼 더 높아진다. 중개인은 이와 같은 방법으로 취직자리를 알아보는 사람을 위해 고용주의 의사를 알아보고, 또 회사 직원의 퇴직 의사를 사장에게 전달하는 역할도 맡는다.

수치를 피하기 위한 예법

이름에 대한 기리를 위태롭게 할 수도 있는 수치스러운 상황을 미리 제거하기 위하여 온갖 종류의 에티켓이 잘 조직되어 있다. 이런 식으로 최소화시키는 수치스러운 상황들은 단지 직접적인 경쟁에만 국한되는 것이 아니라 그보다 더 넓은 범위로까지 확대된다. 일본인은 주인이라면 적절한 환영 예절과 훌륭한 옷을 갖춰 입고 손님을 맞아야 한다고 생각한다. 그래서 집주인 농민이 집에서 작업복을 입고 있다면 방문객은 좀 기다릴 생각을 해야 한다. 반면에 농민은 알맞은 옷을 갖춰 입고 예의를 갖추기 전까지는 그 손님을 모른 체한다. 손님이 기다리고 있는 방안에서 주인이 옷을 갈아입는다 해도 그것은 문제가 되지 않는다. 주인이 적절한 옷을 차려입고 나오기 전까지 손님은 거기에 존재하지 않는 것으로 생각된다.

농촌 지역에서 처녀의 가족이 모두 잠들고 그녀도 잠자리에 들었는데 총각이 방문하는 경우가 있다. 처녀는 총각의 접근을 받아들일 수 있고 반대로 거절할 수도 있다. 이때 총각은 얼굴을 수건으로 가리는데, 만약 거절을 당할 경우에 그 다음날 수치심을 느끼지 않기 위해서이다. 그 수건은 처녀로 하여금 총각이 누군지 알아보지 못하게 하려는 것이 아니다. 그것은 일종의 눈 가리고 아웅 하는 수법으로, 총각 자신이 거절당한 사실을 인정하지 않으려는 속셈인 것이다.

또한 에티켓은 어떤 계획이 성공할 게 확실하기 전에는 가능한 한 그것을 노출시키지 않기 위해 필요한 것이기도 하다. 결혼 중매인의 임무는 장래 신랑과 신부를 대면시키는 것이며, 그것을 우연한 만남으로 꾸미기 위해 모든 수단이 강구된다. 이런 만남의 목적이 이 단계에서 노골적으로 공언되면, 추후 협상이 깨어질 때 어느 한쪽 집안 혹은 양가의 명예에 손상이 갈 수도 있기 때문이다. 젊은 남녀는 각자의 부모가 데리고 나오고 중매인은 주최의 역할을 해야 하기 때문에, '우연한 만남을 가장하기 위하여' 연례행사인 국화전시회나 벚꽃놀이, 혹은 잘 알려진 공원이나 오락장 등이 만남의 장소로 선택된다.

이런 방식과 기타 여러 방식들을 동원하여 일본인은 수치스러운 실패를 직접 겪게 되는 상황을 피한다. 그들은 모욕을 당할 경우 이름을 깨끗이 해야 하는 의무에 대해서는 크게 강조하지만, 실제로는 모욕을 느낄 만한 상황을 가능한 한 적게 만들려고 사건들을 미리 조정하는 것이다. 이것은 일본만큼이나 그들의 이름을 깨끗이 하는 것을 중시하는 태평양의 여러 부족들과는 극명한 대조를 이룬다.

뉴기니와 멜라네시아의 원시 농경 부족들 사이에서, 부족이나 개인이 행동을 일으키게 되는 주된 원인은 분노를 느끼게 만드는 모욕이다. 어떤 마을이 부족의 축제를 거행하려고 하면 먼저 상대방에게 모욕을 느끼도록 만든다. 가령 이런 식으로 말한다. 상대방 마을은 너무 가난하여 열 명의 손님도 먹일 수가 없다. 그들은 너무나 가난하여 타로(토란)와 코코넛(야자열매)을 숨긴다. 그 마을의 지도자들은 너무나 멍청하여, 설사 그런 마음이 있다 하더라도 축제를 조직하지 못한다. 그러면 도전을 받은 마을은 모든 손님들에게 지나칠 정도의 환대와 과시를 해보이면서 그들의 이름을 깨끗이 한다. 결혼 주선과 금전 거래도 이런 식으로 진행된다. 부족들은 전쟁을 하게 되면 양측이 지독한 모욕을 서로 주고받은 후에 비로소 활에다 화살을 건다. 그들은 사소할 일도 마치 목숨을 걸어야 하는 싸움처럼 다룬다. 모욕은 행동을 일으키는 커다란 동기유발이고 이런 부족들은 때때로 엄청난 활력을 발휘한다. 그러나 누구도 그들을 가리켜 예의바른 부족이라고 하지 않았다.

반면에 일본인은 예의바름의 표본이고. 이런 탁월한 예의바름은 그들이 오명을 씻어야 하는 상황을 만들어내지 않으려고 얼마나 지독하게 애를 쓰고 있는지를 보여 주는 좋은 척도이다. 일본인도 모욕이 일으키는 분노가 성취를 가져오는 소중한 자극이라고 여기지만 그런 분노를 일으키는 상황을 가능한 한 제한하려고 한다. 그런 상황은 아주 특별한 경우이거나 모욕을 사전에 제거하려는 전통적 장치가 작동하지 않을 때에만 벌어져야 하는 것이다. 물론 이런 자극(분노를 일으키는 모욕)을 적절히 활용하여 일본은 극동에서 주도적 지위에 오를 수 있었고, 또 지난 10년 동안 영국과 미국에 대항하는 전쟁 정책을 수립할 수 있었다.

서양에서 나온 많은 일본인론은 일본이 모욕에 대해서 지나치게 민감하고, 또 그 모욕을 복수하고 싶어 하는 열망이 너무 강하다는 것을 지적해 왔다. 하지만 이런 분석은 일본인에게보다는 뉴기니의 모욕을 적극 활용하는 부족들에게 더 들어맞는 것이다. 이 때문에 패전 후의 일본인 반응을 점치는 많은 서방의 예측들은 과녁을 정확하게 맞히지 못하게 되었다. 왜냐하면 그 예측들은 일본인이 이름에 대한 기리를 중시하기는 하지만, 그에 맞추어 행동에 나서야 하는 상황을 특별히 제한하고 있다는 걸 감안하지 못했기 때문이다.

사소한 언사와 불성실

미국인은 일본인의 공손한 태도를 보고서 그들이 모욕을 대수롭지 않게 여긴다고 생각해서는 안 된다. 미국인들은 개인적 얘기를 아주 가볍게 털어놓는다. 그것은 일종의 게임이다. 그래서 미국인은 일본에서 가벼운 말도 엄청나게 심각하게 받아들이는 것을 잘 이해하지 못한다.

일본인 예술가인 마키노 요시오(牧野義雄, 1870~1956)는 그 자신이 영어로 써서 미국에서 발간한 자서전에서, 비웃음에 반응하는 일본인의 전형적인 태도를 아주 생생하게 보여 주고 있다. 이 자서전을 썼을 때 그는 이미 미국과 유럽에서 성년기의 대부분을 보낸 후였다. 그렇지만 그는 시골 지방인 아이치현(愛知縣)에 있는 고향 마을에서 아직도 살고 있는 것처럼 생생하게 그것(비웃음)을 느꼈다. 그는 사회적으로 지위가 높은 지주 가문의 막내로 태어났고 멋진 집에서 부모의 극진한 사랑을 받으며 성장했다. 유년 시절이 끝나갈 무렵 그의 어머니는 사망했고, 그 직후 아버지는 파산하여 빚을 갚기 위해 전 재산을 처분했다.

집안은 풍비박산이 났고 마키노는 단돈 한 푼도 없어서 그의 야망을 실현시키기가 어려웠다. 그런 야망들 중 하나는 영어를 배우는 것이었다. 그는 고향 마을 인근의 미션스쿨을 찾아갔고 영어를 배우기 위해 그 학교에 사환으로 취직했다. 열여덟 살이 되었을 때 그는 고향의 여러 마을을 전전했으나 그래도 미국으로 건너가겠다는 결심을 했다.

나는 다른 선교사들보다 좀 더 신임했던 한 선교사를 찾아갔다. 나는 그가 내게 어떤 유익한 정보를 주지 않을까 생각하여 그에게 미국으로 건너가고 싶다는 내 뜻을 말했다. 하지만 아주 실망스럽게도 그는 이렇게 소리쳤다. '뭐라고, **네가** 미국으로 가겠다고?' 그의 아내도 같은 방에 있었고 그들 두 사람은 나를 **비웃었다!** 그 순간 나는 내 머릿속의 피가 모두 내 발바닥으로 흘러내리는 느낌이 들었다! 나는 몇 초 동안 아무 말도 하지 못하고 그 자리에 서 있었다. 이어 '안녕히 계세요'라는 말도 하지 않고 내 방으로 돌아와 혼자 중얼거렸다. '모든 것이 끝나버렸구나.'

그 다음날 아침 나는 달아났다. 나는 이제 그 이유를 밝히고자 한다. 나는 이 세상에서 **불성실**이 가장 큰 죄악이라고 생각한다. 그리고 남을 비웃는 것보다 더 불성실한 일은 없다!

나는 다른 사람의 분노는 용서한다. 때때로 화를 내는 것은 사람의 본성이기 때문이다. 나는 어떤 사람이 내게 거짓말을 해도 대체로 그것을 용서한다. 인간의 본성은 아주 약하고 때때로 어려운 상황을 꿋꿋이 버티면서 진실을 말하는 평정심이 부족할 때가 있기 때문이다. 나는 어떤 사람이 나를 비방하는 근거 없는 소문이나 가십을 얘기해도 또한 용서한다. 남들이 그런 식으로 얘기를 몰아가면 손쉽게 그렇게 말하게 되기 때문이다.

나는 살인자들도 그들이 처한 상황에 따라서 용서할 수 있으리라 생각한다. 그러나 비웃음에 대해서는 용납할 수 없다. 왜냐하면 의도적인 불성실이 뒤따르지 않는 상태에서 무고한 사람을 비웃을 수는 없기 때문이다.

나는 다음 두 단어의 정의를 이렇게 규정한다. 살인자: 인간의 **육신**을 죽인 사람. 비웃는 자: 인간의 **영혼**과 **마음**을 죽인 자.

영혼과 마음은 육신보다 훨씬 더 소중한 것이고 그래서 비웃는 것은 최악의 범죄이다. 실제로 그 선교사와 아내는 내 **영혼**과 **마음**을 죽이려 했고, 그래서 나는 가슴에 심한 고통을 느꼈다. 그리하여 '왜 당신이?' 하고 외치게 되었다.[2]

그 다음날 아침 그는 손수건에다 전 재산을 꽁꽁 묶고서 그 학교를 떠났다.

그는 '암살을 당했다'고 느꼈다. 선교사가 돈 한 푼 없는 시골 소년이 미

---

2 Yoshio Markino, *When I was a Child*, 1912, pp. 159~160. 인용문 중 볼드체는 저자의 표시.

국으로 가서 예술가가 되겠다고 하는 소리를 듣고서 의아한 태도를 취했다고 말이다. 그가 자신의 목적을 달성할 때까지 그의 이름은 먹칠을 당한 상태가 될 것이었다. 선교사에게 '비웃음'을 당한 이후에 그는 그 학교를 떠나 미국으로 건너감으로써 자신의 능력을 증명하는 것 이외에는 대안이 없었다. 그러나 이 영어로 된 자서전을 읽는 미국인은 그가 선교사를 '불성실'하다고 비난하는 것을 다소 기이하다고 생각한다. 미국인 선교사가 탄식한 것은 미국인이 볼 때 미국식으로 '성실'한 것이었다. 하지만 마키노는 일본식 의미로 그 단어를 사용한 것이다. 일본인은 상대방을 공격할 의도가 아니면서도 상대방을 업신여기는 사람은 성실하지 못하다고 비난하는 것이다. 선교사의 조롱은 방자한 것이고 따라서 '불성실'이 되는 것이다.

"나는 살인자들도 그들이 처한 상황에 따라서 용서할 수 있으리라 생각한다. 그러나 비웃음에 대해서는 용납할 수 없다." 이 인용문에서 볼 때 '용서'하는 것은 적절치 않으므로, 그런 모욕에 대한 반응으로 복수를 생각하게 되는 것이다. 마키노는 미국에 건너감으로써 그의 이름을 깨끗이 했다. 그러나 일본의 전통에서, 모욕이나 패배를 당한 상황에서는 복수가 '미덕'으로 간주된다. 서구의 독자를 위해 책을 쓰는 일본인들은 복수에 관한 일본인의 태도를 보여 주기 위해 생생한 비유법을 사용한다. 일본의 박애사상가 **니토베 이나조**는 1900년에 쓴 글에서 이렇게 말한다. "복수에는 정의감을 만족시키는 요소가 있다. 우리의 복수 의식은 수학의 능력만큼 정확하여, 방정식의 양변이 충족되지 않으면 우리는 뭔가 제대로 하지 않았다는 느낌을 떨칠 수가 없다."[3] 오카쿠라 요시사부로(岡倉由三郎, 1868~1936. 릿쿄 대학 교수를 지낸 영어학자)는 『일본의 생활과 사상』이라는 책에

---

3 Inazo Niobe, *Bushido: The Soul of Japan*, 1900, p. 83.

서 일본인의 관습을 하나의 비유를 써서 설명하고 있다.

　일본인의 정신적 특수성 중 많은 것들이 깨끗함을 좋아하고 깨끗
함과 상호보완 관계에 있는 지저분함을 싫어한다는 데서 그 기원을
찾아볼 수 있다. 이것은 이렇게 될 수밖에 없다. 우리는 가족의 명예
든 국가의 자부심이든 거기에 가해진 모욕을 씻어내기라는 설욕을
통하여 완전히 제거해 버리지 않으면 안 된다. 그렇게 하지 않으면
많은 지저분함이나 상처가 다시 깨끗해지거나 치유되지 못한다고 보
는 것이다. 그러니 일본의 공적, 사적 생활에서 자주 만나게 되는 복
수극의 사례들을 일종의 아침 목욕 — 청결을 너무 좋아하여 하나의
열정이 되어 버린 일본인들이 매일 아침 하는 것 — 이라고 보아도 무
방하다.[4]

　오카쿠라는 이어서 이렇게 말한다. "이렇게 하여 일본인은 만개한 벚꽃
처럼 평온하고 아름답게 보이는 깨끗하고 오염되지 않은 생활을 한다."
이 '아침 목욕'은 달리 말하면 남들이 나에게 던진 오물을 씻어내는 것이
며, 그 오물이 몸에 붙어 있는 한 나는 덕성스러운 사람이 되지 못하는 것
이다. 일본에는 다음과 같이 가르치는 윤리가 없다. 즉, 어떤 사람은 자신
이 모욕당했다고 생각하지 않는 한 모욕을 당할 수가 없으며, 어떤 사람
을 더럽힐 수 있는 것은 그에게 말해지거나 행해지는 것이 아니라, '그에
게서 나오는 것'이라고 가르치지 않는 것이다.
　(저자는 여기서 기독교 윤리와 일본 특유의 윤리를 상호 비교하고 있다. 위에서 말하는 '다음
과 같이 가르치는 윤리'는 곧 기독교 윤리이다. 특히 '그에게서 나오는 것'은 마태복음 15장 10절

---

4 Yoshisaburo Okakura, *The Life and Thought of Japan*, London, 1913, p. 17.

에서 인용된 것으로 그 내용은 이러하다. "무리를 불러 이르시되 듣고 깨달으라. 입으로 들어가는 것이 사람을 더럽게 하는 것이 아니라 입에서 나오는 그것이 사람을 더럽게 하는 것이니라." 모욕을 당하고 말고는 당사자 개인이 어떻게 생각하느냐가 중요한 것이지, 남의 시선, 발언, 행동 등이 중요한 것이 아니라는 뜻이다. 그런데 일본인은 이 남의 시선, 발언, 행동에 너무 민감하여 그에 대한 복수에 나서고 그것을 미덕의 수준으로까지 높였다고 지적한 것이다. 이것을 저자는 11장 끝부분에서 서구의 죄의식 문화와 일본의 수치 문화로 서로 대비시키고 있다. 미국인이 죄의식을 느끼는 것은 개인의 주관적 생각(양심적 판단)에 따르는 것이고, 일본인은 남의 시선을 지나치게 의식하는 나머지 수치를 느끼게 된다는 것이다. 작품 해설 중 "수치 문화, 정신 경제, 국화와 칼" 참조.-옮긴이)

일본 복수극의 여러 사례들

일본의 전통은 대중들 앞에서 이런 '아침 목욕' 같은 복수의 이상(理想)을 꾸준히 칭송해 왔다. 무수한 사건들과 영웅담이 일본인들에게 잘 알려져 있다. 특히 그 중에서 가장 인기 높은 것은 역사 영웅담인 『47 로닌 이야기』(일본어 제목은 『주신구라(忠臣藏)』지만 여기서는 원서의 번역된 제목을 따름.-옮긴이)이다. 이런 영웅담은 각급 학교 교과서에도 실려 있고, 연극으로 상연되며, 현대 영화로도 각색되고, 각종 인기 간행물에도 게재된다. 영웅담은 현대 일본의 살아 있는 문화 중 일부이다.

이런 얘기들 중 많은 것이 우연한 실수에 대하여 지나치게 민감하게 반응하는 태도를 다루고 있다. 가령 한 다이묘가 세 명의 가신을 불러놓고 어떤 멋진 칼의 제작자 이름을 말해 보라고 한다. 세 사람은 서로 의견이 달랐고, 그리하여 전문가들을 초빙하여 감정을 해본 결과, 나고야 산자(名古屋山三, 1572~1603)만이 그 칼이 무라마사(村正)가 제작한 것이라고 옳게 맞추었음이 밝혀진다. 그러나 자신들이 틀렸다는 것을 공개적으로 지적당한 나머지 두 가신은 그것을 모욕으로 여겨 산자를 죽이러 나선다. 두 가신 중 하나가 잠들어 있는 산자를 찾아가서 산자의 칼로 그를 찔렀다. 그러나 산자는 겨우 목숨을 건졌다. 그러자 산자를 찔렀던 가신은 반드시 복수하고 말겠다고 생각한다. 그 가신은 마침내 산자를 죽이는 데 성공하여 그의 이름에 대한 기리를 지켰다.

다른 영웅담은 자신의 영주에 대해서도 때로는 설욕할 필요가 있다고 주장하는 내용이다. 일본의 윤리에서 기리는 두 가지 정반대의 것을 동일한 미덕으로 여긴다. 어떤 가신이 자신의 영주에 대하여 죽을 때까지 충성하는 것도 미덕이고, 그 자신이 영주로부터 모욕을 당했다고 생각하면 태도를 180도 전환하여 그 영주에게 엄청난 적개심을 품는 것도 미덕이다.

이에 대한 좋은 사례가 도쿠가와 막부의 초대 쇼군인 이에야스에 대한 이야기들에서 나온다. 이에야스는 수하의 한 가신에게 이런 말을 했다고 한다. "그자는 목에 생선가시가 박혀서 죽을 놈이야." 그 가신이 품위 없는 방식으로 죽으리라는 비난은 결코 참을 수 없는 것이었고, 그래서 가신은 죽든 살든 이 모욕은 결코 잊어버리지 않겠다고 맹세했다. 이에야스는 그 당시 새 수도인 에도(도쿄)에 자리 잡고서 전국을 통일하려고 애쓰고 있었고, 아직 적들로부터 100퍼센트 안전하게 된 상태는 아니었다. 모욕을 당한 가신은 적대적인 영주들에게 접근하여 성내에서 에도에 불을 질러 완전 초토화시키자고 제안했다.

서구인들이 일본인의 충성심을 다룬 대부분의 논의는 아주 비현실적이다. 그 이유는 그들이 기리를 충성심과 같은 것으로 보았기 때문이다. 하지만 기리는 상황에 따라서 배신을 요구하는 미덕인 것이다. 그래서 일본인은 이렇게 말한다. "매를 맞은 사람은 보복한다." 모욕을 당한 사람도 마찬가지로 보복한다는 것이다.

역사적 영웅담에서 가져온 두 가지 주제는, 첫째 자기는 틀리고 옳게 대담한 상대방(나고야 산자)일지라도 모욕을 느꼈으면 복수해야 하는 것이고, 둘째 모욕은 어디서 온 것이든(설사 영주에게 당한 것이든) 반드시 보복해야 한다는 것이다. 이 두 주제는 잘 알려진 일본 문학에서 흔하게 발견되는 것이며 다양한 변주곡들이 있다. 그러나 일본의 과거 전통에서 아무리 복수극을 높이 평가한다고 해서, 현대 일본도 그렇다는 얘기는 아니다. 현대 일본에서 나온 실제 사례, 장편소설, 각종 사건들을 검토해 보면 복수는 서구의 여러 나라만큼이나 드물고 심지어 더 드물지도 모른다.

이렇게 말한다고 해서 일본인의 명예 강박증이 한결 완화되었다는 얘기는 아니다. 그보다는 실수와 모욕에 대한 반응이 공격적인 행동보다는 방어적인 행동으로 옮겨가고 있는 것이다. 일본인은 전과 마찬가지로 수치를 심각하게 생각하지만 그런 수치가 싸움을 일으키는 것이 아니라 점점 더 일본인 자신의 에너지를 마비시키는 것이다. 무법적인 메이지 이전 시대에는 직접적인 복수의 공격이 가능했다. 그러나 현대 일본은 치안이 유지되고 상호의존적인 경제를 운영하고 있기 때문에 그런 공격적 복수는 어려워졌고, 그 대신에 복수는 지하로 잠수를 하거나 당사자의 내면을 공격하는 형태(예를 들면 자살.-옮긴이)를 띠게 되었다.

지하로 잠수를 하는 남자는 은밀한 복수를 한다. 그는 악감정을 느끼는 상대방에 대하여, 자신이 공개적으로 발설하지 않은 장난을 치는 것이다. 가령 이런 식이다. 옛이야기에, 악감정을 느끼는 상대방을 집에 초대해 놓고 그 손님에게 못된 짓을 한 주인이 등장한다. 그 주인은 손님에게 맛있는 음식을 접대하는데 실은 그 음식에다 약간의 똥을 몰래 섞어 넣었다. 그리고는 손님이 그걸 눈치 챘는지 은밀하게 살피기만 할 뿐 그 사실을 발설하지는 않는다. 손님은 그 사실을 눈치 채지 못한다.

그러나 오늘날의 일본에서는 이런 종류의 은밀한 공격보다는 그런 복수심을 가지고 자기 자신의 내면을 공격하는 경우(가령, '그런 모욕을 당하다니

너 같이 한심한 놈은 죽어도 싸다'와 같은 심리 상태.-옮긴이)가 훨씬 더 많다. 자기 내면을 공격하는 데에는 두 가지 선택 사항이 있다. 하나는 그런 자극을 계기로 자기 자신이 '불가능한 것'을 감내하도록 닦달하는 것이고, 다른 하나는 그런 자극이 자신의 심장을 다 파먹도록 내버려두는 것이다.

(위의 문장 중 '불가능한 것'은 1945년 8월 15일 일본 천황이 무조건 항복의 칙령을 반포하면서 나온 '불가능한 것'을 견디고 '참을 수 없는 것'을 참아야 한다는 문장에서 인용한 것이다. 저자는 1946년 당시 일본인이 맥아더 점령 사령부에 복종하는 것은 그들의 복수심이 내향(內向: 안으로 향함)하여 수동적인 것으로 바뀌었으나, 은밀한 복수심을 갖고 있다는 것을 암시하고 있다. '자신의 심장을 다 파먹도록 내버려둔다.'는 것은 결국 자살로 나아가게 된다는 뜻이다.-옮긴이)

일본인의 권태와 서구인의 권태

———

일본인은 실수, 모욕, 거절에 대하여 이처럼 민감하게 반응하기 때문에, 남들을 괴롭히기보다는 자기 자신을 괴롭히는 것이 훨씬 더 쉬워진다. 일본의 장편소설들은 거듭하여 우울증과 분노의 폭발이 번갈아 뒤따르는 막다른 골목을 묘사한다. 교육받은 일본인들은 지난 수십 년 동안 이런 감정의 교차에 몰두해 왔다. 일본 소설의 주인공들은 권태를 느낀다. 일상생활, 가족, 도시, 그리고 농촌 등에 대하여 권태를 느낀다. 그러나 그것은 그들의 마음에 그려진 목표에 비하면 일체의 노력이 시시하게 보이는, 별을 따오려는 노력에 따른 권태가 아니다. 현실과 이상이 서로 대비되는 데서 나오는 권태도 아니다.

그러나 일본인은 원대한 목표의 비전을 획득하게 되면 권태를 내던지게 된다. 그 목표가 아무리 먼 곳에 떨어져 있더라도 그들은 권태를 100퍼센트, 아주 완벽하게 잃어버린다. 이런 목표가 없는 상태에서 일본인이 느끼는 특별한 종류의 권태는 지나치게 민감한 사람들의 병증(病症) 같은 것이다. 일본인은 남들에게서 거부당하는 것을 두려워하여 그 공포심을 가지고 자신의 내면을 공격하고, 그리하여 난처한 입장에 빠진다. 일본 장편소설에 묘사된 권태는 우리가 러시아 장편소설을 읽을 때 익숙하게 발견할 수 있는 권태와는 심리적 상태가 아주 다른 권태다. 러시아 소설들의 주인공이 권태를 느끼게 되는 것은 실제 세상과 이상적 세상의 모습이 너무나 다르기 때문이다.

조지 **샌섬** 경은 일본인에게는 이런 현실과 이상을 대비시키는 의식이 결여되어 있다고 말했다. 샌섬 경은 이런 의식의 결여가 일본적 권태의 밑바탕을 이루는 방식을 말한 것이 아니라, 일본인이 생활 철학과 인생에 대한 전반적 태도를 형성하는 데 그것(현실과 이상을 대비시키는 의식의 결여)이 어떻게 작용하는지를 지적하고 있다. 서양의 기본적 사상과 일본적 사상의 대비는 지금 여기서 논의하고 있는 특정 사안(복수에 대한 공격성이 일본인의 내면을 향하는 경향.-옮긴이)의 범위를 훨씬 넘어서는 것이다. 아무튼 이런 일본인의 인생 철학은 그들을 괴롭히는 우울증과 특별한 관계가 있다.

일본은 러시아와 함께 장편소설 속에서 권태를 다루는 국가 1, 2위를 다툰다. 이것은 미국과는 좋은 대조를 이룬다. 미국의 장편소설들은 권태라는 주제를 별로 다루지 않는다. 미국 소설가들은 작품 속 등장인물들의 비참한 상태에 대하여 그들의 성격 탓으로 돌리거나 잔인한 세상의 거친 시련 탓으로 돌린다. 막연한 심적 불안에서 나오는 권태를 다루는 경우는 거의 없다. 개인의 사회 부적응은 반드시 원인이나 배경이 있는 것이다. 그리하여 미국 소설가들은 독자로 하여금 주인공의 성격적 결함을 도덕적으로 질책하거나 사회제도의 사악함을 비난하도록 유도한다.

일본에도 물론 프롤레타리아 소설이 있어서 도시의 비참한 경제 상태나 고기잡이를 나간 배 위에서 벌어지는 무서운 사건들을 다루고 있다.

그러나 일본의 성격 소설이 폭로하는 세계는 애매모호하다. 한 저자가 말하듯이, 그 세계에서 등장인물들에게 찾아오는 정서는 공중을 떠도는 독가스처럼 스며드는 것이다. 등장인물도 소설가도 그런 우울한 심리 상태를 설명하기 위해 주변 상황이나 주인공의 인생사를 분석하는 것을 불필요하게 여긴다. 그런 심리상태는 건듯 왔다가 건듯 가버린다. 사람들은 아주 취약하다. 그들은 과거의 영웅들이 적들에게 퍼부었던 공격성을, 그들의 내면에다 퍼붓는다. 그들의 우울증은 그들이 보기에 아무런 구체적 원인이 없는 듯하다. 그들은 어떤 우연한 사건을 그 원인으로 파악하는데, 그 사건은 상징에 지나지 않는다는 인상을 주어 기이한 느낌이 드는 것이다.

자살: 자기 자신을 향한 공격성

현대 일본인이 자기 자신을 향해 저지르는 가장 공격적인 행동은 자살이다. 그들의 생활 철학에 의하면, 자살은 적절히 수행된다면 당사자의 오명을 벗겨 주고 그의 기억을 되살려 준다. 미국인은 자살을 절망에 굴복한 비참한 행위라고 비난한다. 그러나 일본인은 자살을 명예롭고 의미 있는 행동으로 평가한다. 어떤 경우에는 자신의 이름에 대한 기리를 지킬 수 있는 가장 명예로운 행동이 되기도 한다. 부채를 갚지 못한 섣달그믐의 채무자, 어떤 불행한 사건에 책임감을 느낀다고 시인하고 자살한 공무원, 가망 없는 사랑을 동반 자살로 결말지은 남녀, 중국과의 전쟁을 지연시킨 정부에 항의하는 애국자 등은, 입학시험에 실패한 학생 혹은 포로로 잡히려는 것을 피하려는 군인 등과 마찬가지로 그들 자신을 향하여 최후의 일격을 가한다.

몇몇 일본인 당국자들은 이런 자살 경향이 일본에서는 새로운 현상이라고 말한다. 이에 대한 판단을 내리기는 쉽지 않으며, 통계 수치는 최근의 관찰자들이 종종 자살의 빈도를 과장했음을 보여 준다. 지난 세기에 인구 비례로 볼 때 덴마크가 일본보다 더 자살자가 많았고, 또 금세기에 들어와서는 나치 집권 이전의 독일에서 일본보다 자살자가 많았다. 그러나 일본인이 자살이라는 주제를 좋아한다는 점만큼은 분명하다. 미국인이 범죄 사건을 잘 활용하는 것처럼, 일본인은 자살 주제를 잘 다루며, 그것에서 대리 만족을 느낀다. 일본인은 남들을 살해하는 것보다 자기 자신을 파괴하는 사건을 깊이 명상하기를 좋아한다. 앨리스 베이컨(Alice Bacon)의 말에 따르면 그들은 자살 사건을 그들의 '악명 높은 사례'로 만든다. 그것은 다른 행동들을 생각할 때는 충족시킬 수 없는 욕구를 채워 준다.(앨리스 베이컨은 12장에서 인용된 『일본의 여성과 소녀들』이라는 책을 쓴 미국인 여성.-옮긴이)

자살은 또한 일본 봉건 시대의 역사적 이야기들에 등장한 것보다는 현대 일본에 들어와 훨씬 자학적인 요소가 강하다. 그런 이야기들에서 사무라이는 불명예스러운 처형을 피하기 위하여 정부의 명령에 따라 스스로 목숨을 끊었다. 이것은 서방의 적국 병사가 교수형 대신에 총살형을 원하는 것과 비슷했다. 적의 수중에 포로로 떨어질 경우에 당하게 되는 고문을 모면하기 위해 그런 행동을 취하는 것이다. 전사는 종종 하라키리(腹切り: 할복자살)가 허용되었는데, 불명예를 당한 프로이센 장교가 혼자 은밀하게 권총 자살하는 것을 허용한 것과 비슷했다. 그 장교가 그것 이외에는 명예를 지킬 희망이 없다는 게 분명해지면, 프로이센 당국자는 위스키 한 병과 권총 한 자루를 그 장교의 방안에 갖다 놓는 것이다.

일본 사무라이의 경우, 그런 상황에서 스스로 목숨을 끊는 것은 단지 방법의 선택일 뿐이었다. 그가 자살을 하든 말든 그는 죽어야 하는 것이다. 그러나 현대 일본에서 자살은 죽기 위한 선택이다. 일본인은 다른 사람을 죽이는 것이 아니라 그 자신에게 최후의 일격을 가하는 것이다. 일본 봉건 시대에는 용기와 결단의 선언이었던 자살 행위는 오늘날 스스로 선택한 자기 파괴가 되었다. 지난 두 세대 동안에, 일본인은 '세상이 기울어졌다'고 느낄 때, 다시 말해 방정식의 양변이 공정하지 않다고 느껴서, 오점을 씻어내는 '아침 목욕'이 필요하다고 느낄 때, 점점 더 남이 아니라 자기 자신을 파괴하는 쪽을 선택했다.

자기편에 승리를 가져다주기 위해 선택되는 자살—이것은 일본의 중세나 현대에 똑같이 벌어지지만—또한 이와 똑같은 방향으로 변해 왔다. 도쿠가와 시대의 한 늙은 스승에 대하여 이런 유명한 이야기가 전해진다. 쇼군 정부의 고위직인 그 노인은, 고문관들과 쇼군 섭정이 다 보는 데서 윗도리를 벗어젖히고 칼을 앞으로 내놓으면서 즉각 할복자살하겠다고 위협했다. 노인은 그렇게 해서 자신이 후보로 미는 사람을 쇼군 직에 올리는 데 성공했다. 서양의 관점에서 보자면 이 늙은 고문관은 반대편을 협박한 것이었다. 그러나 현대에 들어와 이런 항의성 자살은 협상의 행동이 아니라 순직의 행위가 되었다. 가령 이미 서명이 끝난 해군군축조약 (1922)을 막지 못했거나, 그 조약에 반대한 사람의 명단에 자신의 이름을 올리지 못했을 때 하는 행위이다. 예전처럼 자살의 위협이 아니라 실제로 자살을 해야만 여론에 영향을 미칠 수 있기 때문에 그런 행동을 하는 것이다.

공격성: 권태로부터의 탈출

자신의 이름에 대한 기리가 위협받을 때 자기 자신을 공격하는 이런 행위는 반드시 자살 같은 극단적 방법만 있는 것은 아니다. 개인의 내부를 향한 공격은 우울증과 무기력을 만들어내는 것으로 그칠 수도 있다. 일본의 지식인 계급 사이에서 아주 흔하게 발견되는 일본적 권태가 바로 그런 우울증과 무기력의 전형이다. 지식인 계급 사이에 이런 우울증이 만연한 데는 분명한 사회학적 이유들이 있었다. 지식 계급은 사람들이 너무 많은데다 사회의 계층제도 내에서 불안정한 위치를 차지했기 때문이다. 그들 중 소수만이 그들의 야망을 성취할 수 있었다. 또 1930년대에 그들은 이중으로 취약한 입장에 있었다. 당국은 그들이 '불온한 생각'을 하는 자들이라고 두려워하면서 계속 의심의 눈초리로 감시했다.

일본의 지식인들은 으레 서구화의 혼란스러운 결과에 대하여 불평을 하면서 그들의 불만을 설명하려 들었다. 하지만 이런 설명은 사태를 본질적으로 설명해 주지 못한다. 일본인의 전형적인 무드 변화는 지독한 권태에 너무나 몰두하기 때문에 나온 것이다. 또한 많은 일본인 지식인들이 겪는 정신적 파탄은 전통적인 일본의 방식을 따른 것이다. 많은 일본인 지식인들이 1930년대 중반에 전통적인 방식을 따라 그 권태로부터 탈출했다. 그들은 민족주의적 목표를 수용하여 자신들의 내부가 아니라 외부를 향하여 공격의 에너지를 전환시켰다. 다른 나라들을 향한 전체주의적 공격에서, 그들은 다시 '그들 자신을 발견했다.' 그들은 나쁜 심적 분위기에서 탈출했고 그들 내부에 거대한 새로운 힘을 발견했다. 그들은 개인적 관계에서 그렇게 할 수가 없지만 정복하는 국가의 일원으로서는 그렇게 할 수 있다고 생각했다.

이제 전쟁의 결과는 그런 자신감(공격성)이 잘못된 것으로 판명되었으니, 일본에서는 무기력이 또다시 거대한 정신적 위협이 되었다. 일본인들은 그들의 의도가 무엇이었든 간에 그런 무기력에 잘 대응하지 못한다. 그것은 아주 깊숙한 부분까지 내려간다. 한 일본인은 도쿄에서 이렇게 말했다. "이제 더 이상 폭탄이 떨어지지 않으니 크게 안심이 됩니다. 그러나 우리는 더 이상 싸우지 않아서 아무런 목적이 없습니다. 모두가 멍한 상태에서 자신이 무엇을 하고 있는지 별로 신경 쓰지 않습니다. 나도 그렇고 내 아내도 그렇고 병원에 있는 사람들도 그렇습니다. 모두가 자기들이 하는 일에 느릿느릿하기만 합니다. 멍한 상태로 말입니다. 사람들은 전쟁이 끝났는데 정부가 전후 처리가 구호 사업이 느리기만 하다고 불평합니다. 그러나 그 이유는 정부 관리들이 우리들과 비슷한 심정이기 때문에 그렇다고 생각합니다.”

이러한 무기력은 일본이 현재 직면하고 있는 위험인데, 나치에서 해방된 후의 프랑스도 그러했다. 하지만 독일은 항복 후 첫 여섯 달 내지 여덟 달 동안에 그런 무기력의 문제가 없었다. 하지만 일본에서는 그것이 문제다. 미국인들은 이런 무기력을 잘 이해하지만, 그런 분위기 속에서 일본인들이 점령자에게 이처럼 다정한 태도를 보이는 것을 거의 믿을 수 없다고 생각한다. 종전 직후에 일본인들은 아주 선선히 패배와 그 결과를 받아들였다. 목례와 미소로 미국인들을 환영했고, 손을 흔들면 환영의 함성을 내질렀다. 일본인들은 심술궂지도 않았고 화를 내지도 않았다. 그들은 천황이 항복 선언에서 말한 대로 ‘불가능한 것’을 받아들였다.

그렇다면 왜 일본인들은 그들의 국가 체제를 정비하지 않는가? 점령 조건에 의하여 일본인들에게는 그렇게 할 수 있는 기회가 부여되었다. 각 마을별로 외국인들이 들어가 점령하지도 않았고 국내 행정 업무는 그들의 손에 맡겨졌다. 하지만 그들은 행정 업무보다는 온 국민이 미소를 짓고 손을 흔들며 환영의 인사를 하고 있는 듯하다. 그런데 이 국민들이 누구인가. 그들은 메이지 시대 초창기에 국가 재건의 기적을 이룩했고, 1930년대에 아주 정력적으로 군사적 점령을 준비했으며, 모든 병사들이 태평양에 흩어진 섬들에서 필사 항전했던 국민들이기도 하다. 그러니 정말로 격세지감을 느끼는 것이다.

그렇다. 그들은 실제로 같은 사람들이다. 그렇지만 일본인다운 특징을 발휘하며 반응하고 있다. 일본인에게 자연스럽게 나타나는 분의기의 변화는 집중적인 노력과 답보하는 무기력 사이의 변화이다. 지금 이 순간 일본인들은 패전 후에 좋은 이름을 유지하는 데 주력하고 있다. 그들은 우호적인 관계를 유지함으로써 이렇게 할 수 있다고 느낀다. 그 논리적 결과로 많은 일본인들이 의존적인 상태가 됨으로써 그런 관계를 가장 안전하게 유지할 수 있다고 느낀다. 따라서 일본인은 이렇게 생각한다. 집중적인 노력은 수상한 것이므로 시간을 끌며 답보하는 것이 더 좋다. 그리하여 무기력이 퍼져나간다.

그러나 일본인은 가만히 있는 상태를 그리 좋아하지 않는다. "무기력으로부터 자기 자신을 일으켜 세우자", "다른 사람들을 무기력에서 일으켜 세우자" 등은 일본에서 더 좋은 생활을 목표로 하여 꾸준히 나오는 구호이다. 이런 구호는 심지어 전쟁 중에도 일본인 방송 캐스터의 입에 종종 오르내린 말이었다. 일본인은 그들 나름의 방식으로 수동적 태도를 극복하려는 캠페인을 벌인다. 1946년 봄의 일본인 신문들은 "세계의 사람들이 우리를 주목하고 있는데 아직 폭격의 잔해도 다 처리하지 못하고 공공사업도 전개하지 못하고 있다."고 하면서 얼마나 창피한 일이냐고 개탄했다. 그 신문들은 밤에 무주택 가족들이 철도역에 모여서 잠을 자고 있는데 미국인들이 그 비참한 모습을 보면 무슨 생각을 하겠냐며 걱정했다. 그들은 장래 다시 하나의 국가로서 국제연합 내에서 존경받는 위치를 차지하기 위해 최대한의 노력을 쏟아 부을 수 있기를 희망한다. 그것은 명예를 얻기 위한 것이며 단지 노력을 기울이는 방향만 새롭게 달라졌을 뿐이다. 장래에 열강들 사이에 평화가 찾아온다면, 일본은 자존심을 회복하는 길로 나아갈 수 있을 것이다.

명예: 일본의 꾸준한 목표

일본의 꾸준한 목표는 명예이다. 남들의 존경을 받는 것이 필요하다. 이런 목적을 달성하기 위해 사용하는 수단은 일종의 도구 같은 것으로서 상황에 따라서 집어들 수도 있고 내려놓을 수도 있다. 상황이 바뀌면 일본인은 그들의 태도를 바꾸어 새로운 노선으로 나아갈 수 있다. 일본인들에게 태도를 바꾸는 것은 서구인들이 생각하는 것만큼 도덕적인 문제가 아니다. 우리 서구인은 이념적인 문제를 확신하므로 '원칙'을 숭상한다. 우리는 전쟁에 졌다고 하더라도 여전히 같은 마음을 가지고 있다. 패배한 유럽인들은 어디에서나 무리를 이루어 지하 운동에 돌입했다.

몇몇 소수의 완강한 일본인들을 제외하고, 일본인들은 미 점령군 당국을 상대로 저항 운동이나 지하 반발 세력을 조직하지 않는다. 그들은 옛 노선을 그대로 지켜야 한다는 도덕적 필요를 느끼지 못한다. 상륙 첫 달부터 미국인은 아주 혼잡한 기차를 타고서 혼자서 일본의 아주 외진 지역까지 안전하게 여행할 수 있었고, 전에 군국주의자였던 관료들로부터 환영을 받았다. 복수극 같은 것은 없었다. 미군 지프차가 마을을 통과하면 연도에는 아이들이 모여 서서 "헬로", "굿바이" 하고 소리쳤고, 어머니는 자기 아이가 너무 작아서 직접 손을 흔들 수 없을 때는 그 아이의 손을 잡고 대신 미군 병사에게 손을 흔들어댔다.

패전 후 일본인들이 보여 준 이런 180도 태도 변화는 미국인으로서는 액면 그대로 받아들이기가 어려운 것이었다. 미국인은 이렇게 하지 못한다. 미군의 포로수용소에 들어온 일본군 포로들이 태도를 바꾼 것보다 더 이해하기 어려운 것이었다. 포로들은 자신들을 일본 본국에 대해서는 죽은 몸이나 다름없다고 생각했고, 우리는 '죽은' 사람이 무슨 능력을 발휘할 수 있는지 모른다고 판단했다. 패전 후에 일본인이 포로들과 마찬가지로 180도 태도 변화를 보일 것이라고 예측한 서방 일본통은 별로 없었다. 그들은 대부분 일본이 '승리 아니면 패배'만 알고 패배는 곧 그들의 눈에 모욕이므로, 지속적으로 절망적인 폭력에 나설 것이라고 믿었다. 어떤 일본통들은 일본의 국민성에 비추어 볼 때 그들은 그 어떤 평화 조건도 받아들이지 않을 거라고 생각했다. 이런 일본 연구자들은 기리를 이해하지 못했다. 그들은 명예를 획득하는 여러 가지 방법 가운데 단 한 가지, 복수와 공격의 전통적인 대응 기술을 선택할 것이라고 내다보았다. 그들은 일본인이 다른 수단을 취하는 관습이 있다는 것을 고려하지 않았다. 그들은 일본의 공격 윤리를 유럽의 그것과 같은 것으로 혼동했다. 유럽의 윤리는 자신의 대의가 영원히 옳다는 것을 확신하고서, 그런 대의가 짓밟힌 데 대하여 증오와 도덕적 분노를 느끼면서 그로부터 저항의 힘을 얻는 것이다.

일본인은 저항의 힘을 다른 방식으로 이끌어낸다. 그들은 세계에서 존중받기를 간절히 원한다. 그들은 강대국이 군사력으로 존중을 받는 것을 목격했고, 그래서 그들과 겨루는 길로 나섰다. 일본은 천연자원이 많지 않고 기술이 원시적이었으므로 교활한 헤롯왕을 능가할 정도로 헤롯왕 질을 해야 되었다. 일본인은 엄청난 노력을 집중시켰음에도 불구하고 전쟁에서 실패하자 공격성은 결국 명예로 인도하는 길이 아님을 깨닫게 되었다. 일본인의 기리는 공격성(폭력)의 사용과 상호의존 관계를 동시에 의미하는 것이다. 패전 후 일본인은 공격성에서 상호의존 관계로 방향을 전환했고 이렇게 하는 데 있어서 그들 자신에게 정신적 폭력을 가했다는 생각은 하지 않았다. 그들의 목표는 여전히 좋은 이름을 유지하는 것이다.

이름 지키기의 역사적 사례들

일본은 과거의 역사에서도 유사한 방식으로 행동했고 그것은 서구인들에게 아주 혼란을 안겨주는 것이었다. 일본이 오랜 쇄국 정책을 철폐하고 커튼을 막 들어 올릴 무렵인 1862년에 리처드슨이라는 영국인이 사쓰마 (薩摩)에서 살해되었다. 사쓰마 번은 백인 야만인들에게 저항하는 동요의 온상이었고, 일본의 모든 지역들 중에서 가장 호전적인 영지였다. 영국은 징벌 함대를 보내서 중요한 사쓰마 항구인 가고시마(鹿兒島)를 포격했다. 일본인들은 도쿠가와 시대 내내 무기를 제조했으나 구식 포르투갈 소총을 모방한 것이었고, 가고시마는 물론 영국 전함의 상대가 되지 못했다. 그러나 이 포격 사건의 결과는 놀라운 것이었다. 사쓰마는 영국에 대하여 영원한 복수를 맹세한 것이 아니라, 영국과의 우호조약을 추구했다.

그들은 상대방의 위대함을 알아보았고 그들로부터 배우려 했다. 그들은 영국과 우호조약을 맺었고 그 다음해에 사쓰마에 대학을 설립했다. 그 당시의 일본인은 이렇게 썼다. "서양 과학과 학문의 위대함을 가르쳤다… 나마무기(生麦) 사건을 계기로 생겨난 우호 정신은 계속 커져 갔다."[5] **나마무기 사건**은 그들에 대한 영국의 징벌 항해와 그들의 항구를 포격한 일을 가리킨다.

이것은 단발 사건으로 끝난 것이 아니다. 가장 호전적이고 외국인들을 극렬하게 배척하면서 사쓰마와 어깨를 나란히 하던 영지는 조슈 번(審)이었다. 두 영지는 황제의 복위를 추진하던 대표적 지도자였다. 공식적으로 실권이 없는 천황의 황궁은 칙령을 내려서 1863년 5월 11일까지 야만인들을 일본 땅에서 모두 몰아내라는 명령을 쇼군에게 내렸다. 쇼군 정부는 그 명령을 무시했으나 조슈 번은 무시하지 않았다. 조슈는 그 지역의 해안을 따라서 시모노세키 해협을 통과하던 서방의 상선들에게 발포했다. 일본의 대포와 탄환은 너무 원시적이어서 그 상선들에 피해를 입히지 못

5 Herbert Norman, *Japan's Emergence as a Modern State*, pp. 44~45, and no. 85.

했다. 그러나 조슈에게 따끔한 맛을 보여 주기 위해 서방의 국제 전함들이 조슈 해안을 다가와 지난번에 발포했던 조슈의 포대들을 모두 파괴했다. 그리고 사쓰마와 똑같이 포격에 따른 기이한 결과가 조슈에서도 발생했다. 서방의 열강들이 300만 달러의 배상금을 요구했는데도 불구하고 조슈는 우호조약을 맺으려 했다. 노먼은 사쓰마와 조슈 사건에 대하여 이렇게 말한다. "두 선도적 반(反)외세 집단의 180도 방향 전환의 복잡한 속내가 무엇이었든 간에, 그런 행동이 증명해 주는 그들의 리얼리즘과 냉정한 태도는 존중할 수밖에 없다."[6]

이런 종류의 상황적 리얼리즘은 일본인의 이름에 대한 기리의 좋은 측면이다. 밤하늘의 달과 같이 기리는 밝은 면과 어두운 면을 가지고 있다. 그 어두운 측면 때문에 일본은 미국의 이민제한법(일본인을 배척한 법)과 해군군축조약을 엄청난 국가적 모욕으로 받아들였고, 이로 인해 처참한 실패로 끝난 전쟁 계획을 수립하게 되었다. 그러나 밝은 측면 덕분에 일본은 1945년의 항복 결과를 선의로 받아들였다. 일본은 여전히 그 특유의 방법으로 행동하고 있다.

무사도와 기리

현대 일본의 저술가와 홍보 담당자들은 기리의 의무 중에서 선택하여 그것을 서구인들에게 부시도(武士道), 즉 '무사의 길'로 소개했다. 이것은 여러 가지 이유로 오해를 불러일으키기 딱 좋다. 부시도는 현대에 들어와 만들어낸 공식적 용어로서, '기리에 내몰려서', '단지 기리 때문에', '기리를 위해서 나서는' 등의 뿌리 깊은 대중적 정서를 그 뒤에 갖추고 있지 않

---

6 *Ibid.*, p. 45.

다. 부시도는 기리의 복잡성과 양가감정을 포섭하지도 못한다. 그것은 홍보 전문가가 생각해낸 개념이다. 게다가 그것은 민족주의자와 군국주의자들이 구호로 삼았기 때문에 그 개념은 그런 지도자들이 실각하면서 폄훼되기에 이르렀다. 이렇게 말한다고 해서 일본인이 더 이상 '기리를 알지' 못한다는 얘기가 아니다. 기리는 전보다 더 중요해졌으므로 서구인들은 일본인의 기리 개념을 반드시 이해해야 한다.

부시도를 사무라이와 동일시하는 것은 오해를 불러일으키는 것이다. 기리는 일본인 모든 계급에게 공통적으로 적용되는 미덕이다. 일본의 다른 모든 의무와 단련들과 마찬가지로 기리는 사회의 사다리를 타고 올라갈수록 '더 무거워지지만' 아무튼 사회의 모든 계급에 필수적으로 요구되는 것이다. 일본인 자신들도 사무라이에게는 이 기리가 더 무겁게 작용한다고 생각한다. 일본인이 아닌 관찰자는 기리를 준수해 봐야 평민들은 별 이득이 없는 것이므로, '기리가 평민들에게 너무 과도한 부담을 안기는 것이 아닐까' 하고 생각할 수도 있다. 하지만 일본인은 그가 속한 세상에서 기리를 지켜 존중을 받는 것만으로도 충분히 보상을 받았다고 생각한다. '기리를 모르는 사람'은 여전히 '비참한 망나니' 취급을 당하기 때문이다. 망나니는 동료들에게 경멸당하고 종내는 따돌림을 당하게 된다.

9장

인간적 감정의 영역

The Chrysanthemum and the Sword

일본식 윤리 체계는 철저한 의무의 되갚기와 극단적인 체념을 강조한다. 따라서 우리는 그 윤리가 개인적 욕망을 하나의 악으로 규정하여 지속적으로 인간의 마음에서 뿌리 뽑아야 한다고 가르칠 것으로 예상하게 된다. 이런 욕망의 제거는 고전적 불교의 가르침이기도 하다. 그리하여 우리는 일본식 윤리 체계가 감각적 즐거움을 크게 허용하는 것을 보고서 이중으로 놀라게 된다. 일본은 세상에서 가장 큰 불교 국가 중 하나임에도 불구하고, 이 점에 있어서만큼은 그들의 윤리가 붓다나 불경의 가르침과 크게 대비를 이룬다. 일본인은 자기만족을 비난하지 않는다. 그들은 퓨리턴이 아니다. 그들은 신체적 즐거움을 좋은 것, 가꾸어 기를 만한 것으로 생각한다. 그런 즐거움을 적극 추구하고 높이 평가한다. 하지만 그런 즐거움조차도 알맞은 자리를 찾아가야 한다. 그것이 인생의 진지한 일들을 간섭해서는 안 된다.

이런 윤리 체계는 당연히 인생에 높은 긴장을 부여한다. 힌두교 신자는 이러한 일본식 감각 충족의 결과를 미국인보다는 훨씬 잘 받아들인다. 미국인들은 신체적 감각을 학습해야 한다고 생각하지 않는다. 사람은 그런 쾌락에 탐닉하는 것을 거부할 수 있고, 그것은 본능적으로 알려진 것에 저항하는 것이다. 그러나 쾌락도 의무 못지않게 학습되는 것이다. 많은 문화권에서 쾌락 그 자체는 가르치지 않으며, 따라서 그런 문화권의 사람들은 자기희생적인 의무에 전념하기가 훨씬 쉽다. 심지어 남녀 간의 신체적 매혹도 때로는 극소화되어 가족생활의 원활한 운영을 방해하지 않을 정도가 된다. 그리하여 이런 나라에서는 가족생활이 아주 다른 고려 사항들에 밑바탕을 두고서 운영된다.

일본인들은 신체적 쾌락을 적극 개발해 놓고서, 그 다음에는 그 쾌락이 인생의 진지한 생활 방식을 방해해서는 안 된다고 하는 윤리 체계를 만들어 놓아, 그들의 인생을 힘든 것으로 만든다. 그들은 육체적 쾌락을 멋진 예술처럼 만들어 놓고서, 그것을 충분히 맛본 순간에, 그것을 의무를 위해 희생시키는 것이다.

신체적 쾌락과 단련

일본이 가장 좋아하는 신체적 쾌락 중 하나는 뜨거운 물에 목욕하는 것이다. 부유한 귀족 못지않게 가난한 농민이나 비천한 하인도 뜨거운 물에 몸을 푹 담그는 것이 매일 저녁의 필수적 일과이다. 가장 흔한 욕조는 나무로 만든 통인데 그 통 밑에다 숯불을 지펴서 물의 온도를 40도 이상으로 유지하는 것이다. 일본인은 욕조에 들어가기 전에 먼저 몸을 씻고서 그 다음에 욕조에 들어가 따뜻한 물의 온기와 안락을 즐긴다. 그들은 욕조 안에서 태아처럼 두 무릎을 바싹 가슴에 당기고 앉고, 그러면 목욕물은 턱에 와 닿는 상태가 된다. 그들은 미국인과 마찬가지로 청결 유지를 위해 날마다 목욕하는 것을 좋아한다. 그러나 일본인은 여기에다 수동적 탐닉이라는 멋진 기술을 추가하는데, 이것은 전 세계 어디에서나 찾아보기 어려운 목욕 관습이다. 일본인은 나이가 들수록 그 기술이 늘어간다고 말한다.

이런 목욕의 비용과 수고를 최소화하기 위해 여러 종류의 방법이 개발되어 있지만 아무튼 일본인은 반드시 목욕을 해야 한다. 도시나 시가지에는 수영장 같은 커다란 공중목욕탕이 있다. 일본인은 여기에 가서 탕 속에 몸을 담그고 우연히 만난 이웃과 대화를 나눈다. 농촌 마을에서는 여러 명의 여자가 넓은 마당에다 욕조를 준비하여—일본에서는 목욕을 할 때 사람들의 시선을 의식하지 않는 것이 그들의 예법이다—그들의 가족이 돌아가며 목욕을 한다. 가정은 철저한 순서를 지키며 가족 욕조를 이용한다(이것은 고급 주택이라도 마찬가지이다). 손님, 할아버지, 아버지, 맏아들, 그리고 집안의 하인에 이르기까지 순서가 정해져 있는 것이다. 그들은 모두 몸이 빨갛게 되어 욕조 밖으로 나오며 가족은 함께 모여 하루 중 가장 느긋한 시간을 즐기다가 저녁식사를 한다.

뜨거운 목욕이 높이 평가되는 쾌락인 것처럼, 차가운 냉수마찰을 규칙적으로 하는 것도 전통적인 '자기 단련'의 방법에 포함되어 있다. 이 절차는 '겨울 훈련(간게이코寒稽古)' 혹은 '냉수단련(미즈고리水垢離)'이라고 하는데 오늘날에도 행해지고 있으나, 과거의 전통적인 형식을 따르지는 않는다. 과거의 형식은 새벽에 산간 계곡의 차가운 폭포수 아래에 앉아 있는 것을 말한다. 난방을 하지 않은 일본식 가옥에서, 겨울밤에 온몸에 찬물을 끼얹는 것도 산간계곡의 폭포수 못지않게 힘든 일이다. 퍼시벌 로웰(Percival Lowell)은 이런 단련이 1890년대에도 여전히 존재하고 있다고 보고했다. 치료와 예언의 특별한 능력을 얻으려고 하는 사람들—이들이 반드시 승려가 되는 것은 아니다—은 밤에 잠들기 전에 냉수마찰을 하고 '신들이 목욕하는 시간'인 새벽 2시에 일어나 다시 냉수마찰을 한다. 이어 잠깐 잠이 들었다가 아침에 일어나 이 단련을 되풀이하고 정오와 저녁 무렵에 다시 냉수마찰을 하는 것이다.[1]

새벽 전에 하는 냉수마찰은, 악기를 배우려고 하는 사람이나 다른 세속적 직업을 추구하는 사람들도 열심히 하는 인기 높은 단련 방법이었다. 일본인은 자신을 단련시키기 위하여 일부러 이런 추위에 자기 자신을 노출시키며, 서예를 익히려는 어린이가 손가락이 마비되고 동상이 걸리는 것은 특히 가상한 일로 여겨진다. 현대식 초등학교는 난방이 되지 않으며, 그것이 아이들을 단련시켜 나중에 닥치게 될 인생의 어려움에 대비시켜 주는 것이므로 좋은 일이라고 생각한다. 그러나 서구인들은 이런 체력 단련 자체보다는, 아이들이 그것 때문에 감기를 달고 살고 또 콧물이 줄줄 흐르는데도 일본 당국이 아무 조치를 하지 않는 것을 더 기이하게 생각한다.

수면은 일본인이 좋아하는 또 다른 탐닉이다. 그것은 일본인 성취한 가장 높은 기술이 하나이다. 그들은 어떤 자세든 아주 느긋하게 잠을 자며, 미국인이 잠을 잘 수 없을 것이라고 생각하는 상황에서도 잠에 빠져든다. 이것은 일본인을 연구하는 많은 서구 학자들을 놀라게 했다. 미국인은 불면증을 정신적 긴장과 동의어로 여기며, 미국 기준으로 볼 때 일본인의 성격은 높은 긴장 상태에 있는 것으로 보인다.

그러나 그들은 어린애 장난처럼 아주 쉽게 잠에 빠져든다. 일본인은 일찍 잠자리에 드는데 동양인치고 그처럼 일찍 자는 나라를 발견하기 어렵다. 어두워지면 곧바로 잠자리에 드는 마을 사람들도 내일을 위해 에너지를 비축한다는 미국인의 격언을 따르지 않는다. 일본인은 그런 셈법을 가지고 있지 않는 것이다. 일본인을 잘 아는 한 서구인은 이렇게 썼다. "서구인이 일본에 갈 때 밤에 잠을 잘 잠으로써 내일의 일에 대비하는 것이 의무라는 생각을 버려야 한다. 수면을 회복, 휴식, 오락의 개념에서 완전 떼어내서 생각해야 한다." 어떤 일을 하는 계획이 완전 별개의 것이듯,

---

1 Percival Lowell, *Occult Japan*, 1895, pp. 106~121.

"잠자기도 별개의 것이며, 삶이나 죽음의 여러 알려진 사실들과는 완전히 독립되어 있다."[2]

미국인은 수면을 체력을 비축하기 위한 것으로 생각한다. 그래서 아침에 깨어나면 대부분의 미국인은 자신이 지난 밤 몇 시간 잤는가를 헤아려본다. 수면 시간의 길이에 따라 우리가 그 날 어느 정도의 에너지와 효율성을 발휘할 수 있겠는지 감을 잡는 것이다. 그러나 일본인은 다른 이유로 잠을 잔다. 그들은 잠자는 것을 좋아하며 모든 상황이 안전하다고 생각되면 즐거이 잠에 빠져드는 것이다.

뜨거운 목욕과 냉수마찰의 경우와 마찬가지로, 그들은 잠을 희생시키는 데도 무자비할 정도다. 입학시험을 준비하는 일본 학생은 밤낮 없이 공부를 하며, 수면이 시험에 더 좋은 효과를 발휘하게 해줄 거라는 생각은 아예 하지 않는다. 군대 훈련에서도 수면은 단련을 위해서 희생시켜야할 대상으로 여겨진다. 1934년에서 1935년까지 일본군 고문관으로 근무했던 해럴드 다우드(Harold Doud) 대령은 데시마(手島) 대위와 나눈 대화를 이렇게 전했다. "평화 시의 부대 훈련 때, 일본군은 2박 3일 잠을 자지 않는 극기 훈련을 나갔다. 병사들은 10분간 휴식이나 잠깐 상황이 벌어지지 않을 때 선잠을 자는 것이 고작이었다. 어떤 때 병사들은 걸어가면서 잠을 잤다. 어떤 젊은 소위는 졸면서 길 한쪽에 쌓아둔 목재를 향해 걸어가는 바람에 한참 웃음거리가 되었다. 마침내 야전 캠프를 설치했어도 아무도 잠잘 수가 없었다. 그들은 모두 초병 및 순찰 업무가 주어졌다. '왜 병사들을 재우지 않습니까?' 내가 물었다. '오, 아닙니다!' 데시마 대위가 말했다. '그건 필요하지 않아요. 그들은 이미 잠자는 방법을 알고 있습니다. 그들은 어떻게 잠들지 않고 깨어 있는지 그 방법을 훈련하는 겁니다.'"[3]

---

2 W. Petrie Watson, *The Future of Japan*, 1907.

이 대화는 일본인의 관점을 잘 요약해서 보여 준다.

식사도 목욕이나 수면처럼 신체적 쾌락으로 자유롭게 즐기는 것이지만, 여기에도 규율을 위해 단련이 부과된다. 일본인은 여가의 예식을 지키면서 한 번에 차 한 숟갈 정도 소량의 음식만 들여오는데, 이때 그 음식의 맛뿐만 아니라 겉모양도 평가와 칭찬의 대상이 된다. 그러면서 동시에 단련이 강조된다. 에크슈타인은 일본 마을 사람이 했다는 말을 이렇게 전한다.[4] "빨리 식사하고 빨리 배변하는 것이 일본식 최고 미덕 중 하나이다. 식사는 중요한 행동으로 여겨지지 않는다… 식사는 생명을 유지하기 위해 필요한 것이다. **그러므로** 가능한 한 간단하게 끝내야 하는 일이다. 아이들, 특히 남자 애들은 유럽의 남자애들과는 다르게 천천히 먹으라고 권유하는 것이 아니라, 가능한 한 빨리 먹을 것을 재촉당한다."[5](볼드체는 저자의 표시)

수도자들이 수련을 하는 불교 사찰에서, 수도자들은 식사 전에, '이 음식을 그냥 약이라고 기억하기를' 하고 기도한다. 이 기도의 목적은 분명하다. 수도를 하기 위해 단련을 하는 사람은 음식을 쾌락으로 여겨서는 안 되고 그냥 생필품으로 여겨야 한다는 것이다.

일본인의 사상에 의하면, 음식을 임의적으로 빼앗는 것은 어떤 사람이 얼마나 '단련'되어 있는지를 알아보는 좋은 테스트이다. 앞에서 얘기한 목욕과 수면 등의 경우와 마찬가지로 음식 없이 지내는 것을 견디는 건 얼마나 잘 '견디는지를' 증명하는 기회가 된다. 자신이 쫄쫄 굶고 있으면서도 사무라이처럼 '이 사이에 이쑤시개를 물고 있는 것이다.' 일본인이 굶고 있는 상태에서 이런 테스트를 당하면, 그의 체력은 영양과 비타

3 *How the Jap Army Fights,* articles from *the Infantry Journal* published as Penguin Books, 1942, pp. 54~55.

4 G. Eckstein, *In Peace Japan Breeds War*, 1943, p. 153.

5 K. Nohara, *The True Face of Japan*, London, 1936, p. 140.

민 부족으로 저하되는 것이 아니라 오히려 정신의 승리로 높아지는 것이다. 일본인은 신체의 영양과 신체의 힘을 일대일로 연결시키는 미국식 원칙을 인정하지 않는다. 이 때문에 라디오 도쿄는 전쟁 중 방공호에 들어간 사람들에게 보건체조는 배고픈 사람을 다시 튼튼하게 활기차게 만들어 준다고 방송할 수 있었던 것이다.

일본인의 에로스와 미국인의 성도덕

남녀 간의 사랑은 일본인이 잘 개발해 온 또 다른 '인간적 감정(닌조人情)'이다. 그것이 설사 결혼 생활과 가족에 대한 의무에 상당히 위배되는 것이라 해도 일본에서는 자유롭게 추구된다. 일본의 장편소설에서는 그런 사랑이 많이 등장하며, 프랑스 문학의 경우와 마찬가지로 남녀 당사자들은 이미 결혼한 몸이다. 일본인의 독서와 대화에서 사랑에 빠진 남녀가 함께 자살하는 사건은 즐겨 다루어지는 주제이다. 10세기 작품인 『겐지 이야기』는 다른 나라의 위대한 소설 못지않게 남녀 간의 사랑을 다룬 소설이며, 일본 중세 시대의 영주와 사무라이들의 사랑을 다룬 이야기들은 모두 이런 남녀 간 사랑을 다루고 있다. 그것은 일본 현대 소설의 주된 주제이기도 하다. 이와 관련하여 중국 문학과의 대조는 아주 극명하다. 중국인은 남녀 간 사랑과 성적 즐거움을 약하게 다룸으로써 상당히 많은 고민거리를 모면한다. 그리하여 중국의 가정생활은 놀라울 정도로 안정적인 분위기를 유지한다.

물론 미국인은 이 문제와 관련하여 중국인을 이해하는 것보다는 일본인을 이해하는 것이 더 쉽다. 하지만 그런 이해는 피상적인 것일 뿐이다. 미국인은 성적 즐거움에 대하여 많은 금기 사항을 가지고 있으나 일본인은 그렇지 않다. 일본인은 다른 '인간적 감정'과 마찬가지로 섹스는 좋은 것이며, 단지 인생에서 사소한 부분을 차지하는 것이라고 생각한다. '인 간적 감정'에는 죄악이 될 만한 것이 없으며 따라서 성적 즐거움을 도덕적 관점에서 바라볼 필요가 없다고 생각한다. 그들은 지금도 미국인과 영국인의 태도를 의아하게 여기며 논평한다. 영국인과 미국인은 일본인이 소중하게 여기는 쾌락의 서적을 포르노그래피라고 여기고, 게이샤와 창녀들이 있는 요시와라(吉原) 지역을 괴상한 눈빛으로 바라본다는 것이다. 일본인은 서방과 접촉하던 초창기 시절에도 외국의 이런 비판에 민감하게 반응하면서 그들의 성적 관행을 서방의 기준에 근접하게 일치시키려는 법령을 통과시키기도 했다. 그러나 그 어떤 법령도 문화적 차이를 메워줄 수는 없었다.

교육받은 일본인들은 서양인이 일본에서는 아무렇지도 않게 생각하는 곳에서 부도덕과 외설을 발견한다는 것을 잘 알고 있다. 그러나 서구의 전통적 가치관과, '인간적 감정'과 진지한 인생사는 별개로 여기는 일본의 생활 원칙 사이에 깊은 심연이 가로놓여 있다는 것은 의식하지 못한다. 그런 차이 때문에 미국인은 일본인의 사랑과 성적 즐거움에 대한 태도를 잘 이해하지 못한다. 그들은 아내의 영역과 성적 즐거움에 속하는 영역을 철저하게 분리한다. 두 영역이 똑같이 공개적이다. 이 둘은 미국에서처럼 확연하게 구분되어 있지 않다. 미국인의 생활에서 결혼 생활은 일반 대중에게 공개적으로 드러내는 것이지만, 그렇지 못한 남녀 관계는 은밀한 것이다. 일본에서 두 영역이 분리되는 것은, 하나는 주요한 의무의 영역 안에 있는 것이고, 다른 하나는 사소한 휴식의 영역 안에 있기 때문이다. 이처럼 두 영역에 '적당한 자리'를 부여하는 방식 덕분에, 일본인 가정의 이상적인 아버지도 시중의 난봉꾼 못지않게 그 두 영역을 추구할 수 있는 것이다.

미국인은 남녀 간의 사랑과 결혼을 같은 것으로 생각하지만, 일본인은 그런 생각을 하지 않는다. 우리는 상대방이 우리의 배우자가 될 수 있는 범위 내에서만 사랑을 승인한다. 결혼 후 남편이 다른 여자에게 성적으로 매력을 느낀다면 그것은 아내에게 합당하게 돌아가야 할 것을 다른 곳에 기울이는 것이기 때문에 아내는 모욕적이라고 생각한다.

그러나 일본인은 다르게 생각한다. 배우자 선택에서 젊은 일본인 남녀는 부모의 선택에 승복하고 상대방을 잘 알지도 못하는 상태로 결혼한다. 결혼 후 남편은 아내와의 공식적인 관계를 아주 정중하게 지켜야 한다. 일상생활에서도 일본인 자녀들은 부모가 다정한 성적 표현을 나누는 것을 보지 못한다. 한 현대 일본인은 잡지에서 이런 말을 했다. "이 나라에서 결혼의 진정한 목적은 아이를 낳아 대를 잇는 것이다. 이것 이외에 다른 목적을 들이대는 것은 결혼의 진정한 의미를 왜곡하는 것이다."

하지만 이것은 남편이 결혼 생활을 덕성스럽게 지켜야 한다는 것을 의미하지는 않는다. 만약 그가 재정적 능력이 있다면 그는 첩을 둘 수가 있다. 중국과는 크게 다르게, 그는 자신이 호감을 가진 이 첩을 가족의 일부로 받아들이지 않는다. 만약 받아들인다면 그는 서로 분리되어야 하는 두 영역을 혼동하는 사람이 되어 버린다. 그 여자는 음악, 무용, 마사지, 오락 기술 등이 능숙한 게이샤일 수도 있고 아니면 그저 창녀일 수도 있다. 아무튼 그는 그 여자가 고용되어 있는 집과 계약을 맺을 수 있고, 이 계약으로 그 여자는 더 이상 자유롭게 행동할 수가 없으며 또 안정된 재정적 수입을 올리게 된다. 그는 그 여자에게 혼자 살 수 있는 집을 마련해 준다.

아주 예외적인 경우는 그 여자가 임신을 했을 때인데, 남자가 그 아이를 자신의 자녀로 키우고 싶어 한다면 그 여자를 남자의 집안에 들일 수도 있다. 이때 그 여자는 첩이 아니라 하녀의 자격으로 그 집에 들어간다. 아이는 그의 법적 아내를 '어머니'라고 불러야 하고 그 아이와 실제 어머니 사이의 관계는 인정되지 않는다. 일부다처제는 동양의 전통에서 아주 흔한 것이고 특히 중국에서 두드러지는데, 이런 제도는 일본에서는 인정되지 않는다. 일본인은 가정의 의무와 '인간적 감정'을 완전 분리하여 유지하는 것이다.

상류 계급의 인사들만이 첩을 둘 수가 있고, 대부분의 일본인은 가끔씩 게이샤나 창녀를 찾아간다. 어떤 방문은 전혀 은밀한 것이 아니다. 아내는 남편의 저녁 오락을 위해 옷을 내주고 다른 필요한 것을 준비한다. 그가 방문하는 집은 그의 아내에게 청구서를 보내고 아내는 당연하다는 듯이 지불한다. 아내는 그것이 못마땅하겠지만 그것은 그녀의 감정일 뿐이다. 게이샤 집을 찾아가는 것은 창녀 집을 찾아가는 것보다 더 비싸며, 이렇게 찾아간다고 해서 반드시 상대방 여자가 섹스 파트너가 되는 것도 아니다. 그가 얻는 것은 오락을 제공하는 역할을 철저하게 훈련받은, 옷 잘 입고 매너 좋은 여자로부터 느긋한 즐거움을 느끼는 것뿐이다.

어떤 특정한 게이샤를 차지하려면 남자는 그녀의 후원자가 되어야 하고 그녀를 자신의 첩으로 지정하는 계약을 맺어야 한다. 아니면 그가 특별한 매력으로 그녀를 사로잡아 그녀가 자발적으로 섹스 파트너가 되게 하는 것이다. 게이샤 여자와 보내는 하루 저녁은 섹스가 반드시 배제된 행사는 아니다. 게이샤의 춤, 재치 있는 응답과 노래, 몸동작 등은 섹스를 은밀하게 암시하며, 상류층 부인들이 해주지 못하는 것을 적절하게 표현하려고 의도적으로 계산된 언행인 것이다. 그것들은 '인간적 감정의 영역' 안에 있으며, '충성의 영역'으로부터 벗어나는 위로를 준다. 이러한 즐거움에 탐닉하지 못할 이유가 없으며 단지 그 두 영역을 철저하게 분리하여 유지하면 되는 것이다.

창녀들은 허가 받은 집에서 살며, 게이샤와 하루 저녁을 보낸 남자는 원한다면 창녀를 찾아갈 수도 있다. 비용은 저렴하며 돈이 별로 없는 남자는 이런 형태의 오락으로 만족하고 게이샤는 잊어버려야 한다. 소속 창녀들의 사진이 창녀 집밖에 전시되어 있으며, 남자는 이 사진을 한동안 쳐다보면서 선택을 한다. 이 여자들은 지위가 낮으며 게이샤처럼 높은 대접을 받지 못한다. 그들은 모두 가난한 집 딸로서, 집안이 금전적으로 극히 어려울 때 가족이 창녀 집에 팔아넘긴 여자들이고, 게이샤처럼 오락의 기술을 훈련받지 못했다. 예전에 창녀들이 거리에 나와서 무표정한 얼굴로 앉아 있으면서 고객들로 하여금 인간 상품을 선택하도록 만드는 관습이 있었는데, 서구인들과 접촉하던 초창기에 서구인들이 이런 관습을 꺼린다는 것을 알고서 폐지시켰다. 그리하여 사진으로 대체된 것이다.

이런 여자들 중에 고객의 독점적인 후원을 받는 여자가 나오기도 한다. 남자는 그녀가 고용된 집과 계약을 맺고서 그녀를 첩으로 두는 것이다. 이런 여자들은 계약의 조건에 의해 보호를 받는다. 남자는 또 아무런 계약도 하지 않고 하녀나 점원 여자를 첩으로 둘 수 있는데 이런 '자발적 정부들'이 가장 보호를 받지 못하는 취약한 여자들이다. 그들은 남자 파트너와 사랑에 빠진 여자들인데 공인된 의무의 영역 밖에 있는 여자들인 것이다. 일본인은 서구의 이야기나 시에서, 애인에게 버림받은 채로 자신의 아이를 '무릎에 끌어안고서' 우는 여자를 만나면, '자발적 정부'와 그녀가 낳은 사생아 정도를 연상할 것이다.

동성애, 자기애, 음주벽

동성애 또한 전통적 '인간적 감정'의 한 부분이다. 옛 일본에서 동성애는 사무라이나 승려 등 높은 신분의 남자들에게 허가된 쾌락이었다. 일본이 서구 사회의 승인을 얻기 위해 일본 고유의 관습들을 불법화하던 메이지 시대에, 일본은 동성애 관습을 법적으로 처벌 가능한 범죄로 단속했다. 그렇지만 동성애는 여전히 '인간적 감정'의 범위에 들어가는 것이며, 그것에 대하여 도덕적인 태도를 취하는 것은 적절하지 않다. 그것은 당연히 제 자리를 찾아가야 하고 가족 제도를 유지하는 데에는 방해하지 말아야 한다. 따라서 서구인이 말하듯이 남자 혹은 여자가 '동성애자'가 되는 것은 위험하다는 생각은 거의 품지 않는다. 또 남자는 직업적으로 남자 게이샤가 되는 길을 선택할 수도 있다.

일본인은 미국에 수동적 역할을 하는 남자 동성애자가 있다는 사실에 충격을 받는다. 일본의 성인 남자는 소년 파트너만을 찾는다. 성인 남자가 수동적 역할을 하는 것을 체면 없는 일이라고 보기 때문이다. 일본인은 남자가 할 수 있는 것과 남자의 자존심을 유지하는 것에 대하여 일정한 선을 긋는다. 하지만 그 선은 미국인이 긋는 선과는 다른 것이다.

일본인은 자기애에 대해서도 도덕적이지 않다. 일본인처럼 자위 기구를 많이 가지고 있는 민족도 찾아보기 어려울 것이다. 그러나 이 분야에서도 일본인은 그런 기구들이 불러일으키는 서구의 비난을 불식시키기 위하여 그런 물건들을 노골적으로 전시하는 것을 금지시켰다. 그러나 일본인은 그런 물건들이 죄악의 도구라고 생각하지 않는다. 자위행위를 금지하는 서구의 엄격한 태도는 미국보다 유럽이 더 강력하고, 그런 죄악시하는 관점이 아이들이 성장하기 전부터 그들의 머릿속에 깊이 각인된다. 서양의 아이들은 수음을 하면 머리가 돌아버리거나 대머리가 된다는 은밀한 속삭임의 말을 들으며 자란다. 아이의 어머니는 어린아이 때부터 그것을 관찰하며, 그런 자기애적 행위를 문제시하여 신체적으로 아이를 징벌한다. 때로는 아이의 두 손을 묶어 두기도 한다. 어머니는 아이에게 그런 짓을 하면 하느님이 징벌하신다는 말도 한다.

일본의 어린아이들이나 어린이들은 이런 경험이 없고 그래서 어른이 되어서 우리 서구인과 같은 태도를 갖지 않는다. 그들은 자기애에 대하여 아무런 죄의식이 없으며, 그것을 예의바른 생활 속의 사소한 자리에다 부여함으로써 충분히 통제할 수 있다고 생각한다.

음주 또한 일본 사회에서 허용되는 '인간적 감정들' 중 하나이다. 일본인은 미국인이 전혀 술을 마시지 않는다고 맹세하는 태도를 서양의 괴상한 변덕들 중 하나라고 생각한다. 또 미국의 일부 지역에서 투표에 의해 아예 술이 없는 고장을 만들려고 하는 것 역시 이상한 태도라고 여긴다. 일본인이 볼 때 사케(술)를 마시는 것은 제 정신인 남자라면 결코 거부하지 않을 아주 즐거운 일이다. 그러나 알코올은 가벼운 오락거리에 속하고 제 정신인 남자라면 결코 그것을 탐닉하지 않는다.

일본인의 사고방식에 의하면 동성애자가 '되는' 것을 두려워할 필요가 없듯이 술꾼이 '되는' 것을 두려워할 필요가 없다. 사실 일본에서 강박적인 술주정꾼들은 그리 심각한 사회 문제가 아니다. 알코올은 즐거운 오락이고 술꾼의 가족이나 대중들도 술에 취해 있는 사람을 혐오스럽다고 생각하지 않는다. 술꾼은 폭력적으로 나오는 경우가 드물고 아무도 어떤 사람이 술을 마셨다고 해서 그의 자녀들을 구타하리라 보지 않는다. 술을 마시고 떠들어대는 것은 아주 흔한 광경이며 그런 식으로 해서 엄격한 일본적 자세와 몸동작의 규칙을 약간 완화시키는 것은 보편적 현상이다. 도시의 술 파티에서 남자들은 상대방의 무릎에 앉는 것을 좋아한다.

일본의 관습은 음주와 식사를 엄격하게 구분한다. 술이 나오는 마을 파티에서 남자가 밥을 먹기 시작하면 술은 다 마셨다는 뜻이다. 그는 또 다른 '영역' 속으로 들어간 것이고 그리하여 음주와 식사를 구분하는 것이다. 집에서 그는 식사 후에 술을 마실 수 있으나 동시에 밥을 먹고 술을 마시지는 않는다. 그는 한 번에 한 가지씩 즐기는 것이다.

인간적 감정의 여러 결과들

―――

'인간적 감정'에 대한 일본인의 사고방식은 여러 가지 결과를 가져온다. 그것은 서양 철학의 두 기둥인 육체와 정신이 인간 생활에서 우위를 점하려고 끊임없이 싸운다는 서양식 사고방식의 밑바탕을 파헤쳐 버린다. 일본인의 철학에서 육체는 죄악이 아니다. 육체가 제공하는 쾌락을 즐기는 것도 죄악이 아니다. 정신과 육체는 우주 속에서 서로 대립하며 갈등을 일으키는 두 힘이 아니다. 일본인은 이러한 인식의 바탕 위에서 이런 논리적 결론을 이끌어낸다. 이 세상은 선과 악이 갈등을 벌이는 대결장이 아니다.

이와 관련하여 조지 샌섬(George Sansom) 경은 이렇게 썼다. "그들의 전 역사를 통하여 일본인은 선과 악을 구분하지 않는 태도를 일관되게 유지해 왔고, 악의 문제를 본격적으로 다루는 것에 거부감을 표시해 왔다."[6] 그들은 일관되게 선과 악을 명확하게 나누는 인생관을 거부해 왔다. 일본인은 인간이 두 개의 영혼을 갖고 있다고 생각한다. 하지만 그 두 영혼을 선량한 충동 대 나쁜 충동으로 분류하지 않는다. 두 영혼은 '온순한' 영혼과 '거친' 영혼인데 모든 인간 — 더 나아가 모든 나라 — 이 그러하듯이, 인간은 '온순해져야' 할 때가 있는가 하면, '거칠게 나와야' 할 때가 있다고 생각하는 것이다. 한 영혼은 지옥으로 가고 한 영혼은 천국으로 간다는 것도 믿지 않는다. 두 영혼은 서로 다른 경우들에 필요하고, 또 거기에 맞춰 좋은 역할을 하는 것이다.

일본인의 신들도 이런 방식으로 선악이 뚜렷하게 공존하는 존재들이다. 일본인들 사이에서 가장 인기 높은 신은 스사노오노미고토(須佐之男)

―――――――――

[6] George Sansom, *Japan: A Short Cultural History*, 1931. p. 51.

인데 '빠르고 거칠고 남성적이고 존엄한 신'이라는 뜻이다. 이 신은 태양여신(아마테라스 오미카미天照大神)의 남동생인데, 누나에게 거칠게 대하는 태도 때문에 서구 신화에 대입하면 악으로 간주되는 존재이다. 그의 누나는 그가 다가오는 동기를 알았으므로 그를 방밖으로 쫓아내려 한다. 그는 방종하게 행동하면서 그녀와 추종자들이 첫 번째 과일 의식(니나메사이新嘗祭)을 치르던 식당 홀에 똥을 마구 뿌린다. 그것은 아주 끔찍한 행위였다.

그러나 가장 극악한 행위는—서구인에게는 아주 신비스럽게 보이는 행위인데—그가 지붕에 낸 구멍을 통하여 '거꾸로 가죽을 벗긴' 얼룩말을 누나의 방에다 던져 넣은 것이었다. 이런 난폭한 잘못을 저질렀기 때문에 스사노오는 신들에게 심판을 받아서 무거운 형벌에 처해져서 하늘에서 쫓겨나 어둠의 나라로 추방되었다. 하지만 그는 일본의 신들 가운데서 인기 높은 신이고 그래서 예배하는 자들이 많다. 이런 종류의 신은 전세계 신화 속에서 흔하게 등장한다. 그러나 고등 윤리를 강조하는 종교에서 이런 신들은 추방되어 왔다. 왜냐하면 '선과 악의 우주적 대 쟁투'라는 철학 속에서 초자연적 존재들을 흑백의 뚜렷한 양 집단으로 나누는 것이 더 그 철학에 어울리기 때문이다.

일본인은 아주 노골적으로 미덕은 곧 악에 맞서 싸우는 것이라는 주장을 거부해 왔다. 일본의 철학자들과 종교적 스승들은 여러 세기에 걸쳐 그런 도덕률은 일본에는 낯선 것이라고 주장해 왔다. 그들은 또 이것이 일본 민족의 도덕적 우월성을 증명한다고 소리 높여 외친다. 그들의 주장은 이러하다. 중국인들은 인의예지(仁義禮智)를 절대적 기준으로 설정하고 그 기준을 적용하여 미달하는 사람은 부덕한 자로 여긴다. "중국인은 열등한 기질의 민족이기 때문에 이런 인위적인 강제 수단이 필요하고, 그래서 그런 도덕률은 중국인에게만 좋은 것이다." 18세기의 위대한 신토 학자인 모토오리 모리나가는 썼다. 그리고 현대의 불교 스승들과 민족주의적 지도자들도 같은 주제로 글을 쓰거나 발언을 했다.

그들의 발언에 따르면, 일본인은 인간성을 원래 착한 것으로 보아 신임한다. 인간성은 그 중 절반을 차지한다는 악과 싸울 필요가 없다. 인간은 그 영혼의 창을 잘 닦아내면서 서로 다른 상황에 맞추어 적절하게 행동하기만 하면 된다. 만약 인간성이 '지저분하게' 되었다면, 오물은 즉각 제거해야 되고 그러면 인간의 본래적인 선량함이 다시 빛나게 된다. 불교 철학은 이렇게 가르친다. 모든 인간이 잠재적 붓다이고, 미덕의 규칙은 불경에 있는 것이 아니라 개인 내부의 밝고 순진한 영혼 속에서 찾아야 한다. 일본은 그 어떤 나라보다 이 철학을 크게 신봉한다. 왜 인간이 자신의 내부에서 발견한 것을 불신한단 말인가? 인간의 영혼 속에 악이 본래부터 있었던 것은 아니다. 그들은 구약성경 **시편**의 화자(話者)가 울면서 외친 다음과 같은 신학을 갖고 있지 않다. "내가 죄악 중에 출생하였음이여, 모친이 죄 중에 나를 잉태하였나이다." 일본인은 인간의 타락이라는 교리를 가르치지 않는다. '인간적 감정'은 축복이고 사람은 그것을 비난해서는 안 되는 것이다. 일본의 철학자든 농민이든 그런 축복을 비난하지 않는다.

미국인이 볼 때, 이런 철학은 자기 탐닉과 방종의 철학으로 보인다. 그러나 우리가 이미 살펴본 바와 같이 일본인은 의무의 완수를 인생의 가장 큰 과업으로 여긴다. 그들은 '온'을 되갚으려면 개인적 욕망과 쾌락을 희생해야 한다는 사실을 적극적으로 받아들인다. 행복의 추구가 인생의 중요한 목표라는 사상은 일본인에게 놀라울 뿐만 아니라 부도덕한 교리이다. 행복은 여건이 될 때 가끔 맛보는 긴장의 완화일 뿐, 국가와 가정의 성공을 평가하는 기준이 된다는 것은 생각조차 할 수 없는 일이다. 충과 효, 그리고 기리의 의무를 지키며 살기 위하여 사람은 종종 엄청난 고통을 당하게 된다는 사실을 일본인은 당연하게 여긴다. 그것은 인생을 고달프게 만들지만 그들은 대비가 되어 있다. 일본인은 결코 악이라고 생각하지 않는 쾌락을 꾸준히 포기한다. 그것은 엄청난 의지의 힘을 발동시켜야 하는 일이다. 하지만 그런 힘은 일본에서 가장 높이 평가되는 미덕이다.

일본의 소설과 희곡에서 '해피엔딩'이 아주 드문 것은 이런 일본적 사상과 일치하는 것이다. 미국의 대중적 관중들은 사태의 해결을 갈망한다. 그들은 등장인물들이 그 후에 행복하게 잘 먹고 잘 살기를 바란다. 그들은 사람들이 미덕을 발휘하면 그에 대하여 보답 받는 것을 알고 싶어 한다. 만약 미국 관중들이 드라마의 끝에서 눈물을 흘린다면, 등장인물의 성격에 결함이 있거나 등장인물이 악랄한 사회제도에 의해 희생되었기 때문이다. 그렇지만 주인공의 문제가 모두 행복하게 결말나는 것이 그들로서는 한결 유쾌하다.

일본의 대중적 관중들도 주인공이 비극적 결말을 맞이하거나 아름다운 여주인공이 운명의 수레바퀴 때문에 살해되면 객석에 앉아 눈물을 흘린다. 그러한 결말이 하루 저녁 오락의 하이라이트이다. 또 일본 사람들이 연극 구경에 나서는 목적이기도 하다. 일본의 현대 영화들도 주인공과 여주인공의 고통이라는 주제 위에 구축되어 있다. 남녀는 사랑을 하지만 그 사랑하는 사람을 포기한다. 남녀는 행복하게 결혼을 하지만 남자든 혹은 여자든 의무의 완수 때문에 자살을 한다. 남편의 출세를 돕고 그의 배우 자질을 개발시키기 위하여 헌신하던 아내가 남편이 대도시에서의 성공을 앞둔 날 저녁, 이제 남편을 새로운 삶을 향해 놓아 보내기 위해 말없이 사라졌다가 아무런 불평도 하지 않은 채 남편이 대성공을 거둔 날에 가난 속에서 죽어간다. 반드시 해피엔딩으로 끝나야 할 필요는 없다. 자기를 희생시키는 주인공과 여주인공에 대한 연민과 동정을 느끼는 것이 무엇보다도 중요하다. 그들의 고통은 하느님이 그들에게 내리는 심판이 아니다. 그것은 그들이 무슨 일이 있어도 의무를 완수했다는 것을 보여 주며, 그 어떤 것—방종, 질병, 죽음 등—도 진정한 길로부터 그들을 벗어나게 하지 못한다.

일본의 현대 전쟁 영화들도 같은 전통을 따르고 있다. 이 영화들을 본 미국인은 일찍이 본 적이 없는, 아주 훌륭한 평화 선전 영화라고 말한다. 이것은 정말 미국인다운 반응이다. 그 영화들은 희생과 전쟁의 고통에 대한 얘기가 가득하기 때문이다. 군사 행진, 군악대, 자랑스러운 함대 훈련, 거대한 대포의 과시 등은 아예 나오지 않는다. **러일전쟁**을 다룬 것이든 만주사변을 다룬 것이든 일본 전쟁 영화들은 진흙길을 걸어가는 행군의 단조로운 반복, 비참한 전투의 고통, 결론 없는 싸움 등을 고집스럽게 보여 준다. 영화의 마지막 장면은 승리나 만세를 부르며 돌격하는 장면도 아니다. 그 장면은 진흙탕 투성이의 특징 없는 중국 마을에서 숙영(宿營)하기 위해 멈추는 장면이거나, 세 번의 전쟁에서 살아남은 3대에 걸친 일본 가족 중 부상자, 절름발이, 장님 등이 나란히 나오는 장면이거나 한 군인이 죽은 후 남편이고 가장이고 생활비를 벌어오는 사람의 전사에 대하여 온 가족이 둘러앉아, 가장 없이 살아가야 하는 삶을 슬퍼하는 장면 등이다.

영미권의 '씩씩한 영화'에서 나오는 떠들썩한 배경 장면은 아예 없다. 일본의 전쟁 영화들은 심지어 부상당해 귀국한 제대 병사의 회복 주제도 극화하지 않는다. 전쟁을 수행하는 목적조차도 제시되지 않는다. 일본의 관중은 스크린에 나오는 모든 등장인물들이 그들 내부에 있는 모든 것을 가지고 '온'을 되갚았다는 것을 알기만 하면 충분한 것이다. 따라서 이 영화들은 일본에서 군국주의자들의 충실한 선전 영화가 되는 것이다. 그 영화의 후원자들은 일본의 관중들이 그 영화를 보고서 평화주의 쪽으로 마음이 움직이지 않는다는 것을 미리 알고 있다.

10장

미덕의 갈등

일본인의 인생관은 주(忠), 고(孝), 기리(義理), 진(仁), 닌조(人情) 등이 가리키는 공식에 따라 결정된다. 그들은 '사람이 지켜야 할 모든 의무'가 마치 지도상에 별도로 표시된 영역처럼 나뉜다고 생각한다. 일본식 표현으로 말해 보자면, 한 사람의 일생은 '주의 영역', '고의 영역', '진의 영역', '기리의 영역', '닌조의 영역', 그 밖의 여러 영역들로 구성된다. 각 영역은 독자적인 자세한 규범을 갖고 있으며, 일본인은 동료 일본인들을 판단할 때 그들에게 어떤 통합된 인성을 부여하는 것이 아니라, '고를 모르는 사람', '기리를 모르는 사람'이라 말하면서 판단한다.

　미국인이 하듯이 '어떤 사람이 정의롭지 못하다'고 비난하는 것이 아니라, 그가 어떤 행동의 영역 안에 들어와 있지 않다고 말하면서 비난하는 것이다. 혹은 어떤 사람이 이기적이라거나 불친절하다고 비난하는 것이 아니라, 그가 어떤 특정 영역의 규범을 위반했다고 비난하는 것이다. 일본인은 이런 비난을 할 때 **정언명령**이나 **황금률**을 들이대지 않는다. 어떤 행동이 승인되느냐 여부는 그 행동이 벌어지는 영역의 규범 내에서 판단된다. 어떤 사람이 '고'를 위해서 행동한다면 그는 그 영역에서 통용되는 방식에 따라 행동해야 한다. 만약 그가 '단지 기리를 위해서' 혹은 '진의 영역'에서 행동한다면 — 서구인들은 이렇게 생각할 것이다 — 그는 전혀 다른 방식으로 행동한다. 각 '영역'의 규범도 고정되어 있는 것이 아니라 조건이 바뀌면 지금까지와는 아주 다른 행동이 요구되기도 한다. 가령 영주에 대한 가신의 기리는 극도의 충성을 요구하지만 그 영주가 가신을 모욕한다면 얘기는 달라진다. 그런 모욕이 있었다면 가신은 극악무도한 배신을 해도 무방하다. 1945년 8월까지 천황에 대한 '주'는 일본인이 적을 상대로 최후의 일인까지 저항할 것을 요구했다. 천황이 일본의 항복을 방송하여 '주'의 요구 사항을 변경하자, 일본은 태도를 일변하여 그 적에 대한 적극적 협력을 표시했다.

선악 개념의 일관성과 가변성
___

이것은 서구인들에게는 난감한 태도이다. 미국인의 체험에 의하면 사람들은 그들의 '특성에 따라' 행동한다. 우리는 사람들을 충성스러운지 배신을 잘하는지 협력적인지 고집이 센지 등에 따라 양의 무리 혹은 염소의 무리로 구분한다. 그리고 양이 갑자기 염소로 돌변하는 일은 없다고 본다.(염소와 양의 비유는 최후의 심판과 관련하여 예수가 한 말이다. 마태복음 25장 31~34절에 나오는데 인용하면 다음과 같다. "인자(예수)가 자기 영광으로 모든 천사와 함께 올 때에 자기 영광의 보좌에 앉으리니 모든 민족을 그 앞에 모으고 각각 구분하기를 목자가 양과 염소를 구분하는 것같이 하여 양은 그 오른편에 염소는 왼편에 두리라. 그때에 임금이 그 오른편에 있는 자들에게 이르시되 내 아버지께 복 받을 자들이여 나아와 창세로부터 너희를 위하여 예비된 나라를 상속받으라." 양과 염소는 선과 악을 상징하는 동물인데, 루스 베네딕트는 이 선악 개념을 바탕으로 미국의 죄의식 문화와 일본의 수치 문화를 대비시킨다.-옮긴이)

우리는 사람들을 이런 식으로 레이블을 붙이고 그들의 다음 번 행동이 바로 이전의 행동과 똑같을 것이라고 기대한다. 사람은 관대하거나 인색하거나, 호의적이거나 의심 많거나, 보수적이거나 진보적이지, 관대하면서 동시에 인색할 수는 없다. 우리는 사람들이 어떤 특정한 정치 이데올로기를 지지하면 반대 이데올로기에 대해서는 맞서 싸울 것으로 기대한다. 미국이 유럽에서 전쟁을 할 때, 거기에는 나치에게 협력하는 자가 있는가 하면 저항하는 자가 있었다. 유럽에서 승리를 거두었을 때, 우리는 나치 협력자들이 태도를 바꿀 것이라고 보지 않았고 이런 예상은 당연한 것이었다. 미국 국내 사정을 살펴봐도 뉴딜 정책을 지지하는 사람이 있고 반대하는 사람이 있다. 우리는 앞으로 새로운 상황이 발생한다고 해도 이 두 진영의 사람들은 평소 신조대로 행동할 것으로 기대한다. 어떤 개인이 울타리의 이쪽에서 저쪽으로 옮겨갈 때—가령 무신론자가 가톨릭 신자가 된다거나 '공산주의자'가 보수주의자가 되는 경우—이런 변화에는 전향이라는 레이블이 붙고 그에 따라 새로운 인성이 구축될 것으로 기대한다.

통합적인 행동을 기대하는 서구적인 믿음은 언제나 정당화되는 것은 아니지만, 황당한 믿음이라고 할 수는 없다. 원시 사회건 문명 사회건 대부분의 문화에서 사람들은 자신들이 이러 이러한 종류의 사람이라고 생각하며 살아간다. 만약 그들이 권력에 관심이 많은 사람들이라면 다른 사람들이 그들의 의지에 얼마나 복종하는가에 따라 성공과 실패를 판단한다. 만약 남들의 사랑을 받는 데 관심이 많은 사람들이라면, 그런 사랑이 느껴지지 않는 몰개성적 상황에서는 좌절감을 느낄 것이다. 사람들은 자신이 아주 공정한 사람, '예술적 기질'을 가진 사람, 집에만 틀어박혀 있는 사람 등으로 생각한다. 그리하여 이러한 그들의 특성에 맞추어 게슈탈트(gestalt: 경험의 통일적 전체)를 구축한다. 그것은 인간이 이 세상에 존재하면서 살아가는 데 질서를 부여해 준다.

서구인은 일본인이 아무런 정신적 상처 없이 한 행동에서 다른 행동으로 돌변할 수 있는 능력을 순순히 믿어 줄 수가 없다. 이런 극단적인 가능성은 우리의 체험 속에 들어 있지 않다. 그러나 일본의 생활에서 발견되는 이런 모순—미국인이 보기에—은 미국인의 일관성만큼이나 그들의 인생관에 깊숙이 뿌리를 내리고 있다. 여기서 서구인이 특별히 주목해야 할 사항이 하나 있다. 일본인은 생활을 여러 영역으로 나누지만 거기에는 '악의 영역'이라는 것은 없다. 일본인은 인생을 하나의 드라마로 본다. 그 드라마 속에서 그들은 한 '영역'의 주장과 다른 영역의 그것, 한 행동 노선과 다른 행동 노선 사이에서 조심스럽게 균형을 맞추어야 한다. 그리고 각 영역과 행동 노선은 그 자체로 선량하다. 일본인이 자신의 진정한 본능을 충실히 따른다면 모든 일본인은 선량한 사람이 된다.(영주에게 철저한 충성을 바치던 가신이, 영주에게서 모욕을 당하고서 그에 대한 복수로 그 영주를 살해했을 때, 그 살인 행위가 악이 되지 않고 오히려 선이 된다고 보는 일본인의 태도를 서구인은 의아하게 여긴다는 설명.-옮긴이)

　우리가 이미 살펴본 바와 같이, 일본인은 중국의 도덕 체계는 중국인들이 그것을 필요로 하기 때문에 생겨났다고 본다. 그런 도덕 체계는 중국인의 열등성을 증명한다. 일본인의 설명에 의하면, 일본인은 그런 포괄적인 윤리적 명령을 필요로 하지 않는다. 우리가 이미 앞에서 인용한 바 있는 조지 샌섬 경의 표현을 따르면, 일본인들은 "악의 문제를 본격적으로 다루는 것에 거부감을 표시해 왔다." 그들의 인생관에 의하면, 그보다 덜 보편적인 수단(보편적 수단은 앞에 나온 정언명령과 황금률을 가리킨다.-옮긴이)으로 나쁜 행동을 적절히 처리한다. 일본인은 이렇게 생각한다. 사람의 영혼은 원래 새로 벼린 칼처럼 미덕으로 반짝거린다. 하지만 평소에 잘 닦아놓지 않으면 곧 녹이 슨다. 그들이 말하는 바, '자기 몸에서 나온 녹(身から出た錆)'은 칼의 녹처럼 나쁜 것이다. 사람은 칼을 잘 닦아놓는 것처럼 자신의 성품도 그와 똑같이 관리를 해야 한다. 아무튼 사람의 밝게 반짝거리는 영혼은 언제나 녹 밑에 있으므로, 정말로 필요한 것은 그 녹을 잘 닦아내는 것이다.

이런 일본적 인생관으로 인해 일본의 민담, 소설, 희곡은 서구인들에게는 명확한 결론이 없는 것처럼 보인다. 그래서 종종 있는 일이지만, 우리는 그 줄거리를 성격의 일관성 혹은 선과 악의 갈등이라는 우리의 요구 사항에 맞추어 각색해 보기도 한다. 하지만 그것은 일본인들이 그 줄거리를 바라보는 방식이 아니다. 그들은 이런 식으로 논평한다. 주인공은 '기리와 닌조', '주와 고', '기리와 기무'의 갈등에 빠져 있다. 주인공은 닌조를 중시하여 기리의 의무를 소홀히 했거나, 주와 고의 부채를 동시에 지불하지 못했기에 실패한 것이다. 그는 기리 때문에 기(義)를 행하지 못했다. 그는 기리 때문에 궁지에 몰려서 가족을 희생시켰다. 이런 식의 갈등은 서로 다른 의무들 사이의 갈등이 그 의무들은 모두 주인공에게 구속력을 가진다. 그 의무는 둘 다 '선량하다.' 둘 사이의 선택은 너무 많은 채권자에게 빚을 진 채무자의 선택과 비슷하다. 그는 이 채권자에게 이번에 빚을 갚고 다른 채권자는 당분간 뒤로 미루어야 한다. 그가 한 가지 빚을 지불했다고 해서 다른 나머지 빚들로부터 해방되는 것은 아니다.

주인공의 인생을 이런 식으로 보는 방식은 서구의 관점과 크게 대조를 이룬다. 서구의 주인공은 '더 좋은 부분'을 선택하여 나쁜 부분을 선택한 상대방과 적극적으로 맞서기 때문에 선량한 것이다. '미덕이 이긴다'라고 미국인은 말한다. 또 행복한 결말이 있어야 하고 선한 사람은 보상을 받아야 한다. 그러나 일본인은 '악명 높은 사례(자살)'의 스토리에 대하여 싫증나지 않는 욕구를 가지고 있다. 일본식 주인공은 세상과 자기 이름에 대하여, 서로 양립하지 못하는 부채를 지고 있는데 자살을 해결 방안으로 선택함으로써 그 부채를 청산하는 것이다. 이런 일본식 이야기는 다른 문화권에서는 처참한 운명에 대한 체념을 가르치는 스토리로 여겨질 것이다. 그러나 일본에서는 전혀 그렇지가 않다. 그것은 주인공의 주도권과 강인한 결단을 보여 주는 스토리가 된다. 주인공은 지불해야 할 어떤 의무에 대해서 지불하려고 모든 노력을 다 했는데 그 과정에서 다른 의무를 이행하지 못한다. 그러나 마지막에 가서 주인공은 그가 실패한 '영역'의 규범에 따라 문제를 해결한다.

일본의 영웅담 『주신구라』

일본의 진정한 국민적 서사시는 『47 로닌 이야기』이다. 이것은 세계 문학에서 높이 평가받는 이야기는 아니지만 일본인에게 미친 영향은 엄청나다. 모든 일본 소년이 주된 스토리와 하부 플롯까지도 속속들이 알고 있다. 이 스토리는 끊임없이 이야기되고 인쇄되며 인기 높은 현대 영화에서도 각색된다. 47명의 무덤은 여러 세대에 걸쳐서 수천 명의 사람들이 참배하는 순례 명소가 되었다. 순례객들은 종종 무덤 주위에 명함을 두고 가는데, 그로 인해 묘지 전체가 하얗게 변하기도 한다.

『47 로닌 이야기』의 주제는 영주에 대한 기리이다. 일본인이 보는 바에 의하면 이 이야기는 기리와 충성의 갈등, 기리와 옳음의 갈등ㅡ물론 기리가 언제나 승리한다ㅡ그리고 '단순한 기리'와 무한한 기리 사이의 갈등에 대한 것이다. 이것은 1703년에 벌어진 역사담이다. 당시는 봉건제의 전성 시대였고, 현대 일본인의 백일몽에 의하면 남자는 남자다웠고 기리에는 '비자발성'이라고는 찾아볼 수 없었다. 47인의 영웅은 기리를 위하여 그들의 명성, 아버지, 아내, 여동생, 기(義) 등을 모두 바쳤다. 마침내 그들은 충성을 하기 위하여 스스로 자결함으로써 그들의 목숨을 바쳤다.

아사노(淺野) 영주는 쇼군 정부에 의해 다이묘들이 쇼군에게 정기적으로 복종을 맹세하는 행사를 주관하는 두 명의 다이묘 중 한 명으로 임명되었다. 두 명의 행사 주관 다이묘는 시골의 영주였으므로 필요한 의전 절차를 알기 위하여 궁중의 신분 높은 다이묘인 기라(吉良)에게 지시를 받아야 했다. 불행하게도 아사노의 가장 현명한 가신인 오이시(大石) ─ 이야기의 주인공 ─ 는 옆에 있었더라면 현명한 조언을 해주었을 텐데 마침 고향 지방에 출장 나가 있었다. 그리하여 순진한 아사노는 지시 사항을 내려줄 기라에게 충분한 '선물'을 주지 못했다. 기라의 지시를 받는 다른 다이묘의 가신들은 세상 물정을 잘 아는 자들이었고, 그래서 기라에게 많은 선물을 안겨주었다.

그리하여 기라는 앙심을 품고서 아사노에게 행사 때 입을 옷에 대하여 일부러 아주 엉뚱한 것을 입고 오라고 가르쳐 주었다. 아사노는 그런 엉뚱한 복장을 하고서 대행사장에 나타나 자신이 기라에게 모욕을 당했다는 것을 알았다. 그리하여 그 행사장에서 나오기 전에 칼을 뽑아 기라의 이마에 상처를 입혔다. 기라의 모욕에 복수하는 것은 그의 명예 ─ 이름에 대한 기리 ─ 를 지키기 위한 미덕이었으나, 쇼군의 궁중에서 칼을 뽑아든 것은 불충한 행위였다. 아사노 다이묘는 이름에 대한 기리를 위해서는 덕성스럽게 행동했으나 자신의 불충을 씻어내려면 셋푸쿠(切腹: 할복자살)의 절차에 따라 자결하는 것이 충성의 의무를 지키는 것이었다. 그는 자신의 숙소로 물러가서 그 의식에 맞추어 의관을 갖추었으나 가장 현명하고 충성스러운 가신인 오이시가 귀환하기를 기다렸다. 마침내 두 사람이 만나 오랜 작별의 눈빛 인사를 교환했을 때, 아사노는 정해진 절차에 따라 정좌한 후, 자신의 칼로 배를 찔러 자결했다. 불충을 저질러 쇼군 정부의 분노를 사서 자결한 영주의 영지를 물려받으려는 사람은 아무도 없었다. 아사노의 영지는 몰수되었고 그의 가신들은 주인 없는 로닌이 되었다.

기리의 의무에 의하면, 아사노의 사무라이 가신들은 죽은 영주를 따라서 할복자살을 해야 되었다. 그들이 영주에 대한 기리를 지키기 위해 아사노가 자신의 이름을 지키기 위해 한 행동을 따라 한다면 그것은 영주에 대한 기라의 모욕에 항의를 표시한 것이 된다. 그러나 오이시는 할복자살만으로 그들의 기리를 충분히 표현하기에는 미흡한 행위라고 생각했다. 그들은 쇼군 궁중의 기라가 뜯어말리는 바람에, 선주(先主)가 이루지 못한 복수를 완수해야 한다고 생각했다. 그들은 기라를 반드시 죽여야 했다. 그러나 그것은 '주'를 위반하는 행위가 될 것이었다. 기라는 쇼군 정부와 아주 가까운 고위직이었으므로 로닌들은 정부로부터 복수를 이행해도 좋다는 공식적 허가를 받을 수가 없었다.

대부분의 경우, 복수를 하려는 집단은 최종 날짜를 정하여 쇼군 정부에 복수 계획을 신고한 다음, 그 날짜 전에 복수를 하거나 아니면 계획을 포기해야 했다. 이러한 절차를 통하여 일부 운 좋은 사람들은 충성과 기리를 일치시킬 수 있었다. 오이시는 이런 행동 노선이 그와 동료들 앞에는 열리지 않으리라는 것을 알았다. 그는 아사노의 사무라이 가신들을 불러 모았으나 기라를 죽이려는 계획에 대해서는 전혀 발설하지 않았다. 이 로닌들의 숫자는 300명이 넘었고 1940년 일본 교과서에 실린 이야기에 의하면, 그들은 모두 할복자살하는 데 동의했다. 그러나 오이시는 그들 모두가 무한한 기리―일본식 표현으로 마코토노기리(まことの義理)―를 느끼는 것은 아니었으므로, 기라를 상대로 복수극을 벌이려는 위험한 계획을 믿고 말해 줄 수가 없었다.

사무라이 가신들의 단순한 기리와 진실한 기리를 가려내기 위해 오이시는 영주의 재산을 나누는 문제로 그들을 시험했다. 이미 자결에 동의한 사람들이므로 재산이 무슨 의미가 있겠는가마는 그들의 가족에게 혜택이 돌아가는 것이었으므로, 일본인들이 보기에 그들은 마치 자결 동의를 하지 않은 사람들 같았다. 로닌들 사이에 재산 분배의 기준을 두고서 엄청난 의견 불일치가 발생했다. 가신들 중 최고의 녹봉을 받았던 시종장은 예전의 봉급 수준에 따라 재산을 나누자는 파의 우두머리로 나섰다. 오이시는 모든 사람에게 공평하게 나누자는 파의 지도자가 되었다. 어느 파의 로닌이 단순한 기리를 가졌는지 분명해지자 오이시는 시종장의 계획대로 재산을 나누었고, 그런 식으로 재산을 챙긴 자들은 떠나가게 했다. 시종장은 이로 인해 '개 같은 사무라이', '기리를 모르는 인간', '배신자' 등의 오명을 얻었다.

오이시는 47명 정도가 단단한 기리를 느끼고 있어서 그의 복수극 계획을 알려줄 만하다고 생각했다. 이 47인은 오이시에게 합류하면서 어떤 신의, 어떤 애정, 어떤 기무도 그들의 맹세를 완수하는 데 방해가 되지 않게 하겠다고 맹세했다. 그리하여 기리가 그들의 지고한 법이 되었다. 47인은 손가락을 살짝 베어 거기서 나온 피를 함께 섞어 마시며 맹세했다.

그들의 첫 번째 과제는 기라로 하여금 복수극의 냄새를 맡지 못하게 하는 것이었다. 그들은 각자 흩어져서 모든 명예를 잃어버린 사람처럼 행동했다. 오이시는 가장 저급한 술집에 자주 다니면서 방탕한 싸움을 벌였다. 이런 타락한 생활을 해나가면서 그는 아내와 이혼했다. 이것은 장차 법을 위반하려는 일본인이 취할 수 있는 아주 당연한 차례였다. 이혼을 하면 그의 복수극에 아내와 자식이 연루되는 것을 사전에 막을 수 있기 때문이다. 오이시의 아내는 크게 슬퍼하며 남편과 헤어졌으나 그의 아들은 로닌 그룹에 합류했다.

모든 도쿄 사람이 복수극이 벌어질 것이라고 짐작했다. 로닌을 존중하는 사람들은 당연히 그들이 기라를 죽이려 할 것이라고 확신했다. 그러나 47인은 그런 의도를 전면 부인했다. 그들은 '기리를 모르는' 사람 행세를 했다. 그들의 장인들은 그런 불명예스러운 행동에 분노하여 그들을 집에서 쫓아내고 결혼을 취소시켰다. 그들의 친구들도 비웃었다. 어느 날 오이시의 친한 친구는 술에 취한 채 여자와 희롱하고 있는 오이시를 발견하게 되었다. 오이시는 심지어 그 친구에게도 영주에 대한 자신의 기리를 부정했다. 그는 말했다. "복수? 그건 어리석어. 사람은 인생을 즐겨야 해. 술 마시고 여자들을 희롱하는 것처럼 즐거운 일은 없어." 친구는 그의 말을 믿지 않았고 오이시의 칼을 칼집에서 꺼내 보았다. 칼의 번쩍거리는 빛이 그 주인의 말을 반박해 주리라 믿었다. 그러나 칼은 녹슬어 있었다. 그는 오이시의 말을 믿을 수밖에 없었고 사람들이 다 보는 거리에서 술취한 오이시를 걷어차고 그의 얼굴에 침을 뱉었다.

로닌 중 한 사람은 복수극에서 자신이 맡은 역할을 수행하기 위해 돈이 필요하자 아내를 창녀로 팔았다. 로닌의 하나였던 그녀의 오빠는 복수극 내막을 여동생이 아는 것을 발견하고서, 자신의 칼로 여동생을 죽이겠다고 제안했다. 이처럼 충성심을 발휘하면 오이시가 그를 복수하는 로닌들의 그룹에 끼워 줄 것이라고 생각했다. 또 다른 로닌은 장인을 죽였다. 또 다른 로닌은 여동생을 기라의 하녀 겸 정부로 궁중 안에 들여보내, 궁중 내부에서 정보를 얻어 언제 공격하면 좋을지 판단하려 했다. 이러한 행위는 복수가 완수되었을 때 그녀가 자결해야 한다는 것을 의미했다. 왜냐하면 그녀는 기라의 편에 섰던 것처럼 행동한 오명을 자결로 씻어내야 하기 때문이다.

눈이 내리던 12월 14일 밤, 기라는 술잔치를 벌였고 호위병들은 취하여 잠에 떨어졌다. 로닌은 기라의 요새를 공격하여 호위병들을 제압하고 기라의 침실로 곧장 갔다. 그는 거기에 있지 않았으나 침대는 여전히 따뜻했다. 로닌은 그가 궁중 어딘가에 숨어 있다고 판단했다. 마침내 그들은 목탄을 저장해 두는 헛간에 웅크리고 있는 한 남자를 발견했다. 로닌 중 한 사람이 그 헛간 벽으로 창을 깊이 찔렀다. 그러나 창을 빼보니 거기에 피가 묻어 있지 않았다. 그 창은 기라를 찔렀으나, 창이 빠져나올 때 기라가 기모노 소매 자락으로 그 피를 닦아냈던 것이다. 그러나 그의 술수는 아무 소용이 없었다. 로닌은 그를 헛간에서 강제로 나오게 했다. 하지만 그는 자신이 기라가 아니라고 주장했다. 단지 시종장일 뿐이라는 것이었다.

그 순간 47인의 로닌 중 한 사람이 아사노 영주가 쇼군 궁정에서 기라의 이마에 입혔던 상처를 기억해 냈다. 그 상처를 발견하고 그가 기라임을 알아본 로닌은 그에게 즉시 할복자살을 하라고 요구했다. 그는 거절했고 그것은 그가 비겁한 사람임을 증명했다. 그러나 아사노가 할복자살했던 칼로 로닌들은 기라의 목을 쳤고 정성스럽게 그 칼의 피를 닦아냈다. 이제 복수의 의무를 완수했으므로 그들은 두 번 사람의 피가 묻은 칼과 기라의 잘린 머리를 들고서 아사노의 무덤까지 행진했다.

온 도쿄 사람들이 로닌의 행위에 열광적으로 반응했다. 그들을 의심했던 그들의 가족과 장인들은 두 팔을 활짝 펴고 달려 나와 그들을 껴안고 그들에게 경의를 표시했다. 행진해 가는 동안에, 신분 높은 다이묘들이 환대를 제안했다. 그러나 그들은 곧장 무덤으로 갔고 거기에 잘린 기라의 머리와 칼을 올려놓았을 뿐만 아니라 선주에게 바치는 글을 읽었다. 이 글은 오늘날까지 전해지고 있다.

저희들은 오늘 이곳에 충성의 예를 바치려고 왔습니다… 저희들은 영주님이 시작한 복수를 완수하기 전까지는 감히 이곳에 올 수가 없었습니다. 저희들이 기다리던 매일매일은 3년처럼 길게 느껴졌습니다… 우리는 기라를 여기 영주님의 무덤에 데려 왔습니다. 영주님께서 지난해 그토록 소중하게 여겼고, 또 우리에게 맡겼던 칼을 여기 대령했습니다. 이 칼을 받으셔서 영주님의 적의 머리를 두 번째로 내리치시고 증오를 영원히 푸소서. 저희 47인은 삼가 이렇게 아뢰옵나이다.

그들은 기리를 갚았다. 하지만 이제 충성에 대해서도 빚을 갚아야 했다.

260

오로지 그들의 죽음 속에서만 그 두 의무가 만날 수 있었다. 그들은 신고하지 않은 복수극을 저질러 국법을 위반했으나 '주'에 대하여 반역을 저지른 것은 아니었다. 그들은 '주'의 이름으로 그들에게 요구되는 것을 이제 완수해야만 되었다. 쇼군 정부는 47인에게 할복자살을 명령했다. 일본 초등학교 5학년 독본은 이렇게 말한다.

> 그들은 영주의 복수를 하기 위해 행동에 나섰고 그들의 굳건한 기리는 앞으로 영원히 모범의 사례로 기억되어야 할 것이다… 그리하여 쇼군 정부는 심사숙고한 끝에 할복자살을 명령했는데, 그것은 일석이조의 계획이었다.

다시 말해 그들의 손으로 자결함으로써 로닌은 기리와 기무의 두 지고한 부채를 모두 갚은 것이었다.

이 일본의 민족적 서사시는 판본에 따라 내용이 달라진다. 현대의 영화에서는, 드라마 초기의 뇌물의 주제가 성욕의 주제로 바뀐다. 기라가 아사노의 아내에게 접근하다가 발각되었다는 것이다. 기라가 그녀에게 매혹되어 수작을 붙이려 했는데 미수로 끝나자 그 굴욕감을 아사노에게 엉터리 지시 사항을 알려주는 것으로 풀었다는 것이다. 이런 식으로 해서 뇌물 주제는 생략되었다. 하지만 나머지 기리의 의무 사항들은 오싹할 정도의 세부 사항들과 함께 제시된다. "그들은 기리 때문에 아내도 버렸고, 자식들과도 헤어졌고, 부모도 잃었다(죽였다)."

기무와 기리의 갈등

기무와 기리의 갈등이라는 주제는 많은 다른 이야기와 영화의 밑바탕이 된다. 가장 훌륭한 역사 영화 중 하나는 3대 쇼군 시절을 배경으로 하는 것이다. 이 쇼군은 아직 젊고 경험이 없을 때 쇼군 자리에 지명되었는데, 그의 신하들 사이에는 그 계승 문제에 의견 차이가 있었다. 그들 중 일부는 현 쇼군과 같은 나이인 다른 친척을 후계자로 밀었다. 그 문제에서 패배한 다이묘 한 사람은 3대 쇼군이 유능하게 행정을 펼쳐나가고 있는데도 불구하고 그 '모욕'에 대하여 가슴에 앙심을 품고 있었다. 그는 복수할 때를 기다렸다. 마침내 쇼군과 그의 일행은 여러 영지들을 순찰할 계획임을 그에게 알렸다. 그 다이묘는 쇼군 일행을 접대해야 했고, 그 기회를 잡아서 과거의 원한을 해소하여 이름에 대한 기리를 완수할 생각이었다. 그의 저택은 이미 하나의 요새였고, 다가오는 행사를 위해 모든 출구를 봉쇄했다. 그리하여 저택은 더욱 강력한 요새가 되었다. 이어 그는 저택의 벽과 천장이 쇼군과 그 일행의 머리 위로 무너져 내리게 만드는 준비를 해두었다.

그의 음모는 아주 거창한 방식으로 설계되었다. 그의 접대는 꼼꼼한 것이었다. 쇼군을 즐겁게 하는 행사의 하나로 그의 사무라이 가신 한 사람으로 하여금 쇼군 앞에서 칼춤을 추게 했다. 이 사무라이는 칼춤이 클라이맥스에 도달했을 때 쇼군을 칼로 찌르라는 지시를 받아두고 있었다. 다이묘에 대한 기리 때문에 사무라이는 영주의 지시를 결코 거절할 수 없었다. 그러나 동시에 그의 '주' 때문에 쇼군을 칼로 찌르는 것도 할 수 없었다. 스크린에 나오는 칼춤은 그런 갈등을 생생하게 묘사한다. 그는 쇼군을 찔러야 하고 동시에 찌를 수가 없었다. 기리도 강력하지만 '주' 또한 그에 못지않게 강력하다. 칼춤은 동작이 흐트러지고 쇼군 일행은 의심을 품게 된다. 다급해진 다이묘가 저택의 붕괴를 지시하기 직전에 쇼군 일행은 자리에서 일어선다. 쇼군은 칼춤의 칼은 피했지만 여전히 요새의 붕괴로 인해 살해당할 우려가 있었다. 이때 칼춤을 추던 사무라이가 앞으로 나서서 쇼군 일행을 지하의 통토로 안내하여 안전한 곳으로 대피할 수 있게 한다. '주'가 기리를 이긴 것이다. 쇼군의 대변인이 감사를 표시하면서 일행과 함께 명예롭게 도쿄로 가자고 칼춤 사무라이에게 권유한다. 그러나 안내를 맡았던 사무라이는 허물어지는 저택을 되돌아보면서 이렇게 말한다. "그건 불가능합니다. 저는 여기 머무르겠습니다. 그것이 저의 기무이며 기리입니다." 그는 쇼군 일행과 헤어져서 그 폐허 속에서 죽는다. "그는 자신의 죽음으로 충성과 기리를 모두 충족시켰다. 죽음 속에서 그 둘은 일치가 된 것이다."

과거 시대를 다룬 이야기들은 의무와 '인간적 감정' 사이의 갈등을 핵심 주제로 삼지 않는다. 하지만 최근에 들어와 그것이 중요한 주제로 등장했다. 현대의 장편소설들은 기무 혹은 기리 때문에 포기해야 하는 사랑과 인간적 배려에 대하여 이야기한다. 이러한 갈등의 주제는 최소화되는 것이 아니라 더욱 강조되고 있다. 서구인들에게는 좋은 평화 선전처럼 보이는 일본의 전쟁 영화와 마찬가지로, 이 장편소설들은 종종 개인의 감정에 따라 살아가는 자유의 확대를 요청하는 것처럼 보인다. 그 소설들은 확실히 그런 충동을 지지하는 것처럼 보인다. 그러나 이런 소설이나 영화의 줄거리를 검토한 일본인들은 거듭하여 거기에서 다른 의미를 읽어냈다.

미국인은 사랑에 빠지거나 어떤 개인적 야망을 품은 개인에 대하여 동정을 느낀다. 하지만 일본인들은 그런 개인적 감정이 그의 기리 혹은 기무를 방해하도록 내버려둔 주인공을 가리켜 심지가 약한 사람이라고 비난했다. 서구인들은 관습에 저항하면서 온갖 방해에도 불구하고 행복을 쟁취한 주인공에 대하여 그가 강인한 사람이라고 생각할 것이다. 그러나 일본인의 판결에 의하면, 개인적 행복을 희생하고 자신의 의무를 완수하는 사람이 진정으로 강인한 사람이라는 것이다. 강인한 성격은 저항이 아니라 순응에서 드러난다고 그들은 생각한다. 따라서 일본인의 관점에서 보면 일본 소설과 영화의 줄거리는, 우리 서구인의 눈으로 본 것과는 아주 다른 의미를 획득하게 된다.

개인적 욕망과 강인한 남자
———

일본인은 그들 자신의 삶이나 그들이 알고 있는 사람의 삶을 평가할 때 이와 유사한 판단을 내린다. 개인적 욕망이 의무의 규범과 갈등을 일으킬 때 그 욕망에 더 신경 쓰는 남자를 허약한 남자라고 생각한다. 모든 종류의 상황이 이런 방식으로 판단된다. 그러나 서구의 윤리와 가장 반대되는 것은 남편이 아내를 대하는 태도이다. 그의 아내는 '고(孝)의 영역' 안에서는 주변적인 인물에 불과하고 그의 부모가 그 영역의 중심이다. 따라서 그의 의무는 분명하다. 강인한 도덕적 심성을 가진 남자는 고를 실천해야 하고 아내와 이혼하라는 어머니의 결정에 따라야 한다. 그가 아내를 사랑하고 그 아내가 자식을 낳았는데도 여전히 그녀와 이혼을 한다면 그것은 그 남자를 더욱 '강인한' 사람으로 만든다.

이것을 일본식으로 표현하면 이렇게 된다. "고를 실천하다 보니 아내와 자식도 남이 되어 버렸다." 일본인이 처자식을 대하는 태도는 좋게 말해서 '진(仁)의 영역'에 속할 뿐이다. 나쁘게 말한다면 처자식은 일본인 남자에게 아무런 주장도 할 수 없는 존재이다. 부부가 행복한 결혼 생활을 유지할 때에도 아내는 의무의 영역 안에서 중심적 존재가 아니다. 따라서 남편은 아내에 대한 감정을 높이 평가하여 부모나 나라에 대한 감정과 동일한 수준이 되도록 해서는 안 된다. 1930년대에 한 저명한 자유주의자가 일본에 귀국했을 때 아주 즐겁다면서 그 이유 중 하나가 아내와 재회하게 된 것이라고 공공연하게 말해서 대중들 사이에 스캔들을 일으킨 적이 있었다. 그는 당연히 부모, 후지산, 일본의 국가적 사명에 대한 헌신을 얘기했어야 마땅한데 그렇게 하지 않았던 것이다. 그의 아내는 이런 수준에는 들어가지 못하는 것이었다.

일본인들 자신도 현대에 와서는 일본의 도덕률이 여러 다른 수준과 '영역들'을 엄격하게 구분하라고 가르치는 것에 대하여 불만을 표시한다. 일본의 훈육은 상당 부분 '주'를 지고한 가치로 여기도록 만드는 데 집중한다. 메이지 시대의 정치가들이 천황을 계층제도의 정점에 위치시켜 쇼군과 중세 영주들을 제거함으로써 그 제도를 간결하게 만들었던 것처럼, 도덕적 영역에서는 다른 모든 하위 미덕들을 주의 범주에 포함시킴으로써 의무 체계를 간결하게 만들었다. 이런 방법을 통하여 일본은 '천황 숭배'의 슬로건 아래 국가를 통합할 뿐만 아니라 일본식 도덕의 세분화를 허물어뜨리려 했다. 그들은 주를 실천하면 나머지 의무들은 저절로 실천되는 것이라고 가르치려 했다. 그들은 주를 행동의 지도상에서 하나의 독립적 영역으로 만든 것이 아니라, 도덕 체계라는 아치의 중심돌로 만든 것이다.

메이지 천황의 칙유

이러한 계획을 가장 훌륭하고 가장 권위 있게 선언한 것이 1882년에 메이지 천황이 '육군과 해군 병사에 내린 칙유'이다. 이 군인칙유와 또 다른 교육칙어는 일본의 진정한 성경이다. 일본의 종교는 성경을 갖고 있지 않다. 신토는 그런 성경이 없고, 불교의 여러 종파들은 경전에 대한 집착에서 벗어나라는 교리를 갖고 있거나 아니면 경전 대신에 '나무아미타불'이나 '나무묘법연화경' 같은 구호를 반복하여 외우게 한다. 이에 비하여 메이지 군인칙유와 칙어는 진정한 성경이다. 이 칙유와 칙어는 숨죽이며 공손한 태도로 머리를 숙이고 있는 대중들 앞에서 신성한 의식의 말씀인 것처럼 낭독된다. 그 칙유와 칙어는 일종의 토라(기독교의 모세 5경)로서, 사당에서 가져와 공손하게 봉독한 다음에는 대중이 흩어져 가기 전에 사당에 다시 모셔놓아야 하는 거룩한 말씀이다. 그 칙어를 봉독하는 임무를 맡은 사람이 문장을 잘못 읽었다 하여 자살을 한 사건도 있었다. 군인칙유는 육군이나 해군에 복무하는 군인들에게 내리는 천황의 말씀이다. 군인들은 그 칙유를 전부 암송하여 매일 아침 10분 동안 그 말씀을 깊이 명상해야 한다. 중요한 국경일, 신입 병사가 부대에 들어온 날, 일정 기간 훈련을 마치고 부대를 떠나는 날, 이와 유사한 날들에 그 칙유가 엄숙하게 낭독된다. 또한 중학교와 그 이상의 상급 학교 학생들에게도 가르친다.

군인칙유는 여러 페이지에 걸치는 문서이다. 여러 소제목 아래 배열되어 있으면 그 뜻은 분명하고 구체적이다. 그렇지만 서구인의 눈에는 수수께끼처럼 보이고, 그 가르침이 서로 모순된다고 느껴지는 것이다. 선량함과 미덕을 인생의 진정한 목표로 칭송하고 있으며, 서구인이 이해할 수 있는 방식으로 묘사된다. 그런 다음에 칙유는 불명예 속에 죽어간 과거의 영웅처럼 되지 말라고 경고한다. 왜냐하면 "그들은 공공 의무의 진정한 길을 잃어버리고 개인적 관계에서 신의를 지켰기 때문이다." 이것은 공식 번역인데 칙유를 직역한 것은 아니지만 원문의 뜻을 상당히 가깝게 번역했다고 생각된다. 이어 칙유는 말한다. "제군들은 과거의 영웅들의 사례에서 심각한 경고를 읽어야 할 것이다."

이 '경고'는 일본인의 의무 지도(地圖)를 잘 알지 못하면 이해하기가 어렵다. 천황 칙유는 기리를 최소화하고 '주'를 극대화하려는 공식적 시도이다. 칙유의 전문에서 일본 가정에서 사용되는 의미의 기리라는 단어는 단 한 번도 나오지 않는다. 그 대신에 칙유는 '더 높은 법칙'을 강조하는데 곧 충성이다. 그리고 개인적 관계에서 신의를 지키는 것은 '더 낮은 법칙'이다. 칙유는 더 높은 법칙이 다른 모든 미덕을 충분히 포섭한다고 극구 강조한다. "기(義)는 기무의 완성이다"라고 칙유는 말한다. '주'로 가득 찬 군인은 반드시 '참된 용기'를 갖추게 되는데, "일상적 교제에서 친절함을 우선시하고 남들의 사랑과 존경을 얻는 것"을 의미한다. 칙어가 암시하는 바는, 이러한 가르침을 따르면 굳이 기리를 내세우지 않아도 충분하다는 것이다. 기무 이외의 의무는 '더 낮은 법칙'이고 그런 의무를 지키고자 할 때는 아주 신중하게 생각한 후에 결정해야 한다는 것이다.

> 만약 제군이… (개인적 관계에서) 약속을 지키고 (또) 제군의 기무를 완수하고자 한다면… 제군을 그것을 완수할 것인지 말 것인지를 처음부터 신중하게 생각해야 한다. 만약 제군이… 현명하지 못한 의무에 매이게 된다면, 제군은 앞으로도 뒤로도 나가지 못하는 처지에 놓이게 될 것이다. 제군이 약속도 지키지 못하고 의도 유지하지 못할 것 같으면(칙어는 방금 기를 기무의 완성이라고 규정했다), 제군은 (개인적) 약속은 즉시 파기하는 것이 좋다. 고대 이래로 불행에 압도당하여 후세에 오명을 남긴 채로 죽은 위인과 영웅들의 사례가 되풀이되고 있다. 이렇게 된 것은 그들이 기본적 원칙과 관련하여 옳고 그름을 제대로 구분하지 못하고 사소한 일에 신의를 지켰기 때문이다. 또는 공공 의무의 올바른 길을 잃어버리고 개인적 관계에서 신의를 지켰기 때문이다.

기리보다 '주'가 우위에 있다는 이러한 가르침은, 우리가 위에서 지적한 바와 같이, 기리에 대한 언급은 전혀 없다. 그러나 모든 일본인이 "나는 기리 때문에 의를 행할 수 없다"는 말을 알고 있다. 그래서 칙유는 그것을 다음과 같은 말로 풀어쓰고 있다. "제군이 약속(개인적 의무)도 지키지 못하고 의도 유지하지 못할 것 같으면….' 칙유는 천황의 권위를 동원하여 이런 상황에서는 기리가 '더 낮은 법칙'이라는 것을 기억하고 그것을 포기하라는 것이다. 만약 그가 '더 높은 법칙'의 가르침을 따른다면 그 법칙이 그를 덕성스러운 사람으로 지켜 준다는 것이다.

'주'를 강요하는 이 성스러운 말씀은 일본의 가장 기본적인 문서이다. 그러나 기리를 간접적으로 폄하하는 이 문서가 일본인의 의식 속에서 강력하게 작용하는 기리의 힘을 약화시켰는지는 말하기가 어렵다. 일본인들은 일상생활에서 칙어의 다른 부분은 빈번하게 인용한다. 가령 "기는 기무의 완성이다.", "마음이 성실하면 모든 것이 이루어진다." 등이 그러하다. 그들은 이런 인용문을 가지고 그들의 행동이나 남들의 행동을 정당화한다. 그러나 설사 인용이 타당한 경우라 하더라도, 일본인은 개인적 관계에서 신의를 준수하지 않아도 된다는 경고의 말은 좀처럼 입에 올리지 않는다. 오늘날에도 기리는 일본 사회에서 가장 큰 권위를 갖고 있는 말이다. 어떤 사람을 가리켜 "기리를 모르는 놈"이라고 말하는 것은 일본에서 가장 심한 욕설이다.

일본의 윤리는 '더 높은 법칙'을 도입한다고 해서 쉽사리 단순화되지 않는다. 일본인들이 자주 자랑하듯 말했듯이, 그들은 좋은 행동의 기준이 되는 일반적 미덕을 마련해 놓고 있지 않다. 대부분의 문화권에서, 개인은 선량한 의지, 근검절약, 사업 성공 등의 미덕을 성취하는 정도에 따라서 자부심이 높아진다. 그 개인은 행복, 다른 사람을 지배하는 권력, 자유, 신분 상승 등의 목적을 인생 목표로 설정한다. 그러나 일본인들은 보다 특정한 규칙을 따른다. 중세 시대든 군인칙유든 '더 높은 법칙', 즉 다이세쓰(大節)를 얘기할 때조차도, 위계제도 상의 상급자에 대한 의무가 하급자에 대한 의무보다 우선한다는 것이 그 특정한 규칙이다. 일본인에게 '보다 더 높은 법칙'은 서구인들이 말하는 충성의 보편 법칙에 대한 충성을 말하는 것이 아니라, 어떤 특정한 사람 혹은 특정한 대의(大義)에 대한 충성을 의미하는 것이다.

현대 일본인은 어떤 도덕적 미덕을 모든 '영역들'보다 우위에 두려고 할 때, 그들은 '성실'이라는 말을 사용한다. **오쿠마 시게노부** 백작은 일본의 윤리를 논의하면서 이렇게 말했다. "마코토(誠: 성실. 참된 마음)가 모든 가르침 중 으뜸이다. 도덕적 가르침의 기초는 이 한 마디에 다 들어 있다. 우리의 고대 어휘는 마코토라는 단어 하나를 제외하고는 윤리적 관점이 결여되어 있다."[1] 20세기 초창기에 새로운 서구적 개인주의를 칭송한 일본 현대 소설가들도 서구의 윤리 체계에 불만을 표시하면서, 성실을 유일한 '교리'로 칭송하려 했다.

이처럼 성실을 도덕적으로 강조하는 태도는 군인칙유 그 자체의 뒷받침을 받고 있다. 칙어는 역사적 서언으로 시작되는데, 워싱턴, 제퍼슨, 건국의 아버지들을 거론하는 미국 헌법의 서언에 상응하는 것이다. 이 서언 부분은 '온'과 '주'를 강조하면서 클라이맥스에 도달한다.

> 짐은 머리이고 제군은 신체이다. 짐은 제군을 짐의 사지(四肢)로서 필요로 한다. 짐이 국가를 수호하여 조상의 '온'을 되갚을 수 있겠는지 여부는 제군이 의무를 완수하는 데 달려 있다.

이어 다음 다섯 가지의 가르침이 나온다.

(1) 지고의 미덕은 '주'의 의무를 완수하는 것이다. 육군이든 해군이든 아무리 기술이 뛰어나도 '주'가 없으면 괴뢰에 불과하다. '주'가 결

---

1 Count Shigenobu Okuma, *Fifty Years of New Japan*, English Version edited by Marcus B. Huish, London, 1909, II: 37.

여된 군인 집단은 위기 시에는 오합지졸에 지나지 않는다. "그러므로 현재의 여론에 길을 잃지도 말고 정치에 관여하지도 말고, 오로지 순일한 마음으로 충성을 실천하고, 의는 태산보다 무겁고 죽음은 깃털보다 가볍다는 것을 기억하라."

(2) 군대 내에서 계급에 따라 외관과 행동을 준수하라. "상급자의 명령이 짐에게서 나온 것처럼 여겨라." 그리고 하급자를 배려하라.

(3) 참된 용기. 이 용기는 '난폭한 야만적 행동'과는 구분되며 다음과 같이 정의된다. '하급자를 경멸하지도 말고 상급자를 두려워하지도 말라. 참된 용기를 아는 사람은 일상적 교제에서 친절함을 우선시하고 남들의 사랑과 존경을 얻는다.

(4) '개인적 관계에서 신의를 지키는 것'에 대한 경고이다.

(5) 근검절약의 권유이다. "만약 제군이 단순함을 삶의 목표로 삼지 않는다면, 제군은 나약해지고 경박해지며 낭비와 사치에 흐르게 될 것이다. 결국 제군은 이기적이고 탐욕적인 사람이 되어 가장 천한 사람이 되고 말 것이다. 그렇게 되면 충성이나 용기마저도 제군을 세상의 경멸로부터 구제하지 못할 것이다… 이러한 사태가 발생할 것을 우려하여 우리는 여기서 재차 경고하는 바이다."

칙유의 마지막 문단은 이 다섯 가르침을 '하늘과 땅의 위대한 길이요 인간의 보편 법칙'이라고 말한다. 그 가르침은 '우리 육군과 해군의 영혼이다.' 그리고 이어서 이 다섯 가르침의 "영혼은 성실(참된 마음)이다. 만약 성실하지 않으면(마음이 참되지 않으면), 언행이 아무리 훌륭하더라도 단지 겉꾸밈에 지나지 않고 결국에는 아무 소용이 없다. 만약 성실하다면(마음이 참되다면) 모든 것이 다 이루어질 수 있다." 이렇게 하여 이 다섯 가지 가르침은 '이해하기도 실천하기도 쉽다.' 모든 미덕과 의무를 열거한 후에 성실을 맨 마지막에 꺼내드는 것은 일본적인 특징이다. 일본인은 중국인과는 다르게 모든 미덕이 인자한 마음에서 나오는 것이라고 보지 않는다. 그들은 먼저 의무의 규율을 확정하고, 이어 맨 마지막에 가서 그 의무를 모든 마음, 영혼, 힘, 정신을 동원하여 완수해야 한다고 덧붙인다.

성실(참된 마음)은 선불교의 가르침에서도 역시 중요한 의미를 갖는다. 스즈키(鈴木)의 『선불교 에세이』에는 학승과 선사 사이의 이런 대화가 소개된다.

학승 사자는 상대가 토끼든 코끼리든 잡아야겠다고 마음먹으면 온몸의 힘을 다하여 공격한다는 말을 들었습니다. 그 힘이란 무엇을 말하는 것입니까?

선사 그것은 참된 마음(誠)의 정신을 가리키는 것이다.(글자 그대로 말하면, 자기를 속이지 않는 힘). 참된 마음은 자기를 속이지 않는 것인데, '자신의 온 존재를 거기다 투입하는 것이다.' 전문적으로 말하자면 '온 존재가 그 행동(상대방을 잡으려는 행동.-옮긴이)에 몰입하는 것이다.' ··· 그러면 아무것도 유보되어 남아 있지 않고, 아무것도 변장되어 표현되지 않으며, 아무것도 낭비가 되지 않는다. 사람이 이런 식으로 산다면 그는 황금 털을 가진 사자라고 불러 줄 만하다. 그는 용맹함, 성실함, 참된 마음의 상징이다. 그는 불성(佛性)을 얻은 사람이라 할 것이다.(→ 화두, 깨달음)

성실의 주체: 개인의 양심과 외부의 제재
————

일본인이 성실(참된 마음)에 부여하는 특별한 의미는 위에서 스치듯이 언급한 바 있다. 마코토(誠)는 영어의 'sincerity(성실)'와는 의미가 다르다. 마코토는 성실보다 훨씬 작은 것과 성실보다 훨씬 큰 것을 동시에 의미한다.

서구인들은 일본어의 성실이 서구어의 성실보다 훨씬 작은 것을 의미한 다고 재빨리 파악한다. 서구인은 일본인이 상대방을 가리켜 불성실하다 고 말하는 것은 곧 그 상대방이 자신의 의견에 동의하지 않는 태도를 지 적하는 것이라고 말한다. 서구인이 이렇게 말하는 데는 일리가 있다. 왜 냐하면 일본에서 어떤 사람을 가리켜 '불성실'이라고 말할 때, 그것은 그 상대방이 마음속 깊은 곳의 사랑 혹은 증오, 결단 혹은 경악에 따라 '진정 하게' 행동하는지 여부를 가리키지 않기 때문이다.

가령 미국인이 "He was sincerely glad to see me.", 혹은 "He was sincerely pleased."라고 말하면서 표시하는 성실성은 일본에서는 낯선 개 념인 것이다. 일본인은 이런 종류의 성실(sincerity)을 경멸하는 일련의 속 담들을 가지고 있다. 가령 이런 조롱의 말들이 있는 것이다. "저 개구리를 보아라. 입을 열면 뱃속이 다 들여다보이는구나.", "석류처럼 입을 벌리면 속에 있는 것을 다 드러내 보이는구나." 상대방에게 '자신의 진짜 감정을 불쑥 드러내 보이는 것'은 일본인에게는 수치스러운 일이다. 그것은 상대 방에게 '속내를 들키는 것'이다. '성실'과 관련하여 미국인이 일으키는 여 러 가지 중요한 생각들은 일본어 '마코토'에는 들어올 자리가 없다.

일본인 소년(9장에 나오는 일본 출신의 예술가 마키노 요시오.-옮긴이)이 미국인 선 교사가 불성실하다고 비난했을 때, 그 소년은 다음과 같은 생각은 전혀 하지 못했다. 그 미국인 선교사는 수중에 땡전 한 푼 없는 소년이 미국에 가겠다는 계획을 말했을 때 '진정으로(성실하게)' 놀랐던 것이다. 지난 10 년 동안 일본의 정치가들은 미국과 영국이 불성실하다고 줄기차게 비난 해 왔다. 하지만 그 일본 정치가들은 서방 국가들이 실제로 느끼지 않는 것(불성실한 것)을 말했는지 여부를 따져볼 생각조차 하지 않았다. 일본 정 치가들은 심지어 미국과 영국 두 나라를 가리켜 위선자라는 말도 하지 않 았다. 일본인이 보기에 위선자라는 비난은 가벼운 비난 정도밖에 안 되기 때문이다.

이와 마찬가지로 군인칙유가 "성실성은 이들 다섯 가지 가르침의 영혼"이라고 했을 때, 그 성실성은 다음과 같은 뜻을 내포하는 것이 아니었다. 다른 모든 미덕을 작동시키는 지고한 미덕은 영혼의 진정성(성실성)이고, 그 성실성이라는 것은 그 개인의 내적 양심에 순응하여 말하고 행동하는 것이다. 따라서 칙어는 개인의 확신이 남들과 다를 때, 그 확신을 진정하게(성실하게) 표현하라고 주문하는 것이 아니었다.(미국인의 성실은 개인의 양심에 따라서 행동하는 것이고, 일본인의 성실은 개인의 양심과는 무관하게, 외부의 제재, 즉 온, 기리, 기무, 충성 등에 따라서 행동하는 것이라는 뜻.-옮긴이)

그렇지만 마코토(성실)는 일본에서 적극적인 의미를 가지고 있다. 또 일본인은 이 개념의 윤리적 역할을 크게 강조하기 때문에 서구인은 이 단어가 사용되는 의미를 파악하는 것이 절실하게 필요하다. 마코토의 근본적인 일본식 의미는 『47 로닌 이야기』에 잘 예시되어 있다. 이 이야기에서 '성실'은 기리를 더욱 강조하는 플러스(+) 표시이다. '마코토노기리'는 '마지못한 기리'와는 대조되는 것으로서 좀 더 자세히 말하면 '영원한 모범이 되는 기리'이다. 현대 일본어는 이렇게 말한다. "마코토는 어떤 것을 단단히 붙들어 매어 지속시키는 것이다." 이 문맥에서 '어떤 것'은 일본적 규범의 원칙도 되고 '일본의 정신'으로 규정된 어떤 태도를 가리키기도 한다.

전쟁 중에 일본인 임시수용소에서 사용된 '성실'의 용법은 『47 로닌 이야기』에서 사용된 용법과 정확하게 일치한다. 이것은 성실과 관련하여 그 논리가 얼마나 확대될 수 있으며, 또 미국식 의미의 성실과는 정반대되는 의미로 사용될 수 있는지를 보여 준다. 친일본적인 잇세이(一世: 일본에서 태어나 미국으로 이민 온 1세 일본인)가 친미국적인 닛세이(二世: 미국에서 태어난 일본계 2세 미국인)를 통틀어서 하는 비난은 닛세이에게는 마코토가 없다는 것이었다. 잇세이가 말하는 것은 닛세이에게는 '일본 정신' — 전쟁 중에 일본에서 공식적으로 정의된 일본 정신의 개념 — 을 '단단히 붙들어 매어 지속시키는' 영혼의 측면이 결여되어 있다는 것이다. 잇세이는 그들 자녀가 보이는 친 미국적 태도가 위선이라고 말하는 건 아니었다. 위선과는 거리가 먼 얘기였다. 닛세이들이 미 육군에 지원하여 그들의 제2의 조국(미국)에 대한 지지가 진정한 마음에서 나온 것임이 분명해졌을 때도 잇세이는 그들을 불성실하다고 더욱 더 확신했기 때문이다.

(저자는 '성실'의 개념이 미국과 일본이 다르다는 것을 예시하기 위하여 1세와 2세의 사례를 들고 있다. 미국인의 관점에서 보면, 일본인 2세가 본인의 진정한 뜻(양심)에 따라 미 육군에 지원했으므로 그것은 성실한 행동이 된다. 그러나 일본인 1세는 개인의 양심을 성실의 기준으로 삼는 것이 아니라, 일본에서 정해진 '일본 정신'에 따라 행동하는 것이 '성실'이라고 보기 때문에 그들의 자녀가 이 '일본 정신'을 따르지 않는다는 이유로 자녀가 불성실하다고 비난하고, 또 그들이 미 육군에 입대한 후(미국적 관점으로 보면 그들의 진정한 양심을 행동으로 실천한 후)에는 더욱더 불성실하다고 생각한다는 뜻이다.–옮긴이)

일본인이 사용하는 '성실'의 근본적 의미는 이런 것이다. 그것은 일본의 규범과 일본의 정신이라는 지도(地圖)가 사전에 제시한 '길'을 열광적으로 따라가는 것이다. 마코토의 의미는 특정한 상황에서 특별한 의미를 갖는다. 하지만 그 의미는 미리 정해진 일본 정신과 미덕의 지도상에 나오는 공인된 식별 표시를 잘 이행한 데 따르는 칭송의 뜻을 갖고 있다. '성실'이 미국적 의미를 갖고 있지 않다는 것을 일단 파악하면, 이 단어는 모든 일본어 텍스트에서 주의 깊게 살펴볼 만한 유익한 단어가 된다. 왜냐하면 이 단어는 일본인이 크게 강조하는 적극적 미덕을 잘 보여 주기 때문이다. 마코토는 다음 세 가지 의미로 주로 사용된다.

첫째, 마코토는 이기적이지 않은 사람을 칭송하는 말로 꾸준히 사용된다. 이것은 일본의 윤리가 이익을 올리는 행위를 크게 비난한다는 사실을 반영한다. 계층제도의 자연스러운 결과가 아닌 이익은 착취의 결과로 간주되며 이익을 남기기 위해 자신의 본업에서 빗나간 중개인은 고리대금업자로 미움을 받게 된다. 이런 사람은 언제나 '성실하지 못하다'고 선언된다.

둘째, 마코토는 격정에서 자유로운 사람을 칭송하는 단어로 한결같이 사용된다. 이것은 자기 단련을 높이 평가하는 일본인의 태도를 반영한다. 성실한 일본인은 상대방을 공격할 의도가 아니라면 결코 상대방에게 모욕적인 말을 하지 않는다. 이것은 어떤 행동뿐만 아니라 그 행동의 파급효과까지도 책임져야 한다는 그들의 가르침을 반영한다.

셋째, 마코토를 갖춘 사람만이 '남들의 지도자'가 될 수 있고 그 자신의 기량을 효과적으로 사용할 수 있으며 정신적 갈등으로부터 자유로울 수 있다.

이런 세 가지 의미 이외에, 다른 여러 의미들은 일본 윤리의 동질성을 아주 분명하게 보여 준다. 즉 일본인은 미리 정해진 규범을 잘 이행할 때만 비로소 일본 내에서 효율적이고 갈등 없는 사람이 될 수 있다는 것이다.

이것이 일본식 '성실'의 의미이다. 하지만 이 미덕은 군인칙유와 오쿠마 백작의 언명에도 불구하고 일본의 윤리를 단순화시켜 주는 것은 아니다. 이것은 일본 도덕의 '밑바탕'이 되는 것도 아니고 그 도덕에 '영혼'을 부여해 주는 것도 아니다. 그것은 수학의 제곱수 같은 것으로서 어떤 숫자의 뒤에 놓이면 그 숫자를 더 크게 만들어 준다. 가령 A^2는 9도 되고 159도 되고 b도 되고 x도 될 수 있다. 마찬가지로 마코토는 일본 규범의 어떤 덕목을 더 크게 만들어 줄 수 있다. 그것은 말하자면 별도의 덕목이 아니라 어떤 규범에 대한 열광적 믿음을 더욱 크게 해주는 것이다.(A^2는 제곱수의 적용이라고 하면 159는 169가 되어야 한다. 13 곱하기 13은 169이기 때문이다. 그러나 원문을 중시하여 그대로 표기함.-옮긴이)

일본인이 그들의 규범에 어떤 조치를 취하든 간에, 그 규범은 세분화되어 있는 것이고, 미덕의 원칙은 곧 그 자체로 선인 어느 한 플레이와 역시 그 자체로 선인 다른 한 플레이 사이에서 균형을 잘 잡는 것이다. 비유적으로 말하자면 일본인은 윤리 체계를 브리지(bridge) 게임처럼 정립한 것이다. 훌륭한 브리지 게임 선수는 게임의 규칙을 받아들여 그 안에서 플레이를 펼쳐나가는 사람이다. 그는 게임의 규칙을 숙지하고 숙련된 계산을 할 줄 알 뿐만 아니라 상대방 선수의 속셈을 미리 알아차리고 거기에 맞추어 대응해 나가기 때문에, 자기 자신을 나쁜 선수와는 구분되는 좋은 선수라고 생각한다. 그는 미국식으로 말하자면 "호일에 따라" 플레이를 하며, 행마를 할 때마다 그가 감안해야 하는 수순은 무수하게 많다. 갑자기 발생할 수 있는 돌발 상황은 게임의 규칙 내에서 처리 요령이 제시되어 있고, 게임의 점수는 사전에 미리 정해져 있다. 미국식 의미의 선량한 의도도 게임의 논리에서는 전혀 해당이 없는 사항이다.

자기 자신을 존중하는 방식

어떤 언어가 되었든, 사람들이 자존심을 얻거나 잃는 상황적 맥락은 그들의 인생관에 많은 빛을 던진다. 일본에서 '자기 자신을 존중하는 것'은 언제나 자기 자신이 아주 신중한 플레이어임을 보여 주는 것이다. 그것은 가치 있는 행동 기준을 의식적으로 준수하는 것(영미인의 방식)을 의미하지 않는다. 가령, 아부하지 않기, 거짓말하지 않기, 거짓 증언을 하지 않기 등을 의미하는 것이 아니다. 일본에서 자기를 존중하는 것(지초自重)은 글자 그대로의 뜻으론 '무거운 자기 자신'이고, 그 반대 뜻은 '가볍고 경솔한 자기 자신'이다. 일본인이 "너는 자중해야 한다"고 말할 때 그 뜻은 이런 것이다. "너는 어떤 상황에 관련된 모든 요소를 예리하게 파악한 다음에 남의 비판을 일으키거나 성공의 가능성을 낮추는 일은 피해야 한다." 일본인의 자중은 때때로 미국에서 의미하는 것과는 정반대의 행동을 의미하기도 한다.

가령 한 일본인 회사원이 이렇게 말했다고 하자. "나는 나 자신을 존중(자중)해야 돼." 이것은 미국식으로 "나는 나 자신의 권리를 주장해야 돼."가 된다. 하지만 일본에서는 그런 뜻이 아니다. "나는 사장을 곤란하게 만드는 일은 하지 말아야 해."라는 뜻이다. 정치적 상황에서 "너는 너 자신을 존중(자중)해야 돼."라는 말도 역시 같은 뜻이다. '자중하는 사람'은 '위험한 생각' 등 무모한 짓을 저질러서는 자기 자신을 존중하는 사람이 될 수 없다는 뜻이다. 미국식으로, 어떤 생각이 위험한 것일지라도, "개인의 자존심상 그 자신의 판단과 양심에 비추어 그런 생각을 할 수도 있다."라는 그런 뜻이 전혀 아니다.

"너는 너 자신을 존중(자중)해야 돼."라는 말은 유소년 자녀를 훈계할 때 일본인 부모가 입버릇처럼 하는 말이다. 이런 훈계를 받은 소녀는 다리를 가지런히 모으고 미동도 하지 않고 앉아 있어야 한다. 소년은 자기 자신을 잘 단련하여 남들로부터 나오는 암시를 주목하는 방법을 배워야 한다. "왜냐하면 지금이야말로 너의 미래를 결정하는 때이기 때문이다." 부모가 자녀에게 "너는 자중하는 사람처럼 행동하지 않았다."라고 말하는 것은 자녀가 부적절한 행동을 했다고 지적하는 것이다. 자녀들이 생각하는 자신의 권리를 위해 "감연히 상대방과 맞서는 용기가 없다."라고 지적하는 건 결코 아니다.

채권자에게 빚을 갚지 못한 일본인 농민은 "나는 자중했어야 되는 건데."라고 말한다. 이것은 그 농민이 자신의 게으름이나 채권자에 대한 아부를 질책하는 것이 아니다. 이런 비상 상황을 미리 내다보고 좀 더 신중하게 행동했어야 되었다는 뜻이다. 어떤 공동체의 유지가 "나의 자존심이 이걸 요구해."라고 말했다 하자. 이것은 그가 진심과 정직의 원칙에 입각하여 살아나가야 한다는 뜻이 아니고, 자신의 가족의 사회적 지위를 충분히 고려하여 일을 처리해 나가야 한다는 뜻이다. 그 일에 자신의 지위가 주는 무게감을 다 던져 넣겠다는 뜻이다.

기업의 임원이 자기 회사에 대하여 "우리는 자중하는 태도를 보여야 합니다."라고 말한다면 지금까지의 신중함과 경계심을 배가해야 된다는 뜻이다. 복수해야겠다고 생각하는 사람이 "자중하면서 복수하겠다."라고 말하는 것은 "적의 머리에 활활 타오르는 숯불을 올려놓거나 도덕적 원칙을 지키며 그렇게 하겠다."라는 뜻이 아니다. "나는 꼭 당한 만큼 그대로 갚아 주겠다."라는 뜻이다. 세심한 복수 계획을 세우고 그 상황과 관련된 모든 요소를 감안하겠다는 것이다. 일본어에서 가장 강력한 표현은 "자중에 자중을 거듭한다."인데 무한히 신중해야 한다는 뜻이다. 결코 성급한 결론을 내리지 말라는 뜻이다. 수단과 방법을 철저히 계산하여 목표를 달성하는 데 딱 필요한 만큼의 노력만 투입하고, 그보다 더 많게 혹은 그보다 더 적게 투입해서는 안 된다는 뜻이다.

('적의 머리에 숯불': 신약성경 로마서 12장 20절에 나오는 말로 "네 원수가 주리거든 먹이고, 목마르거든 마시게 하라. 그리함으로 네가 숯불을 그 머리에 쌓아 놓으리라." 복수를 하지 말고 관대하게 대하여 상대방의 참회를 이끌어내라는 뜻이다. 숯불은 이집트의 속죄 의식에서 나온 것인데, 죄를 지은 사람이 참회의 표시로 활활 타오르는 숯불이 든 그릇을 이고 갔다는 고사에서 나온 것이다.-옮긴이)

이러한 자중의 의미는 일본인의 인생관에 아주 적합하다. 그들은 세상을 "호일에 따라" 아주 조심스럽게 행동해야 하는 곳으로 보니까 말이다. 이런 식으로 자중을 정의하기 때문에 어떤 일본인이 실패를 했을 때 "그래도 선량한 의도로 그 일을 추진했다"라고 말하는 것은 변명거리가 되지 못한다. 게임의 행마에는 결과가 따라 나오고 선수는 그 결과를 예측하지 않고서 움직여서는 안 되는 것이다. 남에게 관대하게 베푸는 일은 적절한 일이다. 그러나 그런 혜택을 받는 상대방이 '온을 입게 되는' 상황도 예측해야 한다. 경계를 게을리 하지 말아야 한다. 남을 비판하는 것은 얼마든지 할 수 있는 일이나, 상대방이 화를 내는 결과에 대하여 만반의 준비를 한 후에야 그렇게 할 수 있다. 미국인 선교사는 어린 마키노를 비웃었는데, 선교사가 선량한 의도로(진심으로 그렇게 느껴서) 비웃었다고 해도 그것은 변명거리가 되지 못한다. 그는 장기판 위에서 행마를 하면서 그것이 가져올 모든 결과를 계산하지 못했다. 일본인의 관점에서 보면 그것은 자기 단련이 되지 않은 사람의 소행이다.

죄의식 문화 vs 수치 문화

자중을 신중함과 동일시하는 태도는 여러 결과를 가져온다. 가령 남들이 어떤 암시를 보내는지 아주 조심스럽게 살피게 되고 또 남들이 자신의 언행을 판단한다는 강한 검열 의식을 갖게 된다. 일본인들은 "사회 때문에 자중하는 마음을 갖추어야 한다."거나, "사회가 없다면 자중도 필요가 없다."라고 말한다. 이런 말들은 자존심의 근거가 외부의 제재라는 사실을 극단적으로 표현한 것이다. 개인의 내면적 제재는 적절한 행동의 기준이 될 수 없다는 뜻이다. 다른 많은 나라들의 속담과 마찬가지로, 이런 극단적인 표현은 사태를 과장한 것이다. 일본인들도 때때로 개인의 죄의식이 쌓이는 것에 대하여 퓨리턴 못지않게 반발하고 있기 때문이다. 그러나 이런 표현들은 일본에서 강조점이 어디에 있는가를 보여 준다. 그것은 죄의식보다는 수치를 더 중시하는 것이다.

다른 문화들을 대상으로 하는 인류학적 연구에서, 수치를 중시하는 문화와 죄의식을 중시하는 문화를 구분하는 것은 중요한 과제이다. 도덕의 절대 기준을 훈육하면서 개인의 양심을 강조하는 사회는 이론상 죄의식 문화이다. 그러나 이런 문화에 사는 사람(가령 미국인)은 결코 죄악이라고 할 수 없는 어떤 어색한 행동을 하고서 그 자신을 질책할 때에는 죄의식 이외에도 수치를 느낀다. 그는 어떤 행사에 옷을 엉뚱하게 입고 갔다든지 말실수를 했다든지 하면 지나칠 정도로 화를 낼 수 있다. 반대로 수치가 주요 제재 수단인 문화에서, 그 문화 사람들은 우리(미국인)가 죄의식을 느끼는 사람이 할 것이라고 기대하는 행위(고백과 속죄)에 대하여 분노를 느낀다. 그 분노는 아주 강렬하고, 고백이나 속죄에 의해 해소되는 죄의식과는 다르게 해소가 되지 않는다. 죄를 저지른 사람은 그 죄를 고백함으로써 구제를 받는다. 이 고백의 장치는 민간요법에서도 사용되고, 서로 공통점이 별로 없는 많은 종교 집단도 활용한다. 우리는 그것이 구제(위로)를 가져온다는 것을 안다.

그러나 수치가 주요 제재의 수단인 문화에서, 어떤 사람이 그 자신의 잘못을 공개하거나 심지어 고해신부 앞에서 고해를 한다고 해도 구제를 받지 못한다. 그의 나쁜 행동이 '세상에 드러나지' 않는 한 그는 번민할 필요가 없고, 고백은 오히려 번민을 자초하는 꼴이라고 생각한다. 따라서 수치 문화는 고백의 장을 마련하지 않고, 심지어 신들에게도 고백하지 않는다. 그 문화의 사람들은 속죄하기보다는 좋은 행운(들키지 않는 행운)을 비는 의식을 갖고 있다.

진정한 수치 문화에서, 사람들에게 좋은 행동을 유도하는 것은 외부의 제재이다. 반면에 죄의식 문화에서는 죄악에 대한 내면적 확신(양심)이 좋은 행동을 유도한다. 수치는 남들의 비판에 대한 반응이다. 사람은 노골적으로 조롱을 당하거나 거부당할 때, 또는 자신이 남들의 웃음거리가 되었다고 스스로 공상할 때(저자는 여기서 공상에 대하여 fantasy라는 단어를 쓰고 있는데, 8장에 나오는 마키노 요시오 소년이 선교사에게 조롱을 당했다고 생각하는 것이 공상이라고 생각하고 있음을 알 수 있다.-옮긴이) 수치를 느낀다. 어느 경우든 수치는 강력한 제재이다. 그러나 그것은 보는 사람이 필요하고, 혹은 보는 사람이 있다는 개인의 공상(fantasy)이 필요하다.

그러나 죄의식은 그런 관중을 필요로 하지 않는다. 자기 자신이 스스로 정한 자기 모습에 따라 사는 것을 명예로 생각하는 나라에서, 개인은 자신의 비행을 아는 사람이 없어도 죄의식을 느끼게 된다. 그 사람의 죄의식은 그의 죄악을 고백함으로써 실제로 구제된다.

초창기에 미국에 정착한 퓨리턴들은 죄의식 위에다 그들의 도덕 체계를 수립했고, 현대 미국인들은 그 체계 때문에 양심에 큰 부담을 느끼며 살아가고 있다. 그러나 미국에서는 수치가 점점 더 큰 부담이 되어가고 있고, 죄의식은 이전 세대들보다 극단적으로 덜 느끼고 있다. 미국에서 이것은 도덕의 해이로 인식되고 있다. 거기(그런 인식)에는 상당한 진실이 들어 있다. 하지만 이렇게 된 것은 우리가 수치가 도덕의 단속이라는 무거운 부담을 떠안기를 기대하지 않기 때문이다. 우리는 수치에 따르는 격렬한 개인적 분노를 도덕의 근본 체계에다 연결시키지 않는다.

그러나 일본인은 수치를 도덕의 체계에 연결시킨다. 좋은 행동을 가리키는 명백한 표지판을 따라가지 않는 것, 여러 의무들 사이에서 균형을 잡지 못한 것, 돌발 위기 상황을 미리 예견하지 못한 것 등은 수치(하지)이다. 일본인은 수치가 미덕의 뿌리라고 말한다. 수치를 민감하게 의식하는 사람은 좋은 행동의 규칙을 이행하는 사람이다. '수치를 아는 사람'은 때때로 'virtuous man(덕성스러운 사람)', 혹은 'man of honor(명예로운 사람)'로 번역된다. 수치는 일본 윤리에서 중요한 권위의 자리를 차지한다. 그것은 서구의 윤리에서 '깨끗한 양심', '하느님 앞에서 의로운 자', 죄악을 저지르지 않기 등이 갖는 권위에 상응한다.

따라서 충분히 논리적으로도, 저승에 가서 사람이 징벌을 받는다는 것

을 믿지 않는다. 일본인은—불경을 아는 불교 승려를 제외하고—이승
에서의 공덕에 따라 윤회한다는 사상을 생소하게 여긴다. 또 종교 교육을
잘 받은 기독교 신자들을 제외하고 사후의 보상이나 징벌, 혹은 천당과
지옥을 믿지 않는다.('충분히 논리적으로도': 일본은 남의 시선을 의식하는 수치 문화이
고 그것이 제재의 수단인데, '죽은 다음에는 누가 보는 사람이 있어서 제재(징벌)를 내릴 수 있
겠는가' 하는 뉘앙스가 깃들어 있다.-옮긴이) 수치가 깊은 영향력을 발휘하는 다른
부족이나 국가와 마찬가지로 일본의 생활에서는 수치는 엄청나게 중요
하다. 일본인은 자신의 행동에 대해서 남들의 판단을 주시한다. 설사 혼
자 있을 때라도 남들의 판단이 이러저러할 것이라고 상상하면서 남들의
판단에 맞추어 자신의 태도를 결정한다. 모든 사람이 동일한 규칙에 입각
하여 플레이를 하고 또 서로서로 도와준다면 일본인은 마음이 가볍고 또
느긋해진다. 그들은 게임의 이름이 일본의 '사명'을 실천하는 것이라고
느끼면, 그 게임을 열광적으로 펼친다. 그러나 이런 선행의 공식적 표지
판이 통하지 않는 외국에 그들의 미덕을 수출하려고 하면 일본인은 아주
취약해진다. 일본은 대동아공영권을 이루겠다는 그들의 '친선' 사명에서
실패했다. 많은 일본인들이 일본을 대하는 중국과 필리핀의 태도에 진정
으로 분노했다.

미스 미시마: 행동의 지도 없는 일본인

유학이나 출장 목적으로 미국에 건너와서 국수주의적 감정이 덜한 일본
인들은, 단속이 엄격하지 않은 세계서 살아가려 할 때 일본 본국의 꼼꼼
한 교육이 '실패작'임을 뼈저리게 느꼈다. 일본의 미덕이 잘 수출되지 않
는다고 그들은 느꼈다. 그들이 주장하는 바는, 다른 문화권에서 살아가는
것이 쉽지 않다는 일반적인 얘기가 아니었다. 그들은 그 이상의 것을 애

기하려 했고, 때로 자신들이 미국 생활에 잘 적응을 하지 못하는데, 중국인이나 태국인은 그런 애로가 덜하다는 것을 비교해서 말하기도 했다.

그들이 보는 구체적인 일본인의 문제는 이런 것이었다. 그들은 일본의 교육이 그들에게 안전판을 제공한다는 믿음 아래에서 성장했다. 그 안전판이란 일본식 규범을 철저하게 준수하는 태도의 뉘앙스를 다른 일본인들이 잘 알아주고 평가해 주는 것이었다. 그러나 외국인들이 이러한 예법의 뉘앙스를 전혀 알아주지 않자 일본인들은 크게 당황했다. 그들은 서구인들에게 일본의 것과 비슷한 꼼꼼한 예법이 있는지 주위를 둘러보았으나, 그런 것은 찾을 수가 없었다. 어떤 일본인은 그것에 대하여 분노를 느꼈는가 하면 어떤 일본인은 무서움을 느꼈다.

미시마(1900~92)는 『나의 비좁은 섬』이라는 자서전에서 단속이 느슨한 문화 속에서 생활한 체험을 아주 생생하게 묘사하고 있다.[2] 그녀는 미국 대학에 유학하고 싶어 했고, 그래서 미국 장학금의 '온'을 받아들이려 하지 않는 보수적 집안의 분위기에 맞서 싸워서 마침내 미국으로 왔다. 그녀는 웰즐리 여자대학을 다녔다. 교수와 여학생들은 놀라울 정도로 친절했고, 그것이 사태를 더 어렵게 만들었다고 그녀는 느꼈다.

그녀는 이렇게 말한다. "일본인의 보편적 특징인 철저한 예의바름에 대한 나의 자부심은 큰 상처를 받았다. 나는 여기 미국에서 적절히 행동하지 못하는 나 자신에게 화가 났고, 또한 나의 과거 훈육을 조롱하는 듯한 환경에도 화가 났다. 막연하고 뿌리 깊은 분노의 감정 이외에 내 안에 남아 있는 감정은 없었다." 그녀는 자기 자신에 대하여 이렇게 느꼈다. "나는 다른 별에서 온 사람 같았고, 내가 그 별에서 가져온 감성과 이성은 이 다른 세상에서는 아무 쓸모가 없었다. 일본에서 모든 몸가짐이 우아하고

---

2 Sumie Seo Mishima, *My Narrow Isle*, 1941, p. 107.

모든 말이 예법에 맞아야 한다는 교육을 받았기 때문에, 나는 이 다른 환경에서 아주 민감하고 자의식적인 사람이 되었다. 나는 사교적인 관점에서 말하자면 완전 장님이었다." 2~3년이 지난 후 그녀는 긴장이 풀어졌고, 사람들이 그녀에게 친절하게 대해 주는 것을 받아들이기 시작했다. 그녀는 미국인들이 그녀가 말하는 '세련된 친근함'을 가지고 살아간다고 결론 내렸다. 그러나 "그런 친근함은 내가 세 살적에 건방진 태도라고 하여 내 속에서 이미 죽어 버린 것이었다." 미시마는 그녀가 미국에서 알게 된 일본 여자들과 중국 여자들을 비교하면서 미국이 얼마나 다르게 이 두 여성 집단에 영향을 미쳤는지 논평했다. "중국 여자들은 일본 여자들에게서는 찾아볼 수 없는 침착성과 사교성을 갖추고 있었다. 이 상류 계층의 중국 여성들은 내가 볼 때 지구상에서 가장 세련된 사람처럼 보였다. 하나 같이 왕족의 위엄에 가까운 우아함을 지녔고 그들 자신이 이 세상의 진정한 주인인 것처럼 행동했다. 이 기계와 속도의 문명 속에서도 흔들리지 않는 그들의 자신감과 뛰어난 침착성은 일본 여성의 소심감과 지나친 민감함과 커다란 대조를 이루었다. 그것은 사회적 배경의 근본적 차이를 보여 주는 것이었다."

미시마는 다른 많은 일본인들과 마찬가지로 그녀 자신이 크로케 경기장에 들어선 프로 테니스 선수 같은 느낌이 들었다. 그녀의 기술은 전혀 도움이 되지 않았다. 그녀는 자신이 힘들게 배운 기술이 새로운 환경에는 자연스럽게 이식되지 않는다는 것을 느꼈다. 그녀가 복종하며 배워 온 자기 단련은 소용없는 것이었다. 미국인들은 그런 단련 없어도 잘만 살아가고 있었다.

아무리 미미한 정도라 할지라도, 일본인이 일단 미국에서 통용되는 덜 규범화된 행동 규칙을 받아들이면, 그들은 과거 일본의 구속적인 생활을 다시 영위할 수 없을 것이라고 생각한다. 때때로 그들은 그 생활을 읽어버린 낙원, 때로는 '구속', 때로는 '감옥', 때로는 작은 나무를 담고 있는 '작은 화분' 등으로 묘사한다. 작은 소나무의 뿌리가 화분의 경계 내에서 머무르면, 그 결과는 매혹적인 정원을 장식하는 예술 작품이 된다. 그러나 일단 탁 트인 땅으로 이식이 되면, 그 작은 소나무는 다시는 그 화분으로 돌아가지 못한다. 그들은 자신이 더 이상 일본식 정원의 장식품이 아니라고 느낀다. 그들은 더 이상 그 요구 조건을 받아들일 수가 없다. 그들은 일본식 미덕의 딜레마를 아주 심각한 형태로 경험한 것이다.

11장

자기 단련

The Chrysanthemum and the Sword

어떤 문화의 자기 단련은 다른 나라의 관찰자가 보면 언제나 우스꽝스럽게 보인다. 훈련의 기법 자체는 아주 명확해 보이지만, 왜 그런 생고생을 사서 하는지 알 수 없다는 반응을 보인다. 가령 갈고리에 거꾸로 매달린 채 오래 버티기(북아메리카 인디언), 자신의 배꼽을 내려다보며 명상하기(인도의 요가 명상자), 돈을 전혀 쓰지 않고 모으기(네덜란드 사업가) 등을 왜 자기 단련의 일환으로 생각하는가? 왜 이런 고행에 집중하면서 외부 관찰자가 보기에 아주 중요하고 또 부응해야 할 충동에 대해서는 아예 무시해 버리는가? 자기 단련의 기술적 방식을 배우지 않은 외부 관찰자는 그런 훈련 방식을 중시하는 사람들의 문화 속으로 들어가면 그것을 오해할 가능성이 매우 높다.

자기 단련: 미국식 vs 일본식

미국에서는 자기 단련의 기술적, 전통적 방식이 상대적으로 덜 발달되어 있다. 미국인들은 어떤 사람이 개인적인 생활에서 선택한 목표를 달성하기 위해 필요에 따라 자신을 단련하는 것이라고 생각한다. 그런 자기 단련을 할 것인가 말 것인가는 야망, 양심, 혹은 소스타인 베블런(Thorstein Bunde Veblen)이 명명한 '**일솜씨 본능**'에 달려 있다. 만약 축구 선수가 되고 싶다면 온갖 금욕주의적 훈련을 받을 것이고, 음악가로 성공하고 싶다거나 사업가로 성공하고 싶다면 일체의 오락거리를 단념할 것이다. 아무튼 미국의 경우 자기 단련은 산수처럼 반드시 배워야 하는 전문적 훈련이 아니다. 각 개인이 처한 상황에 따라 배울 수도 있고, 배우지 않을 수도 있다. 이러한 기술은 미국에서 배우려 할 때는 유럽 출신의 컬트 지도자나 인도에서 만들어진 기술을 가르치는 스와미(인도에서 종교가를 부를 때 사용하는 존칭)를 찾아가서 배워야 한다. 성 테레사나 성 십자가의 요한 등이 가르치고 실천한 명상과 기도의 종교적 단련도 미국에서는 거의 살아남지 못했다.

하지만 일본인은 다르게 생각한다. 중학교 입학시험을 치르는 소년, 검도를 연습하는 어른, 귀족의 자제로 태어나 한가롭게 살아가는 사람 등 모든 사람이 자기 단련을 받아야 한다. 이것은 중학교 입학시험이나 검도 승단대회에서 합격하기 위해 특별히 배워야 하는 전문 지식과는 별개이다. 중학교 입학시험을 위해 공부를 열심히 했건, 검술이 아주 뛰어나건, 귀족으로서의 예의범절이 훌륭하건 상관없이 자신의 책, 검, 매너 이외에 특별한 종류의 훈련을 받아야 한다. 물론 이렇게 말한다고 해서 모든 일본인이 신비한 자기 단련을 받는다는 뜻은 아니다. 하지만 그 훈련에서 면제된 사람조차도 자기 단련의 용어와 실천은 잘 알고 있다. 모든 계급의 일본인은 자기 자신과 남들을 일반화된 자기 통제와 자기 절제의 관점에서 평가한다. 그들의 자기 단련은 능력을 기르는 훈련과 보다 특별한 훈련의 두 가지로 나뉜다. 특별한 훈련을 나는 '숙달 훈련'이라 부르겠다. 이 두 가지는 인간의 정신에 서로 다른 결과를 성취시키며 서로 다른 논리와 표시로 인식된다.

첫 번째 것의 많은 사례들, 자기 단련 적인 능력은 이미 서술된 바 있다.

평화 시 훈련에서 60시간 동안 10분간 선잠을 잠깐 잠깐 자는 것을 제외하고 부대원에게 강행군을 독려했던 일본군 대위는 이렇게 말했다. "그들은 이미 잠자는 방법을 알고 있습니다. 그들은 어떻게 잠들지 않고 깨어 있는지 그 방법을 훈련하는 겁니다." 이러한 요구는 우리에게 극단적인 것으로 보이지만 그는 유능한 행동을 학습시키려는 것이었다. 그 장교는 일본인의 정신 경제에서 널리 받아들여지는 원칙을 말한 것이다. 그들은 의지가 가장 중요하며 육체는 거의 무한할 정도로 단련이 가능하다고 생각한다. 육체는 편안함의 법칙을 가지고 있지 않으며 인간은 다소 육체에 부담을 주는 일이 있더라도 그 법칙을 무시할 수 있다고 본다. 일본인의 '인간적 감정' 이론은 이런 전제 조건을 밑바탕으로 하고 있다. 인생의 아주 중대한 문제일 때, 건강에 아무리 필수적인 것이라 하더라도 신체의 요구 사항—아무리 승인되고 또 개발된 것일지라도—은 과격하게 인간의 의지에 종속시킬 수 있다고 생각한다. 자기 단련의 대가가 아무리 크더라도 일본인은 '일본 정신'을 구현해야 하는 것이다.

그러나 그들의 입장을 이런 식으로 정리하는 것은 일본인의 전제 조건('인간적 감정')에 어느 정도 피해를 입힌다. 왜냐하면 '자기 단련의 대가(at the price of whatever self-discipline)'는 미국식 관점에서 말하자면 '자기희생의 대가(at the price of whatever self-sacrifice)', 또는 '개인적 좌절의 대가'로 번역될 수 있다. 외부에서 부과되는 것이든 양심에 의해 내부에서 부과되는 것이든, 미국인의 자기 단련 이론은 이런 것이다. 미국인 남녀는 어릴 때부터 단련에 의하여 사회화되어야 하는데, 그 방식은 자발적으로 받아들이는 것일 수도 있고, 외부적 권위에 의해 부과되는 것일 수도 있다. 그런데 미국인은 이것을 좌절이라고 생각한다. 개인은 자신의 소망이 이런 식으로 구속되는 것을 분개한다. 그는 희생을 해야 하고, 자연히 그의 내부에서는 불가피하게 공격적인 감정이 발생한다.

이러한 견해는 많은 미국 심리학자들만의 생각일 뿐만 아니라, 각각의 세대가 이어져 오면서 미국 가정 내에서 지켜온 철학이기도 하다. 따라서 심리학자들의 분석은 우리 사회 내에서는 상당한 진리로 통용되고 있다. 어린아이는 일정한 시간에 '침대에 들어가야' 하고 아이는 부모의 그런 태도로부터 잠자리에 들기가, 자신의 의사에 반하는 일종의 좌절이라는 것을 배운다. 그리하여 무수한 미국 가정에서, 아이는 밤마다 자신의 분노를 표출한다. 이미 잠자기 훈육을 받은 미국의 어린아이는 그것을 의무적으로 '해야만 하는' 일로 생각하여 그것을 좌절로 여기며 반발하는 것이다. 아이의 어머니 또한 아이가 의무적으로 '먹어야 하는' 것들이 있다고 규정한다. 그 음식은 오트밀, 시금치, 빵, 오렌지 주스 등이 될 수 있는데, 아무튼 미국인 아이는 그가 의무적으로 '먹어야 하는' 음식에 대하여 반발하는 것을 배운다. 그리하여 아이는 내게 '좋은' 음식은 '맛 좋은 음식은 아닌가 봐' 하고 결론을 내린다. 이것은 일본에게는 낯선 미국의 관습이고, 그리스 등 다른 서구 국가들도 이런 관습을 가지고 있다. 미국에서 어른이 된다는 것은 음식에 대한 억압으로부터 해방되는 것이다. 어른은 자기 몸에 좋은 음식이 아니라 자기 입에 맞는 음식을 마음대로 먹을 수 있는 것이다.

자기희생의 여러 개념

수면과 음식에 대한 이런 견해는 자기희생이라는 서양의 관념체계 전체와 비교해 보면 사소한 문제이다. '부모는 자식을 위해 희생하고, 아내는 남편을 위해 커리어(직장생활)를 희생하고, 남편은 생계를 책임지기 위해 자신의 자유를 희생한다'라는 것이 서구의 기본 원칙이다. 어떤 사회에서는 남자와 여자가 자기희생의 필요성을 인정하지 않는데, 미국인은 그것을 이해하기가 어렵다. 하지만 실제로 자기희생을 인정하지 않는 사회가 있다. 이런 사회에 사는 사람들은 이렇게 말한다. 부모는 자식을 귀엽다고 생각하고, 여자들은 그 어떤 인생 코스보다 결혼을 좋아하고, 가족의 생계를 벌어오는 남자는 사냥꾼 혹은 정원사로서 그가 좋아하는 취미를 추구할 뿐이다. 여기에 무슨 자기희생이 있는가? 사회가 이런 해석을 허용하고 사람들이 그런 해석에 따라서 산다면, 자기희생의 개념은 존재하기 어렵다.

다른 문화들에서, 미국인들이 희생으로 여기는 이런 것들을 상호 교환이라고 생각한다. 그것들을 희생이 아니라, 나중에 되받는 투자이거나 이미 받은 가치에 대한 보답이라고 생각한다. 이런 나라들에서는 아버지와 아들의 관계도 상호 교환으로 인식된다. 아들이 어릴 때 아버지가 아들에게 해준 것을, 아들이 나중에 커서 아버지의 노년이나 사후에 그것을 되갚는 것이다. 모든 사업 거래 또한 민간 계약이다. 그 계약은 등가의 것을 담보해 주지만, 흔히 한쪽은 보호를 해주고 다른 한쪽은 봉사를 하는 형태를 취한다. 양측 모두에게 유리한 혜택이 돌아간다면 양측은 자신의 의무를 희생이라고 생각하지 않는다.

일본에서 남들에게 봉사할 때의 제재는 물론 호혜주의이다. 등가의 것을 상호 교환할 수도 있고 계층제도에 따라 상응하는 책임을 교환할 수도 있다. 따라서 자기희생의 도덕적 개념은 미국의 그것과는 아주 다른 것이다. 일본인은 기독교 선교사들이 가르치는 희생에 대해서 늘 반대해 왔다. 일본인은 '선량한 사람은 자신이 남들을 위해서 한 일을 자기에게 좌절을 안겨주는 일이라고 보지 않는다.'고 주장한다. 한 일본인은 내게 이렇게 말했다. "우리는 당신이 자기희생이라고 말하는 것들을 할 때 희생이라고 생각하지 않아요. 내가 주고 싶어서 혹은 주는 것이 옳다고 생각하여 그렇게 하는 거예요. 우리는 그런 행동을 하는 데 대하여 우리 자신이 안 되었다고 생각하지 않아요. 우리가 남들을 위해 아무리 많은 것을 포기한다고 해도, 우리가 그것 때문에 정신적으로 고상해진다거나 우리가 '보상'을 받아야 한다고 생각하지 않아요." 일본인처럼 정교한 상호 의무의 체계를 중심으로 생활을 조직한 사람들은 당연히 자기희생을 말이안 되는 얘기라고 생각한다. 일본인은 아주 어려운 의무 사항도 완수하려고 극단적인 노력을 한다. 하지만 상호주의의 전통적 원칙이 있어서 개인주의 국가나 경쟁적 국가에서 쉽게 발견할 수 있는 자기 연민이나 독선같은 것은 느끼지 않는다.

자기 단련 vs 희생과 좌절
——

일본의 일반적 극기 훈련을 제대로 이해하려면 미국인들의 '자기 단련(self-discipline)' 개념에 대대적 수술을 가해야 한다. 미국 문화에서 자기 단련이라고 하면 '자기희생(self-sacrifice)'과 '억압(frustration)'의 뜻이 들어가는데, 우선 그것을 걷어내야 한다. 일본인이 자기 단련을 하는 것은 더 좋은 경기자가 되기 위한 것이지, 자신의 희생을 의식하는 것은 아니다. 이것은 장기를 두는 사람이 희생을 전혀 생각하지 않는 것과 마찬가지 이치다. 물론 자기 단련은 가혹한 것이지만 훈련은 어차피 그런 성격을 가진다. 일본인들은 어린아이들이 행복하게 태어나지만 '인생을 즐기는' 능력마저 가지고 태어나는 건 아니라고 본다. 오로지 정신적 훈련(혹은 일종의 자기 단련인 '슈요修養')을 통해서만 남자나 여자나 인생을 충실하게 살아내고 인생의 '참맛을 알게 된다'고 생각한다. '인생의 참맛을 안다'는 으레 "인생을 즐길 수 있다(only so can enjoy life)."로 번역된다. 그러니까 자기 단련은 "배짱(배는 자제력을 기르는 장소)을 키운다." 그것은 인생을 확대한다.

일본의 '능력'을 기르는 자기 단련은 이런 논리, 즉 그 훈련이 인생의 처세 방법을 개선시킨다는 논리를 갖고 있다. 초보자가 훈련을 처음 시작했을 때 느끼는 초조감은 곧 지나가고, 그것을 즐기거나 아니면 포기하게 된다. 견습생은 자신의 일에 더 몰두하게 되고, 소년은 유도 연습을 더 좋아하게 되고, 젊은 아내는 시어머니의 요구 사항에 적응하게 된다. 물론 훈련의 첫 단계에서 이런 새로운 훈련에 익숙하지 않은 사람은 자기 단련을 받지 않으려 하는 경우도 있다. 그때 그들의 아버지는 이렇게 조언한다. "너는 무엇을 바라느냐? 인생의 참맛을 알려면 약간의 훈련이 필요해. 이걸 포기하고 전혀 훈련하지 않는다면 넌 당연히 불행하게 돼. 만약 이런 일이 벌어진다면 남들의 따가운 비판이 있어도 나는 너를 보호해 주지 않을 거야." 이처럼 '슈요'는 '몸에서 나온 녹'을 벗겨 준다. 그것은 인간을 반짝거리는 날카로운 칼로 만들어 주고 그래서 누구나 그것을 바란다.

이러한 자기 단련의 강조가 아무런 후유증을 남기지 않는 것은 아니다. 일본인의 과도한 훈련 요구는 심각한 억압을 안겨줄 수도 있고, 그런 억압이 공격적 충동을 가져올 수도 있다. 미국인은 이러한 구별을 게임과 스포츠에서 비교적 잘 이해하고 있다. 브리지 게임 챔피언은 그런 지위를 얻기 위해 그동안 자신이 거쳐 온 자기 단련에 대해 불평하지 않는다. 그 분야의 달인이 되기 위해 투입한 많은 시간을 억압의 시간이라고 말하지 않는다. 하지만 의사들은 많은 돈을 걸고 포커를 하거나 챔피언이 되기 위해 정신을 집중하면, 몸에 과도한 긴장을 줄 수 있고 또 궤양을 일으킬 수도 있다고 경고한다. 이와 같은 일이 일본에서도 일어날 수 있다. 그러나 일본인은 호혜주의 정신과 자기 단련은 인생에 도움이 된다는 확신 덕분에, 많은 까다로운 행동(미국인이 볼 때 도저히 찬성할 수 없는 행동)을 수월하게 해내고 있다. 일본인은 규범에 맞게 행동하는 것에 많은 신경을 쓰며 미국인에 비해 자기변명을 덜 하는 편이다. 그들은 인생에 대한 불만을 희생양에게 투사하는 법이 드물고 또 자기 연민에도 그리 자주 빠지지 않는다. 미국인이 말하는 평균적 행복을 별로 믿지 않기 때문이다. 일본인은 미국인에 비해 '몸의 녹'에 더 신경 쓰라는 훈련을 받았다.

'능력'을 기르는 자기 단련 외에 '숙달'을 위한 자기 단련이 있다. 이런 종류의 훈련 방법은 이에 대한 일본인의 저서를 읽는 것만으로는 서구인에게는 잘 이해가 되지 않는다. 심지어 이 주제를 연구하는 서양 학자들은 이것을 가볍게 여겼다. 때때로 서양 학자들은 그것을 '기행'이라고 불렀다. 한 프랑스 학자는 그 훈련 방법이 "상식에 위배되는 것"이라고 했고, 자기 단련을 특히 강조하는 선종(禪宗)을 가리켜 "근엄한 헛소리 덩어리"라고 말했다. 하지만 이런 훈련 방법으로 성취하려는 목적을 결코 이해할 수 없는 것은 아니다. 또한 이 문제는 일본인의 정신 경제(psychic economy) 이해에 많은 도움이 된다.

자기 단련의 달인이 성취한 상태를 묘사하는 일본어 용어는 꽤 많다. 그런 용어 중 일부는 배우, 종교적 수행자, 검도 선수, 대중 연설가, 화가, 다도 전문가 등에 사용된다. 그런 용어는 전반적으로 동일한 의미를 갖고 있으나, 나는 그중에서 '무가(無我)'라는 단어 하나만 쓰기로 하겠다. 이 용어는 상류 계급이 많이 참여하는 선종 불교에서 널리 쓰이고 있다. 세속적으로 쓰였든 혹은 종교적으로 쓰였든 '무가'는 '수행자들의 뜻과 행동 사이에 아무런 단절이 없고 머리카락 한 올 두께의 간격도 없는' 심리적 상태를 가리킨다. 이것은 전기가 양극에서 음극으로 흘러가는 것과 비슷하다. '무가'의 상태에 도달하지 못한 사람은 의지와 행동 사이에 넘을 수 없는 벽이 있다. 그들은 이것을 '관찰하는 나', '방해하는 나'라고 부른다. 특별 훈련에 의해 이것을 걷어내면 달인은 '나는 지금 이것을 하고 있다'는 의식이 없어진다. 전류는 자유롭게 흐른다. 행동은 아무런 힘이 들지 않는다. 그것은 '한 점의 마음 상태(one-pointed, 一心)'가 된다. 행동은 행위자가 마음속에서 상상했던 바로 그것이 된다.

일본에서는 아주 평범한 사람들도 이런 종류의 '숙달'을 추구한다. 불교에 대한 영국인 권위자인 찰스 **엘리엇** 경은 한 일본인 여학생 얘기를 들려준다.

한 일본인 여학생이 도쿄의 유명한 선교사를 찾아와 기독교 신자가 되고 싶다고 말했다. 그 이유를 묻자 여학생은 자신의 가장 큰 소원이 비행기를 타는 것이라고 말했다. 비행기와 기독교가 서로 무슨 상관이냐는 질문을 받자, 그녀는 이런 대답을 했다. 비행기에 오르기 전에 아주 침착하고 절제된 마음을 가지는 것이 중요한데 이런 종류의 마음가짐은 종교적 훈련이 필요하다는 얘기를 들었다. 그녀는 여러 종교들 중에서 기독교가 이런 목적에 가장 적합하다고 생각하여 가르침을 받으러 왔다고 말했다.[1]

많은 문명이 이런 종류의 훈련법을 개발했지만 일본의 목표와 방법은 특유의 특징을 갖고 있다. 이런 기법 중 상당수가 인도의 요가에서 나왔다는 것은 더욱 흥미로운 일이다. 일본의 자가 최면, 집중, 감각의 통제 등은 인도식 수행 방법과 관계가 있음을 보여 준다. 마음 비우기, 몸 움직이지 않기, 같은 말 일만 번 반복하기, 일정한 상징에 주의력 집중하기 등도 유사성이 있다. 심지어 인도의 전문 용어가 아직도 사용되고 있다. 그러나 이런 기본적 사항을 제외하면, 일본의 수행 방법은 힌두교와 공통점이 별로 없다. 마음 비우기, 몸을 움직이지 않고 가만히 앉아 있기, 같은 어구를 수도 없이 반복하기, 어떤 선택된 상징에 주의를 집중시키기 등도 강조된다.

---

1 Sir Charles Eliot, *Japanese Buddhism*, p. 286.

요가의 3대 철학 vs 일본인

요가는 인도의 극단적 금욕 컬트로서 다음과 같은 세 가지 철학을 가지고 있다.

첫째, 그것은 윤회의 업보로부터 벗어나기 위한 방편이었다. 인간은 이러한 해탈을 얻지 못하면 구원받을 수 없는데, 그것을 가로막는 것이 인간의 욕망이다. 그 욕망은 굶겨 죽이고, 모욕하고, 자기고문을 가함으로써 제거할 수 있다. 이런 방법을 통해 인간은 성자가 될 수 있고, 영성을 얻을 수 있고, 신성과 하나가 될 수 있다. 요가는 육체의 세계를 포기하고 인생무상의 쳇바퀴에서 벗어날 수 있는 방법이다. 그것은 또한 정신적 힘을 비축하는 방법이다. 인간의 목표에 더 빨리 나아가는 방법은 극단적 고행을 실천하는 것이다.

일본은 이러한 철학을 낯설게 여긴다. 일본은 불교 세력이 큰 나라지만, 윤회나 해탈의 사상은 일본 불교 신자들의 핵심 신앙이 되지 못했다. 이 사상은 일부 불교 승려에게는 파고들었으나 민속이나 민간 사상에까지 퍼지지 못했다. 동물이나 벌레를 죽이는 것은 윤회 중인 인간의 영혼을 죽이는 것이므로 죽여서는 안 된다는 교리는 지켜지지 않았다. 일본의 장례식이나 탄생 의식은 윤회라는 개념과는 상관없다. 윤회는 일본적 사상의 패턴이 아니었다. 일반 대중에게 열반이라는 개념은 생소했고, 승려들도 그것을 수정하여 아예 없는 것이나 마찬가지로 만들었다. 고승들은 '사토리(覺: 깨달음)'를 얻은 사람은 이미 열반에 든 것이라고 주장했다. 열반은 눈앞에 있는 현재의 시간 안에 존재하고, 소나무 한 그루 들새 한 마리에서도 '열반을 볼 수 있다'고 생각했다. 일본인들은 언제나 내세라는 판타지에 관심이 없었다. 일본 신화는 신들에 대해 말하고 있으나 죽은 자의 삶에 대해서는 말하지 않는다. 그들은 사후에 생전의 공덕에 따라 다르게 보상 혹은 처벌받는다는 불교의 사상을 거부한다. 누구나, 심지어 미천한 농민도 죽은 후에는 부처가 된다고 믿었다. 각 가정마다 모시고 있는 불단의 위패를 가리키는 용어가 바로 '부처님'이었다. 다른 불교 국가에서는 부처라는 용어를 그런 식으로 사용하지 않는다. 일본이 평범한 사자(死者)를 가리켜 이런 용어를 쓴다는 것은 열반의 성취 같은 까다로운 목표를 그리 염두에 두지 않는다는 뜻이다. 사람이 죽으면 모두 부처가 되는 만큼 한평생 고생하면서 절대적 해탈의 목표를 성취하려고 애쓸 필요가 없는 것이다.

둘째, 일본인들이 역시 낯설게 생각하는 또 다른 요가의 교리는 육체와 정신의 분리이다. 요가는 욕망을 없애기 위한 기법인데 욕망은 육체에 그 뿌리를 두고 있다. 하지만 일본인은 이 교리를 믿지 않는다. '인간적 감정'은 나쁜 것이 아니다. 감각의 쾌락을 즐기는 것은 지혜의 일부이다. 하지만 인생의 의무를 지켜야 할 때는 그것을 제한할 수 있다. 이러한 주의는 요가 수행을 대하는 일본인의 논리에 잘 드러나 있다. 일본인은 그 수행에서 모든 자기 고문을 제거했을 뿐만 아니라 그것을 금욕주의적이라고 보지도 않았다. 한적한 곳에서 수행하는 사람들을 통상적으로 은자라고 하지만, 그들도 시골의 풍경 좋은 곳에서 아내와 아이들과 함께 산다. 아내를 얻고 아이를 낳는 것은 승려의 신성함과 양립할 수 있는 것으로 여겨졌다. 모든 불교 종파 중 가장 통속적인 종파에서는 승려가 결혼을 하고 자녀를 양육하는 것을 허용한다. 일본인들은 육체와 영혼이 양립할 수 없다는 이론을 잘 받아들이지 못한다. '깨달음을 얻은 자'의 성스러움은 자기 단련적인 명상과 생활의 단순화에 있었다. 지저분한 옷을 입고, 자연의 아름다움에 눈을 감으며, 현악기의 멋진 소리에 귀를 닫는 것에는 성스러움이 없다고 보았다. 일본의 성자들은 아름다운 시를 짓고, 다도를 즐기고, 달과 벚꽃을 '감상'하면서 하루를 보냈다. 심지어 선종은 삼결(三

缺), 즉 옷, 음식, 수면의 부족을 피하라고 가르쳤다.

셋째, 요가 철학의 궁극적 가르침도 일본인에게는 낯선 것이었다. 요가는 신비주의 기법을 가르치면서 그것이 수행자가 우주와 하나가 되게 해준다고 설파한다. 원시 부족이든, 이슬람교의 수도자든, 인도의 요가 행자든, 중세 기독교 신자든, 신비주의를 실천하는 사람들은 하나같이 그것을 통해 '신성함과 하나가 되고', '이 세상 것이 아닌' 법열(法悅)을 경험한다고 믿었다. 일본인들은 신비주의적 수행법을 가지고 있지만 신비주의는 가지고 있지 않다. 물론 이렇게 말한다고 해서 그들이 몽환을 체험하지 않는다는 뜻은 아니다. 그들은 체험한다. 하지만 그들은 이 몽환마저도 수행에 필요한 일심의 기법으로 여긴다. 그들은 그것을 황홀이라고 말하지 않는다. 선종은 다른 나라의 신비주의자들과는 다르게 몽환 중에 오감이 중지된다는 말을 하지 않는다. 그 대신 육감이 일어나 비상하게 예민한 의식의 상태를 경험하게 된다고 말한다. 이 육감은 마음속에 들어 있는 것인데 자기 단련을 하면 오감을 누르게 된다. 하지만 자기 단련 중에 미각, 촉각, 시각, 후각, 청각의 오감 등도 동원된다. 선종의 훈련에서는 소리 없는 발걸음을 인식하면서 그 발걸음이 이 장소에서 저 장소로 옮겨가는 소리를 듣고 또 몽환 중에도 유혹적인 음식 냄새 — 일부러 도입된 — 를 맡을 수 있다. 미각, 촉각, 시각, 후각, 청각의 오감이 '육감을 돕게 함으로써' 이런 상태에서 더 감각이 '예민해지는' 것이다.

이것은 초감각적 체험을 가르치는 종교로서는 좀 기이한 훈련 방법이다. 몽환 중에도 선(禪) 수행자는 자기 자신의 바깥으로 나가지 않는다. 고대 그리스인을 묘사한 니체의 말을 빌리면, "그 자신의 존재와 시민적 이름을 유지하는 것"이다. 이것을 증언하는 일본의 위대한 불교 스승들의 생생한 말이 많이 전해진다. 그 중 가장 뛰어난 것은 13세기 조동종(曹洞宗)의 창시자 **도겐**의 말이다. 그는 자신의 깨달음에 대해 이렇게 말했다.

"깨달음을 얻었다고 해서 달라지는 것은 없다. 단지 내 눈이 수평이라는 것과 내 코가 수직이라는 것을 알았을 뿐이다. 선의 체험에는 신비주의적인 것이 없다. 시간은 자연히 흘러가고 태양은 동쪽에서 뜨고 달은 서쪽으로 진다."[2] 선종의 경전들은 몽환의 체험이 자기 단련을 거친 인간의 힘 위에 있다는 것을 인정하지 않는다. 한 불교 신자는 말한다. "요가는 각종 초자연적 힘이 명상에 의해 획득된다고 말한다. 하지만 선종은 이런 불합리한 주장을 하지 않는다."[3]

일본인은 이렇게 하여 인도 요가의 전제 조건들을 싹 쓸어낸다. 고대 그리스인들처럼 유한한 것을 사랑하는 일본인들은 요가를 수행의 한 방편으로 생각한다. 이것을 잘 실천하여 인간과 그의 행동 사이에 머리카락 한 올의 간격도 없게 하는 '숙달'을 얻으려 애쓴다. 그것은 효율성과 자조를 강조하는 훈련 방법이다. 그것의 공덕은 현세적인 것이고, 인간은 꼭 필요한 만큼(넘치지도 부족하지도 않은)의 노력을 기울여 상황에 대처할 수 있게 된다. 제멋대로인 마음을 통제할 수 있어 외부의 물리적 위험이나 내부의 열정에도 흔들리지 않게 된다.

이러한 훈련은 사제뿐만 아니라 무사에게도 가치 있는 것이고, 그래서 일본의 무사들은 선종의 훈련 방법을 받아들였다. 신비주의 없는 신비주의 방식이 채택되고 또 그것이 백병전을 감내하는 무사의 교범으로 채택된 곳은 아마도 일본 밖에 없을 것이다. 하지만 이러한 현상은 일본에 선이 도입된 이래 있어 왔다. 12세기 일본 선종의 중흥자 에이사이(榮西, 1141~1215)는 그러한 정신을 담은 저서 『흥선호국론(興禪護國論)』을 펴냈다. 그리고 선종은 아주 세속적인 목표를 성취하기 위해 무사, 정치가, 검객,

---

2 Kaiten Nukariya, *The Religion of the Samurai*, London, 1913, p. 197.
3 *Ibid.*, p. 194.

대학생 등을 가르쳐 왔다. 찰스 엘리엇이 지적한 바와 같이, 중국 선종의 역사를 살펴보면 이것이 일본으로 건너가 무사를 가르치는 훈련 방법이 되리라는 예시를 전혀 발견할 수 없다. "선은 다도나 노(能) 연극처럼 아주 일본적인 것이 되었다. 12세기와 13세기 같은 혼란스러운 시대에 경전이 아니라 개인의 심적 수행을 강조하는 이 신비적, 명상적 교리는 속세를 피해 사원에서 사는 사람들에게서 널리 세력을 얻었을 것이라고 생각하기 쉽다. 하지만 그런 짐작과는 다르게 이 교리는 무사 계급의 인기 높은 생활 철학으로 받아들여졌다.

불교와 신토 휘하의 많은 일본 종파는 명상, 자기 최면, 몽환의 신비적 수행 방법을 강조한다. 그들 중 일부는 이런 훈련의 결과가 신적 은총의 증거라고 생각하면서, 신의 '타리키(他力)'에 의존하는 철학을 갖고 있다. 반면에 일부 종교(선종은 이것의 대표적 사례)는 '지리키(自力)'를 강조한다. 그리하여 인간의 궁극적 힘은 자기 안에 있으며 자력에 의해서만 그 힘을 키울 수 있다고 가르친다. 일본의 사무라이는 이 철학을 흡족하게 여겨 받아들였고, 승려든 정치가든 교육자든—과거 사무라이는 이런 역할을 겸했다—강인한 개성을 키워내기 위해 선의 방식을 사용했다. 선의 가르침은 아주 분명하다. "선은 인간이 그의 내부에서 발견할 수 있는 것만 추구한다. 이러한 추구에서 그 어떤 장애도 허용하지 않는다. 모든 장애를 당신의 길에서 치워버려라. 그 길 위에서 부처를 만나면 부처를 죽이고, 조사(祖師)를 만나면 조사를 죽이고, 아라한을 만나면 아라한을 죽여라! 이것이 구원에 이르는 유일한 길이다."(→ **화두**)

진리를 추구하는 사람은 부처의 가르침이든 경전이든 신학이든 남의 손을 거쳐서 들어온 것을 중시해서는 안 된다. "불교의 12경전은 종이 뭉치에 지나지 않는다." 이런 것을 공부하면 유익함은 있겠지만 깨달음의 필수 요소인 영혼 속의 번쩍거리는 섬광은 얻지 못한다. 선종의 한 대화록에서 제자가 스승에게 『묘법연화경』을 설명해 줄 것을 요청한다. 스승은 멋진 설명을 해주지만 제자는 심드렁하게 대답한다. "선사는 경전, 이론, 논리적 설명 따위를 무시하는 것으로 알고 있는데요." 그러자 스승이 말한다. "선은 아무것도 몰라도 된다고 가르치는 게 아니야. 단지 '안다'는 것(깨달음)은 모든 경전, 모든 문헌의 바깥에 있다는 것을 가르칠 뿐이지. 너는 나에게 알고 싶다고 하지 않았어. 단지 경전의 설명을 요청했을 뿐이야."

선사들이 제자에게 가르친 전통적 방식은 바로 이 '깨닫는' 방식이었다. 훈련은 신체적인 것 혹은 정신적인 것일 수도 있으나 학습자의 내면적 인식으로 체인(體認)되는 것이어야 했다. 검술을 원용한 선의 훈련 방식은 이것을 잘 설명한다. 검도를 배우는 사람은 검술의 각종 요령을 익혀야 한다. 하지만 그런 기술의 숙달은 단순한 '능력'일 뿐이다. 그에 더하여 그는 '무가'를 배워야 한다. 그는 먼저 평평한 표면에 서서 두 발이 차지한 몇 인치의 땅만을 의식한다. 그러다가 서 있는 표면이 서서히 공중으로 올라간다. 비록 4피트 높이의 기둥 꼭대기에 서 있지만 운동장 한가운데 서 있는 것처럼 편안한 마음을 느껴야 한다. 이러한 기둥 위에 편안히 서 있을 수 있을 때 비로소 '깨달음'을 얻는다. 그의 마음은 어지러움이나 추락에 대한 두려움으로 흐트러지지 않는다.(→ 깨달음)

이러한 일본식 기둥 훈련은 중세 유럽의 기둥행자 성 시메온(Saint Simeon)의 고행을 하나의 자기 단련으로 바꾸어 놓은 것이다. 하지만 이것은 고행이 아니다. 선종의 훈련이든 혹은 농촌 마을의 흔한 훈련이든 모든 일본식 신체 단련은 이런 자기 단련의 측면을 갖고 있다. 세계의 많은 곳에서 행해지는 표준적 고행으로는 찬물에 뛰어들거나 폭포수 밑에 서 있는 것 등이 있다. 이것은 자신의 육체를 힘들게 하여 신들의 자비를 얻어내거나 몽환을 유도하려는 행위이다. 일본인들이 자주 행하는 추위 고행(간교寒行)으로는 동트기 직전에 얼음처럼 차가운 폭포수에 서 있거나 앉아 있기, 겨울밤에 자기 몸을 세 번 냉수마찰하기 등이 있다. 이러한 고행의 목적은 자신의 의식을 단련시켜 더 이상 불편을 느끼지 못하게 하려는 것이다. 수행자의 목적은 자신을 단련시켜 아무런 방해 없이 명상을 계속하려는 것이다. 냉수의 차가운 충격이나 동틀 무렵의 차가운 날씨를 전혀 의식하지 않을 정도가 되면 자기 단련의 '달인'이 된 것이다. 이것 이외에 공덕은 없다.

정신적 훈련도 이와 마찬가지로 스스로 깨우쳐야 한다. 제자가 스승을 찾아갈 수는 있으나 서양의 '가르침'은 없다. 왜냐하면 제자가 스스로 깨우치는 것 이외에는 그 어떤 것도 무의미하기 때문이다. 스승은 제자와 의논을 해주기는 하지만 새로운 정신적 경지로 인도하지는 않는다. 오히려 철저히 거칠게 대하는 것이 제자에게 도움이 된다고 여긴다. 가령 스승은 느닷없이 제자가 마시려는 찻잔을 깨트리거나, 제자의 발을 걸어 쓰러뜨리거나, 놋쇠 덩어리로 제자의 손등을 내리친다. 이런 충격을 주어 제자에게 갑작스러운 통찰을 안겨주려는 것이다. 이것은 제자의 안일한 자세에 일격을 가한다. 승려의 일화집에는 이런 종류의 사례가 많이 나와 있다.

제자의 '깨달음'을 유도하기 위한 가장 인기 있는 방식은 '공안(公案: 화두)'으로, 글자의 뜻은 '공식적인 문제'이다. 이런 화두가 총 1,700가지나 있다고 한다. 어떤 일화집은 이런 화두 중 하나를 풀기 위해 7년이나 면벽수행한 사람의 이야기를 아무렇지도 않게 소개하고 있다. 화두는 합리적 해답을 추구하는 것이 아니다. 화두 중에는 '한 손바닥에서 나는 손뼉소리를 듣는다고 생각하기'라는 것이 있다. 또 다른 화두로는 '자신이 어머니의 태내에 잉태되기 전에 어머니를 그리워한다'는 것이 있다. 그 외에 '자신의 시체를 끌고 오는 자는 누구인가?', '나를 향해 걸어오고 있는 자는 누구인가?', '모든 것은 일(一)로 돌아간다. 그러면 일은 어디로 돌아가는가?' 등이 있다. 이러한 선종의 화두는 12세기 혹은 13세기 이전의 시기에 중국에서 사용되었고, 일본은 선종과 함께 이 기법을 받아들였다. 중국 대륙에서 이 기법은 살아남지 못했다. 그러나 일본에서는 이것이 '숙달'을 위한 자기 단련의 필수적 부분이 되었다. 일본 선종의 입문에서는 이것을 아주 진지하게 여긴다. "'공안'은 인생의 딜레마를 그 안에 담고 있다." 그들은 이렇게 말한다. 한 수행자가 '공안'을 열심히 생각하다가 막다른 길에 도달했다. 그는 '궁지에 몰린 쥐 신세'다. 그는 '뜨거운 쇳덩어리를 삼킨 사람'과 비슷하다. 그는 '쇳덩어리를 뚫으려는 모기'와 비슷하다. 그는 자기 자신을 잃어버리고 더욱 노력한다. 마침내 그의 마음과 문제 사이에 버티고 있던 '관찰하는 나'의 장벽이 사라진다. 전광석화처럼 그 둘―마음과 문제―은 화해한다. 그는 '깨달음'을 얻는다.(→ 화두)

이런 팽팽한 정신적 노력에 대한 기록은 인상적이다. 하지만 그런 노력 끝에 얻은 위대한 지혜가 무엇인지 선승의 언행록에서 찾아보면 다소 허탈한 느낌을 받는다. 예를 들어 **남악**(南嶽)은 "나를 향해 걸어오고 있는 자는 누구인가?"라는 화두를 8년 동안 궁리하다가 마침내 깨달았다. 그의 말은 이러했다. "여기에 한 물건이 존재한다고 말한 순간, 나는 전체를 생략하는 것이 된다." 그럼에도 불구하고 화두의 계시에는 일반적인 패턴이 있다. 그것은 다음과 같은 대화에서 암시된다.

제자 어떻게 하면 생과 사의 윤회에서 벗어날 수 있을까요?
스승 너를 그 속에 집어넣은 자는 누구인가?

이때 제자가 배운 것은 무엇이었을까? 중국의 유명한 격언에 의하면 그는 '소를 탄 채 소를 찾고 있다'는 것이다. '정말로 필요한 것은 어망이나 올가미가 아니라 그것으로 잡을 물고기와 짐승'이다. 서양에서 말하는 딜레마의 두 뿔은 쓸데없는 이야기라는 것이다.

선승들은 마음의 눈을 활짝 뜨고 있으면 현재의 수단으로도 목표에 도달할 수 있다고 생각했다. 그 누구의 도움도 받지 않고 자력으로 뭐든지 할 수 있다고 보았다.

'공안'의 중요성은 진리 수행자가 발견하는 그 진리(온 세계의 신비주의자들이 추구하는 진리)에 있는 것이 아니다. 일본인들이 진리 추구의 과정이라고 생각하는 그것을 밝혀 주는 데 있다.

'공안'은 "문을 두드리는 벽돌"이라고 말하기도 한다. 여기서 말하는 '문'은 범부(凡夫)가 자신의 마음 주위에 둘러친 벽을 말한다. 그 벽의 존재 때문에 범부는 현재의 수단으로 충분한가를 늘 걱정하고, 자신의 행동에 칭찬 혹은 비난을 부과하는 뜬구름 같은 관찰자들을 상상한다. 일본인들에게 이런 '하지(恥: 수치심)'의 벽은 아주 두껍다. 일단 그 벽이 무너져 내리고 문이 열리면 탁 트인 공기 속으로 나아가게 된다. 이제 더 이상 '공안'을 풀 필요가 없다. 깨달음을 얻었고 일본식 미덕의 딜레마는 해결되었다. 그들은 엄청난 힘을 발휘하여 난관에 부딪쳤다. 그들은 '쇳덩어리를 뚫으려는 모기'가 되었다. 결국 그들은 아무런 난관도 존재할 수 없음을 깨닫는다. '기무'와 '기리', '기리'와 인정, 정의와 '기리' 사이에 아무런 간격이 없음을 깨닫는다. 그들은 난관을 탈출하는 방법을 발견했다. 그들은 자유이고 한동안 인생의 '참맛'을 맛볼 수 있다. 그들은 난관을 탈출하는 방법을 발견했다. 그들은 자유이고 한동안 인생의 '참맛'을 맛볼 수 있다. 그들은 '무가'이다. 그들의 '숙달'을 위한 자기 단련은 완성되었다.

선불교의 권위자인 **스즈키 다이세쓰**는 '무가'를 이렇게 정의했다. "내가 그것을 하고 있다는 느낌이 전혀 없는 황홀의 상태.", "의식적인 노력이 전혀 없는 상태."⁴ '관찰하는 나'는 제거되고 그는 더 이상 자기 행동의 구경꾼이 되지 않는다. 스즈키는 말한다. "의식이 활발해지면 의지는 행위자와 방관자의 둘로 분열된다. 갈등은 불가피하다. 왜냐하면 행위자는 방관자의 제약으로부터 벗어나고 싶기 때문이다. 따라서 깨달음을 얻게 되면 제자는 '관찰하는 나'가 없어졌음을 알게 된다. 이제 영혼에는 미지의 것, 혹은 알 수 없는 어떤 것은 존재하지 않는다."⁵

목표와 그것을 성취하려는 행동만 남는다. 인간 행동을 연구하는 학자는 이러한 선언을 일본 문화에 그대로 적용되는 것으로 볼 수 있으리라. 어린 시절, 사람은 자신의 행동을 관찰하도록 훈련받고 다른 사람들의 관점에 비추어 그것을 판단했다. 그의 '관찰하는 나'는 아주 취약하다. 영혼의 황홀을 느끼기 위해 그는 이 '관찰하는 나'를 제거한다. 그는 '내가 지금 그것을 하고 있다'는 느낌이 없다. 앞에서 나온, 4피트 높이의 기둥 꼭대기 비좁은 곳에 서 있는 사람이 추락의 위험을 느끼지 않듯이, 그는 이제 자기 자신의 영혼을 해방시켜 아무런 장애도 느끼지 않는다.

화가, 시인, 대중 연설가, 무사 등도 이런 '무가'의 훈련을 한다. 그들은 한정(閑靜)한 마음으로 유한한 아름다움을 즐기고, 수단과 목적을 잘 조정하여 '더도 아니고 덜도 아닌' 딱 알맞은 힘을 기울여 목표를 성취한다.

자기 단련을 전혀 하지 않은 사람조차도 이런 '무가' 체험을 할 수 있다. 노 연극이나 가부키 연극을 보는 사람이 그것에 몰두하여 자기 자신을 잃어버린다면 그 역시 '관찰하는 나'를 잃어버렸다고 할 수 있다. 그의 손바닥은 땀이 나서 번들거린다. 그는 '무가의 땀'을 느끼는 것이다. 목표물에 다가가는 폭격기 조종사는 폭탄을 투하하기 전에 '무가의 땀'을 느낀다.

---

4 Suzuki, Professor Daisetz Teitaro, *Essays in Zen Buddhism*, vol. 3, p. 318 (Kyoto, 1927, 1933, 1934).
5 Quoted by Sir Charles Eliot, *Japanese Buddhism*, p. 401.

"그는 그것을 하고 있는 것이 아니다." 그의 의식에는 '관찰하는 나'가 남아 있지 않다. 방공포 사수도 마찬가지로 온 세상의 존재를 잊어버리고 '무가의 땀'을 느낄 수 있다. 이러한 경우에 이들은 최상의 컨디션에 올라 있는 것이다.

이러한 '무가'의 개념은 일본인들이 자기 감시와 자기 감독을 얼마나 큰 부담으로 여기고 있는지 잘 보여 주는 증거이다. 일본인들은 이런 구속을 느끼지 않으면 자유롭고 효율적인 사람이 될 수 있다고 말한다. 반면에 미국인들은 이런 '관찰하는 나'를 이성의 원칙과 같은 것으로 여긴다. 그래서 위기 상황에서도 '재치와 정신을 잃지 않은' 자기 자신을 자랑스럽게 여긴다. 일본인들은 자기 감시를 벗어던지고 영혼의 황홀을 느낀 순간에 대해 목에 매달린 맷돌이 없어진 기분이라고 말한다. 우리가 앞에서 살펴본 것처럼, 일본의 문화는 그들의 영혼에 절제심을 강조하고 또 강조했다. 그래서 이런 부담이 사라질 때 인간 의식의 다른 차원이 펼쳐진다고 말한다.

서양의 관점에서 볼 때, 일본인이 이런 철학을 표현하는 가장 극단적인 방식은 '죽은 셈치고' 살아간다는 것이다. 이 표현을 직역하면 '살아있는 시체'이다. 서양인에게 이것은 공포의 표현일 뿐이다. 어떤 사람의 자아가 그 사람 밖으로 빠져나가 지상을 걸어 다니는 살덩이에 지나지 않는다는 뜻이다. 그 사람에게 아무런 철학이 없다고 보는 것이다. 하지만 일본에서 '죽은 셈치고' 살아간다는 것은 숙달의 경지에서 산다는 뜻이다. 이것은 일상생활에서도 널리 쓰이는 표현이다. 중학교 입학시험을 걱정하는 학생에게 동네 어른이 말한다. "죽은 셈치고 시험을 치르도록 해. 그러면 쉽게 합격할 거야." 아주 중요한 사업 건을 앞에 두고 있는 사업가에게 그의 친구가 말한다. "죽은 셈쳐." 어떤 사람이 중대한 영혼의 위기를 겪고 있는데 앞에 출구가 보이지 않으면 '죽은 셈치고' 살아갈 결심을 한다.

종전 후 참의원이 되었던 위대한 기독교 지도자 가가와 도요히코(賀川豊
彦, 1888~1960)는 그의 자전적 소설에서 이렇게 말하고 있다. "악령에 홀린
사람처럼 그는 매일 방안에서 울면서 보냈다. 그의 흐느끼는 발작은 히스
테리에 가까웠다. 그의 고뇌는 한 달 반이나 계속되었지만 삶이 마침내
승리를 거두었다… 그는 죽음의 힘으로 살아가려고 했다… 그는 이미 죽
은 셈치고 갈등에 뛰어들려 했다. 그는 기독교인이 되기로 결심했다."6

전쟁 중에 일본인 병사들은 이렇게 말했다. "나는 이미 죽은 셈치고 살
아생전에 황은에 보답할 결심을 했다." 황은에 보답한다는 것은 구체적으
로, 출정 전에 자신의 장례식을 미리 거행하거나, 자신의 육체가 '이오지
마 섬의 먼지'가 된다고 맹세하거나 '미얀마의 꽃과 함께 산화할' 각오를
하는 것 등을 모두 포함한다.

따지고 보면 '무가'의 철학이 곧 '죽은 셈치고'의 철학이다. 이 상태의
사람은 모든 자기 감시와 공포를 내던지게 된다. 그는 죽은 자, 이미 올바
른 행동 방침에 대해 걱정하지 않는 사람이 된다. 죽은 자는 더 이상 '온'
을 되갚아야 할 필요가 없다. 그는 자유이다. 따라서 '죽은 셈치고 산다'는
갈등에서 완전히 벗어나는 것을 의미한다. 그것은 이렇게 말하는 것과 같
다. "나의 에너지와 주의력은 자유롭게 목표의 성취 쪽으로 나아갈 수 있
다. 두려움으로 가득 찬 나의 '보는 나'는 더 이상 나와 내 목표 사이에서
장애물이 되지 못한다. 그와 함께 예전에 나를 그토록 괴롭히던 긴장감과
절망감도 사라졌다. 이제 나는 모든 것이 가능하다고 생각한다."

서양의 관점에서 볼 때, 일본의 '무가'와 '죽은 셈치고'는 양심을 배제한
것처럼 보인다. 일본인이 말하는 '관찰하는 나' 혹은 '방해하는 나'는 개
인의 행동을 판단하는 검열관이다. 이것은 동서양의 심리 차이를 극명하

---

6 Toyohiko Kagawa, *Before the Dawn*, p. 240.

게 보여 준다. 우리가 어떤 미국인을 가리켜 의식이 없다고 말한다면, 잘 못을 저지르고도 죄책감을 느끼지 못한다는 뜻이다. 하지만 일본에서는 더 이상 긴장하지 않고 장애를 느끼지 않는 사람의 뜻으로 사용한다. 미국에서는 나쁜 뜻으로 사용하지만, 일본에서는 좋은 뜻으로 사용하여 자기 단련을 제대로 한 사람, 자신의 능력을 최대한으로 발휘하는 사람을 지칭한다. 그러니까 아주 어려운 일을 이타심을 발휘하여 수행하는 자를 가리키는 것이다. 좋은 행동을 강제하는 미국식 제재는 죄책감이다. 양심이 굳어져서 죄책감을 더 이상 느끼지 못하는 자는 반사회적 존재이다. 일본인들은 이런 문제를 다르게 풀이한다. 그들의 철학에 의하면 인간의 깊은 내면에 들어 있는 영혼은 선량하다. 그의 충동이 그의 행동에 구체화된다면, 그는 별 힘들이지 않고 덕행을 할 수 있다. 따라서 그는 '하지(수치)'의 자기 검열을 배제하기 위해 숙달의 훈련을 한다. 이 훈련을 거쳐야만 비로소 육감이 아무런 장애 없이 발휘된다. 이렇게 하여 자의식과 갈등으로부터 완전히 놓여나는 것이다.

자기단련이라는 일본의 철학은 일본 문화 속의 개별적 생활로부터 분리시켜 놓으면 무의미한 헛소리가 되고 만다. 우리는 '관찰하는 나'에 부착시켜 놓은 수치의 부담이 얼마나 큰지 이미 살펴보았다. 그러나 일본인의 정신 경제에서 차지하는 그 철학(수치를 피하려는 철학)의 진정한 의미는 일본의 육아 방식을 살펴보지 않는다면 여전히 애매모호할 것이다. 어느 문화에 있어서도, 전통적인 도덕적 제재들은 말에 의해서뿐만 아니라 자기 아이들을 대하는 연장자의 모든 태도에 의해서도 한 세대에서 다음 세대로 이어지는 것이다. 그리고 국외자는 어떤 나라의 어린아이가 양육되는 과정을 연구하지 않고서는 그 나라의 삶에서 어떤 것이 중요한 전제가 되는지를 알 수가 없다.

12장

어린아이는 배운다

The Chrysanthemum and the Sword

일본의 어린아이는 사려 깊은 서구인이 상상할 법한 그런 방식으로 양육되지 않는다. 미국의 부모는 일본보다는 훨씬 덜 신중하고 금욕적인 방식으로 자식을 훈련시킨다. 그렇지만 아이의 작은 소망이 이 세상에서 가장 중요한 것이 아님을 아주 일찍부터 어린아이에게 알려준다. 미국인은 태어난 후 즉각 수유와 취침 스케줄을 정해 놓으며, 아이가 아무리 칭얼거려도 수유 시간과 취침 시간이 아니면 아이의 요구를 들어주지 않고 기다리게 한다.

조금 지나서 어머니는 아이가 입속에 손가락을 집어넣거나 신체 다른 부분을 만지는 것을 막기 위하여 아이의 손을 때린다. 어머니는 자주 아이의 시야에서 사라지고, 어머니가 밖으로 나갈 때 아이는 집에 그대로 머물러 있어야 한다. 아이는 다른 음식을 좋아하기도 전에 이유를 해야 하며, 혹은 분유를 먹는 아이라면 우유병을 포기해야 한다. 아이에게 좋은 특정한 음식이 있고 아이는 반드시 그것을 먹어야 한다. 아이는 옳지 않은 짓을 하면 처벌을 받는다. 미국인은 일본의 어린아이는 미국 아이에 비하여 이런 단련을 두 배나 더 많이 받을 것이라고 생각하기 쉽다. 일본인은 나중에 커서 그의 소원을 엄격한 규범에 종속시켜야 하고, 또 그런 가혹한 규범을 아주 철저하게 준수해야 하니까 말이다.

유년과 노년: 자유로운 시기

———

그러나 일본인은 이런 훈육 과정을 따라가지 않는다. 일본인의 성장 곡선은 미국인의 그것과는 정반대이다. 그것은 밑바닥이 얕은 U자 곡선으로서 유년과 노년에는 최대한의 자유와 관대함이 허용되는 것이다. 유아기 이후에 구속과 제약이 서서히 심해지다가, 점차 자신의 마음대로 할 수 있는 자유는 바닥에 도달한다. 자유가 구속되는 이 낮은 라인(U자의 밑바닥 부분)은 인생의 전성기 동안 몇 십 년 지속된다. 그러다가 곡선은 점진적으로 상승하여 60세 이후에 일본인은 어린아이와 마찬가지로 수치의 제약을 거의 받지 않게 된다.

　미국의 경우는 이런 U자 커브를 정반대로 세워놓은 곡선을 보인다. 어린아이에게 철저한 단련이 부과되며 어린아이가 성장함에 따라 차차 완화된다. 그러다가 직업을 갖고 자신의 가족을 거느리는 등 자신의 삶을 온전하게 영위하게 되면 단련이 거의 사라지게 된다. 미국인이 생각하는 인생의 전성기는 자유와 주도권의 시기이다. 미국인이 자신의 인생에 대한 주도권이나 활력을 잃거나 남에게 의존하게 되면 제약이 나타나기 시작한다. 미국인은 일본적 방식으로 인생을 정교하게 미리 짜놓는다는 것은 심지어 공상 속에서도 하기가 어렵다. 우리가 볼 때 그런 주문 생산 방식의 인생은 현실에서 통하지 않는 것이다.

　그러나 미국과 일본의 성장 곡선은 각 개인으로 하여금 전성기에 그들의 문화에 적극 참여하도록 유도한다. 미국에서는 이런 참여를 적극 권장하기 위하여 전성기에 가능한 한 많은 자유를 부여한다. 일본은 이런 목적을 달성하기 위하여 개인에 대한 제약을 극대화하는 방식을 쓴다. 일본인이 이 전성기에 체력이나 소득이 최고점에 있다고 해서 그를 자기 인생의 주인으로 만들어 주지는 않는다. 일본인은 제약이 훌륭한 심리적 훈련(슈요修養)이며, 자유를 가지고서는 얻지 못하는 결과를 만들어낸다고 확신한다. 그러나 전성기의 남녀에게 이처럼 제약을 더욱 높인다고 해서, 이런 제약이 한평생 계속 된다는 뜻은 아니다. 유년기와 노년기는 '자유로운 영역'인 것이다.

가문의 대를 잇는 자녀

아이들에게 아주 관대한 사람들은 아이를 원할 가능성이 높다. 일본인은 실제로 아이를 원한다. 그들은 미국과 마찬가지로 아이를 예뻐하는 것이 즐겁기 때문에 아이를 원한다. 그러나 일본인은 미국에서는 중요도가 다소 떨어지는 이유로 인해 아이를 원하기도 한다. 일본인 부모는 정서적 만족 이외에도, 가문의 대를 잇기 위해 자녀를 원한다. 만약 그렇게 하지 못한다면 그들은 인생에서 실패했다고 생각한다. 일본인 아버지는 반드시 아들을 두어야 한다. 그는 자신이 죽은 후 아들이 매일 거실에 모신 작은 위패 앞에서 아버지의 기억을 되살리며 추모해 주기를 바란다. 그는 아들이 가문의 대를 잇는 것은 물론이요 집안의 명예와 재산을 온전하게 보존하기를 바란다.

전통적인 사회적 이유로서 어린 아들이 아버지를 필요로 하는 것처럼 아버지도 그에 못지않게 아들을 필요로 한다. 아들은 장래 아버지의 자리를 차지하는데 이것은 아버지를 대체한다기보다 아버지의 뜻을 지속한다는 뜻이 더 강하다. 여러 해 동안 아버지는 '가문'의 유지와 운영을 위탁받은 수탁자이다. 나중에는 아들이 그 수탁자의 지위에 오른다. 만약 아버지가 그 수탁자 역할을 아들에게 제대로 전달하지 못한다면 아버지는 역할을 제대로 해내지 못한 실패한 인생이 된다. 이처럼 연속성을 강조하기 때문에 다 큰 아들이 아버지에게 의존해도—설사 의존하는 기간이 미국보다 훨씬 더 길게 이어질지라도—여러 서구 국가들에서 느낄 법한 수치나 굴욕을 느끼지 않는다.

일본인 여성 또한 정서적 만족을 위해 아이를 원하지만, 아이가 있어야 아내로서의 지위가 공고해지기 때문에 원하기도 한다. 애를 못 낳는 아내는 가정 내에서 지위가 아주 불안정해진다. 설사 남편의 버림을 받지 않는다 하더라도 시어머니가 되어 아들의 결혼과 며느리의 생활에 대하여 절대적인 권위를 행사하지 못하게 되는 것이다. 남편은 아들을 입양하여 가문을 이어가게 할 수 있지만 아이 없는 여자는 여전히 실패한 인생이다. 일본 여성들은 아이를 잘 낳아야 한다는 기대를 받으며 성장하기 때문이다. 1930년대 전반의 평균 출산율은 1,000명당 31.7명인데 이것은 동유럽의 다산국에 비해서도 높은 출산율이다. 1940년 현재 미국의 출산율은 1,000명당 17.6명이었다. 일본의 어머니는 출산을 일찍 시작하며, 특히 19세의 여성이 다른 연령대의 여성보다 출산율이 가장 높다.

일본에서 출산은 성행위만큼이나 은밀한 것이 되어야 하고 그래서 여성들은 출산의 고통을 겪으면서도 비명을 내지르지 않는다. 그것은 자신이 출산을 한다는 것을 널리 알리는 꼴이 되기 때문이다. 아기만을 위한 요와 이불 등으로 작은 침상이 마련된다. 비록 아이에게 누비이불과 아주 '새로운' 침구를 꾸며 주지 못한다 해도, 어린아이가 자기만의 새 침상을 가지지 못한다면 그것은 나쁜 징조이다. 아기의 작은 침상은 성인용처럼 딱딱하지 않고 훨씬 가볍다. 아이는 자기 침상이 있으면 훨씬 더 편안한 것이다. 그렇지만 이처럼 별도의 침상을 마련해 주는 깊은 이유는, 새로 태어난 아이는 그 자신의 새로운 침상을 가져야 한다는 정서상의 독립성 때문이다. 아기의 요는 어머니의 요 바로 옆에 바싹 붙여놓지만, 아기는 어느 정도 몸을 움직일 수 있을 때까지는 어머니와 함께 자지 않는다. 아기는 한 살 정도가 되면 양팔을 내뻗고 자기의 요구 사항을 알릴 수 있다고 한다. 그러면 아기는 엄마의 품에 안겨 엄마의 이불을 덮고 잔다.

일본의 육아 방식

갓난아기는 출생 후 사흘 동안은 아무것도 먹이지 않는데, 모유가 산부의 몸에서 나올 때까지 기다리기 때문이다. 그 후 아이는 영양이나 위안을 위해 아무 때나 어머니의 가슴에 매달릴 수 있다. 어머니 또한 수유를 즐긴다. 일본인은 수유가 여성의 가장 큰 생리적 즐거움이라고 확신하며, 아이 또한 엄마의 즐거움을 공유한다. 어머니 가슴은 아이에게 영양의 원천일 뿐만 아니라 기쁨이요 위로이다. 한 달 동안 아이는 요에 드러누워 있거나 어머니의 양팔에 안겨 있다. 생후 한 달이 지난 후에 아기를 그 지방의 신사에 데리고 가서 신고를 하면 그때 비로소 아이의 생명력이 신체에 단단히 뿌리를 내렸다고 생각하게 된다. 이렇게 되면 아이를 공개적으로 밖에 데리고 다녀도 안전하다.

한 달 이후에는 아이를 엄마의 등에 업어서 키운다. 두 겹으로 된 띠로 먼저 아이의 양쪽 겨드랑이와 엉덩이를 두른 다음, 다시 어머니의 어깨를 둘러서 앞쪽의 허리에 단단히 맨다. 추운 날에는 솜을 댄 어머니의 윗도리로 아이의 온몸을 감싼다. 가족 중에 나이든 아이들(오빠와 언니)도 아기를 업는데, 이들은 야구와 돌차기 놀이를 할 때에도 아이를 업고 다니기도 한다. 농촌 마을 사람들과 가난한 가족들은 특히 아기의 형제들에게 육아를 의존한다. "일본 어린아이들처럼 공공장소에 많이 노출되면, 곧 총명하고 관심 많은 표정을 갖게 된다. 아이들은 그들을 등에 업고 노는 형제들 못지않게 게임을 즐기는 것처럼 보인다."[1]

일본에서는 아이를 등에다 큰 대자 모양으로 업고 다니는데, 이것은 태평양 여러 섬과 그 밖의 곳에서 일반적으로 행해지는 숄로 아이를 업고 다니는 풍습과 많은 공통점이 있다. 이런 숄 방식은 아이를 수동적으로 만들며, 일본 아이들이 그러하듯이 어디에서나 잠을 잘 자는 능력을 키워준다. 그러나 일본의 포대기는 숄이나 가방에 아이를 데리고 다니는 방식과는 다르게 완전한 수동성을 권장하지는 않는다. 아이는 "어린 고양이처럼 데리고 다니는 사람의 등에 착 달라붙는 법을 배운다… 아이를 등에 묶는 띠는 충분히 안전하다. 그러나 어린아이는… 스스로 몸을 움직여 편안한 자세를 잡는다. 그리하여 아이는 띠로 어깨에 단단히 묶인 짐보따리 상태를 벗어나, 업고 가는 사람의 등에 능숙하게 올라타는 방법을 배우게 된다."[2]

어머니는 일을 할 때는 애를 요에 뉘어 놓고, 거리에 나갈 때는 등에 업고 간다. 어머니는 아이에게 말을 걸고 흥얼거리기도 한다. 또 아이에게 예의바른 동작을 시키기도 한다. 어머니 자신이 상대방의 인사에 답례를 할 때면 아이의 머리와 어깨를 앞으로 수그려 따라서 인사하게 한다. 아이는 언제나 끼워주는 존재이다. 오후마다 어머니는 아이를 데리고 뜨거운 탕에 들어가며 아이를 무릎 위에 올려놓고 장난을 친다.

아이는 서너 달 동안 기저귀를 찬다. 기저귀는 아이에게는 다소 무거운 천으로 되어 있는데 일본인의 안짱다리는 이 기저귀 탓이라고 말하기도 한다. 아이가 생후 3~4개월이 되면 똥오줌 가리기 훈련을 시작한다. 어머니는 갓난아이가 용변 볼 때를 미리 예측하고 양손으로 아이를 든 채 문

---

1 Alice Mabel Bacon, *Japanese Women and Girls*, p. 6.
2 *Ibid.*, p.10

밖으로 나간다. 어머니는 아이가 용변 보기를 기다리는데 보통 낮고 단조로운 휘파람을 분다. 아이는 그 휘파람이 무슨 뜻인지 곧 알아차린다. 모든 사람이 동의하는 바인데, 일본의 아이는 중국의 아이와 마찬가지로 이훈련을 아주 일찍 시작한다. 이 훈련에서 아이가 실수를 하면 일부 어머니들은 아이를 살짝 꼬집는다. 하지만 일반적으로 어머니들은 목소리의어조를 바꾸어 아이에게 말하면서, 잘 훈련이 되지 않는 아이를 좀 더 빈번한 간격으로 문밖에 데리고 나간다.

만약 변비 증세를 보이면 어머니는 아이에게 관장을 하거나 하제를 복용시킨다. 어머니들은 그렇게 하면 아이가 한결 편안해진다고 말한다. 똥오줌 가리기 훈련이 끝나면 아이는 더 이상 불편한 기저귀를 차지 않는다. 실제로 일본 아이들은 기저귀를 불편하게 여긴다. 무거운 천으로 되어 있을 뿐만 아니라, 일본의 관습상 오줌을 쌀 때마다 기저귀를 갈아 주지는 않기 때문이다. 그렇지만 아이는 너무 어려서 용변 훈련과 불편한기저귀 제거의 상관관계를 알지 못한다. 아이는 일방적으로 부과되는 피할 수 없는 절차만 알고 있을 뿐이다. 게다가 어머니는 아이의 용변 시에아이를 몸에서 멀찍이 떼어놓고 또 아이의 몸을 꽉 붙잡는다. 이 피할 수없는 훈련으로부터 아이가 배우는 것은, 장차 커서 일본 문화의 좀 더 미묘한 강제에 복종하도록 미리 준비시킨다.[3]

일본 어린아이는 걷기 전에 말을 먼저 한다. 아이가 기어 다니는 것은적극 만류된다. 전통적으로 아이는 한 살이 될 때까지 일어서거나 걸어서는 안 된다는 생각이 널리 퍼져 있어서 어머니는 돌 되기 전에 그런 행동을 하는 것을 억제한다. 지난 10년 혹은 20년 동안 일본 정부는 값싼 가격

---

3 제프리 고러는 『일본 문화의 주제들(*Themes in Japanese Culture*)』에서 일본식 용변 훈련의 역할을 강조했다. Transactions of the New York Academy of Science, vol. 5, 1943, pp. 106~124.

으로 널리 유포되는 『임산부 수첩(妊産婦手帳)』(1942년 제정)이라는 간행물에서 아이의 걷기를 적극 장려해야 한다고 가르쳐 왔고, 그래서 지금은 그런 현상이 보편화되어 있다. 아이가 걸을 때 어머니들은 아이의 겨드랑이로 띠를 둘러 도와주거나, 아니면 양손으로 아이를 부축해 준다. 하지만 아이는 여전히 걷기보다는 말을 더 빨리 하는 경향이 있다. 아이가 말을 하기 시작하면, 어른들은 아이의 말투를 흉내 내며 아이를 즐겁게 해주는데 여기에는 분명한 목적이 있다. 일본인은 아이의 언어 학습을 우연한 흉내에 내맡기지 않는다. 그들은 아이에게 단어, 문법, 경어를 가르치는데, 어른이나 아이나 모두 그 게임을 즐긴다.

일본인 아이가 걷기 시작하면 집안에서 장난을 많이 친다. 아이들은 창호지에 구멍을 뚫기도 하고 방바닥 한가운데 있는 자그마한 화로(이로리 囲炉裏) 속으로 떨어질 수도 있다. 그러나 여기에 그치지 않고 일본인들은 집안에서 벌어질 수 있는 위험을 다소 과장하는 경향이 있다. 문지방을 밟는 것은 '위험'할 뿐만 아니라 철저한 금기 사항이다. 일본식 가옥은 지하실이 없고 장선(마루 널에 대는 가로장) 위에 세워져 있다. 그래서 아무리 가벼운 무게라도 어린아이가 문지방을 세게 밟으면 집 전체가 삐긋할 수 있다고 생각하는 것이다.

이것뿐만이 아니다. 어린아이는 마루 다다미가 서로 이어지는 부분은 밟거나 앉아서는 안 된다는 가르침을 받는다. 방바닥 다다미는 표준 사이즈이며 방의 크기는 '다다미 석 장 방' 혹은 '다다미 열두 장 방' 등으로 지칭된다. 일본 아이들은 어려서부터 이런 얘기를 듣고 자란다. 과거의 사무라이들은 방밑으로 기어들어 와서 다다미가 이어진 틈으로 칼을 찔러 방안에 있는 사람을 해쳤다. 그러니 두껍고 부드러운 다다미만 안전함을 제공하는 것이다. 심지어 다다미 틈이 벌어진 곳도 위험하다고 가르쳤다. 어머니는 '위험해', '나빠'와 같은 느낌을 아이에게 해주는 경고의 말에 끊임없이 주입한다. 세 번째로 아이에게 해주는 경고는 '지저분해'이다. 일본식 가옥의 정리정돈과 청결함은 유명하며, 아이는 그것을 존중하도록 가르침을 받는 것이다.

대부분의 일본 아이들은 밑에 동생이 태어나야 젖을 뗀다. 그러나 정부의 『임산부 수첩』은 근년에 들어와 8개월 차에 젖을 떼라고 권장한다. 중산층 어머니들은 종종 이렇게 하고 있으나, 일본의 일반적인 관습은 아니다. 수유가 어머니의 큰 즐거움이라는 일본적 감성에 충실하게도, 8개월 차 이유(離乳)를 받아들이는 사람들은 단축된 수유 기간이 아이의 복지를 위해 어머니가 희생하는 것이라고 생각한다. 일본이 '장기 수유한 아이는 허약하다'는 가르침을 받아들이면서, 일본인은 아이의 이유를 서두르지 않는 어머니를 절제심이 없다고 비난하게 되었다. "그녀는 아이의 이유를 할 수 없다고 말한다. 하지만 그건 아직 결심을 하지 못한 것일 뿐이다. 어머니는 계속 수유를 하려고 하는 것이다. 그녀는 스스로 수유의 즐거움을 연장하려고 하는 것이다."

이런 태도가 있기 때문에 8개월차 이유가 널리 퍼지지 못한 것은 이해할 만한 일이다. 이유를 늦게 하는 데는 실용적인 이유도 있다. 일본은 막 이유를 한 아이에게 먹일 특별한 음식을 준비하는 전통이 없다. 만약 아이가 일찍 이유를 했다면 아이에게 미음을 먹이지만, 보통은 모유로부터 곧장 성인식으로 옮겨간다. 우유는 일본인의 식단에 포함되지 않으며 일본인은 아이를 위한 특별한 채소도 준비하지 않는다. 이런 상황이므로, "장기 수유한 아이는 허약하다"는 정부의 가르침이 과연 정확한지 합리적인 의심이 드는 것이다.

어린아이 놀리기 : 비교의 시작

일본 어린이는 보통 어른들이 하는 말을 알아듣게 된 이후에 젖을 뗀다. 식사 때는 가족 식탁에서 어머니의 무릎에 앉아서 조금씩 입에 떠 넣어주는 음식을 받아먹는다. 이제 아이는 그 음식을 더 많이 먹을 수 있다. 어떤 아이는 이 시기에 섭식의 문제가 있는데, 이것은 밑의 동생이 태어나서 이유를 해야 하는 경우라면 쉽게 이해할 수가 있다. 어머니는 젖을 빨려고 하는 아이를 만류하려고 종종 과자를 주면서 달랜다. 때때로 어머니는 젖꼭지에 후춧가루를 뿌려놓기도 한다. 하지만 모든 어머니가 아이에게 아직도 젖을 먹으려고 하는 어린아이라며 그를 놀린다. "네 어린 사촌을 봐라. 걔는 벌써 어른이야. 걔도 너처럼 자그마하지만 젖을 달라고 하지 않아.", "네가 아직도 아이여서 젖을 먹고 싶어 하기 때문에 저 어린 소년이 너를 비웃고 있잖아." 아직도 젖을 달라고 조르는 두 살, 세 살, 네 살 어린이는, 나이든 애가 다가오는 소리를 들으면 조르기를 멈추고 무관심한 척한다.

이처럼 아이에게 어른이 되라고 놀리는 것은 이유에만 국한되지 않는다. 아이가 어른들의 말을 알아듣기 시작하는 순간부터 이 놀리기 방법은 모든 상황에서 흔하게 동원된다. 어머니는 아이가 울면 이렇게 말한다. "너는 여자애가 아니야.", "너는 사내애야." 어머니는 또 이런 말도 한다. "저애를 좀 봐. 저애는 울지 않아." 다른 아이가 집에 놀러오면 어머니는 자기 애가 보는 데서 그 애를 가볍게 만지면서 이렇게 말한다. "난 이애를 입양할 거야. 이렇게 멋지고 착한 아이를 원해. 너는 나잇값도 하지 못해." 그러면 어머니의 아이는 어머니에게 몸을 내던지고 종종 주먹으로 어머니를 때리면서 외친다. "아니야, 아니야. 우리는 다른 아이는 원하지 않아. 나는 엄마가 말하는 대로 할 거야." 한두 살 먹은 아이가 시끄럽게 굴거나 뭔가 재빠르게 행동을 하지 않으면, 어머니는 집에 놀러온 어른에게 말한다. "이 아이를 좀 데려가 주시겠어요? 우리는 이 아이를 원하지 않아요." 방문 온 어른도 제 나름 역할을 한다. 그는 아이를 데리고 집밖으로 나가는 동작을 취한다. 아이는 자지러지게 비명을 내지르며 어머니에게 도와달라고 한다. 아이는 거의 발작을 한다. 어머니는 놀리기가 효과를 거두었다고 생각하면 짐짓 누그러지는 태도를 취하면서 아이를 되받아들고 앞으로 착하게 굴겠다는 아이의 열렬한 약속을 다시 한 번 다짐하는 것이다. 이 자그마한 놀이는 때때로 아이가 대여섯 살이 될 때까지 반복된다.

아이 놀리기는 다른 형태를 취하기도 한다. 어머니는 아버지에게 시선을 돌리면서 아이에게 이런 말을 한다. "난 너보다 아버지를 더 좋아 해. 아버지는 멋진 분이야." 아이는 질투심을 노골적으로 표현하면서 아버지와 어머니 사이에 끼어들려고 한다. 어머니는 이런 말도 한다. "네 아버지는 집에서 소리를 지르지도 않고 방안을 마구 돌아다니지도 않아." 그러면 아이는 허겁지겁 대답한다. "아니야, 아니야, 나도 그런 거 안 해. 나도 착해. 이제 엄만 나를 사랑하지?" 그 놀이가 어느 정도 지속된 후 아버지와 어머니는 서로 쳐다보며 미소를 짓는다. 부부는 어린 아들뿐만 아니라 어린 딸도 이런 식으로 놀린다.

아이 놀리기의 후유증

이런 어릴 적 체험은 조롱과 추방을 두려워하는 심리를 만들어내는 비옥한 토양이 된다. 실제로 일본의 성인들 중에서 이 두려움이 아주 깊숙이 뿌리를 내리고 있다. 어린아이가 몇 살 무렵에 자신이 이런 놀리기의 놀림감이 되었다는 것을 깨닫는지는 명확하게 말하기가 어렵다. 아무튼 아이들마다 시기상의 차이가 있기는 하지만 곧 그것을 깨닫게 된다. 그러면 놀림감이 되었다는 느낌은, 안전하고 익숙한 것을 잃어버릴지도 모른다는 공포와 결합하게 된다. 그 아이는 어른이 되었을 때 타인으로부터 조롱을 받게 되면 이 어릴 적의 공포를 자동적으로 떠올리게 된다.

이런 놀리기가 2~5세 사이의 아이에게 일으키는 공포는 엄청난데 가정이야말로 안전과 관용의 피신처이기 때문이다. 아버지와 어머니 사이의 정신적, 신체적 분업은 너무나 완벽하여, 아버지와 어머니는 아이에게 경쟁자로 느껴지지 않는다. 어머니 혹은 할머니가 가정을 운영하고 아이를 훈계한다. 두 사람은 모두 그의 아버지에게 순종적으로 봉사하며 아버지를 집안에서 최고 명예로운 존재로 떠받든다. 집안의 위계질서는 명확한 순서를 가지고 있다. 아이는 나이 많은 세대의 특권, 여자와 비교해서 남자가 가지는 특권, 동생에 비교하여 형이 가지는 특권 등을 배워 알고 있다.

그러나 이 시기에 어린아이는 이런 모든 관계에서 상당한 관용이 용납된다. 특히 아이가 남자아이일 때는 이런 관용이 더욱 두드러진다. 남자아이나 여자아이나 어머니는 한결같은 지극한 애정의 원천이지만, 세 살 된 남자아이는 심지어 어머니를 상대로 자기의 분노를 표현할 수도 있다. 어린아이는 아버지를 향해서는 그런 공격성을 결코 표현하지 않지만, 부모에게서 놀림을 받았을 때 느꼈던 모든 감정과 "남한테 줘버린다"는 얘기에 대한 분노를 어머니와 할머니를 상대로는 신경질적인 형태로 표현할 수 있다. 물론 모든 어린 남자애가 이런 신경질을 부린다는 얘기는 아니다. 하지만 농촌 마을이나 상류 계급 가정에서 3~6세 사이의 아이가 부리는 신경질은 아이의 일상생활 중 정상적인 부분으로 간주된다. 아이는 어머니를 상대로 고함을 지르고 주먹질을 할 수도 있고, 최후의 폭력적인 소행으로 어머니가 힘들게 말아 올린 머리카락을 마구 헝클어뜨릴 수도 있다. 어머니는 여성이고, 심지어 세 살배기일지라도 남자애는 남성인 것이다. 그는 자신의 공격성을 충족시킬 수 있는 것이다.

육아의 구체적 방법들

아이는 아버지에게는 오로지 존경심을 표시해야 한다. 아버지는 높은 계층적 지위의 구체적 모범이고, 일본에서 널리 쓰이는 말로, 아이는 '제대로 된 훈육을 위해서' 아버지에게 적절한 존경심을 표시해야 한다. 일본의 아버지는 서구 여러 나라의 아버지에 비해 훈육에 신경을 덜 쓴다. 아이의 훈육은 언제나 여자들이 담당한다. 아버지가 어린 아이들에게 뭔가 요구할 것이 있으면 아무 말 없이 노려보거나 짧은 훈계의 말만 하면 충분하다. 그런 일은 아주 드물기 때문에 아이는 즉각 그 요구를 따른다. 아버지는 자유 시간에 자식들을 위해 장난감을 만들어 줄 수도 있다. 아버지는 아이가 걸을 수 있게 된지 한참 지난 후에도 때때로 아이를 안고 다닌다. 이것은 어머니 또한 마찬가지다. 또 이 연령대의 아이들을 위하여 아버지는 가끔 아이들의 용변 훈련을 맡기도 한다. 하지만 미국의 아버지들은 이런 훈련을 전적으로 아내에게 맡긴다.

일본 어린아이는 조부모를 상대로 상당한 자유를 느낀다. 물론 조부모 역시 존경의 대상이기는 하지만 말이다. 조부모는 훈육사의 역할을 부여받지 않는다. 그들은 아이의 양육이 너무 느슨한데 대하여 반대할 때는 그런 역할을 할 수도 있는데 그런 경우는 상당한 가정 내 갈등을 불러일으킨다. 아이의 할머니는 보통 하루 24시간 내내 아이 곁에 있다. 어린아이들이 어머니와 친할머니를 사이에 두고 벌이는 다툼은 일본 가정에서 유명한 것이다. 아이의 관점에서 볼 때 그는 어머니와 할머니 양쪽으로부터 구애를 받는다. 할머니의 관점에서 볼 때, 그녀는 며느리를 제압하기 위해 종종 아이를 활용한다.

젊은 어머니는 시어머니를 만족시키는 것이 인생의 최대 의무이고, 조부모가 아무리 아이를 버릇없게 키워도 항의를 하지 못한다. 할머니는 어머니가 아이에게 더 이상 과자를 주지 않는다고 말한 후에도 여전히 아이에게 과자를 준다. 그러면서 이런 날카로운 말을 한다. "내 과자에 독이 묻지 않았다." 많은 일본 가정에서 할머니는 어머니가 아이들에게 해줄 수 없는 선물을 줄 수 있으며, 아이들의 오락에 신경 쓸 여유 시간이 더 많다.

손위 형이나 누나들도 동생을 귀여워하도록 가르침을 받는다. 일본인은 다음 아이가 태어날 때 아이가 겪는 '코가 납작해지는 현상'에 대해서 잘 알고 있다. 가장 어린 아이의 지위를 빼앗긴 아이는 새로 태어난 아이를 다음과 같은 사실에 쉽사리 연결시킨다. 이제 어머니의 젖과 침대는 갓 태어난 동생에게 포기해야 하는 것이다. 새 아이가 태어나기 전에 어머니는 아이에게 이제 곧 '가짜' 아이가 아니라, 진짜 살아 있는 인형을 갖게 될 것이라고 말해 준다. 또 앞으로는 엄마 옆이 아니라 아빠 옆에서 자야 한다는 말도 듣는다. 어머니는 그게 상당한 특권인 것처럼 말한다.

아이는 이렇게 하여 새로 태어날 아이에 대비한다. 어린아이들은 갓 태어난 동생에게 흥분하고 또 즐거워한다. 때때로 그렇지 못한 경우도 있으나 충분히 예상할 수 있는 일로 간주되어 그리 위협적이라고 생각하지 않는다. 밀려난 아이가 갓난아기를 안고 밖으로 나가는 척하면서 어머니에게 말한다. "엄마, 이 아이 다른 데 줘버리자." 그러면 엄마는 대답한다. "안 돼. 그건 우리 애야. 우리는 그 애한테 잘해야 돼. 그 애는 너를 좋아해. 우린 네가 그 애를 도와주기를 바라." 이런 장면이 때로는 상당 기간 반복되기도 하지만 어머니들은 그것을 별로 걱정하지 않는다. 이런 상황에 대한 대비책이 아이가 많은 가정에서는 저절로 생겨난다. 순서상 하나씩 건너뛰는 아이들이 서로 밀접한 유대감을 느끼는 것이다. 맏아들은 세 번째 아이의 유모 겸 보호자 역할을 적극적으로 하고, 두 번째 아이는 네 번째 아이를 맡는 식이다. 그 밑에 아이들도 그런 보호에 적극 따른다. 아이들이 7~8세가 될 때까지, 이런 형제간 우애에서 남자애인지 여자애인지 하는 성별은 별로 문제가 되지 않는다.

모든 일본 아이들은 장난감을 가지고 있다. 아버지와 어머니, 친지와 친척들이 어린이를 위해서 인형이나 그 부속품들을 만들어 주거나 사다 준다. 가난한 사람들 사이에서도 장난감은 별로 돈이 들지 않는다. 어린아이들은 장난감을 가지고 소꿉놀이, 결혼식 놀이, 축제 놀이 등을 한다. 어른들의 '올바른' 절차를 그들끼리 충분히 논의한 끝에 그런 놀이를 하는데, 때때로 의문 나는 점이 있으면 어머니에게 물어보기도 한다. 때때로 형제들 사이에 싸움이 벌어지면 어머니는 노블레스 오블리주를 말하면서 형이 동생에게 양보할 것을 권한다. 이때 흔히 쓰는 말은 "지는 것이 이기는 거야"이다.

이런 어머니의 말을 세 살 난 아이도 이해한다. 그래서 형이 장난감을 동생에게 양보하면 동생은 곧 만족감을 느끼고 다른 장난감으로 시선을 돌린다. 그러면 노블레스 오블리주를 주문 받은 아이는 아까 양보를 했지만 장난감을 되찾아오는 것이다. 어머니의 말은 이런 뜻도 된다. 아이들이 하는 주인과 하인 놀이에서, 비록 인기 없는 역할을 맡더라도 그 놀이에서 즐거움을 얻었으니, 그게 곧 '이긴 것'이라는 뜻이다. "지는 것이 곧 이기는 것"이라는 말은 일본의 생활에서 높이 존경되는 질서이고, 그래서 아이는 어른이 된 뒤에도 이 말을 깊이 명심한다.

훈계와 놀리기의 방법 이외에도 아이의 주의를 분산시켜서 아이의 목적으로부터 마음을 다른 곳으로 돌리게 하는 것도 양육에서 중요한 위치를 차지한다. 심지어 과자를 꾸준하게 주는 것이 주의력 분산의 일환으로 생각된다. 아이가 학교에 입학할 나이가 다가오면 여러 '치료법'이 사용된다. 만약 어린 소년이 신경질을 부리거나 말을 잘 안 듣거나 시끄럽게 군다면 어머니는 그를 신토 사당이나 불교 사찰로 데려간다. 어머니는 '우리 거기 가서 도움을 얻자'는 식의 태도를 취한다. 때때로 즐거운 소풍이 되며 치료를 맡은 신관이나 승려는 아이에게 진지한 얼굴로 대하면서 생일이나 문제점 등을 물어본다. 그는 잠시 뒤 물러나서 기도를 올리고 와서 치료가 완료되었다고 말한다. 때로는 아이의 버릇없음을 벌레 혹은 곤충에 비유하면서 그것을 자기가 없애버리고 왔으므로 이제 아이의 나쁜 버릇이 없어졌다고 선언한다. 그는 아이를 정화하여 자유롭게 된 상태로 집으로 돌려보낸다. 그러면 "그거 한동안 효과가 있을 거야." 하고 일본인은 말한다.

일본 아이들이 받는 가장 엄중한 처벌도 '치료약'으로 간주된다. 그 처벌은 모구사(艾: 약쑥)라는 분말 덩어리를 아이의 피부에 올려놓고 태우는 것이다. 그것은 평생 가는 상처를 남긴다. 쑥뜸은 아주 광범위하게 퍼진, 동아시아 지역의 치료약인데, 일본에서는 전통적으로 여러 가지 고통과 질병을 치료하는 데 사용되어 왔다. 그것은 신경질과 고집피우는 버릇도 고쳐 준다. 6~7세의 어린아이는 어머니 혹은 할머니가 이 방식을 써서 '치료'가 될 수 있다. 아주 까다로운 아이일 경우에는 두 번까지 시술될 수 있으나, 버릇없다고 해서 쑥뜸을 세 번까지 하는 법은 거의 없다. 그것은 "그런 짓을 하면 엉덩이를 때리겠다"는 식의 처벌은 아니다. 그러나 엉덩이 때리기보다 훨씬 더 아프다. 아이는 버릇없는 짓을 하면 무사히 넘어가지 못한다는 것을 배우는 것이다.

앉는 자세와 잠자는 자세
———

고집 센 아이를 다루는 이런 방식 이외에도, 필요한 신체적 동작을 가르쳐 주는 관습들이 있다. 교사는 이 동작을 가르칠 때 아이의 몸을 직접 두 손으로 잡고서 그 동작을 시키는 것을 대단히 중요하게 생각한다. 이때 아이는 교사가 하는 대로 가만히 있어야 한다. 아이가 두 살이 되기 전에 아버지는 아이가 무릎을 꿇고서 올바르게 앉는 자세를 가르쳐 준다. 이때 무릎을 꿇고서 발등은 바닥에 닿아야 하고 엉덩이는 뒤로 간 발바닥을 누르고 있어야 한다. 아이는 처음에는 앞으로 넘어지거나 뒤로 자빠지기가 쉽다. 특히 앉는 자세의 주안점은 미동도 하지 않은 가만히 있는 것에 중점이 주어지기 때문이다. 아이는 몸을 좌우로 흔들거나 다리의 자세를 바꾸어서는 안 된다. 앉는 자세를 제대로 배우는 것은 긴장을 풀고서 수동적인 마음가짐을 갖는 것이다. 아버지는 아이의 앉는 자세를 두 손으로 직접 잡아 줌으로써 그 수동성을 강조한다.

앉는 자세만 배워야 할 신체 동작은 아니다. 잠자는 자세 또한 학습해야 한다. 일본에서 여성의 얌전한 잠버릇은 미국에서 알몸을 남에게 보여 주지 않는 것만큼이나 강조되는 것이다. 일본인은 한때 공중목욕탕에서 알몸을 보이는 것을 전혀 부끄러워하지 않았으나 일본 정부가 외국인들의 승인을 얻기 위해 그런 관습을 억제하면서 그런 관습은 많이 사라졌다. 하지만 잠자는 자세를 강조하는 태도는 여전하다. 여자아이는 두 다리를 가지런히 모으고 자야 한다. 이에 비해 남자아이는 다소 자유가 있는 편이다. 이것은 남녀를 구분하는 최초의 규칙들 중 하나이다. 일본의 다른 필수 조건들과 마찬가지로, 이 관습은 하위 계급보다는 상위 계급에서 특히 강조된다.

스기모토 에쓰코(杉本鉞子, 1873~1950) 부인은 자신이 사무라이 집안의 딸로 성장한 과거를 기억하며 이렇게 말했다. "내가 과거를 기억할 수 있는 때부터, 나는 밤중에 작은 나무 베개를 베고서 조용히 누워 있도록 아주 조심스럽게 신경을 썼다… 사무라이의 딸들은 신체와 정신의 통제를 한

시라도 잊어버려서는 안 된다는 가르침을 받았다. 남자아이들은 큰 대자로 아무렇게나 누워 있어도 상관없었다. 그러나 여자아이는 우아하고 단정한 자세를 취해야 되었는데 그것은 '자제의 정신'을 의미했다."⁴ 일본 여성들은 내게 이 자세에 대해서 말해 주었다. 그들이 어릴 적 밤에 잠재울 때면 어머니나 유모가 그들의 몸을 아주 가지런하게 잡아 주었다는 것이다.

전통적인 글쓰기 가르침에서도, 교사는 아이의 손을 직접 잡고서 한자를 쓰는 요령을 가르쳐 주었다. 그것은 '아이가 감을 잡도록 하려는 것'이었다. 아이는 한자의 쓰기는 물론이고 뜻을 알기도 전에 절제되고 원활한 운필의 요령을 미리 배운다. 현재의 대중 교육에서 이런 가르침의 방식은 그리 흔하지 않지만 그래도 여전히 실시되고 있다. 절하는 것, 젓가락 사용법, 화살 쏘는 법, 아이 대신 베개를 등에 업고서 아이 업는 법을 배우는 것 등은 모두 아이의 손을 잡고 교사가 함께 동작을 해 보이거나 아니면 정확한 자세를 잡아 준다.

상류 계급의 아이들을 제외하고, 일본 아이들은 학교 가기 전이라도 동네 아이들과 자유롭게 어울려 논다. 농촌 마을에서 어린아이들은 세 살 이전에도 함께 어울려 놀고, 읍과 도시에서도 아이들은 혼잡한 거리에서 차량의 뒤에 매달리는 등 놀라울 정도로 자유롭게 논다. 그들은 특권을 지닌 존재이다. 그들은 동네 가게를 돌아다니면서 어른들이 하는 말을 엿듣고, 돌차기 놀이와 공놀이를 한다. 그들은 마을 신사에 모여서 수호신의 보호를 받아가며 안전하게 논다.

남자애들과 여자애들은 학교 가기 전에는 함께 어울려 논다. 학교 간

---

4 Etsu Inagaki Sugimoto, *A Daughter of the Samurai*, Doubleday Page and Company, 1926, pp. 15, 24.

후에도 첫 2~3년 동안은 함께 놀지만 하지만 남자애는 남자애끼리 또 여자애는 여자애끼리 친밀한 유대관계가 맺어지며, 특히 같은 나이 또래의 아이들 사이에 친밀도가 높다. 특히 농촌 마을에서 이런 동갑 집단의 우정은 평생을 걸쳐 지속되며 다른 모든 인간관계보다 더 오래 간다. 스에무라 마을의 경우, "성적 관심이 줄어들면서 동갑 그룹은 인생에 남아 있는 진정한 즐거움이다. 스에(마을) 사람들은 말한다. '동갑 친구는 아내보다 더 가깝다.'"[5]

일본 어린아이들의 놀이

취학 전의 아이들은 자기들끼리 아주 스스럼없이 논다. 그들의 놀이는 서양의 관점에서 보면 노골적으로 외설의 느낌을 준다. 아이들은 어쩔 수 없이 섹스에 관한 지식을 알게 된다. 어른들이 자유롭게 대화하는 것을 엿듣거나 일본인 가족이 거주하는 생활공간이 비좁기 때문이다. 게다가 애들 엄마는 애들과 함께 놀거나 목욕을 시켜 줄 때 아무렇지도 않게 아이들의 성기를 가리킨다. 특히 남자애들의 경우 "고추 봐라, 고추 봐라." 하면서 다정하게 말하는 것이다. 일본인들은 유아 성욕이 엉뚱한 곳이나 엉뚱한 사람들 앞에서 드러나지 않는 한 그것을 비난하지 않는다. 자위행위는 위험하다고 생각되지 않는다.

아이들은 상대방에게 비난―나중에 성인이 되면 모욕으로 느껴질 비난―이나 허풍―나중에 깊은 수치심의 원인이 되는 것―을 퍼붓는 것도 서슴지 않는다. 일본인들은 인자한 미소를 지으며 이렇게 말한다. "애들은 수치(하지)를 모른다." 그리고는 이렇게 덧붙인다. "그 때문에 아이들

---

5 John F. Embree, *Suye Mura*, p. 190.

은 그처럼 행복한 것이다." 그것은 아이와 어른 사이에 놓여 있는 커다란 심연이다. 왜냐하면 어른에 대하여 "그는 수치를 모른다"고 말하는 것은 곧 그가 예절이라고는 모르는 사람과 같은 뜻이기 때문이다.

이 나이의 아이들은 상대방의 집안과 재산에 대하여 비난하고 특히 자신의 아버지에 대하여 허풍을 떤다. "우리 아버지는 너희 아버지보다 힘이 세.", "우리 아버지는 너희 아버지보다 훨씬 똑똑해." 등이 아이들이 자주 쓰는 과시의 말이다. 아이들은 서로 아버지 자랑을 하다가 싸움을 벌이기도 한다. 아이들이 벌이는 이런 종류의 행동은 미국인들이 볼 때 전혀 주목할 만한 것이 되지 못한다. 그러나 일본에서, 아이들의 이런 대화는 그들이 주위에서 듣게 되는 어른들의 말과는 커다란 대조를 이룬다. 어른들은 자신의 집을 가리킬 때 '나의 누추한 집'이라고 하지만 상대방의 집을 가리킬 때는 '당신의 장엄한 집'이라고 한다. 또 자신의 가족을 가리킬 때는 '나의 비천한 가족'이라고 하지만, 상대방 가족을 가리킬 때는 '당신의 고매한 가족'이라고 하는 것이다.

대부분의 일본인이 동의하는 바인데, 어린 시절의 여러 해 동안—아이가 동네 아이들과 어울려 노는 시기와 아홉 살이 되는 초등학교 3학년이 될 때까지—아이들은 끊임없이 개인적인 요구 사항에 몰두한다. 가령 이런 식이다. "내가 영주를 할 테니 너는 가신을 해라.", "아니야, 나는 하인 노릇 못해. 영주 할 거야." 때로는 개인적인 자랑을 하면서 상대방을 헐뜯기도 한다. "그들은 자기 하고 싶은 말은 뭐든지 할 수 있다. 그러나 나이가 들어가면서 자기 하고 싶은 것은 허용이 되지 않는다는 것을 발견한다. 그리하여 남들이 먼저 말을 시키면 간신히 응답하는 정도가 되고, 아이들은 더 이상 자랑을 하지 않는다."

일본 어린아이의 종교 교육

아이는 집에서 초자연적인 것에 대한 태도를 배운다. 신관이나 스님은 아이를 '가르치지' 않는다. 일반적으로 말해서 아이가 조직 종교와 접촉하게 되는 것은 대중 축제에 갈 때이다. 아이는 거기에 참석한 다른 아이들과 함께 사제가 정화수를 뿌려 주는 의식을 치르게 된다. 어떤 아이들은 불교 사찰의 예배에도 따라가게 되는데 이것 또한 축제 때 벌어지는 일이다. 아이가 종교를 꾸준하면서도 의미 깊게 체험하게 되는 것은 자기 집에 있는 불교나 신토 사당 위주로 벌어지는 종교적 예배이다. 좀 더 의미가 있는 것은 조상의 위패를 모신 불단인데, 그 앞에다 꽃과 나무 가지를 바치고 향을 피우고서 예배를 올리는 것이다. 불단에 날마다 음식을 진설하고서 집안의 어른이 조상들에게 집안 내에서 벌어진 일을 고하고 절한다. 저녁이면 거기에다 작은 촛불을 켜둔다.

일본인들 중에서는 집을 떠나서 다른 곳에 잠자는 것을 좋아하지 않는다고 말하는 사람이 많다. 그들은 집안을 지켜 주는 이런 수호신이 없는 곳에서는 뭔가 보호막을 잃어버린 듯한 느낌이 드는 것이다. 일본 가정의 신단(가미다나神棚)은 이세신궁에서 가져온 표찰을 놓아둔 간단한 선반이다. 여기에 다른 종류의 공물(供物)을 바칠 수도 있다. 또 주방에는 그을음으로 뒤덮인 주방신이 있고, 문과 벽에는 여러 가지 부적들이 붙어 있다. 이런 것들은 모두 수호자 역할을 하면서 가정을 안전하게 지켜 준다. 농촌에서 마을 사당 또한 수호신들이 지켜 주기 때문에 안전한 곳으로 여겨진다. 어머니들은 그 사당이 안전하기 때문에 아이들이 거기서 노는 것을 좋아한다. 아이의 경험에는 신들을 무섭게 여기는 요소가 들어 있지 않으며, 또한 아이는 정의롭거나 검열적인 신들의 비위를 맞추기 위해 자신의 행동을 규제해야 한다고 생각하지 않는다. 신들은 많은 혜택을 내려주므로 마땅히 즐겁게 해드려야 할 대상이다. 신들은 권위주의적이지 않다.

초등학교 입학: 제재의 시작

아이가 초등학교에 입학하고 2~3년이 지나서야 비로소 일본식 성인생활의 빈틈없는 패턴에 맞추는 중대한 작업이 시작된다. 그때까지 아이는 신체를 잘 통제하는 법을 배운다. 아이가 너무 고집스러우면 '치료'를 해주거나 주의력을 분산시킨다. 아이는 부드럽게 경고를 받으며 놀림을 받기도 한다. 아이는 어머니에게 작은 주먹을 내밀며 대들 정도로 제멋대로 행동하게 내버려둔다. 어린 그의 에고(자아)는 한껏 부풀어 오른다. 초등학교에 갓 입학했을 때에도 애를 이렇게 대하는 데는 별 변화가 없다.

첫 3학년까지는 남녀공학이고 교사는 남선생이든 여선생이든 아이들을 귀여워하고 아이들과 하나가 되어 어울린다. 그러나 집과 학교에서 '난처한' 상황에 빠져들어서는 안 된다고 전보다 더 강조한다. 아이들은 아직 어려서 '수치'를 모르지만 '난처한' 상황은 피해야 한다고 가르침을 받는 것이다. 예를 들어, "이야기 속에서 실제로 늑대가 나타나지 않았는데도 늑대야, 늑대야 하고 소리친 아이는 사람들을 놀린 것이다. 만약 이런 행동을 한다면 남들은 너를 믿지 않을 것이고 이것은 난처한 상황인 것이다."

많은 일본인들이 실수를 했을 때 그들에게 처음으로 웃음을 터트린 것은 교사나 부모가 아니라 동급생들이었다고 말한다. 이 시점에서 어른들의 역할은 아이들을 조롱하면서 가르치는 것이 아니다. 하지만 남들의 조롱을 당한다는 사실과, 세상에 대한 기리라는 도덕적 교훈을 서서히 통합시켜 나간다. 아이들이 여섯 살이 되면 충성스러운 개 하치가 보여 준 헌신의 의무—앞에서 인용된, 하치가 '온'을 갚은 얘기는 6세 아동의 교과서에서 나온 것이다— 는 이제 점진적으로 일련의 구속 사항이 되어 간다. 어른들은 이렇게 말한다. "네가 이것을 하면 혹은 저것을 하면 세상은 너를 비웃을 거야." 그 행동의 규칙들은 구체적이면서 상황적이고, 많은 것들이 미국인이 에티켓이라고 부르는 것에 해당한다. 그 규칙들은 이웃, 가족, 국가에 대한 점점 늘어나는 의무 사항에다 개인의 의지를 복종시킬 것을 요구한다. 아이는 자기 자신을 억제해야 하고 자기가 진 빚을 분명하게 의식해야 한다. 그는 지금까지 입은 '온'을 되갚으려면 아주 조심스럽게 행동하는 채무자의 지위로 옮겨가야 한다.

이러한 지위의 변화가 점점 자라나는 아이에게 전달되는 방식은, 어릴 적에 당했던 놀리기의 패턴을 새롭고 진지하게 확대시킨 방식이다. 아이가 8~9세가 되면 그의 가족은 예전처럼 악의 없이 놀리는 것이 아니라 아주 진지하게 아이를 거부할 수도 있다. 가령 학교 교사가 아이가 말을 잘 안 듣고 존경심을 보이지 않았다며 통지표의 품행란에 검은 표시를 한다면, 아이의 가족은 아이를 보호하는 것이 아니라 아이에게 적대적으로 나온다. 만약 아이가 가게 주인으로부터 장난을 쳤다고 비난을 받으면, '집안의 이름을 더럽힌 것이 된다.' 그의 가족은 일제히 아이를 비난하고 나설 것이다.

내가 아는 두 명의 일본인은 열 살 무렵에 아버지로부터 다시는 집에 오지 말라는 말을 들었는데, 너무 창피하여 친척을 찾아가지도 못했다고 내게 털어놓았다. 그들은 학교에서 교사로부터 벌을 받았는데 그것을 안 아버지가 그런 식으로 반응한 것이었다. 두 일본인은 집의 본채에는 들어가지 못하고 헛간에서 숨어 있다시피 했는데 어머니가 아이를 발견하고 마침내 본채로 돌아오도록 중간에서 주선을 해주었다. 초등학교 상급반 아이들은 때때로 집에 그대로 머물면서 근신을 해야 되었고, 이럴 때면 일본인들이 강박적으로 집착하는 행위인 반성문 성격의 일기를 써야 했다.

이제 일본의 가정은 아이를 이 세상에 대하여 집안을 대표하는 존재로 여기며 만약 아이가 밖에 나가서 비난을 받으면 그 아이를 지원하는 것이 아니라 거부한다. 그는 자기 집안이 자기를 지원해 줄 것이라고 기대할 수가 없다. 그의 동년배 그룹에게 기댈 수도 없다. 학교 동료들은 그가 잘 못을 저질렀기에 그를 따돌린다. 아이는 그 그룹에 다시 들어가려면 잘못 을 사과하고 앞으로 다시는 그렇게 하지 않겠다고 약속을 해야 한다.

외부의 제재에 동조하는 일본인 가정

제프리 고러는 외부의 제재에 동조하는 일본인 가정에 대하여 이렇게 말한다. "이러한 제재가 가해지는 정도가 사회학적으로 아주 희귀할 정도로 강하다는 것을 여기서 강조해 두고 싶다. 대가족이나 다른 분파적 사회 집단이 활동하는 대부분의 사회에서, 그 집단은 자기 집단의 구성원이 다른 집단으로부터 비난이나 공격을 당하면 당연히 그 구성원을 보호하기 위해 단결한다. 자기가 소속된 집단의 보호가 계속 유지되는 한, 그 당사자는 필요할 때 혹은 상대방을 공격해야 할 때 자기 집단의 전면적인 지원을 확신하는 가운데 세상 사람들과 맞설 수 있다. 그러나 일본에서는 이것이 정반대로 나타난다. 다른 집단들이 승인을 해줄 때만 자기가 소속된 집단의 지원을 확신할 수가 있다. 만약 외부 인사들이 어떤 구성원을 못마땅하게 여기거나 비난한다면, 그 구성원이 소속된 집단은 그를 못마땅하게 여기면서 그를 벌주는 주체로 행동한다. 그 구성원이 다른 집단의 비판을 철회시킬 때까지 이런 태도를 취하는 것이다. 이런 사회 구조 때문에 일본에서 '외부 세계'의 승인은 다른 국가에서는 찾아보기 어려울 정도로 중요한 의미를 갖는다."[6]

이 시점까지 여자아이의 교육은 세부 사항이 다소 다르기는 하지만 남자아이의 그것과 별 차이가 없다. 여자아이는 집에서 남자아이보다 더 제약을 받는다. 물론 남자아이도 아이 보는 일을 맡기도 하지만, 여자아이에게는 더 많은 의무가 부과된다. 그리고 선물이나 부모의 관심 등에서 언제나 남자아이보다 덜 배려를 받는다. 여자아이는 남자아이처럼 신경질을 부리지도 않는다. 하지만 일본의 여자아이는 아시아의 소녀치고는 아주 자유로운 편이다. 밝은 빨간색 옷을 입고 길거리에서 남자아이들과 놀고 또 싸우기도 하며, 때때로 자신의 목적을 끝까지 주장하여 달성하기도 한다. 여자아이 또한 어린 시절에는 '수치를 알지 못한다.'

6~9세 사이에 여자아이는 유사한 체험을 통하여 남자 형제 못지않게 '세상'에 대한 책임 사항을 배운다. 9세에 초등학교는 남자반과 여자반이 서로 나뉜다. 남자아이들은 새롭게 결성된 남자아이들만의 유대의식을 소중히 여긴다. 여자아이들을 일부러 배제하고 여자아이들에게 말을 거는 모습을 남들에게 들키지 않으려고 애쓴다. 여자아이들 또한 어머니로부터 남자아이들과 어울리는 것은 부적절하다는 경고를 한다. 이 나이 때의 여자아이들은 시무룩하고 내성적이어서 가르치기가 어렵다고 한다. 일본인 여성들은 내게 그것이 '어린아이다운 즐거움'의 끝이 된다고 말했다. 여자아이들의 유년기는 남자아이들과 서로 떨어지게 되는 것으로서 끝이 난다. 이제 여자아이들에게 남은 길은, 여러 해에 걸쳐서 '자중에 자중을 거듭하는 것'뿐이었다. 이러한 교훈은 여자가 약혼을 하고 결혼을 할 때도 거듭하여 강조된다.

반면에 남자아이들은 자중과 세상에 대한 기리를 배웠다고 해서, 일본인 성인 남자에게 부과되는 모든 의무사항을 배운 것은 아니다. 일본인들

---

6 Geoffrey Gorer, *Japanese Character Structure*, mimeographed, The Institute for International Studies, 1943. p. 27.

은 말한다. "열 살 때부터 일본인은 이름에 대한 기리를 배운다." 그것은 모욕에 대하여 분노하는 것이 미덕임을 배우는 것이다. 그는 또 다른 규칙들도 배워야 한다. 가령 언제 적을 직접 공격하고, 언제 자신의 명예를 깨끗이 하기 위해 간접적인 방식으로 적을 상대해야 하는지 배우는 것이다. 물론 일본인들은 소년이 모욕적 행동에 대하여 반드시 공격적으로 대응하는 방법을 배워야 한다는 뜻은 아니다. 일본인 아이들은 아주 어릴 적에도 어머니에게 공격적인 태도를 보였고, 또 또래 아이들과 모욕과 반격으로 자주 싸웠는데, 이제 열 살이 되었는데 새롭게 공격적인 태도를 배워야 할 필요는 없을 것이다. 하지만 10대에 들어선 아이들이 배워야 하는 이름에 대한 기리의 규범은 그들의 공격성을 용인되는 형태로 배출할 것을 요구하고, 또 그들에게 그것(공격성)을 다루는 구체적 방식도 제공한다. 우리가 이미 살펴본 바와 같이, 일본인들은 종종 이런 공격성을 남들에게 퍼붓는 것이 아니라 자신을 향하여 퍼붓는다. 이것은 심지어 학교에 다니는 학생도 예외가 아니다.(일본인 채무자가 빚을 갚지 못해 섣달그믐에 채권자에게 죄송하다는 글을 남기고 자살하는 것, 입학시험에 떨어진 학생이 이름에 대한 기리를 지키지 못했다고 자살하는 것 등이 개인의 공격성이 자기 자신을 향한 경우이다.-옮긴이)

초등학교 6년을 마치고 학업을 계속하는 소년들―인구의 15퍼센트 정도이나 남학생의 비율은 이보다 높다―의 경우에, 중학교 입학시험이라는 치열한 경쟁과, 입학 후 다른 학생들과 모든 과목에서 벌이는 석차 경쟁에 갑자기 노출되면서 그들은 자신의 이름에 대한 기리를 책임지는 시기에 들어선다. 이런 경쟁에 완만하게 도달하는 점진적 체험은 없다. 초등학교와 가정에서 경쟁은 거의 없다시피 할 정도로 최소화되었기 때문에 이런 갑작스러운 새 체험은 고통스러운 걱정거리가 된다. 석차 경쟁과 편애에 대한 의심이 성행한다.

그러나 이런 경쟁은 중학교의 추억 중에서 상급반이 하급반을 괴롭히는 것처럼 강력한 인생사로 기억되지 않는다. 상급반 학생들은 하급반 학생을 마음대로 부려먹고 온갖 괴롭히기를 마다하지 않는다.(1940년대의 일본 중학교는 5년제로 오늘날의 중·고등학교가 합쳐진 과정이었음.-옮긴이) 그들은 하급생에게 어리석고 굴욕적인 행동을 하도록 시킨다. 일본 학생들은 이런 괴롭히기를 재미있다고 여기지 않기 때문에 상급반 학생에 대한 적개심이 아주 흔하게 퍼져 있다. 상급반 학생 앞에서 굴욕스럽게 기어야 하고, 또 바보 같은 심부름을 해야 되었던 하급반 학생은 그 괴롭힌 상급생을 증오하면서 복수를 계획한다. 복수는 나중으로 연기되어야 한다는 사실이 더욱 복수의 생각을 달콤하게 만든다. 복수를 실천하는 것이 이름에 대한 기리를 지키는 것이고, 그래서 그것을 미덕으로 여긴다. 때때로 그는 가족의 영향력을 통하여 여러 해 뒤에 그 괴롭힌 상급생을 직장에서 쫓겨나게 한다. 어떤 때 그는 유도나 검도 실력을 닦아서 둘 다 학교를 졸업한 후에 그 괴롭힌 선배를 도시의 거리에서 만나 공공연하게 모욕을 주기도 한다. 그러나 이런 복수를 하지 못할 때도 있는데, 그러면 그는 '뭔가 미진한 상태라는 느낌'을 갖게 되는데, 그것은 일본식 모욕 경쟁의 핵심적 요소로 남는다.

괴롭히기와 모욕 경쟁

중학교에 진학하지 않는 소년들은 군대 훈련에서 그와 유사한 괴롭히기를 체험한다. 평화 시에는 소년 네 명 중 한 명꼴로 징집이 되는데, 2년차 고참병의 1년차 신병 괴롭히기는 중학교나 상급학교 과정에서의 괴롭히기보다 더 가혹하다. 군대 내의 괴롭히기는 장교와는 아무런 상관이 없고 심지어 부사관들도 거의 개입하지 않는다. 일본 군대 내의 제1과 제1조는 장교에게 사정을 호소하면 체면만 잃는다는 것이다. 싸움은 병사들 사이에서만 벌어진다. 장교는 그런 싸움을 병사들을 '단련'하는 방법이라고 생각하여 일절 개입하지 않는다. 2년차 고참병은 지난해에 그들이 받았던 괴롭힘을 신병들에게 고스란히 되돌려주고, 또 더욱 교묘한 굴욕 안기기를 고안해냄으로써 그들의 '강인함'을 증명한다. 징집병들은 '진정한 호전적 국수주의자'로 성격이 변하여 군에서 제대한다는 말이 있다. 그들이 전체주의 국가의 이념을 배우거나 천황에 대한 충성심을 주입받았기 때문에 그렇게 된 것은 아니다. 오히려 굴욕적인 괴롭히기를 당했다는 사실이 그런 변화에 훨씬 더 중요한 역할을 한다. 가정에서 일본식으로 훈련을 받아서 자기의 자존심을 아주 진지하게 생각하는 젊은이들은 그런 괴롭히기 상황을 당하면 쉽게 성격이 잔인해진다. 그들은 조롱을 참을 수가 없다. 그들은 이것을 거부당한 것으로 해석할 수 있고 그러면 그들 차례가 되어(고참병이 되어) 아주 지독한 고문자로 바뀔 수가 있는 것이다.

일본의 중학교와 군대에서 벌어지고 있는 이런 현대적 상황은 조롱과 모욕에 대한 일본의 과거 관습으로부터 그 특징을 부여받은 것이다. 중학교와 상급학교 그리고 일본 군대가 조롱과 모욕에 대한 그런 반응을 만들어낸 것이 아니다. 자신의 이름에 대한 기리라는 전통적 규범 때문에, 미국에 비해 일본에서 괴롭히기 관행을 더욱 견딜 수 없는 것으로 만든다. 괴롭힘을 당한 그룹이 고참이 되어 신참에게 그 괴롭힘을 그대로 반복한다고 해서, 실제로 괴롭힘을 준 상급반 학생이나 고참병에 대하여 복수를 하고 말겠다는 일념이 사라지는 것은 아니다. 이러한 모욕 경쟁은 과거 일본의 패턴과 일치하는 것이다.

희생 제물을 대신 찾는 행위는 많은 서구 국가들에 비하여 일본에서는 그리 자주 벌어지는 방식이 아니다. 가령 신입 도제나 어린 추수꾼이 심하게 괴롭힘을 당하는 폴란드에서, 분노는 그런 괴롭힘을 가한 당사자를 직접 조준하는 것이 아니라, 다음번에 들어오는 신입 도제나 어린 추수꾼에게 간접적으로 돌아간다. 물론 일본 소년들도 이런 식의 간접적인 만족을 취한다. 하지만 그들은 괴롭힘을 주었던 자에게 직접 모욕을 보복하는 모욕 경쟁에 더 관심이 많다. 괴롭힘을 당한 소년은 자신을 괴롭힌 자에게 직접 복수를 해야만 '기분이 좋은' 것이다.

전후에 일본을 재건하는 데 있어서, 국가의 장래를 걱정하는 지도자들은 중학교와 군대에서 하급생이나 신참병에게 어리석은 행동을 하도록 시키는 괴롭히기의 관행에 신경을 써야 한다고 생각한다. 지도자들은 상급생과 하급생의 구분을 무너뜨리기 위해서는 학교 정신이나 '오래 전에 동창이었던 인연' 등을 강조해야 한다. 군대의 경우는, 신참병 괴롭히기를 금지시켜야 한다. 모든 계급의 일본인 장교들이 주장하듯이, 2년차 고참병이 1년차 신참병과 관련하여 스파르타식 단련을 강조한다고 해도, 이런 단련의 강조는 일본에서 모욕으로 받아들여지지 않는다. 신참병을 괴롭히는 행동이 모욕이 되는 것이다. 학교나 군대의 상급생이나 고참병이 하급생이나 신참병에게 개처럼 꼬리를 흔들게 만들거나, 매미소리를 흉내 내게 하거나, 다른 병사들은 식사를 하는데 물구나무를 서 있게 하는 등 괴롭히기를 저질러놓고서 아무런 처벌도 받지 않는 것은 결코 용납해서는 안 된다. 이런 괴롭히기를 근절하는 것은 일본을 재교육하는 데 있어서 아주 효과적인 조치가 될 것이다. 나는 천황(→ **히로히토**)이 자기는 신이 아니라고 선언한 것이나 교과서에서 군국주의적 자료를 삭제하는 것보다 이것이 더 큰 효과를 발휘할 것이라 생각한다.

일본 여성의 성장 과정

일본 여성들은 이름에 대한 기리의 규범을 배우지 않고, 또 소년들이 중학교나 군대에서 겪는 현대적 체험을 알지 못한다. 그와 유사한 경험도 없다. 여성의 성장 사이클은 남자 형제의 그것과 상당히 일치한다. 아주 어릴 적부터 여성들은 남자가 우선이고 여자에게는 안 주는 관심과 선물을 받는 사실을 인정하도록 훈련을 받는다. 여성들이 준수해야 하는 인생의 규칙은 여성에게 너무 노골적으로 자기주장을 해서는 안 된다고 가르친다. 그렇지만 갓난아기와 어린아이일 때, 그들은 남자 형제와 마찬가지로 일본의 어린아이가 받는 혜택을 똑같이 받는다.

그들은 어린 시절에 밝은 빨간색 옷을 멋지게 차려 입었다. 하지만 성인이 되면 일본 여성은 그런 색깔의 옷은 입지 못한다. 그러다가 제2의 특권 시기인 60세 이후가 되면 다시 그런 색깔의 옷을 입을 수 있다. 가정에서 여성들은 남자 형제와 마찬가지로 어머니와 할머니 사이에서 경쟁적으로 귀여움의 대상이 된다. 집안의 오빠나 언니들은 여동생이 집안의 다른 식구들과 마찬가지로 그들을 '가장 좋아하기를' 바란다. 그래서 오빠와 언니는 여동생이 그들 옆에서 자는 것을 선택함으로써 선호하는 마음을 표현해 달라고 요구한다. 그녀는 할머니에서 두 살배기 아이에 이르기까지 그녀의 총애를 골고루 나눠 주기도 한다.

일본인은 혼자 자는 것을 좋아하지 않는다. 아이의 요는 보통 밤중이면 가장 좋아하는 오빠 혹은 언니의 요 옆에 놓아진다. 어떤 날에 '오빠나 언니가 아이를 제일 좋아하는' 증거는 형제의 요가 얼마나 서로 가까이 있느냐에 따라 확인된다. 여자아이는 8~9세가 되어 남자아이들의 그룹에서 소외될 때도 그 나름 보상을 받는다. 여자아이들은 새로운 종류의 머리치장에 대하여 칭찬을 받으며, 14세부터 18세까지의 일본 소녀 머리치장은 아주 정교하다. 그들은 무명이 아니라 비단을 입을 나이가 된 것이다. 이때 그들의 여성적 매력을 더욱 높이기 위하여 온갖 예쁜 옷들이 제공된다. 이런 방식으로 여성들은 그 나름 만족을 얻는다.

여성들에게 요구되는 자제의 책임도 그들 스스로 알아서 져야 하는 것

이지, 권위주의적인 부모가 임의로 부과하는 것이 아니다. 부모는 체벌로
딸을 단련시키는 것이 아니라, 딸에게 요구되는 사항을 충분히 잘 해 내
리라는 침착하면서 확고한 기대감을 내세우며 부모로서의 특권을 행사
한다. 여기서 이런 훈련의 극단적 사례를 인용해 볼 가치가 있다고 생각
한다. 이 사무라이 집안의 훈련 방식은 그보다 덜 엄격하고 덜 특혜적인
교육 환경에서도 발견되는 비권위주의적 압력을 잘 보여 주기 때문이다.
어린 이나가키 에쓰(위에서 이미 나온 스기모토 부인)는 여섯 살 때부터 박식한
유학자로부터 중국 고전을 암송하는 교육을 받았다.

두 시간 강의 내내 선생은 두 손과 입술을 제외하고는 온 몸을 조금
도 움직이지 않았다. 나 또한 선생의 앞 다다미 위에 똑바로 정좌하
고 전혀 움직이지 않는 자세를 취했다. 나는 딱 한 번 움직였다. 그것
은 강의 중에 벌어진 일이었다. 무슨 이유에서인지 나는 불안하여 몸
을 약간 움직였는데 무릎 꿇고 앉은 자세에서 무릎을 약간 벌렸던 것
이다. 선생의 얼굴에 희미하게 놀라운 표정이 스쳐 지나갔다. 이어 선
생은 아주 조용하게 책을 덮고서 부드럽지만 엄한 목소리로 말했다.
'아가씨, 오늘은 마음 상태가 공부하기에는 적절하지 않은 것 같군
요. 방으로 물러가 명상을 하도록 하세요.' 내 작은 가슴은 수치심으
로 거의 찢어져 버렸다. 하지만 나는 어떻게 할 수가 없었다. 나는 공
자상과 선생에게 공손히 절을 하고서 뒷걸음질 치면서 그 방에서 나
왔다. 나는 언제나 그랬듯이 학과가 끝났음을 알리기 위해 아버지에
게 갔다. 아버지는 학과 시간이 아직 남아 있는 것을 알고서 놀라는
표정이었다. 아버지는 무의식적으로 이렇게 말했다. '너는 공부를 아
주 빨리 해치우는구나!' 그 말씀은 나에게 조종(弔鐘)처럼 들려왔다.
그 순간의 기억은 이날 이때까지도 나에게 아물지 않는 상처로 남아

나를 아프게 한다.[7]

스기모토 부인은 다른 맥락에서 할머니 얘기를 하는데, 그것은 일본의 전형적인 부모의 태도를 보여 준다.

할머니는 아주 평온하게 모든 식구가 허락받은 대로 행동하기를 기대했다. 비난도 언쟁도 없었다. 하지만 비단처럼 부드러우면서도 강인한 할머니의 기대감은 엄청난 위력을 발휘하여 우리 작은 집안이 할머니가 옳다고 생각하는 길로 굴러가게 했다.

가르치는 것은 원칙 플러스 관습

'비단처럼 부드러우면서도 강인한 할머니의 기대감'이 그처럼 위력적인 한 가지 이유는 모든 기술과 기량에 대한 훈련이 철저하기 때문이다. 가르치는 것은 원칙에 더하여 관습인 것이다. 가르치는 것이 어린 시절의 젓가락 사용법, 방안에 들어가는 적절한 방식, 생애 후반의 차회나 마사지 등 무엇이 되었든 간에, 그 동작이 어른의 지도 아래 거듭거듭 되풀이 되어 거의 자동적으로 반응이 나오도록 훈련되는 것이다. 어른들은 아이들이 때가 오면 자연스럽게 관련 관습을 '스스로 배울 것'이라고 생각하지 않는다. 스기모토 부인은 14세에 약혼한 후에 남편의 식탁에 음식을 올리는 요령에 대하여 서술한다. 부인은 장래 남편 될 사람을 본 적이 없다. 그는 미국에 가 있었고 그녀는 에치고(越後: 지금의 니가타)에 있었다. 그러나 어머니와 할머니의 감독 아래, "나는 오빠가 우리에게 말한 마쓰오

---

7 Etsu Inagaki Sugimoto, *op. cit.*, p. 20.

가 특별히 좋아한다는 음식을 직접 요리했다. 그의 테이블은 바로 내 옆테이블에 있었고 나는 내 식사보다 그의 것을 먼저 내놓도록 순서를 잡았다. 이렇게 해서 나는 장래 남편의 편안함을 주의 깊게 배려하는 방법을 배웠다. 할머니와 어머니는 마쓰오가 바로 옆에 있는 것처럼 말했다. 나도 그가 마치 방안에 있는 것처럼 나의 옷과 행동에 대해서 조심했다. 나는 이렇게 해서 그를 존경하고 나아가 그의 아내로서 나의 지위를 존경하게 되었다."[8]

섹스: 혼자서 학습하는 분야

소년 또한 모범과 모방을 통하여 철저한 관습 훈련을 받는다. 물론 그 훈련은 소녀만큼 집중적이지는 않다. 그는 일단 '배우고' 나면 그 어떤 변명도 통하지 않는다. 그러나 그는 청소년 이후에 인생의 중요한 한 분야는 스스로 알아서 처리하도록 주도권을 위임받는다. 어른들은 그에게 구애의 관습을 가르치지 않는다. 집은 모든 노골적인 애정 표현이 배제되어 있는 영역이고, 소년이 9~10세 때부터 남녀의 구분은 엄격하고 철저하다. 일본인이 이상으로 삼는 것은, 소년의 부모가 소년이 성에 관심을 가지기 전에 결혼을 주선하는 것이다. 따라서 소년은 소녀를 대할 때 '수줍어하는' 것이 바람직하다.

농촌 마을에서는 이 문제를 놀림거리로 삼기 때문에 소년은 그로 인해 더욱 '수줍어진다.' 그러나 소년은 배우려고 애쓴다. 과거에, 그리고 근년에도 좀 외진 일본의 농촌 마을에서는 많은 소녀들이 때로는 대부분이 결혼 전에 임신을 했다. 이런 결혼 전 임신은 인생의 진지한 분야에는 포함

---

8 *Ibid*., p. 92.

되지 않는 '자유로운 영역'이다. 부모들은 이런 문제는 고려하지 않고 자녀의 결혼을 주선한다. 그러나 오늘날은 다른데, 스에무라의 한 일본인은 엠브리 박사에게 이렇게 말했다. "심지어 하녀로 일하는 여성도 충분히 교육을 받아서 처녀성을 지켜야 한다는 것을 압니다." 중학교에 진학한 소년들의 훈육도 이성 교제를 철저히 금지하는 쪽으로 실시된다. 일본의 교육과 여론은 결혼 전에 남녀가 성적으로 친밀해지는 것을 금하고 있다.

일본 영화를 보면, 젊은 여성들을 상대로 느긋한 태도를 보이는 젊은 남자는 '나쁜' 청년으로 묘사되어 있다. 반면에 미국인이 볼 때 매력적인 여성에게 무뚝뚝하고 퉁명하게 대하는 남자가 일본에서는 '좋은' 청년 대접을 받는다. 여자를 상대로 느긋한 태도를 취한다는 것은 이런 소년들이 '여자를 많이 상대해 봤거나', 아니면 게이샤, 창녀, 카페 여급 등을 상대로 놀아났다는 뜻이다. 게이샤 집은 남녀 관계를 배우는 '가장 좋은' 방법이다. "게이샤는 남자에게 그쪽 방면의 지식을 가르쳐 주기 때문이다. 남자는 느긋하게 쉬면서 지켜볼 수 있다." 남자는 자신의 태도가 어색하지 않을까 걱정할 필요가 없고 또 게이샤를 상대로 적절한 남녀관계를 유지해야 한다고 기대하지도 않기 때문이다. 그러나 일본 청년들은 대부분 게이샤 집에 갈 돈이 없다. 그들은 카페에 가서 다른 남자들이 여자를 친숙하게 다루는 것을 구경할 수는 있으나, 이런 관찰은 그들이 다른 분야에서 쌓아올린 훈련과 비교하면 훈련이라고 할 수도 없는 것이다. 이렇게 하여 청년들은 오랫동안 그들의 어색한 태도에 대한 공포를 갖게 한다.

섹스는 공인된 어른들의 개인적 지도를 받지 않고 새로운 종류의 행동을 배울 수 있는 몇 안 되는 분야들 중 하나이다. 뼈대가 있는 가문들은 젊은 부부에게 필요한 그림들이 있는 '신부 책'이나 병풍을 제공한다. 한 일본인은 이렇게 말했다. "정원 조경술을 책에서 배울 수 있는 것처럼 섹스도 책에서 배울 수 있다. 아버지는 아들에게 일본식 정원을 만드는 방법을 가르쳐 주지 않는다. 그것은 나이 들면서 저절로 배우게 되는 취미이다." 섹스와 정원 조경술을 병치하여 책에서 배울 수 있는 것이라고 말하는 게 흥미롭다. 하지만 대부분의 일본 청년은 다른 방법으로 섹스 행위를 배운다. 아무튼 그들은 어른들의 꼼꼼한 지도 아래 그것을 배우지는 않는다.

이처럼 훈련 방식이 차이 나는 것은 젊은이에게 다시 한 번 섹스는 인생의 진지한 분야와는 별개 사항이라는 일본의 철학을 주지시킨다. 어른들은 진지한 분야만 주재하면서 고통스럽게 자식의 관습을 형성시키는 것이다. 섹스는 일본 청년이 어색함에 대한 공포 없이 스스로 터득할 수 있는 자기만족의 분야이다. 섹스 분야와 진지한 분야는 서로 다른 규칙을 가지고 있다. 결혼 후 그는 그것을 조금도 비밀로 할 것 없이 다른 데 가서 성적 즐거움을 추구할 수 있다. 그렇게 한다고 해서 그는 아내의 권리를 침해하는 것도 아니고 안정된 결혼 생활을 위협하는 것도 아니다.

그의 아내는 똑같은 특혜를 누리지 못한다. 그녀의 의무는 남편에게 정절을 지키는 것이다. 그녀는 은밀하게 그 의무를 위반하고 싶은 생각도 있을 것이다. 설사 그런 유혹을 느낀다 하더라도 일본에는 충분한 프라이버시를 보장받아서 그런 외도를 저지를 만한 여성이 아주 소수라고 할 수 있다. 신경질적이거나 불안정한 여자는 '히스테리'가 심하다고 여겨진다. "여성들이 가장 빈번하게 겪는 어려움은 사회적 생활이 아니라 성적 생활이다. 정신이상의 많은 사례와 대부분의 히스테리는 분명 성적 불안정에 기인하는 것이다. 성적 만족에 관한 한 여자는 남편이 해주는 것으로 만족해야 한다."[9]

스에무라의 농민들은 이렇게 말한다. '대부분의 여성 질병은 자궁에서

---

9 J. F. Embree, *op. cit.*, p. 175.

시작하여' 머리로 올라간다. 남편이 외도를 하면 아내는 일본의 용인된 관습인 자위행위에 의존할 수 있다. 농촌 마을에서 위인의 저택에 이르기까지, 여성들은 이 목적에 사용되는 전통적 도구들을 소중하게 여긴다. 더욱이 농촌 마을에서는 여성은 아이를 낳고 나면 성적 행위와 관련하여 다소 과장되게 행동하더라도 용인된다. 여성은 어머니가 되기 전에는 성적 농담을 하지 못한다. 그러나 출산 후 나이가 들어가면 남녀 혼성 파티에서 그녀의 대화는 그런 농담으로 가득하다. 그녀는 음란한 노래에 맞추어 엉덩이를 앞뒤로 흔들면서 아주 자유롭게 성적인 춤을 추어서 파티의 분위기를 흥겹게 한다. "그런 춤 동작은 언제나 한바탕 웃음을 자아낸다." 스에무라에서 징집병이 군복무를 마치고 고향에 돌아온 것을 마을 외곽에서 환영할 때, 남장한 여자들이 음란한 농담을 하면서 젊은 여성을 강간하는 흉내를 낸다.

그러므로 일본 여성은 성 문제와 관련하여 특정한 종류의 자유가 허용된다. 그들의 계급이 낮을수록 더 많은 자유가 주어진다. 그들은 평생 많은 터부(금기)를 지켜야 하지만, 그들이 성적 사실을 알고 있는 것을 부정해야 한다는 터부는 없다. 그것(성적 사실을 알고 있음)이 남자들을 만족시키는 상황이라면 그들은 음란한 것이다. 마찬가지로 그것이 남자들을 만족시킨다면 그들은 여성답지 않은 것이다.(젊은 시절의 여자는 성적 사실을 알고 있는 것을 노골적으로 드러내면 음란한 여자가 되지만, 나이 많아져서 그것을 알고 있는 것을 드러내면서 성적 농담을 하면서 남자를 즐겁게 하면, 그녀는 이미 여성이라기보다는 중성에 가까운 여자가 되었다는 뜻.-옮긴이) 일본 여성들은 연만한 나이가 되면 터부를 내던질 수도 있다. 만약 낮은 계급에서 태어났다면 남자 못지않게 상스러울 수도 있다. 일본은 서양인들처럼 '정숙한 여자'와 '스스럼없는 여자' 등 일관된 성격을 지향하는 것이 아니라 여러 연령대와 상황에 따라 거기에 알맞은 행동을 하는 것을 생활 목표로 삼는다.

남성도 엄청난 제약이 필수적으로 부과되는 영역이 있는가 하면, 비교적 자유롭게 활동할 수 있는 영역이 있다. 게이샤를 옆에 앉히고 남자 친구들과 함께 술을 마시는 것은 그가 가장 좋아하는 자기만족이다. 일본 남자들을 술에 취하는 것을 좋아하고, 술을 마셨을 때 몸가짐을 조심해야 한다는 규칙은 없다. 그들은 술이 몇 잔 들어가면 평소의 공식적인 엄격한 자세를 이완시킨다. 그들은 서로 어깨를 기대면서 친근하게 대하는 것을 좋아한다. 일부 '같이 술 마시기 어려운 사람'은 말썽을 부리기도 하지만, 그들은 술에 취했다고 해서 난폭하거나 공격적으로 변하는 경우가 거의 없다. 술 마시기 같은 '자유로운 영역'을 제외하고, 남자들은 그들이 스스로 말하는 것처럼 예측 불가능한 사람이 되어서는 절대 안 된다. 인생의 진지한 분야에 대한 행동과 관련하여 어떤 일본인을 가리켜 예측 불가능한 사람이라고 말하는 것은, 일본에서는 심한 욕설이 되며, 그보다 더 심한 욕은 '바보' 이외에는 없다.

육아 방식과 모순적 성격의 상관성

서구인들이 일본인의 성격에서 발견하는 여러 모순 사항들은 그들의 육아방식을 살펴보면 충분히 이해가 된다. 그것(육아방식)이 일본적 인생관의 이원성을 만들어내며 그런 이원성의 어느 측면도 무시해서는 안 된다. 그들은 유아기에 특혜와 심리적 편안함을 누렸다. 그 뒤 많은 단련을 겪는 내내 그들은 '수치를 몰랐던' 어릴 적의 기억을 간직한다. 그들은 천국이 미래에 있다고 생각하지 않는다. 그들은 과거에 이미 그것을 경험했다. 그들은 이 어릴 적의 기억을 밑바탕으로 하여, 인간은 원래 선하다, 신들은 자비롭다, 일본인으로 태어난 것은 비교 불가능할 정도로 바람직한 것이다, 등의 교리를 정립한다. 그(어린 시절의 좋은 기억) 덕분에 모든 인간의 마음에는 '붓다의 씨앗'이 있다, '모든 사람은 사후에 가미(神)가 된다'라는 극단적 해석을 밑바탕으로 하는 윤리관을 쉽게 정립할 수 있었다. 그것은 그들에게 과도한 존재감과 특정한 자신감을 부여한다. 어떤 일이 아무리 그들의 능력을 벗어나는 것일지라도 한번 그 일에 대들어 보려는 적극성의 밑바탕이다. 그것은 정부를 상대로 그들의 주장을 맞세우고, 그런 주장을 자살로 증명해 보이는 적극성의 밑바탕이다. 때때로 그것은 그들에게 집단적 과대망상의 능력을 부여한다.

6~7세가 지난 후에 서서히 조심스러운 행동과 '수치를 아는' 책임이 아이들에게 부과되며, 아주 혹심한 제재에 의해서 그 책임의 준수를 단속한다. 만약 아이들이 그런 책임을 위반하면 심지어 그들의 집안까지도 아이들에게 비난을 퍼붓는다. 그 압력은 프로이센 방식의 노골적인 압력은 아니지만, 아무튼 피해갈 수 없다. 특혜를 받았던 유년기에 이미 그런 책임의식 쪽으로 나아가야 한다는 밑바탕이 준비된다. 가령 용변 습관과 앉고 잠자는 자세에 대한 집요한 훈련, 아이를 내버릴지도 모른다고 위협하는 부모의 가짜 놀리기 등이 그런 준비 과정이다. 이런 어릴 적 경험 덕분에 아이는 나중의 더 큰 제약—가령 '세상'이 너를 비웃고 너를 거부할지도 모른다는 제약—을 받아들일 준비가 되는 것이다. 일본인이 어릴 적에 그토록 자유롭게 표현했던 충동을 이제 억누르는 것은, 그런 충동이 사악해서가 아니라 이제 그것이 부적절하기 때문이다.

그는 이제 진지한 인생의 단계에 들어선 것이다. 그는 어릴 적의 특혜를 점진적으로 거부당하면서 어른의 자기만족을 점점 더 강하게 느끼게 되지만, 유아기의 천국 같은 체험은 결코 그의 기억 속에서 사라지지 않는다. 그의 인생 철학은 유아기의 기억에 크게 의존한다. 그는 '인간적 감정'을 용인하면서 유아기의 특혜로 되돌아가는 것이다. 그는 성년기 내내 인생의 '자유로운 영역'에서 자기만족을 추구하면서 그(유아기의) 기억을 다시 체험하는 것이다.

유아기의 전반기와 후반기를 서로 이어 주는 하나의 놀라운 연속성이 있다. 그것은 동료들로부터 인정을 받는 것이 무엇보다도 중요하다는 것이다. 아이의 정신 속으로 미덕의 절대적 기준이 훈육되는 것이 아니라 이것(동료들의 인정)이 아주 중요하다고 각인되는 것이다. 유아기 전반부에, 어머니는 아이가 어리광을 피우거나 떼를 쓰면서 요구하면 아이를 자기 침상에서 함께 자게 한다. 아이는 자기 자신을 포함하여 언니와 오빠들에게 주는 과자 숫자를 헤아려서 자신이 어머니의 애정 순위가 어떻게 되는지 판단한다. 아이는 자신이 무시되면 재빨리 그것을 알아차리고 심지어 위의 언니에게 "언니는 나를 가장 좋아해?"라고 묻기도 한다. 유아기 후반부에 들어서면 아이는 개인적 만족을 점점 더 많이 희생하도록 요구받지만, 그에 대하여 약속된 보상은 아이가 '세상'으로부터 승인을 받고 인정을 받게 될 것이라는 사실이다. 반대로 아이에 대한 처벌은 '세상'이 그를 비웃을 것이라는 사실이다.

이것은 물론 대부분의 문화권에서 유아 훈련 시에 사용하는 제재이지만, 일본에서는 이례적일 정도로 혹심한 제재이다. 어릴 적에 부모가 아이에게 너를 버릴지도 모른다고 위협한 가짜 놀리기에 의하여, 아이의 머릿속에서는 '세상'에 의한 거부가 각인되었다. 그는 평생 동안 폭력보다 추방(거부)을 더 두려워한다. 그는 조롱과 거부의 위협에 대하여 알레르기를 일으킬 정도로 민감하게 반응한다. 자신의 마음속에서 그런 상황을 회상하는 것만으로도 엄청난 심적 고통을 느낀다. 일본 공동체에서는 프라이버시가 별로 없기 때문에, '세상'이 내가 하는 모든 일을 알고 있고, 세상이 인정하지 않으면 나를 버릴(거부할) 수도 있다는 생각은 전혀 판타지가 아니다. 설사 담장과 정원이 있는 집에 살지 않는다고 하더라도, 일본식 가옥의 구조는 개인의 생활을 아주 공적인 것으로 만드는 경향이 있다. 가령 일본식 집의 벽(장지문)은 사람이 하는 말이 쉽게 밖으로 흘러나가게 되어 있고, 단단히 잠기는 문이 아니라 쉽게 밀어서 열 수가 있다. 게다가 낮 동안에는 열어놓는 경우도 많다.

거울과 관찰하는 나

일본인 성격의 이원성을 분명하게 밝혀 주는 특정한 상징은 육아 방식의 단절에 바탕을 두고 있다. 유아기에 구축된 이원성의 한 측면은 '수치 없는 나'이다. 일본인은 거울을 쳐다보면서 그런 모습을 자신이 어느 정도 간직하고 있는지 테스트한다. 그들은 거울이 "영원한 순수함을 반영한다"고 말한다. 그것은 허영을 불러일으키지도 않고 '방해하는 나'도 반영하지 않는다. 그것은 영혼의 깊이를 반영한다. 사람은 거기서 그 자신의 '수치 없는 나'를 볼 수 있어야 한다. 거울 속에서 그 자신의 눈은 영혼의 '문'이고, 이런 거울 덕분에 그는 '수치 없는 나'로서 살아가게 된다.

그는 거울에서 이상적인 부모의 이미지를 본다. 이런 목적을 위해 늘 거울을 가지고 다니는 사람들에 대한 얘기도 있다. 심지어 집안의 불단 앞에도 특별한 거울을 설치하여 자기 자신을 명상하고 또 자신의 영혼을 점검한다. 그는 '자기 자신을 사당으로 만든다.' 그는 '자기 자신을 예배한다.' 모든 가정 내 신토 사당이 신성한 물건으로 거울을 달아놓고 있다는 것은 이례적인 것이지만, 일본인이 통상 행동하고 있는 것을 조금 더 발전시킨 것에 불과하다. 전쟁 중에 일본의 라디오 방송은 돈을 모아 거울을 사서 교실에 비치한 여학생을 칭송하는 특별 프로그램을 방송했다. 방송은 그것이 허영심에서 나온 행위일 수도 있다는 생각은 조금도 하지 않았다. 여학생들의 영혼 깊숙한 곳에 자리 잡은 진정한 목적에 새롭게 헌신하려는 노력이라고 칭송되었다. 거울을 들여다보는 행위는, 일본 정신의 미덕을 증언하는 외부적 행위라는 것이었다.

거울에 대한 이런 일본적 사고방식은 아이의 머릿속에 '관찰하는 나'라
는 개념이 주입되기 이전 시기부터 생겨나는 것이다. 일본인은 거울 속에
서 '관찰하는 나'를 보지 않는다. 거울 속에서 그들의 자아는 '수치'라는
스승이 없었던 어린 시절의 모습 그대로 원래부터 선하다. 거울에 부여된
이러한 상징은 '숙달된' 자기단련의 밑바탕이 된다. 그들은 지속적으로
자기단련을 함으로써 '관찰하는 나'를 제거하여 어린 시절의 직접성으로
되돌아가는 것이다.(직접성은 욕망과 행동이 일치되는 상태를 말하며 수치를 모르는 어
린 시절은 충동이나 욕망이 직접 행동으로 발현된다는 뜻.-옮긴이)

이처럼 특혜적인 유아기의 생활은 일본인에게 여러 가지 영향을 미쳤
다. 그러나 그 후 수치가 미덕의 기반으로 등장하는 성년기의 각종 제약
은 반드시 박탈로만 느껴지는 것은 아니다. 우리가 이미 살펴본 바와 같
이, 자기희생은 일본인들이 자주 도전을 걸어오는 중국식 개념의 하나이
다. 일본인은 자신이 희생을 하고 있다는 아이디어를 거부한다. 심지어
아주 극단적인 상황에서도, 일본인은 충성, 효도, 기리 등을 위해서 '자발
적' 죽음을 선택했다고 말하지, 그것이 자기희생의 범주에 들어간다고 보
지 않는다. 일본인들은 이런 자발적인 죽음은 자신이 바라는 목표를 성취
한다고 말한다. 그렇기 때문에 그것은 아무런 가치도 없는 죽음, 즉 '개죽
음(dog's death)'이 되지 않는다. 영어식 표현은 그런 개죽음을 가리켜 하수
구에 빠져 죽은 죽음이라고 하는데, 일본인은 자신의 자발적인 죽음이 결
코 그런 무의미한 것이라고 생각하지 않는다.

그보다 덜 극단적이지만 영어에서 'self-sacrificing(자기희생)'으로 불리
는 일련의 행동들도 일본어에서는 대개 자중의 범주에 들어간다. 자중은
언제나 자제를 의미하는데, 그 자제는 자존심만큼이나 소중한 것이다. 홀
륭한 사업은 자기 절제를 통해서만 성취될 수 있다. 미국인이 성취의 선

결요건으로 생각하는 자유는, 일본인이 겪은 체험이 미국인의 그것과는 다르기 때문에, 적절한 것으로 생각되지 않는다. 일본인은 절제를 통하여 그들의 자아를 더욱 가치 있는 것으로 만든다는 것을 도덕적 규범의 중요한 요소로 받아들인다. 그런 절제가 없다면 갑자기 튀어나와 예의바른 생활을 망쳐놓는 충동으로 가득한 그들이 위험한 자아를 어떻게 통제할 수 있을 것인가? 한 일본인은 그런 사정을 이렇게 말한다.

여러 해에 걸친 정교한 작업으로 밑바탕에 옻칠의 층이 두터워질수록, 완성된 칠기는 더 가치가 나가게 된다. 사람도 마찬가지이다… 러시아인에 대해서 이런 말들을 한다. '러시아인의 외피를 벗겨 보라. 그러면 야만적인 타타르인을 발견할 것이다.' 일본인에 대해서도 똑같은 말을 해볼 수 있다. '일본인의 외피를 벗겨 보라. 그러면 해적을 발견할 것이다.' 그러나 일본에서 외피는 귀중한 제품이고 수공예를 크게 도와준다는 것을 잊어서는 안 된다. 그것은 결점을 가리기 위한 속임수가 아니다. 그것이 장식하는 본체만큼이나 소중한 것이다.[10]

서구인들이 자주 목격하는 일본 남자들의 모순적 행동은 어린 시절에 받았던 단절적 육아 방식에서 기인하는 것이다. 그들이 겪은 온갖 '옻칠' 작업에도 불구하고 어린 시절―그들이 그들만의 작은 세계에서 작은 신 같았고, 그들의 공격성을 마음껏 충족시킬 수 있었고, 모든 만족을 얻을 수 있을 것 같았던 시절―의 기억이 그들의 의식 속에 깊이 각인되어 있다. 일본인의 의식에 깊이 각인되어 있는 이 이원성 때문에, 일본인은 어른이 되어서 과도한 낭만적인 연애에 몰두하다가 180도 방향을 전환하여

---

10 Komakichi Nohara, *The True Face of Japan*, London, 1936, p. 50.

가족에게 100퍼센트 굴복해 버린다. 그들은 극단적으로 과도한 의무를 받아들이면서도 동시에 쾌락과 편안함에 몰두한다. 자중의 가르침으로 적극적 행동에 나서기를 꺼리는가 하면 때로는 거의 무모하다 싶을 정도로 용감하다. 그들은 위계적 상황에서는 아주 순종적이다가도 상부로부터의 통제를 고분고분 따르지 않는다. 평소 아주 공손한 태도를 취하면서도 마음 한 곳에 오만한 구석이 있다. 그들은 군대에서 지독한 훈련도 견뎌내지만 반항적인 태도를 보이기도 한다. 그들은 아주 보수적인가 하면 새로운 방식에도 마음이 끌린다. 이것은 중국의 관습과 서양의 학문을 받아들인 그들의 태도에서 잘 드러난다.

유년기의 트라우마: 긴장과 공포의 원인

일본적 특성의 이런 이원성은 정신적 긴장을 낳고, 일본인들은 각자 다른 방식으로 이에 반응한다. 하지만 각자 동일한 본질적 문제를 해결하려고 애쓴다. 그것은 어린 시절에 무조건 받았던 승인과 즉각적인 욕구 충족을, 성년기에 생활의 안전을 보장하는 '각종 구속적 장치들과 어떻게 조화를 시킬 것인가' 하는 문제이다. 많은 일본인들이 이 문제를 해결하는 데 어려움을 느낀다. 어떤 사람들은 도학자처럼 자신의 생활을 규제하는 데 모든 것을 걸기만 할 뿐, 일상생활에서 즉각 욕구를 충족시키려는 것을 아주 두려워한다.(욕구는 충족시키고 싶은데 그렇게 하다가는 수치를 느낄지 몰라서 두려워한다는 뜻.-옮긴이) 그런데 그런 욕구 충족은 판타지가 아니라 어릴 적에 실제로 경험한 것이기 때문에, 그 욕구에 대한 두려움은 더욱 크다. 그래서 애써 그런 욕구로부터 초연하면서, 그들 자신의 것으로 만든 규범을 철저히 준수하면서, 권위 있는 모든 것과 자신을 동일시한다고 느끼는 것이다.

어떤 사람들은 욕구와 규범의 괴리가 더욱 심하다. 그들은 영혼 깊은 곳에다 가두어 두고, 또 온화한 외면적 행동으로 은폐한 그들 자신의 공격성을 두려워한다. 그들은 자신의 진정한 욕구를 의식하게 되는 것을 물리치기 위하여 사소한 것들에 몰두하면서 혼란스러운 생각을 통제하려한다. 그들은 자신들에게 근본적으로 무의미한 단련된 절차를 기계적으로 수행한다. 어린 시절의 기억에 좀 더 사로잡힌 사람들은 어른이 되어그들에게 요구되는 모든 것에서 깊은 불안감을 느끼면서, 이제는 더 이상통하지 않는 어릴 적의 의존적 심리상태(위에서 나오는, '어린 시절에 무조건 받았던 승인과 즉각적인 욕구 충족'의 상태.-옮긴이)에 더욱 기울어지려 한다. 그들은 자신이 실패를 하면 그것이 권위에 대한 공격이라고 느끼며, 이 때문에 뭔가 도전을 하려고 하면 실패를 미리 걱정하기 때문에 엄청난 혼란과 동요에 빠져들게 된다. 기계적 절차에 의해 처리될 수 없는 예측하지 못한 상황들은 그들을 겁먹게 한다.[11]

이런 것들이 거부와 비난에 대한 불안이 아주 강력할 때 일본인들이 겪게 되는 특징적인 불안이다. 그러나 지나친 스트레스를 받지 않는다면 일본인들은 인생을 즐기면서 살아나가는 능력을 발휘하고, 또 어릴 적부터훈육받은, 남의 일에 참견하지 않는 조심성을 지킨다. 이것만으로도 상당한 성취이다. 그들의 유년기는 자기주장을 내세우는 뚝심을 가르쳐 주었다. 유년기는 죄의식이라는 부담스러운 느낌을 일깨우지 않았다.

성년기의 각종 구속은 동료들과의 유대 의식이라는 이름 아래 부과되었고, 의무는 호혜적인 것이었다. 다른 분야에서 남들이 아무리 그의 소원을 방해한다고 하더라도, 그의 충동적 생활을 만족시킬 수 있는, 지정된 '자유 영역'이 있다. 일본인들은 벚꽃, 달, 국화, 새로 내린 눈 등을 구경

---

11 이들 사례는 전쟁 중에 일본인 임시수용소에 격리되어 있는 일본인 재소자들을 상대로 Dorothea Leighton 박사가 시행하고 Frances Holter가 분석한 로르샤흐 테스트에 기초를 두고 있다.

하는 것, 곤충들을 작은 집에다 가두어두고서 그들의 '노래'를 듣는 것, 짧은 시를 쓰는 것, 정원을 손질한 것, 꽃꽂이, 차를 마시는 모임 등 사소한 것들에서 즐거움을 얻는 사람들로 유명하다. 이것들은 깊은 심리적 불안이나 공격성을 가진 사람들의 활동이 아니다. 그들은 이런 즐거움을 슬픈 표정으로 받아들이는 것도 아니다. 일본이 참사로 끝난 대동아공영 임무에 착수하기 전인 전쟁 전의 행복한 시절에, 일본의 농촌 공동체는 여유 시간에는 그 어떤 사람들 못지않게 기분 좋고 쾌활했다. 또 일을 해야 하는 시간에는 열심히 일했다.

원칙과 자유 vs 모욕과 비방

그러나 일본인은 자기 자신에게 많은 것을 요구한다. 추방(거부)과 비방의 위협을 피하기 위하여 그들은 다른 때 같으면 즐길 줄 아는 개인적 만족을 포기해야 한다. 그들은 인생의 중요한 일들에서는 그런 개인적 충동을 단단히 자물쇠로 잠가 놓지 않으면 안 된다. 이 패턴을 위반한 소수의 사람들은 그들 자신의 자존심마저도 잃어버리게 되는 모험을 해야 한다. 자기 자신을 존중하는(자중하는) 사람은 인생의 나아갈 항로를 미리 차트로 만들어 둔다. 그 차트는 '선'과 '악'을 구분하는 것이 아니라, '기대되는 사람'과 '기대할 것이 없는 사람' 사이의 구분이며, 개인적 요구 사항은 집단적 '기대'에 부응하기 위해 희생시킬 것을 요구하는 차트이다. 자중하는 사람은 '수치(하지)를 알고' 아주 조심스럽게 행동하는 훌륭한 사람이다. 집안, 마을, 국가에 명예를 안겨주는 사람이다.

이런 훌륭한 사람으로 살아가려는 데 따르는 긴장은 엄청난 것이다. 그런 긴장은 일본을 동양에서 지도자 국가로 만들고 세계의 강대국으로 만든 저 높은 수준의 열망으로 표현되었다. 그러나 이 긴장은 개인에게는 엄청난 긴장을 안겨주었다. 일본인들은 실패하지 않을까 늘 경계해야 되었고, 그들에게 엄청난 극기 정신을 요구한 행동 노선에서 그들이 이룬 업적을 남들이 우습게보지 않는지 살펴야 했다. 때때로 일본인은 엄청나게 공격적인 행동을 하면서 폭발한다. 미국인의 경우처럼 그들의 원칙이나 자유가 도전받아서가 아니라, 남들이 자신을 모욕하거나 비방한다는 것을 발견했기 때문에 그렇게 폭발하는 것이다. 그러면 그들의 위험스러운 자아가 분출하여, 그것이 가능할 경우에는 비방자를 향해 무시무시한 공격을 감행하고, 그것이 안 될 경우에는 자기 자신을 공격하여 내파(內破: 자살)한다.

일본인은 그들의 생활 방식 때문에 높은 대가를 치렀다. 그들은 미국인이 숨 쉬는 공기처럼 당연한 것으로 여기는 생활 속의 간단한 자유들을 그들 자신에게 주지 않았다. 우리는 다음과 같은 사실을 기억해야 한다. 일본이 패전 이후에 데모크라시(민주주의)를 기대하고 있는 오늘날, 자기 마음대로 순진하면서도 단출하게 행동하는 것은 그들에게는 아주 황홀한 일이 될 것이다. 이 황홀한 기분을 스기모토 부인처럼 잘 표현한 이도 없을 것이다. 부인은 영어를 배우기 위해 입학한 도쿄의 미션스쿨에서 자기 마음대로 가꿀 수 있는 밭뙈기를 부여받았을 때의 심정을 생생하게 묘사했다. 선생들은 여학생들에게 작은 밭뙈기를 지정해 주고 그들 마음대로 씨앗을 심으라고 했다.

이 마음대로 심는 정원은 내게 개인적 권리라는 아주 새로운 느낌을 주었다… 인간의 마음속에 이런 행복이 있을 수 있다는 사실이 내게는 경이로웠다… 나는 우리나라의 전통, 가문의 명예, 부모, 교사, 마을 사람, 그리고 이 세상의 그 어떤 사람 등 그 누구에게도 피해를 입히지 않고 내 마음대로 행동할 수 있게 된 것이다.[12]

다른 여학생들도 꽃을 심었다. 스기모토 부인은 감자를 심었다.

이 어리석은 행동이 나에게 가져다준 저 무모한 자유의 느낌은 그 누구도 짐작하지 못할 것이다… 자유의 정신이 다가와서 내 집 문을 두드렸다.

그것은 새로운 세계였다.

나의 집 정원에는 일부러 야생의 상태처럼 보이게 만든 곳이 딱 한 군데 있었다… 누군가가 소나무와 산울타리를 손질하느라고 바빴다. 그러나 아침마다 지야가 섬돌을 청소했고, 소나무 밑동을 잘 쓴 다음 에 숲에서 모아 온 솔잎을 일부러 세심하게 뿌렸다.

스기모토 부인이 볼 때, 이 위장된 야생의 상태는 그녀가 줄곧 훈련을 받아 온 위장된 의지의 자유를 상징하는 것이었다. 그리고 일본 전역에 그런 위장된 야생의 상태가 차고 넘친다. 일본의 정원에서 땅속에 절반 쯤 묻혀 있는 거대한 돌은, 어느 것이든 신중하게 선택되어 운반해 온 것 으로 땅 밑에 작은 돌을 깔고 그 위에 놓아둔 것이다. 그 돌의 위치는 시냇 물, 집, 관목숲, 나무들 등과의 관계를 세심하게 계산한 결과 정해진 것이 다. 국화도 마찬가지여서, 화분에 심어져서 매년 일본 전역에서 개최되는 전시회에 출품되는데 그 전에 엄격한 손질을 받게 된다. 국화 꽃잎은 한 잎 한 잎 재배자의 손으로 정돈되고, 그 생화 속에다 작고 눈에 띄지 않는 철사 고리를 끼워 넣어 절묘하게 꽃잎의 위치를 고정시키는 것이다.

---

12 Etsu Inagaki Sugimoto, *op. cit.*, pp. 135~136.

국화의 정돈된 꽃잎과 칼의 반짝거리는 빛

그 철사 고리를 내던져도 된다는 제안을 받았을 때, 스기모토 부인이 느꼈던 황홀감은 정말 행복하고 순수한 것이었다. 작은 화분에 넣어져 성장하면서 꽃잎을 하나하나 정돈돼야 되었던 국화는 자연스러움의 상태에서 순수한 즐거움을 발견했다.

그러나 오늘날에도 일본인들 사이에는, '기대에 어긋나는' 자유와 하지(수치)의 제재를 의문시하는 태도는 일본적 생활 방식의 절묘한 균형을 깨뜨릴 수 있다. 그러나 새로운 체제(맥아더 점령 사령부를 가리킴.-옮긴이) 아래에서, 일본인은 새로운 제재를 배워야 할 것이다. 물론 변화는 값비싼 것이다. 새로운 전제와 새로운 미덕을 만들어내는 것은 쉽지 않다. 서구 세계는 일본인들이 이런 것들(새로운 전제와 새로운 미덕)을 보는 순간 받아들여 진정한 자신들의 것으로 만들리라고 기대해서는 안 되지만, 그렇다고 일본이 궁극적으로 더 자유롭고 덜 제약적인 윤리를 만들어내지 못할 것이라고 생각해서도 안 된다.

미국의 일본인 2세는 이미 일본식 규범에 대한 지식과 요령을 잃어버렸다. 그들은 조상의 전통이라고 해서 부모의 고국인 나라의 관습을 엄격하게 준수하지도 않는다. 그러니 일본에 있는 일본인들도 새로운 시대에는 개인적 자제라는 과거의 규범을 요구하지 않는 생활 방식을 구축할 수 있을 것이다. 국화는 철사 고리와 과도한 가지치기가 없어도 아름다울 수 있다.

새로운 정신적 자유로 옮겨가는 이 전환기에, 일본인은 생활의 균형을 잡는 데 있어서 특정한 과거의 전통적 미덕에서 도움을 얻을 수 있을 것이다. 그런 것들 중 하나가 '자기 몸에서 나온 녹'이라고 하는 자기책임의 표현이 있다. 이 비유는 사람의 몸을 칼과 같은 것으로 보고 있다. 칼을 찬 사람은 그 칼이 반짝거리게 할 책임이 있듯이, 일본인 각자는 자신의 행동에 관한 책임을 받아들여야 한다. 그는 자신의 약점, 지구력 부족, 비효율성 등에서 나오는 자연스러운 결과를 인정하고 받아들여야 한다. 일본의 자기책임은 자유로운 미국보다 한결 가혹하게 해석된다.

　이런 일본적 의미에서 볼 때 칼은 공격성의 상징이 아니라 이상적이고 자기책임이 강한 사람의 비유가 된다. 개인의 자유를 중시하는 새로운 체제(맥아더 사령부가 추진하는 민주주의 체제.-옮긴이) 아래에서 이것보다 더 좋은 평형 바퀴는 없을 것이다. 게다가 일본의 육아 방식과 행동 철학은 그것을 일본 정신의 한 부분으로 훈육해 왔다. 오늘날 일본인들은 서구적 의미에서 '칼을 내려놓겠다'고 제안했다. 일본식 의미에서 볼 때, 일본인들은 언제 녹슬지 모르는 내면의 칼이 녹슬지 않고 반짝거리게 하는 데 큰 관심을 기울여 왔다. 일본인이 사용하는 미덕의 어법으로 보면, 칼은 이제 더 자유롭고 더 평화로워진 세계에서 살아가는 그들이 지켜야 하는 상징인 것이다.

13장

패전 후의 일본인

The Chrysanthemum and the Sword

미국은 대일본 전승일 이후에 일본의 행정에 대하여 나름대로 자부심을 가질 만한 좋은 이유가 있다. 미국의 대(對)일본 정책은 국무부, 육군부, 해군부의 공동성명에 의해 정해졌으며 8월 29일 라디오로 방송되었다. 맥아더 장군은 지금까지 그 정책을 잘 수행해 오고 있다. 이처럼 미국은 자부심을 가질 이유는 충분한데, 미국 언론과 라디오의 당파적인 칭찬과 비난 때문에 그런 측면이 흐려져 왔다. 게다가 어떤 특정한 정책이 바람직한지 여부를 확실하게 판단할 수 있을 정도로 일본 문화에 대해서 정통한 사람도 별로 없는 편이다.

미국의 일본 점령 정책

일본이 항복할 당시에 가장 중요한 문제는 일본 점령을 어떤 식으로 할 것인가 하는 것이었다. 승전국들은 기존의 일본 정부, 나아가 천황을 그대로 둘 것인가, 아니면 이런 것을 철폐할 것인가? 미군 점령 당국의 군 장교들이 각 시, 각 현의 행정을 직접 담당할 것인가? 이탈리아와 독일의 점령 방식은 각 지역별로 현지 연합국 군사 정부를 두어서 연합국 소속 장교들이 행정을 직접 담당하는 방식이었다. 대(對)일본 전승일에, 태평양 지역의 연합군 사령부를 담당하는 장교들은 일본에서도 그와 유사한 점령 정책을 실시하기를 기대했다. 일본인들 또한 그들의 국내 행정 문제에 대하여 어떤 책임을 부여받을지 알지 못했다. 포츠담 선언은 단지 이렇게 선언했을 뿐이다. "연합국이 지정하는 일본 내 영토의 여러 지점들을 점령하여, 우리가 여기에 선언하는 기본적 목표를 달성할 것이다. 그리고 일본 국민을 속이고 오도하여 세계 정복의 길로 들어서게 한 자들의 권위와 영향력은 항구적으로 제거되어야 할 것이다."

맥아더 장군에게 보낸 국무부, 육군부, 해군부의 공동성명은 그런 문제들에 대하여 중요한 결정을 담고 있었고, 맥아더 사령부는 그 결정을 전적으로 지지했다. 일본인들은 자국의 행정과 전후 복구를 책임지도록 되었다. "최고사령관은 미국의 목표를 흡족하게 달성하는 범위 내에서 일본의 정부 기구와 천황을 포함하는 여러 기관을 통하여 그의 권위를 행사할 것이다. 일본 정부는 맥아더 사령관의 지시를 받아가며 국내 행정의 문제와 관련하여 정상적인 행정권을 행사하게 될 것이다."

따라서 맥아더 장군의 일본 점령사령부는 독일과 이탈리아의 그것과는 상당히 달랐다. 그것은 장관에서 말단 공무원에 이르기까지 일본의 관리들을 활용하는 사령부 조직이었다. 사령부는 일본 천황 정부를 상대로 소통을 했을 뿐, 일본 국민들이나 어떤 도시나 현의 주민들과 직접 소통하지는 않았다. 사령부의 임무는 일본 정부가 나아가야 할 목표를 지시하는 것이다. 만약 일본인 장관이 그런 목표가 불가능하다고 생각한다면 그는 사임할 수 있다. 하지만 그의 주장이 타당한 것이라면 그는 맥아더 사령부의 지시를 수정할 수 있다.

이런 종류의 행정부는 과감한 조치였다. 미국의 관점에서 볼 때 이런 정책의 이점은 너무나 분명한 것이었다. 그 당시 힐드링(Hildring) 장군은 이렇게 말했다.

> 일본의 중앙 정부를 활용하는 데서 오는 이점은 엄청난 것이었다. 만약 우리가 활용할 수 있는 일본 정부가 없었더라면 7,000만 인구를 가진 국가의 행정 업무를 담당하는 복잡한 기구를 직접 운용해야 되었을 것이다. 일본인은 언어, 관습, 태도 등에서 우리와는 다르다. 일본 정부 기구를 재정비하여 활용함으로써 우리는 시간과 인력과 자원을 절약할 수 있었다. 다르게 말해서, 우리는 일본인에게 재정비를 시키면서 당시 지시 사항만 내리면 되었던 것이다.

그러나 워싱턴에서 이런 정책이 수립되었을 때, 일본인에 대하여 우려하는 미국인들이 많았다. 일본인은 심술궂고 적대적인 태도로 나오면서 평화로운 프로그램을 거부하는 등 앙심을 품은 복수자로 나서지 않을까 걱정했던 것이다. 하지만 그런 우려는 근거 없는 것이었다. 그 이유는 패전 국민이나 패전국의 정치, 경제에 관한 일반적 진리에서 찾기보다는 일본의 기이한 문화에서 찾아야 한다. 사실 일본처럼 상호 신의의 원칙이 잘 지켜지는 나라는 없을 것이다. 일본인이 볼 때, 일본인 자치 정책은 패전이라는 참혹한 사실에서 굴욕의 상징을 벗겨 주었고, 그들에게 새로운 국가 정책을 시험해 보라는 도전이 되었다. 일본인은 그들의 문화 조건이 만들어내는 독특한 성품 덕분에 그런 정책을 받아들일 수 있었다.

미국은 강경한 강화 조건과 온건한 강화 조건을 두고서 끊임없이 논쟁을 벌여 왔다. 중요한 문제는 '강경이냐 온건이냐'가 아니라 과거의 위험한 공격적 패턴을 제거하고 새로운 목표를 수립하는 데 딱 필요한 만큼의 강경이 '어느 정도 분량인가' 하는 것이었다. 선택안은 해당 국가의 국민성과 전통적 사회 구조에 달려 있었다. 가정생활과 일상 시민 생활에 뿌리 깊이 내린 프로이센 권위주의 때문에 독일에는 특정한 종류의 강화조약이 필요했다. 독일을 대상으로 하는 현명한 평화 정책은 일본을 상대로 하는 것과는 달라야 했다. 독일인은 일본인과는 다르게 자신들을 세상과 과거에 빚을 진 채무자라고 생각하지 않았다. 그들은 헤아릴 수 없는 부채를 되갚으려 하는 것이 아니라, 희생자가 되는 것을 피하려 했다. 프로이센의 아버지는 권위주의적인 인물이었고, 우월한 지위를 갖고 있는 사람이 그러하듯이, 이른바 '존경을 강요하는' 것은 아버지였다. 만약 존경을 받지 못하면 위화감을 느끼는 것은 아버지였다. 독일인의 생활에서 세대에 세대를 걸쳐서 아들은 청년기에는 권위주의적인 아버지에게 반항하고, 어른이 되어서는 아버지의 그것과 같은 무미건조하고 흥분 없는 생활에 굴복한다. 일생을 통하여 가장 하이라이트가 되는 시기는 반항을 하는 청년기의 질풍노도 같은 몇 년 간이다.

일본을 움직이는 보이지 않는 손

일본 문화의 문제는 무지막지한 권위주의가 아니다. 일본의 아버지는 어린 자녀를 존중과 배려로 대하는데, 서구인의 눈으로 볼 때, 서구 상황에서는 찾아보기 어려운 이례적인 것으로 생각된다. 일본 아이들은 아버지와 진정한 동료 의식을 느끼는 것을 당연하게 여기고, 또 아버지를 노골적으로 자랑스럽게 여긴다. 그래서 아버지가 언성만 약간 높여도 아이에게 아버지의 뜻을 따르도록 유도할 수 있다. 일본의 아버지는 어린 자녀들에게 엄격한 훈련 장교가 아니다. 또한 청소년기는 부모의 권위에 저항하는 시기도 아니다. 그것은 소년이 세상의 판단하는 눈앞에서 책임감을 느끼면서 가족의 대표가 되는 시기이다. 그들은 일본식으로 말하면, '훈련차' 혹은 '단련을 위하여' 아버지에게 존경을 표시한다. 훈련의 대상으로서 아버지는 위계질서와 적절한 행동 방식을 보여 주는, 비인격화된 상징이다.

아이가 유년기에 아버지에게서 배우는 이런 태도는 일본 사회 전반에서 하나의 패턴으로 정립된다. 위계질서에서 최고 위치에 있는 사람들은 통상적으로 자의적인 권력을 행사하지 않는다. 위계제도의 정점에 있는 관리들은 실질적인 권위를 행사하지 않는다. 천황에서 시작하여 그 아래의 고문관들과 보이지 않는 힘들은 배후에서 작용한다. 일본 사회의 이런 측면을 보여 주는 가장 정확한 설명은 흑룡회(黑龍會) 유형의 극우단체의 어떤 지도자가 1930년대 초반에 어떤 도쿄 영자신문에서 했던 말에서 찾아볼 수 있다. "사회는(그는 물론 여기서 일본을 의미했다) 한쪽 구석에 있는 핀이 통제하는 삼각형이다."[1]

달리 말하면 그 삼각형은 누구나 볼 수 있게 테이블 위에 놓여 있다. 그러나 핀은 보이지 않는다. 때때로 삼각형은 오른쪽으로 누워 있고, 때로는 왼쪽으로 눕는다. 그것은 그 존재를 인정하지 않는(보이지 않는) 핀에 의하여 왼쪽으로, 혹은 오른쪽으로 이동하는 것이다. 서구인들이 종종 말하듯이 '모든 것은 거울을 가지고 해결이 된다.'(거울은 12장의 '거울과 관찰하는 나' 부분 참조.-옮긴이) 자의적 권위가 드러나는 것을 최소한으로 줄이려고 모든 노력이 동원된다. 또 모든 행동은 신분 상징에 대한 충성심의 발로인 것처럼 보이려고 애쓰는데, 그 상징은 실제 권력의 행사로부터 언제나 떨어져 있는 것이다. 일본인은 가면을 쓰지 않은 권력의 원천을 바라보면, 마치 고리대금업자나 나리킨(벼락부자)을 쳐다보는 것처럼 착취적인 자 혹은 그들의 제도와는 어울리지 않는 자로 여긴다.

---

1 Upton Close, *Behind the Face of Japan*, 1942, p. 136에서 인용.

일본, 민주화 의지 천명

일본인은 세상을 이런 식으로 보기 때문에 혁명가가 되지 않고서도 착취와 불의에 대하여 반항을 할 수 있다. 그들은 사회 구조를 갈가리 해체해 버리는 방식을 제안하지 않는다. 그들은 과거 메이지 시대에 그렇게 했던 것처럼 기존 제도에 폭력을 가하지 않고서도 아주 철저한 변화를 도모할 수 있다. 그들은 그것을 과거로의 '되돌아감', 즉 복고(復古)라고 했다. 그들은 혁명가가 아니다. 일본에 대규모 이데올로기 운동이 벌어질 것이라고 했던 서구의 저술가들, 전쟁 중에 일본의 지하 운동을 과대평가하여 항복 이후 그 운동이 지도부로 올라서기를 바랐던 사람들, 대일본 승전일 이후에 투표소에서 과격 당파가 승리할 것으로 예견했던 사람들, 이들은 모두 상황을 심각하게 오판했다. 그들이 내놓은 예언은 모두 엉터리였다. 보수적인 총리 시데하라 기주로(幣原喜重郎) 남작은 1945년 10월에 내각을 구성하면서 일본인의 입장을 정확하게 대변했다.

일본의 새 정부는 국민의 의지를 존중하는 민주적 형태를 갖추었다… 예전부터 우리나라에서는 천황은 국민의 뜻이 곧 그의 뜻이라고 말해 왔다. 이것은 메이지 천황 헌법의 정신이고, 내가 말하는 민주 정부는 진정으로 이 정신을 구현한 것이라고 생각한다.

이런 민주주의 언명은 미국인 독자가 볼 때 하나마나 한 말처럼 보일 것이다. 그러나 일본은 서구적 이데올로기보다는 이런 국민의 뜻이 곧 천황의 뜻이라는 바탕 위에서, 시민의 자유 영역을 확대하고 일본 국민의 복지를 더 잘 구축할 수 있을 것이다.

물론 일본은 민주주의의 서구적 정치 기구를 실험할 것이다. 그러나 더 좋은 세상을 건설하는 데 있어서 서구적 방식은 미국에서처럼 신임 받는 도구가 되지는 않을 것이다. 보통선거와 선출된 의원의 입법권은 여러 어려움을 해결하는 한편, 더 많은 어려움을 가져올 것이다. 이런 어려움들이 발생하면 일본은 미국인이 민주주의를 성취하기 위해 사용한 방법을 수정할 것이다. 그러면 지난 전쟁을 헛되이 치른 것이 아니냐고 미국인들은 언성을 높일 것이다. 우리는 우리의 방식이 옳다고 믿는 까닭이다.

그러나 보통선거는 일본이 앞으로 오랜 세월에 걸쳐 국가를 재건하는 데 주변적인 역할밖에 하지 못할 것이다. 일본은 처음으로 선거를 실험한 1890년대 이래 근본적으로 변한 것이 없다. 그러나 라프카디오 헌이 말한 몇몇 오래 전의 어려움들은 재발할 것 같지 않다.

> 많은 생명을 앗아가는 맹렬한 선거 경쟁에는 실제로 개인적 적대감 같은 것은 없다. 그 폭력적 행위가 외부 관찰자를 깜짝 놀라게 하는 의회의 논쟁에도 개인적 적대감은 거의 없다. 정치적 갈등은 개인들 사이에 벌어지는 것이 아니라, 씨족 이해집단 혹은 정당 이해집단 사이에서 벌어진다. 자신의 씨족 혹은 정당을 충실하게 따르는 추종자들은 새로운 정치를 새로운 종류의 전쟁으로 생각한다. 혹은 지도자를 위해 싸우는 충성심의 전쟁이라고 본다.[2]

이보다 뒤에 실시된 1920년대의 선거에서, 농촌 마을 사람들은 투표소에서 투표를 하기 전에 "칼을 받기 위해 내 목을 깨끗이 씻고 왔습니다."라고 말했다. 이 말은 과거 봉건 시대의 특권 계급인 사무라이가 반항적인 평민을 그 자리에서 목 베어 죽일 수 있던 상황에 빗대어, 투표를 일종

---

2 L. Hearn, Japan: *An Interpretation*, 1904, p. 453.

의 반항(전쟁)으로 보고 있음을 보여 준다. 일본에서 선거의 의미는 심지어 오늘날에도 미국의 그것과는 다르다. 이것(선거가 주변적 역할밖에 하지 못한다는 사실)은 일본이 위험한 공격적 정책을 실시하고 있는가 여부를 떠나서 사실인 것이다.

일본이 국가 재건을 위해 정말로 동원할 수 있는 진정한 힘은, 어떤 행동 노선이 "그건 실패했어."라고 말하고서 국가의 힘을 다른 방향으로 쏟아 넣을 수 있는 능력을 발휘하는 것이다. 일본인은 대안의 윤리를 가지고 있다. 그들은 전쟁에서 '적절한 자리'를 성취하려 했으나 패전했다. 그들은 이제 그 행동 노선을 버릴 수 있다. 그들이 성년기에 이르기까지 받은 훈련은 그들로 하여금 방향 전환을 할 수 있도록 조건화시켜 놓았다. 엄격한 윤리 의식을 갖고 있는 국가들은 자신들이 원칙을 위해 싸운다고 확신한다. 그들은 승자에게 항복할 때 이렇게 말한다. "우리가 패배하다니 정의가 실종되었다." 그들은 자존심을 내세우며 다음번에는 이 '정의'가 이기도록 하겠다고 다짐한다. 아니면 자신들의 가슴을 탕탕 치면서 죄의식을 토로한다.

일본인은 이런 행동 중 그 어떤 것도 하지 않는다. 대 일본 승전일 닷새 후, 미군이 일본에 상륙하기 전에, 도쿄의 전국 일간지인 『마이니치신문(毎日新聞)』은 패전과 그것이 가져올 정치적 변화에 대해서 말할 수 있었다. "하지만 그것은 모두 일본의 궁극적 구제라는 목적에 도움이 되는 것이다." 이 사설은 또한 일본이 완전 패배했다는 사실을 한시라도 잊어서는 안 된다고 상기시켰다. 순전히 군사력을 바탕으로 일본을 대국으로 구축하려던 노력은 완전 실패로 끝났으므로, 일본은 이제 평화로운 국가의 길을 밟아야 한다는 것이었다. 또 다른 도쿄 전국 신문인 『아사히신문(朝日新聞)』은 같은 주에 나온 사설에서, 근년에 '군사력을 과도하게 신임한 것'은 국내 정치와 국제 정치에서 '심각한 오류'라고 지적했다. "얻은 것은 적고 고통당한 것만 많은 과거의 태도는 새로운 태도를 받아들이기 위해 폐기해야 하며, 새 태도는 국제적 협력과 평화에 대한 사랑에 뿌리를 둔 것이어야 한다."

서구인은 이러한 원칙의 방향 전환을 보면서 의심을 품는다. 그러나 그것은 대인관계든 국제관계든 일본적 생활 방식의 필수적 한 부분이다. 일본인은 목표를 달성하지 못한 행동 노선을 따라 움직인 것이 '오류'임을 알고 있다. 그는 그 노선이 실패하면 그것을 잃어버린 대의라고 여겨 폐기한다. 일본인은 실패한 대의는 추구하지 않도록 훈련을 받아 왔다. 일본인은 말한다. "자신의 배꼽을 깨무는 것은 쓸데없는 일이다." 군국주의는 1930년대에 그들이 세계의 존경을 얻기 위해 취한 수단이었다. 군사력이 막강해야 그런 존경을 받을 수 있다고 보아 그들은 그런 정책이 요구하는 모든 희생을 받아들였다.

무조건 항복: 새로운 진로의 모색

1945년 8월 14일, 일본의 최고 지존인 천황이 일본이 패전했다는 사실을 국민들에게 알렸다. 그들은 항복이 의미하는 모든 것을 받아들였다. 그것은 미국 군대의 일본 주둔을 의미하는 것이었으므로 일본인들은 미군 주둔을 받아들였다. 그것은 왕조를 건설하려는 일본의 정책이 실패했다는 걸 의미했으므로, 일본인들은 전쟁을 영구히 포기하는 평화 헌법을 받아들였다. 대(對) 일본 전승일 열흘 뒤, 일본의 신문 『요미우리호치(讀賣報知)』는 '새로운 예술과 새로운 문화의 시대'라는 사설에서 이렇게 논평했다. "군사적 패배와 한 나라의 문화적 가치는 전혀 상관이 없다고 우리는 마음속에서 확신한다. 군사적 패배는 하나의 자극제가 되어야 한다… 일본인이 그들의 눈을 들어 진정한 마음으로 세상을 바라보고, 있는 그대로의 사물을 바라보려면 바로 국가적 패배가 필요했던 것이다. 일본인의 사고 방식을 왜곡시킨 모든 불합리한 사안들은 정직한 분석에 의해 제거되어 야 한다… 이 패배를 객관적 사실로서 정직하게 바라보려면 용기가 필요 하다. 그러나 우리는 장래의 일본 문화에 대하여 자신감을 가져야 한다." 그들은 한 가지 행동 노선에 나섰는데 실패했다. 오늘날 그들은 평화로운 생활 방식을 시도하려 한다. 그들의 신문 사설은 거듭해서 언급한다. "일 본은 세계의 국가들 사이에서 존경을 받아야 한다." 새로운 바탕 위에서 이런 존경을 얻는 것은 일본인의 의무가 되었다.

이러한 신문 사설들은 소수 지식인들의 목소리에 불과한 것이 아니었 다. 도쿄와 오지의 농촌 마을 사람들도 똑같은 방향 전환을 했다. 일본 주 둔 미군들은 과연 이 다정한 사람들이 죽창을 들고서라도 죽을 때까지 싸 우겠다고 한 바로 그 사람들이 맞느냐고 의아해했다. 일본인의 윤리는 미 국인이 거부하는 것들을 많이 포함하고 있다. 그러나 일본에 주둔한 미군 들은 낯선 윤리에도 호의적인 측면이 아주 많이 들어있다는 것을 체험하 게 되었다.

일본에 주둔하는 맥아더 점령 사령부는 새로운 방향으로 나아가려는 일본인의 능력을 받아들였다. 그 과정에서 맥아더 사령부는 일본인에게 굴욕감을 안겨주는 방식을 고집하지 않았다. 서구의 윤리라면 그런 방식 을 사용하는 것이 문화적으로 용납 가능했을 것이다. 잘못을 저지른 자에 게 죄책감을 확실하게 심어 주는 사회적 유효 수단으로서 굴욕과 징벌을 부과하는 것이 서양 윤리의 원칙이기 때문이다. 같은 연장선상에서 그런 죄책감을 인정하는 것이 죄인이 회개로 나아가는 첫걸음이라고 보는 것 이다.

그러나 우리가 이미 살펴본 바와 같이, 일본인은 그 문제를 다르게 본 다. 일본의 윤리는 어떤 행동의 파급 효과에 대하여 모두 책임을 지게 만든다. 오류의 자연스러운 결과는 일본인에게 그 행동이 바람직하지 않은 것이었음을 확실히 깨닫게 한다. 그런 자연스러운 결과는 전면전에서의 패배일 수도 있다. 그러나 일본인은 힘껏 맞서 싸우다가 지게 된 상황을 굴욕적이라고 여기며 분노하지 않는다. 일본인의 윤리에서 어떤 개인이나 어떤 국가가 남에게 굴욕을 안겨주는 것은 비방, 조롱, 경멸, 업신여김, 불명예의 상징을 떠안기기 등을 해대는 경우이다. 일본인은 굴욕을 당했다고 생각하면 그에 대해 보복하는 것을 미덕으로 여긴다. 이런 원리를 서구의 윤리는 이런 보복의 원칙을 강력하게 비난한다. 하지만 미군의 일본 점령이 효과를 거두려면 이 점(모욕을 주는 것)에 대해서는 자제를 해야 한다. 왜냐하면 일본인은 모욕과 '자연스러운 결과'를 구분해서 생각하기 때문이다. 그들은 모욕은 철저하게 거부하지만, 무장해제, 스파르타식 배상금 부과 등 자연스러운 결과는 받아들이는 것이다.

승전국 경험이 있는 일본

일본은 강대국을 상대로 승리해 본 경험이 있다. 승전국 입장이었을 때에도 일본은 교전국이 마침내 항복하고 그 국가가 일본을 조롱하지 않았다고 생각되면 패전국에게 굴욕을 안겨주지 않으려고 세심하게 배려했다. 1905년 러시아 군대가 뤼순항(旅順港)에서 항복한 장면을 찍은 유명한 사진이 있는데, 모든 일본인이 이 사진을 알고 있다. 이 항복을 설명하는 잘 알려진 일본 측 이야기는 이러하다. 러시아 군대 사령관인 스토예셀 장군이 일본 측의 항복 요구를 받아들일 의사가 있다고 알렸을 때, 통역사 겸 대위인 일본인 장교가 식량을 가지고 러시아 군 사령부를 방문했다. "스토예셀 장군의 말을 빼고, 모든 말을 잡아서 먹었기 때문에 그 일본인 장교가 가지고 간 50마리의 닭과 100개의 신선한 달걀은 열렬한 환영을 받았다." 스토예셀 장군과 **노기 마레스케** 장군의 만남은 그 다음날로 계획되었다. "두 장군은 악수를 했다. 스토예셀은 일본인의 용기에 대하여 존경의 마음을 표시했다… 노기 장군은 러시아 군대가 장기간에 걸쳐 용감하게 뤼순항을 방어한 것을 칭찬했다. 스토예셀은 노기가 그 전쟁에서 두 명의 아들을 잃은 것에 대하여 깊은 애도를 표시했다… 스토예셀은 그의 멋진 하얀색 아랍종 말을 노기 장군에게 선물로 주려 했으나, 노기는 장군으로부터 그 선물을 직접 받고 싶은 마음 간절하나 그래도 천황에게 먼저 바쳐야 한다고 말했다. 그렇지만 자신의 예상대로 그 말이 자신에게 하사된다면, 마치 그 말이 늘 자신의 말이었던 것처럼 돌보겠노라고 약속했다."[3]

모든 일본인은 노기 장군이 자신의 집 마당에 스토예셀 장군의 말을 수용하기 위해 지은 마구간을 알고 있다. 이 마구간은 노기의 집보다 더 훌륭하다고 하며 노기 장군이 자결한 후에는 노기 신사의 일부가 되었다.

일본인은 러시아의 항복일과 필리핀 점령 사이의 몇 년 동안에 사람이 변했다고 말들 한다. 일본은 필리핀 점령 이후 악랄한 파괴와 만행으로 전 세계에 널리 악명을 떨쳤다. 그러나 일본인처럼 아주 상황적인 윤리를 가진 사람들에게, 이것은 필연적인 결론은 아니다.(상황에 따라 그렇게 악명 높은 사람이 아닐 수도 있다는 뜻.-옮긴이) 여기에는 두 가지 고려 사항이 있다.

첫째, 적은 바탄 이후에 항복하지 않았다. 국지적인 항복만 있었다. 일본인 자신도 필리핀에서 항복했지만, 일본은 여전히 싸우고 있었다.

둘째, 일본은 20세기 초에 러시아가 그들을 '모욕'했다고 생각한 적이

---

3 Upton Close, *op. cit.*, p. 294에 나온 일본 측 얘기를 인용한 것. 러시아의 항복에 대한 이 설명이 문화적 의미를 갖기 위해 반드시 100퍼센트 진실이어야 할 필요는 없다.

없었다. 반면에 1920년대와 30년대에 일본인들은 미국의 정책이 '일본을 우습게 본다', 혹은 그들의 말대로 "일본을 똥으로 만들었다"며 분개했다. 이것은 일본 배척법(미국의 일본인 이민제한법), **포츠머스 조약**과 해군군축조약 등에서 미국이 했던 역할 등에 대한 일본의 반응이었다. 일본인은 극동에서 점점 커져가는 미국의 경제적 역할과, 전 세계의 비(非)백인 민족에 대한 인종차별적 태도 등에 대해서도 분개했다. 그리하여 러시아에 대해서 승리했을 때, 그리고 필리핀에서 미국에 승리했을 때, 일본이 보여 준 태도는 정반대의 양상을 보인다. 러시아는 일본을 모욕하지 않았지만 미국은 모욕했다고 생각한 것이다.

일본의 자존심을 존중한 맥아더 사령부

미국이 전쟁에서 최종 승리함으로써 일본의 상황은 다시 한 번 바뀌었다. 일본의 궁극적 패배는, 일본의 생활이 늘 그러하듯이 그들이 추구해 오던 노선의 포기를 가져왔다. 일본인은 독특한 윤리 덕분에 석판을 깨끗하게 닦아낼 수 있었다. 미국의 정책과 맥아더 사령부의 행정은 그 깨끗이 닦아놓은 석판에다 새롭게 굴욕의 상징을 적어 넣지 않았다. 단지 일본인이 보기에 패배의 '자연스러운 결과'라고 생각되는 것들만 요청했다. 이 방식은 성공했다.

천황제의 유지를 허용한 것은 아주 중요한 결정이었다. 그것은 적절히 잘 다루어졌다. 일본 천황이 먼저 맥아더 장군을 방문했지, 그 반대는 아니었다. 이것은 일본인들에게 객관적 교훈이 되었는데, 그 교훈의 중요성을 서구인들은 이해하기가 어렵다. 천황에게 그의 신성(神性)을 부정하라는 요청이 들어갔을 때 천황은 당황하면서 이렇게 항의했다고 한다. 나자신이 그런 신성을 가지고 있지 않은데, 어떻게 없는 것을 있다고 하면서 부정하라고 하는가? 일본인은 "천황을 서구적 개념의 신으로 보지 않는다."고 천황은 말했는데 그것은 진실이었다. 그러나 맥아더 사령부는 이렇게 설득했다. 실체야 어떻든 서구인들은 그런 신성의 주장이 일본의 국제적 명성에 악영향을 미친다고 생각한다. 그러자 천황은 그런 신성의 부정이 자신에게 가져올 당황스러움을 받아들이겠다고 했다. 그는 새해(1946) 첫날에 신성을 부정하는 내용의 성명을 발표했고, 그 성명에 대한 전 세계 언론의 반응을 번역해서 보여 달라고 요청했다. 그는 그 자료를 읽고서 맥아더 사령부에 만족스럽다는 메시지를 보냈다. 외국인들은 분명 맥아더 사령부가 말한 것처럼 생각하고 있었던 것이다. 천황은 그런 성명을 발표하기를 잘했다고 여겼다.

미국의 정책은 일본에게 어느 정도 만족을 허용했다. 국방부-육군부-해군부의 공동성명은 이렇게 적시했다. "노동, 공업, 농업 분야에서, 민주적 기초 위에 조직되는 모든 조직체의 발달에 호의와 고무적인 장려가 주어질 것이다." 일본의 많은 산업 분야에서 노동조합이 조직되었고, 1920년대와 30년대에 적극적으로 활동했던 옛 농민노조들도 다시 조직되었다. 많은 일본인들이 볼 때, 그들의 생활 조건을 향상시키기 위해서 취한 이런 주도적 조치는, 전쟁의 결과로 일본이 뭔가 얻었다는 증거가 되었다. 한 미국인 특파원은 도쿄에서 파업을 벌이는 노동자가 미군 병사를 올려다보더니 활짝 미소 지으며, "일본이 이기지 않았습니까?"라고 말했다고 전했다.

오늘날 일본의 파업은 봉건 시대의 농민 반란과 유사한 점이 많다. 과거의 농민들은 그들이 내야 하는 세금과 부역이 최적의 생산을 방해한다고 생각할 때만 반란을 일으켰다. 그 반란은 서구식 개념의 계급 전쟁이 아니었고 기존의 사회제도 자체를 바꾸려는 시도가 아니었다. 오늘날 일본 전역에서 파업은 생산을 늦추지 않는다. 노동자들이 내거는 구호는 이런 것이다. "공장을 차지하고 계속 일을 해서 생산을 증대시킴으로써 경영자들이 체면을 잃게 하는 것이다. 미쓰이 회사가 소유한 탄광에서 벌어진 파업들은 모든 관리자들을 탄광에 들어오지 못하게 하고, 일일 생산량을 250톤에서 620톤으로 올렸다. 아시오(足尾) 구리 광산의 노동자들도 '파업' 동안에 생산량을 늘려서 그들의 임금을 두 배로 올렸다."[4]

점령 당국으로부터 받아들인 정책이 아무리 합리적인 것이라 할지라도, 패전국의 행정은 어려울 수밖에 없다. 일본의 경우, 식량, 주거, 재건의 문제가 당연히 심각하다. 이런 문제들은 일본 행정 관리들을 활용하지 않는 행정부가 담당한다 하더라도 심각하기는 마찬가지일 것이다. 일본 군대를 해체시키는 문제는 종전 전에 미국의 행정 관리들이 크게 우려한 문제였다. 이 문제는 일본인 관리를 행정부에 그대로 유지하지 않았더라면 훨씬 어려운 문제였을 것이다. 그렇지만 이 또한 쉽게 해결되는 문제는 아니다.

일본인들은 이런 어려움을 잘 알았다. 그래서 일본 신문들은 지난 가을에 고난을 겪고서는 전쟁에서 진 일본 군인들에게 패배의 잔이 얼마나 쓴지 잘 안다고 말했다. 하지만 이것 때문에 그들의 '판단'을 그르쳐서는 안 된다고 간절히 호소했다. 하지만 실업과 패배가 겹치자 일부 군인들은 국가주의적 목표를 지향하는 비밀 조직에 가담하기도 했다. 그들은 현재의 지위가 못마땅하여 분노하는 것이다. 일본인은 이제 더 이상 그들에게 예전의 특혜적 지위를 부여해 주지 못한다. 과거에 상이군인은 하얀 옷을 입었고, 거리에서 시민들은 상이군인을 보면 목례를 했다. 심지어 평화 시에도 군 징집병에게는 환송 파티를 열어 주었고, 제대해 오면 농촌 마을에서는 환영 파티를 열어 주었다. 이런 파티에서 술과 음료가 나오고

---

4 *Time*, February 18, 1946.

춤과 시대 복장의 연극 등이 개최되었으며, 징집병이나 제대병은 상석에 앉아서 대접을 받았다.

이제 전쟁에서 돌아온 병사들은 이런 대접을 받지 못한다. 그의 가족은 그를 위한 자리를 마련하지만 그게 전부이다. 많은 도시와 읍에서 귀향 군인은 냉대를 받는다. 일본인들은 이런 태도 변화를 아주 씁쓸하게 받아들인다. 그러니 과거의 전우들과 힘을 합쳐 일본의 영광이 군인들 손에 맡겨졌던 옛날을 되찾으려는 심리는 이해할 만하다. 그의 전우는 "이미 자바, 산시(山西), 만주 등에서 연합군과 싸우고 있는 일본 병사는 얼마나 행복한가" 하고 말할 것이다. 왜 절망하는가? 우리도 "그들처럼 힘을 합쳐 싸우면 되지 않겠는가" 하고 말할 것이다. 국수주의적 비밀결사는 일본에서 아주, 아주 오래된 제도이다. 그들은 일본의 '이름을 깨끗이 한다.' 그러니 '세상이 기울어져 있어서' 복수를 하지 않은 채 그대로 놔두어서는 안 된다고 훈련받은 사람들은 이런 비밀결사에 기웃거릴지 모른다.

이러한 비밀 단체, 가령 흑룡회(고쿠류카이黑龍會)나 현양사(겐요샤玄羊社)가 옹호한 폭력은 일본 윤리상 이름에 대한 기리를 지키기 위한 폭력이었다. 따라서 이런 폭력을 제거하려면 일본 정부는 앞으로 오랜 시간 동안 이름에 대한 기리 대신에 국가에 대한 기무(義務)를 강조하는 노력을 기울여야 할 것이다.

박차를 가하는 일본 재건 정책

그렇게 하자면 '판단'에 호소하는 것 이상의 조치가 필요할 것이다. 일본 경제를 재건하여 현재 20대 내지 30대인 사람들에게 생계를 마련해 주고 '적절한 자리'를 제공해 주어야 한다. 농민의 상태도 개선해야 한다. 일본은 경제적 어려움이 있을 때마다 농촌 마을들에 손을 벌렸다. 그래서 많은 곳에서 소농들은 빚을 지고 있고 소작료 문제로 고생하고 있다. 이런 농민들에게 많은 입을 먹여 살리라고 요구할 수가 없다. 산업도 크게 부흥되어야 한다. 일본 집안에서는 가문의 재산을 맏아들에게만 물려주고 나머지 형제들에게 나눠 주는 것을 극도로 꺼리기 때문에 그 밑의 아들들은 도시에 나가 돈을 벌어야 하는데, 이들을 고용하려면 산업이 발달해야 하는 것이다.

일본인은 그들 앞에 멀고 험한 길을 내다보고 있다. 하지만 재무장이 국가 예산에 편성되지 않는다면 그들은 국민의 생활수준을 높일 기회가 있다. 일본은 진주만 공격 이전에는 국가 수입의 절반을 군대와 군비 확장에 사용했다. 만약 일본 정부가 이 국방 예산을 모두 불법화시키고 점진적으로 농민들로부터의 강제 징발을 줄여 나간다면 건전한 경제의 밑바탕을 쌓아올릴 수 있을 것이다. 우리가 이미 살펴본 바와 같이, 농산물을 분배하는 방식은 60퍼센트를 농민이 가져가고 나머지 40퍼센트는 세금과 지대였다. 이것은 미얀마나 태국 같은 쌀 생산국과는 크게 대조를 이루는 사항이다. 이런 나라들에서는 전통적으로 생산물의 90퍼센트를 농민이 가져갔던 것이다. 일본 농민들에 대하여 이런 엄청난 징발을 했기 때문에 일본의 대규모 전쟁 기구를 재정적으로 지원할 수 있었던 것이다.

앞으로 10년 동안 군비를 갖추지 않는 유럽이나 아시아 국가는 군비를 갖추는 국가에 비해 우위를 점하게 될 것이다. 왜냐하면 그 국가의 부를 건전하고 번성하는 경제를 구축하는 데 사용할 수 있기 때문이다. 미국은 유럽과 아시아 국가의 이런 상황을 거의 감안하지 않는다. 왜냐하면 우리는 엄청난 비용을 요하는 국방 계획에도 불구하고 가난해질 염려가 별로 없기 때문이다. 우리나라는 파괴되지 않았다. 우리는 일차적으로 농업국가가 아니다. 우리의 중요한 문제는 산업의 과잉생산이다. 우리는 대량생산과 기계 설비를 완성해놓고 있기 때문에 무장, 사치품 생산, 복지, 연구서비스 등의 계획을 실시하지 않으면 사람들에게 고용을 제공하지 못한다. 자본의 적절한 투자에 대한 욕구도 아주 강한 편이다. 하지만 미국 이외의 지역에서 사정은 판이하다. 서유럽만 해도 미국과는 다르다. 전쟁보상에 대한 요구에도 불구하고, 재무장을 하지 않는다면 독일은 앞으로 10년 내에 건전하고 번성하는 경제의 기초를 쌓을 수 있을 것이다. 하지만 프랑스는 군사대국 정책을 계속 추진한다면 그런 경제를 구축하지 못할 것이다. 일본은 중국에 대해 이와 유사한 이점을 누릴 수 있다. 중국의 현재 목표는 군사대국화이고 그런 야망을 미국이 부추기고 있다. 일본은 국가 예산에 재무장을 편입시키지 않는다면 머지않아 번영의 틀을 마련할 수 있다. 그리하여 동양의 무역에서 필수불가결한 존재가 될 것이다. 평화의 혜택 위에 경제의 바탕을 올려놓고 일본 국민들의 생활수준을 높일 수 있을 것이다. 이런 평화로운 일본은 국제적으로 명예로운 지위를 차지할 수 있을 것이다. 그리고 미국이 이런 평화 계획을 지지하여 영향력을 행사한다면 큰 도움을 줄 수 있을 것이다.

미국이 할 수 없는 것 — 그리고 다른 외부 국가들이 할 수 없는 것 — 은 강제적 명령으로 자유롭고 민주적인 일본을 만들려고 하는 것이다. 이런 명령은 피 점령 국가에서 성공한 적이 없었다. 그 국가의 습관과 전제 조건, 생활 매너를 갖고 있지 않은 외국인이 그 국가에 명령을 내릴 수는 없다. 일본인들을 강제하여 선출된 사람들의 권위에 승복하게 하거나, 그들의 위계질서 내에 이미 확립되어 있는 '적절한 위치'를 무시하도록 강제하는 것은 성공할 수 없다. 미국에서 익숙한 개인 간의 자유로운 접촉, 독립적 개인이 되라는 명령, 당사자가 자유롭게 자신의 배우자를 선택하는 열정, 살 집과 의무 등을 법으로 강제할 수는 없다. 그러나 일본인 자신은 이런 방향으로 변화해야 한다는 것을 분명하게 알고 있다. 일본 공직자들은 패전 이후 일본의 남녀들에게 자신의 의지에 따라 살고 자신의 양심을 믿어야 한다고 말하고 있다. 일본인들은 드러내놓고 말하지는 않지만, 일본의 '하지(수치심)' 문화에 의문을 제기하고 있고 또 국민 사이에서 자유가 새롭게 커져 나가야 한다고 희망하고 있다. '세상'의 비판과 조롱으로부터 자유롭게 되기를 바라고 있다.

아무리 자의적으로 수용한다고 하더라도 일본의 사회적 압력은 개인에게 너무 많은 것을 요구한다. 사회적 압력 때문에 일본인은 자신의 감정을 감추어야 하고, 자신의 욕망을 포기해야 하고, 가족, 집단, 국가의 대표자답게 행동해야 한다. 일본인들은 이러한 의무가 요구하는 모든 극기 훈련을 받을 각오가 되어 있음을 보여 주었다. 하지만 그들에게 지워지는 부담은 엄청나게 무겁다. 그들은 너무나 자신을 억압하여 자신에게 피해를 주고 있다. 자신의 정신에 피해를 덜 주는 생활에 뛰어드는 것을 두려워하기 때문에, 일본인들은 군국주의자들에 의해 희생이 엄청나게 큰 노선으로 내몰린 것이다. 이런 높은 대가를 지불했기 때문에 그들은 더욱 독선적이 되었고, 그보다 관대한 윤리를 가진 민족을 얕보게 되었다.

일본인은 침략 전쟁이 '실수'이고 명분 없는 대의임을 깨달음으로써 사회 개혁을 향한 커다란 첫발을 떼었다. 그들은 평화로운 국가들 사이에 끼어들기를 희망한다. 그러기 위해서는 세계 평화가 실현되어야 한다. 만약 러시아와 미국이 다가오는 세월을 공격용 무장에 열중한다면, 일본은 그들의 군사 지식을 이용하여 전쟁에 참가할 것이다. 하지만 이럴 가능성을 인정한다고 하여 평화를 염원하는 일본의 근본적 성품까지도 의심하는 것은 아니다. 일본의 동기는 상황에 따라 달라진다. 일본은 평화로운 세계 속에서 자신의 위치를 추구할 것이다. 만약 그렇지 못하다면, 양대(미국과 러시아) 무장 진영으로 조직된 세계에서 그들의 위치를 추구할 것이다.

현재 일본인은 군국주의가 실패한 대의라는 것을 알고 있다. 그들은 그런 이념이 다른 나라들에서도 실패하는지 주시할 것이다. 만약 실패하지 않는다면 일본은 전쟁의 열기를 재점화하여 그들이 얼마나 전쟁을 잘할 수 있는가를 증명하려 들 수도 있다. 만약 다른 나라에서도 군국주의가 실패한다면, 일본은 군국주의적 노력이 결코 명예로운 길이 아니라는 교훈을 뼈저리게 되새길 것이다.

가쓰 가이슈 勝海舟 1823~99 에도에서 사무라이 계급인 하타모토 가문에서 태어났다. 그는 사쿠마 쇼잔 밑에서 네덜란드 학문인 '난학(蘭學)'과 군사 기술(포병과 항해)을 공부했다. 1850년 그 자신의 학교를 설립했고 여러 지방 영주들에게 소총과 대포를 공급했다. 도쿠가와 막부에 의해 나가사키로 파견되어 현대식 해군을 창설했고 일본 사절단을 '간린 마루'라는 배에 태워 샌프란시스코까지 같이 갔고 거기서 1860년 미국과 친선수호조약을 맺었다. 그는 귀국하여 쇼군 정부에서 여러 요직을 맡았고 고베 학파의 수석 해군 엔지니어를 맡았다(1863). 그는 내전을 피하기 위하여 쇼군 요시노부 도쿠가와에게 은퇴를 권유했고 나중에 그를 따라 수루가에 은퇴했다. 1869년 외교문제의 자문관으로 임명되었고 1875년에는 원로원의 회원이 되었으며 1888년에는 천황의 추밀원 위원이 되었다. 그는 저작이 많아서 23권의 『가이슈 전집』을 남겼다. 신체적으로 장애가 있었지만 당대의 최고 검도인 중 한 사람이었다.

겐지 이야기 源氏物語 총55장으로 되어 있는 11세기 중세 일본의 소설. 저자는 무라사키 시키부(紫式部). 소설 제목은 따로 있는 것이 아니고, 작품 속 여자 주인공 이름을 따와서 편의상 이렇게 부른다. 무라사키는 황후 조토몬인의 수행 시녀였고 1007년에서 1010년까지 황궁에 있는 동안 일기를 썼다. 그녀는 물론 귀족 가문 출신이었고, 여성들에게 상당한 자유를 부여하던 당시의 기준으로 보아서도 놀라울 정도로 훌륭한 교육을 아버지로부터 받은 듯하다. 『겐지 이야기』는 헤이안 시대의 귀족 생활을 묘사하고 있다. 헤이안 시대의 여성들이 이상적 남성이라고 생각하는 겐지 왕자가 주인공이다. 소설의 상당 부분은 그가 벌인 다수의 연애 사건을 다루고 있다. 그 시대의 연애는 은밀하게 진행되는 게 보통이었으나, 겐지가 애인으로서 남다른 점이 있다면 여자들에게 아주 자상하고 사려 깊다는 것이다. 그는 여자들에게 모질게 구는 법이 없고 예전의 애인들에게도 변함없이 친절하고 예의 바르게 대한다. 그는 어린 무라사키의 후견인이 되어 그녀를 집에 데려와 키우면서 그 자신처럼 우아한 궁중 신하가 되는 교육을 시켰다. 그리고 무라사키가 성년이 되자 그녀와 결혼했다. 그런데 유독 이 무라사키한테만 그는 모질게 대했다. 그가 사회적으로 지위 높은 공주와 결혼을 하면서 무라사키를 정실에서 측실로 내리자, 그녀는 상심하여 죽음에 이른다.

『겐지 이야기』의 전반적인 분위기는 아름다움과 세련미로 충만하지만 동시에 슬픔과 곧 다가올 상실의 느낌이 그림자처럼 드리워져 있다. 아름다움은 그것이 곧 사라진다는 걸 알기 때문에 더욱 아름답다는 느낌이 전편을 지배한다. 이 소설이 묘사하는 사회와 소설 속의 감수성은, 세상만사가 헛된 것이요 오로지 욕망에 의해 간신히 지탱된다는 불교적 확신을 반영한다. 이 소설은 아주 멀리 떨어진 진귀한 시대를 흘끗 엿보게 한다. 일본에서도 오랫동안 잊혔다가 19세기 후반에 와서 재발견되었다. 중세 일본어로 되어 있어 현대 일본인들도 읽기 어려운 작품이며 현대 일본어로 번역된 것으로는 다니자키 준이치로의 것이 많이 읽힌다. 영어 번역본은 아서 웨일리(Arthur Waley)와 에드워드 사이덴스티커(Edward Seidensticker)의 것이 유명하다.

공안(公案) → 화두

깨달음 불가의 용어로서 '공(空)'의 개념을 깨달은 상태를 뜻한다. 혹은 자아(自我)라는 일물(一物)이 실은 '공'임을 깨우친 상태를 말한다. 『금강경(金剛經)』은 대승 경전의 하나로서 '공'의 개념을 자세히 설명하지만 '공'이라는 단어가 직접적으로 나오지는 않는다. 여기서 '공'은 『반야심경』의 '색즉시공(色卽是空: 사물은 모두 공하다)'이라고 할 때의 그 '공'을 가리킨다. 『금강경』에서 공을 설명하는 부분은 수보리와 세존(부처)이 서로 문답하는 형식으로 되어 있는데 세존이 수보리에게 하신 두 말씀이 이 경의 핵심이다.

"수보리야, 무릇 있는 바의 형상이 다 허망한 것이니, 만약 모든 형상이 형상이 아님을 보면 곧 여래(깨달음)를 보리라(얻으리라)."

"수보리야, 보살은 마땅히 일체의 형상(相)을 떠나, 아뇩다라삼먁삼보리(지극한 깨달음)의 마음을 발할지어다. 색(色)에 머물러 마음을 내지 말며, 성(聲), 향(香), 미(味), 촉(觸), 법(法)에 머물지 말지어다. 그 어떤 것에도 머무는 바 없는 마음을 낼지어다(그 어떤 것에도 집착하지 않는 비어 있는 마음을 가져야 한다)." '공'의 개념에 대해서는 세존이 이렇게 말씀하신 것도 있다. "수보리야, 내가 여기 손에 거울을 들고 저 해를 비추노라. 그러면 수보리야, 햇빛이 어디에 있느냐? 저 해에 있느냐, 이 거울 속에 있느냐, 아니면 네 눈 속에 있느냐? 햇빛은 그 어느 곳에도 있지 아니하니라." '공'은 무(無)가 아니라 언제든 다른 어떤 것으로 변할 수 있는 사물의 유동적 상태를 말한다. '공'을 이해하는 데는 망유(妄有), 가유(假有), 진유(眞有)의 3유를 파악하는 것이 중요하다. 자, 여기 숲속에 기다란 새끼줄 하나가 버려져 있다. 그것을 뱀이라고 본다면 망유요, 새끼줄이라고 본다면 가유요, 그 본질이 짚이라고 본다면 진유가 된다. 이처럼 사물의 상태는 보기에 따라서 달라지기 때문에 공(空)이라는 것이다.

『화엄경』은 그 깨달음의 관점에서 바라본 세계를 설명한다. 『화엄경』에서는 우주의 본체를 화엄 법계라고 하면서 그 세계를 다음 4가지로 나눈다.

1은 사법계(事法界)로서 곧 이 세상의 현상계 혹은 경험계를 말한다. 우리가 감각으로 볼 수 있고 생각으로 기억해낼 수 있는 모든 물질적 현상을 가리킨다.

2는 이법계(理法界)로서 현상의 깊숙한 곳에 있는 이치 혹은 원칙을 이(理)라고 보는 세계이며 감각의 도움을 받아 이 법계를 서서히 이해하게 되지만 감각 그 자체를 초월한 것이다.

3은 사리무애법계(事理無礙法界)로서 사(事)인 현상과 이(理)인 원칙은 서로 독립되어 무관한 것이 아니라 서로 융통무애하여 세상 만물 속에는 우주의 이치가 다 깃들어 있다는 뜻이다. 가령 복사꽃이 피어난 광경에서 생과 사의 이치를 보는 것이 그런 경우이다.

4는 사사무애법계(事事無礙法界)인데 현상과 현상이 서로 독립되어 무관한 것이 아니라 서로 융통무애해서 상즉상입(相卽相入)하는 것이다. 불가에서는 사사무애법계의 10가지 특징을 가리켜 십현문(十玄門)이라고 하는데 대표적인 것을 들면 동시구족(同時具足: 우주의 모든 사물은 시공간적으로 연기(緣起) 관계에 있다), 일다상용(一多相容: 만물은 일과 다로 나뉘고 그 사이에 서로 용납된다), 제법상즉(諸法相卽: 여러 법은 서로 통한다. 가령 1전이 없으면 10전도 없고, 10전이 없으면 1전도 없듯이, 하나가 없을 때에는 일체도 없고, 일체가 없으면 하나도 없다), 십세격법(十世隔法), 탁사현법(托事顯法) 등이다.

이중 십세격법을 설명하면 이러하다. 10세는 과거, 현재, 미래의 3세에다 각각에 다시 3세가 있으므로(즉 과거 속의 과거, 현재, 미래 등) 제곱이 되어 9세가 된다. 여기에 이를 총괄하는 1세(1념: 개인의 한평생 생각)가 있어서 도합 10세이다. 9세는 시간적으로 차별 전후가 있지만, 모두 1념에서 벗어나지 못하므로, 이 1념 중에 나타나서 10세의 장단이 자유롭게 원융하여 상즉상입한다는 것이다. 탁사현법은 사물을 서로 차별하는 현상계(이 세상)에 의지하여 진리를 나타내어서 사람으로 하여금 그 진리를 깨닫게 하는 것이다. 그러니까 현상계의 사물 그대로가 진리 혹은 진리의 상징이라는 얘기이다. 사사무애법계를 가장 잘 느끼게 해주는 명제가 "삶과 죽음은 같은 것이다"라는 말이다.

이상이 불가에서 말하는 깨달음의 요체인데 깨달음을 이해하는 것과, 깨달음을 얻은 것은 전혀 다른 문제이이다. 깨달음을 얻은 사람은 생활 속에서 그것을 실천하는 사람이다. 대부분의 사람은 보통 사람으로서 "삶은 삶, 죽음은 죽음"이라고 생각할 뿐이다. 그러나 깨달은 사람은 "삶과 죽음은 같은 것이다"라고 생각할 뿐만 아니라 실제로 그렇게 행동한다. 다시 말해, 죽음을 전혀 두려워하지 않으면서도 삶을 사랑한다.

나마무기 사건 1862년 9월 14일 요코하마 근처 나마무기(生麥) 마을에서 영국 여행객들과 사쓰마 다이묘인 시마즈 히사미쓰를 호위하던 사무라이 사이에 벌어진 불상사. 외국인들은 다이묘가 지나가는데도 경례를 하지 않았고, 그래서 격분한 몇몇 사무라이가 그들을 공격하여 영국 상인 찰스 리처드슨을 죽이고 그의 친구 두 명에게 부상을 입혔다. 영국 정부는 에도의 쇼군 정부를 상대로 이 사건에 대하여 공식 사과하고, 10만 파운드의 배상금, 그리고 관련 사무라이의 처벌을 요구했다. 쇼군 정부는 이에 동의했으나 사쓰마는 그 번에 요구된 배상금 2만 5,000파운드의 지불을 거부했다. 이에 대한 보복으로 영국 정부는 7척의 영국 전함을 가고시마 만에 진수시켜 사쓰마에게 협상을 강요했다. 양측 사이에 협상이 벌어졌으나 결렬되었고 영국 함대는 1863년 8월 15일 가고시마 시 일부를 포격했다. 그러나 태풍이 불어와 영국 함대는 서로 흩어져서 다소 피해를 입었다. 사쓰마는 결국 배상금을 지불하고 관련 사무라이를 처벌하는 데 동의했다. 루스는 나마무가로 표기했으나 나마무기가 정확한 표기.

나쓰메 소세키 夏目漱石 1867~1916. 도쿄 출생. 처음에 중국 문학을 전공하다가 영문학으로 바꿈. 여러 학교에서 교사로 근무하다가 1900년에서 1903년까지 영국으로 건너가 영문학을 공부했다. 귀국해서는 도쿄 대학(1903~05)에서 가르치다가 교수직을 버리고 1907년에 『아사히신문』의 편집자가 되었다. 그의 소설은 서양과 일본이 서로 만났을 때 느끼는 충격을 날카로우면서도 유머러스하게 다룬 것이 많다. 1905년에 발표한 『나는 고양이다』는 고양이의 눈으로, 즉 작가의 눈으로 바라본 일본 사회를 풍자한 작품이다. 1914년에 발표한 소설 『고코로(마음)』에는 메이지 천황이 사망하자 그 슬픔을 못 이겨 같이 따라 죽은 노기 대장의 자결을 다룬 부분이 나온다. 루스 베네딕트가 『국화와 칼』에서 인용한 『봇짱(도련님)』은 그가 1906년에 발표한 작품이다. 그는 메이지 시대의 대표적 작가로 평가되고 있으며 뛰어난 하이쿠 시인이기도 했다. 루스 베네딕트는 『국화와 칼』의 앞부분 "감사의 말"에서 일본인 2세 로버트 하시마에게 고마운 뜻을 표시했는데, 이 하시마에게 『봇짱』을 읽고서 일본인의 온 개념을 명확히 알게 되었다고 말한 바 있다.

남악 南嶽 677~744. 중국 당나라 선종의 6대조인 혜능의 법제자이다. 중국 산시성(陜西省) 홍안부 금주 안강 사람으로 속성은 두 씨였다. 당나라 고종 2년(677) 4월 8일 불탄일에 출생했고 15세 때 형주 옥천사의 홍경율사에 의해 출가했다. 그 후 도반이었던 탄연과 함께 숭산의 소림사를 찾아가서 적안선사를 만났다. 적안은 5조 홍인의 문하로 혜능과 동문이다. 탄연은 계속 소림사에 머물렀으나 남악은 그곳을 떠나 조계산 혜능을 찾아갔다. 혜능이 남악에게 "어디서 왔느냐?"고 묻자 "숭산에서 왔습니다."라고 공손하게 대답하니 혜능이 "어떤 물건이 어디서 왔는가?" 하고 다시 물었다. 그 후 8년을 수도하여 남악이 이제 깨우친 것이 있다고 하자 혜능이 "그게 무엇인가?" 하고 묻자 "설사 일물(一物)이라고 해도 맞지 않는다."라고 대답했다. 이 일물은 혜능의 유명한 게에서 나온 것이다. 남악은 원래 산속에서 수도에만 정진하는 선사였는데 마조(馬祖)라는 뛰어난 수제자와 그 문하의 제자들 덕분에 중국 선종에서 널리 추앙받게 되었다.

남악이 6조 혜능을 만났을 때의 일은 『전등록』제5권에 이렇게 나와 있다.

혜능은 남악에게 어디서 왔느냐고 물었다. 숭산에서 왔다고 하자 혜능이 다시 "어떤 물건이 어디서 왔는가?"라고 물었다. 이에 남악은 아무런 대답을 하지 못했다. 그 후 남악은 8년 동안 그 질문을 깊이 생각한 끝에 혜능에게 이렇게 여쭈었다. "저도 알게 된 것이 있습니다." 혜능이 무엇을 알았느냐고 질문하자 남악이 다음과 같이 대답했다. "설사 한 물건(一物)이라 해도 맞지 않습니다." 이에 혜능은 남악이 크게 깨달은 것을 알고서 그에게 의발을 전수했고 남악이 혜능의 뒤를 이어 7조가 되었다.

노기 마레스케 乃木希典 1849~1912. 야마구치 현에서 조슈의 사무라이 집안에서 태어났다. 1877년 사이고 다카모리의 반란 때 노기가 지휘하던 연대는 연대기를 적에게 빼앗겼는데 아주 치욕스러운 모욕이었다. 이런 역경에도 불구하고 노기는 메이지 천황의 후원 아래 승승장구하여 1885년에 장군이 되었다. 1894~05년의 청일전쟁 때 노기는 랴오둥반도와 뤼순 시를 점령하여 남작의 칭호를 받았다. 1896년부터 1898년까지 대만의 총독을 지냈다. 1904~05년의 러일전쟁 때 뤼순항을 공격하는 일본군 제3군의 지휘를 맡아 5만 6,000명의 일본군 병사를 잃었다. 노기는 고다마 겐타로 장군의 증원군 덕분에 간신히 그 도시를 함락시킬 수 있었다. 노기의 두 아들은 무크덴 전투 때 전사했다. 1907년 백작 칭호를 받았고 학습원 원장에 임명되었다. 그와 그의 아내는 메이지 천황의 장례식 전날 천황을 따라간다면서 자결했다. 천황은 노기가 연대기를 빼앗겼을 때나 포트아더에서 엄청난 병력 손실을 보았는데도 한결같이 그를 믿고 후원해 주었던 것이다. 노기의 자결은 명예를 중시하고 목숨을 초개같이 여기는 일본인의 자긍심을 한껏 높인 행위였다. 많은 소설가들이 애국심과 충성심의 간절한 표현인 이 사건을 작품의 주제로 삼았는데 나쓰메 소세키의 『고코로』, 모리 오가이의 『아베 일족』 등에서 다루어졌다.

노블레스 오블리주 Noblesse Oblige 고귀한 신분으로 태어난 사람은 고결한 도덕적 원칙을 지키고 고상한 행동을 해야 한다는 뜻의 프랑스어. 동양에서는 등유의 고사가, 서양에서는 칼레의 시민이 노블레스 오블리주의 대표적 사례로 꼽힌다. 진(晉)나라의 우복야(右僕射) 벼슬을 지낸 등유(鄧攸)가 영가(永嘉) 말년(서기 312년)에 석륵(石勒)에게 패배하여 급히 도주하면서 사수(泗水)를 지나게 되었다. 등유는 소와 말 등에 처자식을 업히고 도망하다가 도적을 만나 소와 말을 약탈당했다. 할 수 없이 걸어서 도망치면서 자신의 어린아이와 동생의 아이를 업고 갔다. 그러나 도무지 걸음이 나아가지 않았다. 등유는 두 아이를 온전히 구제할 수 없다고 판단하여 깊이 생각한 끝에 자기 자식을 버리기로 결심한다. 그는 아내에게 이렇게 말한다. "내 아우가 일찍 죽고 자식은 이 아이밖에 없다. 도리 상 동생의 후사를 끊을 수 없다. 그러니 이 난국을 만나 우리 아이를 버리고 가야 한다. 다행히 우리가 생존하게 된다면 우리는 뒤에 또 자식을 두게 될 것이다." 아내가 울면서 동의하자 마침내 자신들의 자식을 버리고 동생의 아들만을 데리고서 도망쳤는데, 다행히 피난에 성공하여 목숨을 부지했다. 그러나 등유는 죽을 때까지 자신의 후사를 얻지 못했다.

영국의 에드워드 3세(1312~77)는 프랑스 왕위 계승권을 주장하여 백년전쟁의 원인을 만든 인물인데, 1347년 프랑스의 칼레 성을 포위 공격했으나, 장기간 함락시키지 못하자 성을 정복하면 성 안의 모든 시민을 다 죽여 버리겠다고 맹세했다. 그리하여 마침내 성이 함락되어 왕이 그 맹세를 시행하고자 할 때, 측근 신하들이 엄청난 부작용을 우려하며 간곡히 말려서 그 뜻을 접게 했다. 그러자 왕은 그렇다면 칼레의 시민 6명이 칼레의 주민들을 대신하여 죽으라고 요구했다. 왕은 칼레 성에서 인간 찌꺼기를 내놓을 것을 예상하여 그런 사람은 안 되고 귀족들만 6명이 나서야 한다고 요구했다. 그리하여 6명의 귀족 시민이 칼레 주민들을 구하기 위하여 목에 밧줄을 건 채 성 밖으로 나왔다. 이때 에드워드 3세의 왕비 필리파가 눈물로 호소하며 왕에게 저들을 살려줄 것을 탄원하자, 왕도 마음이 누그러져서 6명을 모두 살려주었다. 조각가 로댕은 이 귀족들의 노블레스 오블리주를 기념하여 〈칼레의 시민들〉이라는 조각상을 제작했다.

니체 Friedrich Nietzsche 1844~1900. 독일의 철학자. 『국화와 칼』 11장에서 인용된 "그 자신의 본질적 존재와 시민적 이름을 유지하는 것"은 니체의 『비극의 탄생』 섹션 8에 나오는 말이다. 디오니소스의 도취에 대비되는 아폴로의 합리성을 묘사한 것이다.(작품 해설 중 "『국화와 칼』의 이해에 도움을 주는 사상가" 참조) 니체는 영원회귀의 이론을 주장했는데, 『차라투스트라는 이렇게 말했다』에서 이렇게 설명한다. "최대의 것에서나 최소의 것에서나 지금과 동일한 바로 이 삶으로 나는 영원히 돌아오리라. 다시금 모든 사물에게 영원 회귀를 가르치기 위하여… 다시금 대지와 인간의 위대한 정오에 관해 말하기 위하여. 그리하여 다시금 인간에게 초인을 알리기 위하여." 니체는 기독교적 의미의 영원을 거부하고 새로운 개념의 영원(영원 회귀)을 제시했다. 대지와 세상을 인간 유일의 진정한 집으로 찬양하고 인간의 몸을 인간의 진정한 영혼이라고 부르는 것이다. 절반은 동물적이고 절반은 형이상학적인 인간의 의식은 대지라는 뚜렷한 대상을 가져야 하고, 그 대지 위에서 벌어지는 삶에 대하여 초인과 같은 사랑을 가져야 한다는 것이다. 인생을 아주 충실하게 살아내면 그것이 곧 영원의 삶이지, 불교처럼 삶을 헛것이라고 보아 해탈해야 된다거나, 기독교처럼 이승을 최종 목적지로 가기 위한 기착지라고 생각할 필요가 없다는 것이다.

니체는 또한 『선악을 넘어서』에서 기존의 기독교 도덕과 윤리를 철저하게 거부했다. 그것은 노예의 도덕이지 진정한 초인의 도덕은 되지 못한다는 것이다. 그것이 적극적인 투쟁을 가르치는 것이 아니라 인내, 자기희생, 온유함, 겸손함 등을 미덕으로 가르치는 까닭이다. 결국 기독교의 도덕에서 '좋은' 사람은 '우둔한' 사람과 동의어라는 것이다. 그러면서 니체는 이런 아포리즘을 날린다. "도덕적 현상이라는 것은 없으며, 현상에 대한 도덕적 해석만 있을 뿐이다." 이것은 인간의 가치와 도덕에 대한 해석은 상대적인 것이라는 뜻도 된다. 그는 관습적인 도덕은 노예와 허약함의 표시라고 단정했다. 진정으로 자유로운 사람은 독립적인 인간이 되어야 하며 그처럼 강인한 정신력을 가진 사람은 기존의 철학과 도덕의 허세에 웃음을 터트리면서 새로운 세계를 창조해야 한다. 기존의 선과 악이라는 제한적인 범위를 훌쩍 벗어나서 도전적이고 창의적인 체험의 세계로 나아가야 한다. 니체는 루스 베네딕트에게 한 줄기 신선한 사상의 빛이었다. 루스는 한쪽 귀가 먹은 상태로 말을 더듬고, 여동생 마저리보다 못하다는 열등감에다 결혼에도 실패하고 아이도 낳지 못하고 학교에서는 전임

자리를 얻지 못해 늘 인생의 가장자리를 겉도는 것 같은 자신의 삶에 대하여 회의를 느꼈다. 이처럼 자신의 정체성과 인생의 의미에 대하여 고민을 많이 했던 루스 베네딕트는, 기존의 도덕은 원래부터 있던 것이 아니라 만들어진 것이라는 니체의 가르침에서 커다란 영감을 얻었다.

니토베 이나조 新渡戸稲造 1862~1933. 개신교 목사 겸 교육자. 모리오카 출신. 어릴 때부터 영어를 공부하고 현대식 농업 기술을 연구했다. 개신교 목사 우치무라 간조의 친구였는데 그의 영향으로 기독교 신자로 개종했고 1884년 일본을 떠나 미국, 유럽, 중국, 동남아시아 등을 18년간 여행했다. 미국과 일본 대학에서 학위를 받은 그는 삿포로 대학과 여러 대학에서 가르쳤다. 그는 1887년 미국 서부 해안으로 건너가서 거기서 『부시도(武士道): 일본의 영혼』을 써서 인기를 얻었고 서구에 무사도 이론을 널리 알리는 데 기여했다. 1900년 일본으로 다시 돌아와 정부 관청인 식민지성에서 근무했다. 1918년 베르사유 강화회의에 참석했고 그 후 제네바에 국제연맹의 일본 파견 요원으로 남았다. 그는 캐나다에 외교 사절로 나가 있던 동안에 사망했다.

다모클레스의 칼 sword of Damocles 시칠리아의 도시국가 시라쿠사이의 독재자 왕 디오니시우스(기원전 405~367)의 아첨꾼이었던 다모클레스는 그 왕으로부터 그가 그토록 부러워하는 왕의 권세를 한번 맛보라는 초청을 받았다. 그 초청을 받아서 왕궁으로 간 다모클레스는 아주 호화로운 향연의 자리에 앉게 되었다. 그러나 그의 머리 위에는 머리카락으로 연결된 공중에 매달린 칼이 대롱거렸다. 다모클레스는 너무 겁을 먹어서 몸을 움직일 수가 없었고 그 향연이 그에게 엄청난 고문이었다. 여기에서 곧 다가올 재앙이나 위험을 의미하게 되었다.

다이묘 大名 일본 봉건시대의 지방 영주를 가리키는 말. 다이묘들은 그들의 영지를 확대하기 위하여 끊임없이 전쟁을 벌였다. 15세기에 일본 전역이 혼란에 빠져들자 다이묘들은 이웃 다이묘의 확장에 대비하기 위하여 그들의 영지 내에 성을 건설했다. 1600년 도쿠가와 이에야스가 세키가하라 전투에서 승리하여 일본을 평정하면서 다이묘들의 영지가 비로소 통제되기 시작했다. 18세기 말에 이르러 도자마 다이묘(外様大名: 외부 영주)는 98명, 후다이 다이묘(譜代大名: 내부 영주)는 45명에 달했고, 그들의 총수입은 쌀 1,900만 고쿠(약 180리터로 성인 한 명이 1년 먹는 분량)에 달했다. 반면에 쇼군 정부가 직접 통제하는 지역에서의 수입은 겨우 680만 고쿠였다.

다이묘는 어느 정도 자율성을 부여받았으나 쇼군 정부가 정한 철저한 규칙을 따라야 했다. 우선 도쿄에 거처를 정하고 2년에 1년(혹은 1년에 반년) 그곳에서 살아야 했고 가족과 가신을 에도에 인질로 남겨두어야 했다. 1639년부터 다이묘들은 더 이상 자체성을 건축할 수 없고 바다로 나갈 수 있는 배를 건조하지 못했으며, 그들의 영지 내에서 기독교를 금지시켜야 했다. 1869년의 메이지 유신 때 몇몇 다이묘들은 그들 영지의 지사로 발령을 받았으나, 1871년 모든 지방 영지(번)가 폐지되고 일본의 전역이 현으로 나뉘어졌다. 예전 다이묘들은 연금을 받고서 모두 도쿄에 올라와 살아야 했다.

도겐 道元 1200~53. 가마쿠라 시대 전기의 사람으로 일본 조동종(曹洞宗)의 창시자다. 1223년 중국 송나라에 유학하여 여정(如淨) 대사로부터 법을 전해 받고 1227년에 일본으로 돌아와, 교토에 고쇼지(興聖寺)를 창건하고 불법을 널리 펴기 시작했다. 루스 베네딕트가 『국화와 칼』에서 인용한 도겐의 말은 95권이나 되는 방대한 도겐의 저서 중 『정법안장(正法眼藏)』에 나오는 말이다. 이 책에는 또한 이런 이야기도 나온다.

어느 날 다른 교파의 수행자가 붓다를 찾아와 물었다. "말할 수도, 말하지 않을 수도 없는 것은 무엇인가?" 붓다는 잠시 아무 말도 하지 않고 앉아 있었다. 그러자 그는 붓다에게 절을 올리며 말했다. "붓다여, 정말 놀라우십니다! 당신의 커다란 자비심 덕분에 내 혼미하던 마음이 싹 가셨습니다. 저는 이제 깨달음을 얻었습니다." 그 남자는 그렇게 말하고 붓다를 떠나갔다. 그러자 아난다가 붓다에게 물었다. "어떻게 하셨기에 저 남자가 깨달음을 얻었다고 하는 것입니까?" 붓다가 대답했다. "좋은 말은 채찍의 그림자만 보아도 빨리 달리는 법이지." 아난다가 이해하지 못하자, 붓다가 다시 설명했다.

"이 세상에는 네 가지 말이 있느니라. 첫째 말은 채찍의 그림자만 보아도 주인의 뜻을 알아차리고 놀라고 겁내며 빨리 달리는 말이지. 둘째 말은 채찍이 갈기를 쳐야만 그렇게 하느니라. 셋째 말은 채찍이 그 살을 때릴 때까지 주인의 말을 듣지 않느니라. 넷째 말은 채찍이 그 뼛속 깊숙이 들어박혀야 비로소 말을 듣느니라.

"첫째 말은 이웃 동네의 사람이 죽었다는 소식을 듣고 이 세상의 덧없음을 아는 사람과 같으니라. 둘째 말은 자기 동네 사람이 죽어야 깨닫는 사람이니라. 셋째 말은 자기 친척이 죽어야 겨우 알아차리는 사람이니라. 넷째 말은 자기가 죽기 전에는 전혀 깨닫지 못하는 사람이니라."

도조 히데키 東條英機 1884~1948. 일본의 군인 겸 정치가. 도쿄 출생. 1919-22년 스위스와 독일에서 무관으로 근무했고 1929년 보병 중대장으로 임명되었다. 육군 본부에서 근무한 후 대령으로 승진하여 만주로 파견, 관동군의 헌병대장으로 근무했다.

1937년 참모총장 이사와라 간지의 반대에도 불구하고 중국을 상대로 확전을 요청하는 군부 내 파당을 지원했다. 1938, 1940, 1941년에 육군 장관을 지냈고 1941년 10월에 총리가 되었다. 1941년 12월 7일에 진주만 공격을 결정했다. 1942년에는 대동아 협의회를 창설했고 일본군 총사령부의 최고 지도자가 되었다. 1943년 8월과 10월에 미얀마와 필리핀으로 하여금 각각 독립 선언을 하게 만들었다. 도조는 일본군 헌병 부대를 관장했다. 태평양 전쟁이 일본에게 불리하게 돌아가자 천황은 1944년 7월 20일 도조를 사퇴시켰고 그 자리에 고이소 구니아키 장군을 임명했다. 고이소는 전쟁 장관으로 스기야마 하지메를 임명했다. 종전 후에 도조는 자살을 감행했으나 실패했고 연합군 전범 재판에 소환되어 사형 선고를 받았다. 그는 1948년 12월 23일 교수형에 처해졌다.

동성애 homosexuality 고대 그리스 시대부터 있었던 것으로 알려진 인간의 성적 경향. 플라톤(서기전 428~347)은 『향연』에서 동성애와 관련하여 이렇게 말한다. "사람은 본래의 모습이 그처럼 둘로 갈라진 다음부터, 한쪽이 다른 반쪽을 그리워하여 다시 한 몸이 되려고 했습니다. 제우스께서는 이것을 가엾게 여기시어 다른 수단을 생각한 끝에 그들의 생식기를 앞으로 옮겨놓으셨습니다. 그때까지는 그것이 바깥쪽에 달려 있어서 상대편의 몸속이 아니라 땅 속에다 잉태시키고 낳았던 것입니다. 마치 매미처럼 말입니다. 제우스는 그렇게 하여 남성이 여성 안에 생식할 수 있도록 하셨습니다. 옛날에 남녀 한 몸이었던 사람은 두 쪽이 난 후 서로 남자나 여자를 그리워하지만, 옛날에 남남이 한 몸이거나 여여가 한 몸이었던 사람은 두 쪽이 난 후에 이성에게는 전혀 끌리지 않고 남자는 남자에게, 여자는 여자에게 더 마음이 끌리는 것입니다." 그러니까 게이는 원래 남자와 남자로 된 한 몸이 떨어져서 다시 합치려 하는 것이고, 레즈비언은 원래 여자와 여자로 된 한 몸이 서로 이별해서 다시 결합하려는 경우라는 설명이다. 그러니까 플라톤은 동성애가 타고난 성적 경향이라고 보았다.

반면에 프로이트는 동성애를 성장 환경의 작용으로 해석했다. 프로이트 표준판 전집 제4권(『꿈의 해석』)과 제11권(『레오나르도 다 빈치의 유년의 기억』)과 제18권(『호모섹슈얼리티 관련 논문들』)에서 동성애를 두 갈래로 설명한다. 이 설명을 읽으면 프로이트가 가족 로망스를 얼마나 중시하는지 잘 알 수 있다. 원인의 한 갈래는 오이디푸스 콤플렉스와 관련된 시블링 콤플렉스(형제간의 갈등)이고, 다른 한 갈래는 아이가 어머니를 너무 사랑하는 경우다. 아이는 오이디푸스 콤플렉스를 통과하는 과정에서 사랑하는 어머니를 사이에 놓고 형제들끼리 경쟁을 벌이면서 질투 관계에 돌입한다. 『꿈의 해석』에서는 이 주제가 가족 드라마의 핵심을 차지한다. 아이는 치열한 시블링 라이벌리를 통하여 형제나 자매에 대하여 "네가 어서 죽어버렸으면" 하는 죽음의 소망을 느낀다는 것이다. 프로이트는 남자가 다른 남자에 대해서 사랑을 느끼는 것(동성애)은, 어머니의 사랑을 놓고 함께 다투던 경쟁자(형제)에게 느꼈던 최초의 살인적 충동에 대한 보상 작용 혹은 반동 형성이라고 설명했다. 동성애에 이르는 또 다른 경로는 「레오나르도 다빈치의 유년의 기억」이라는 논문에 자세히 설명되어 있다. 이 경우는 아이가 어머니를 너무 사랑하여 그 사랑으로부터 자기 자신을 보호하려는 것이다. 그래서 레오나르도는 자기 자신과 어머니를 동일시하기에 이르렀고, 그리하여 마치 어머니가 자기(레오나르도)를 사랑해 주었듯이 자기가 여자(어머니)가 되어 자기(레오나르도)를 닮은 젊은 남자를 사랑하게 되었다는 것이다.

프로이트의 중요 이론인 오이디푸스 콤플렉스의 중요 관심사는 사랑하는 어머니를 사이에 놓고 형제들끼리 벌이는 질투의 관계이다. 『꿈의 해석』에서는 이 주제가 가족 드라마의 핵심에 위치한다. 프로이트는 아이가 이때 "남자 형제나 여자 형제에 대하여 죽음의 소망을 느낀다."라고 말했다. 그리고 몇 년 뒤, 프로이트는 이 가족 내 갈등의 문제를 다시 거론함으로써 동성애에 이르는 경로를 설명한다. 프로이트는 남자아이(여자아이)가 다른 남자(여자)에 대해서 사랑을 느끼는 것은, 어머니의 사랑을 놓고 함께 다투던 경쟁자에게 느꼈던 최초의 살인적 충동에 대한 보상작용 혹은 반동 형성이라고 지적했다.(표준판 『프로이트 전집』 제18권 중 pp. 231~232. "질투, 편집증, 동성애의 신경증적 메커니즘") 이것을 루스 베네딕트에게 적용해 보면 이렇게 된다. 루스는 어릴 적부터 여동생 마저리보다 못한 아이라는 소리를 들었다. 신경질을 잘 부리고 삐지기 잘하며 툭하면 동생을 괴롭히는 아이였다는 것이다. 이에 비해 동생 마저리는 너무 귀여워서 집안 내 어른들의 사랑을 독차지했으며, 루스의 어머니는 난폭한 루스가 마저리를 때리지 않을까, 그것만 엄청 걱정했다는 것이다. 루스는 자신의 성 정체성을 많이 고민했던 사람이었으므로, 프로이트가 말하는 이런 동성애에 이르는 경로를 알고 있었을 것이다. 또 자신의 정체성을 중시함으로써, 다른 사람들의 정체성도 중시하고 나아가 다른 문화도 이해하는 인류학자다운 마음이 이런 바탕으로부터 싹텄을 것으로 보인다. 또 아이의 교육이 특히 중요하다고 생각한 것도 루스 베네딕트 자신의 이런 배경이 작용했을 것이다. 이 때문에 『국화와 칼』 12장 "어린아이는 배운다"는 루스 베네딕트의 성 정체성과 교육의 사상을 잘 보여 주는 텍스트가 된다.

딜레마 dilemma 그리스어 dis(둘)와 lemma(전제 조건)에서 유래했다. 두 뿔은 두 전제 조건을 가리키는데, 이 전제에 따라 어떤 행동을 했을 때 결론이 두 전제 조건 중 어느 하나와 불일치하게 되는 것을 말한다. 딜레마의 조건에 들어가면 어느 하나의 전제 조건에 '예'라고 답하면 나머지 하나의 전제 조건은 '아니오'가 된다. 그 반대도 마찬가지이다. 중세의 철학자들은 이를 가리켜 argumentum cornutum(뿔의 논증)이라고 했는데, 당신이 소의 두 뿔 중 어느 뿔을 잡더라도 결국 소는 당신을 내팽개칠 것이라는 뜻이다. 구체적 예를 들면 이러하다. 알렉산드리아의 도서관을 불태우려고 하는 무슬림 사령관은 이런 딜레마를 겪게 된다. 만약 저 도서관에 들어 있는 책들이 코란의 내용을 반복하는 것이라면 저 책들은 불필요한 것이다. 만약 저 책들이 코란에 들어 있지 않은 내용을 담고 있다면, 저 책들은 그 나름 필요한 것이다. 그러니 불태울 것인가? 아니면 불태우지 않을 것인가? 선불교는 이 딜레마를 해결하는 방식을 제안한다. "스님, 개에게 불성(佛性)이 있습니까?" 만약 선사가 '예'라고 대답한다면 '그럼 개가 부처란 말입니까?'라는 질문이 나오게 되고, 만약 '아니오'라고 한다면 '왜 부처님의 말씀(온 세상 사물은 불성을 가지고 있다)을 부정하십니까?'라는 반문이 나온다. 선불교에서는 이 딜레마를 해결하는 방안으로 무자공안을 제시한다.(→화두). 그리하여 국화와 칼이라는 두 전제를 선불교식으로 해석하면 국화가 칼이고, 칼이 곧 국화이니 구분할 필요가 없다는 뜻이 된다.

러일전쟁 1904~05년 사이에 러시아와 일본 사이에 벌어진 전쟁으로 일본이 승리했다. 1903년 8월부터 일본의 외무부 장관인 고무라 주타로와 러시아 공사인 로젠 사이에 만주와 조선 문제에 관한 공식 교섭이 반년이나 지속되었으나 실패하여 1904년 2월에 전쟁이 벌어졌다. 군사행동에서 기선을 제압한 일본은 압록강변에서 러시아 군을 격파하고 만주로 진출했다. 준비가 부족한 러시아 군은 랴오양(遼陽) 전투에서 패배하고, 1905년 1월에 뤼순 항구(포트아더)가 함락되었다. 해전에서도 일본은 러시아의 발트 함대를 전멸시켰다. 그러나 일본 역시 전투를 더 이상 지탱할 힘이 없어서 미국에 강화를 의뢰했고 러시아도 국내 정세의 불안으로 이에 동의함으로써 미국 대통령 시어도어 루스벨트의 주선으로 1905년 포츠머스 조약이 체결되었다. 일본 지식인들 중에는 러일전쟁 이후 러시아와의 제2차 전쟁에 대비하여 조선을 식민지로 삼을 수밖에 없었다고 해석을 하는 사람도 있으나 한국 침략에 대한 궁색한 변명일 뿐이다.(→포츠머스 조약)

마코토 誠 "성실"을 의미하는 전형적인 일본의 정서로서, 윤리적이면서 종교적인 개념이기도 한데 일본인이 아니고서는 이 단어의 정확한 의미를 파악하지 못한다는 얘기도 있다. 이것은 도덕적으로 또 신체적으로 "깨끗함"(신토 용어로는 "기요시きよし"라고 함)의 의미도 갖고 있는데, 봄날의 벚꽃과 겨울의 하얀 눈이 이 깨끗함의 대표적 상징물이다. 또 유교의 대표적인 도덕적 개념인 중용(中庸)의 뜻도 포함한다.

일본의 비정통 유학자인 이토 진사이(1627~1705, 『논어』를 새롭게 해석한 오규 소라이(1666~1728)는 그의 제자)는 마코토를 마음과 정신의 성실성으로 규정하고, 이 마코토를 갖추어야만 사람들 사이의 조화로운 관계는 물론이고, 사람과 자연 사이의 조화도 성취할 수 있다고 주장했다. 또한 도미나카 나카모토(1715~46)는 역사적으로 일본에서 중시되던 대승불교의 경전이 석가의 교설이 아니라 후에 다른 사람에 의해 제작된 것이라고 주장했다. 도미나카의 이런 연구 성과는 불교를 싫어하던 모토오리 노리나가 등의 국학자들에게 많은 영향을 끼쳤다. 도미나카는 신도, 유교, 불교를 모두 폐기처분하고 합리적으로 사물을 볼 수 있는 '마코토'의 길로 가야 한다고 주장했다. 신토 신자들의 경우 마코토는 자기 자신과 자연 사이의 조화로운 관계를 의미했다. 따라서 마코토는 서양 철학의 "순수한 마음"에 상응하는 것이다. 예술가와 시인들은 그들의 작품 속에서 이 마코토를 구현하는 것이 최대의 목표가 되어야 한다. 자기 자신을 존중하는 모든 일본인은 일상생활에서 이 마코토를 얻기 위해 최대한 노력한다.

만주사변 일본 관동군이 1931년 9월부터 1933년 1월까지 중국의 만주를 점령한 사건. 일본군이 1931년 9월 18~19일 밤에 무크덴(선양)의 중국 수비대를 공격하면서 시작되었다. 일본은 그 이전부터 인구가 적고 덜 개발된 방대한 지역인 만주를 차지하기 위하여 중국과 소련을 상대로 싸움을 벌여왔다. 1912년 베이징에서 청 왕조가 붕괴하자, 만주 지역은 독립적인 중국인 군벌의 휘하로 들어갔고 1920년 이후에는 장쭤린이 이 지역을 관할했다. 일본관동군 장교들이 1928년 그를 암살하자 그의 아들 장쉐량이 뒤를 이었다. 장은 장제스의 국민당 정부를 지지했다. 이때 남만주의 이권을 유지하는 데 혈안이 되어 있던 일본은 이 지역을 합병하기로 결정했다. 일본의 관동군 장군들은 정부 내의 군국주의 세력의 암묵적 지원을 등에 업고서 장쉐량의 군대를 공격하여 무크덴을 점령하고 그 외의 여러 만주 도시들을 장악했다. 이어 관동군은 만주국이라는 괴뢰 국가를 수립했다. 국제연맹은 이 사태에 대하여 조사단을 파견했으나 조사단은 중립적인 입장을 취했다. 그 결과 일본은 만주를 더욱 강력하게 장악할 수 있게 되었다.

맥아더 Douglas MacArthur 1880~1964. 미국의 장군. 아칸소 출생. 1904~05년의 러일전쟁 때 미국 측 옵서버로 참관. 제1차 세계대전에 참전하여 두 번 부상을 당했다. 필리핀에서 근무한 후 1930년에서 1935년까지 참모총장을 지냈고 이어 필리핀으로 다시 부임하여 1937년부터 태평양의 미군을 구축하는 데 전념했다. 프랭클린 루스벨트 대통령에 의해 1941년 7월 28일 극동 주둔 미군 총사령관으로 임명되었다. 1942년 3월. 일본군의 공세에 밀려 필리핀의 바탄에서 철수하여 오스트레일리아에 미군 사령부를 설치했다. 1944년 10월 레이테에 상륙하여 필리핀군도의 탈환에 착수했다. 그는 1945년 9월 2일 미주리 호 선상에서 일본의 항복을 받았다. 1945년에 연합군 총사령부를 도쿄에 설치하고 자이바쓰(財閥)를 해체하고 반공산주의 캠페인을 벌이는 등 일본 '민주화 과정'에 박차를 가했다. 1950년 한국전쟁 때 중국의 참전과 관련하여 미국 정부와 다른 견해를 표명하자 해리 S. 트루먼 대통령에 의해 해임되었다. 그는 군에서 은퇴하여 5성 장군의 지위를 유지한 채 여생을 보냈다.

메이지 천황 明治天皇 1852~1912. 메이지는 1866년 14세의 어린 나이에 히가시쿠니 나루히코(1816~78)를 섭정으로 황위에 올랐다. 이치조 하루코(1850~1914)와 결혼하여 1879년 황세자 시히토를 낳았다. 1868년 메이지 지지자들이 쇼군 정부를 전복하고 그를 명실상부한 실권자로 옹립함으로써 메이지 왕정복고가 이루어졌다. 그는 권력을 완전 장악하고 수도를 에도로 옮기고 도시명도 도쿄로 개명했다. 주로 조슈와 사쓰마 출신의 메이지 장관들의 도움을 얻어가며 일본 현대화 작업에 나섰다. 1877년에는 사이고 다카모리의 반란 사건도 있었으나 잘 넘겼다. 그는 서구식의 육군과 해군을 창설했고, 사무라이와 귀족 계급을 폐지했으며, 중세시대의 번을 없애고 대신 현을 만들었으며, 공공 교육을 강화했고, 전신, 철도, 우편 제도를 시행했다. 그의 재위 중에 청일전쟁(1894~95)와 러일전쟁(1904~05)이 발생하여 두 번 모두 승리했다. 그의 영향력은 일본 전 분야에서 심대하여 "현대 일본의 아버지"라고 불린다. 유교를 잘 알고 시인이기도 했던 메이지는 서구식 삶을 싫어했으나 국가의 현대화를 위해서는 서구의 기술과 지식이 필요하다는 것을 알았다. 법률, 육군, 해군, 교육, 과학 분야에서 외국의 전문가들을 일본으로 초빙하여 도움을 얻게 했다. 메이지 헌법을 반포했고 일본 의회를 창설했다. 한일합방(1910)을 승인했고 산업의 발달을 장려했다. 1912년 7월 30일에 사망했다. 그의 아들 요시히토가 천황 자리에 올라 다이쇼(大正)라는 연호(1912~26)를 사용했다.

모토오리 노리나가 本尾宣長 1730~1801. 마쓰자카(이세 현) 출신의 신토 학자. 일본의 시를 깊이 있게 연구하여 일본의 고전, 음운론, 어원론 등에 관심을 갖게 되었다. 이어 많은 문학 평론을 썼는데 『만요슈』와 『겐지 이야기』 등에 대한 평론이 유명하다. 그는 초기 신토를 깊이 연구하여 일본의 옛 문물에 대한 해석을 새롭게 하여 신토에 새로운 숨결을 불어넣었다. 그는 일본의 고전 문학을 중시하면서 그것이 일본 사상의 원천이라고 평가했다. 그리하여 일본인의 정신을 숭상하면서 유교의 도덕이 일본의 정서와는 상치되는 것이라는 주장을 폈다. 일본인의 정서는 순수하고 정직한데 그것을 여러 중국식 규칙으로 억제하거나 종교(불교)를 통하여 승화시키려는 것은 부정직한 행위라고 말했다. 이러한 외국의(유교와 불교의) 기만과 허위는 인간의 본성에도 위배된다고 지적했다. 일본 시의 전통에 나타난 길을 따라가면 사물의 정서를 제대로 이해할 수 있고 일본의 정서를 제대로 구현할 수 있다고 말했다. 심지어 모토오리는 중국 문물과 유교를 거부하면서 중국의 전통을 따라갈 필요가 없다고 주장했다. 중국의 현자상은 중국의 학자들이 사람들을 현혹시키기 위해 만들어낸 인위적 구성물에 불과하다고 보았다. 중국은 혼란과 폭력이 난무하는 나라이고, 중국 현자들은 아주 특별한 종류의 기만을 성공적으로 실천한 자들에 지나지 않는다고 주장했다. 중국의 정신은 논쟁과 폭력을 지향하는 것으로서 결코 지혜와 미덕의 정신이 아니라는 말도 했다. 이러한 모토오리의 국수주의적 태도는 훗날 신토를 정치 세력화하고 천황을 옹위하는 제국주의적 충성심의 밑바탕이 되었다. 대표적인 저서로 『고지키전(古事記傳)』이 있다.

무라사키 시키부 → 겐지 이야기

미나모토 요시쓰네 源義經 1159~89. 미나모토 요리토모의 아들. 어린 시절에 우시와카라는 이름으로 구라마 산의 수도승들 손에서 컸다. 그는 젊은 시절 전사로서 명성이 높았다. 벤케이(弁慶)라는 비적-수도승의 도움을 받으면서 요리토모 휘하의 장군이 되었다. 그는 1185년 이치노타니 전투에 참가하여 타이라족을 패배시켰다. 이 일로 요리토모의 시기를 받아서 무쓰 지방에 피신을 하게 되었다. 하지만 그곳에서 배신을 당해서 지지자들, 아내, 자식들과 함께 할복자살을 강요당해 자결했다. 그의 모험, 전투, 아름다운 정부 시즈카 고잔과의 생활, 영웅적 죽음 등은 많은 전설과 스토리의 주제가 되었는데, 특히 『헤이케 이야기(平家物語)』가 유명하다. 후자의 작품은 노 연극이나 가부키 연극에서 자주 상연된다.

블레이크 William Blake 1757~1827. 영국 낭만파 시의 선구자로 평가되는 시인. 생전에 그 신비주의적인 경향 때문에 성가를 인정받지 못하고 별로 문명을 떨치지 못한 상태로 죽었다. 그의 사망 당시에 중론은 그가 미친 사람이라는 것이었다. 그러나 1860년대의 스윈번, 1890년대의 예이츠, 1930년대의 오든 같은 시인들이 블레이크의 시를 재평가하면서 산업혁명 이후에 커다란 기계의 부속품같이 되어 가는 인간의 상태를 예고하고, 그런 노예의 상태에 맞서 싸우기 위해 평생 노력한 시인이라는 평가가 이루어졌다. "나는 하나의 시스템을 창조해야 돼. 그렇게 하지 않으면 나는 남들의 노예가 되고 말 거야."라는 그의 시구는 널리 회자된다.『국화와 칼』4장에서 인용된 블레이크의 시는 그의 시집『체험의 노래』(1794)에 수록되어 있는데 이 시집에는「오, 밝게 빛나는 호랑이」,「오, 병든 장미여」같은 명시가 들어 있다. 인용된 시의 제목은「작은 방랑자(The Little Vagabond)」인데, 인용된 연 다음에는 이런 연으로 이어진다. "그러면 목사님은 설교를 하고 술을 마시고 노래 부르네/그리고 우리는 봄철에 노래하는 새들처럼 행복하네/그러면 교회에 늘 존재하는 정숙한 부인 '궁핍'은/안짱다리 아이들, 굶는 아이들, 채찍 맞는 아이들을 거부한다네."

사토리 → 깨달음

샌섬 George Bailiey Sansom 1883~1965. 영국의 외교관 겸 일본학 학자. 켄트에서 태어나 프랑스에서 교육을 받았다. 1939년부터 1941년까지 일본 주재 영국 영사관의 직원으로 근무했다. 그는 일본 사회를 깊이 연구하여『일본의 역사 문법』(1928),『일본 문화 소사』(1931),『서방 세계와 일본』(1951) 등의 책을 펴냈고, 1935년에 기사 작위를 받았다.

손노조이 尊皇攘夷 일본의 미토(水戸) 학파가 에도 시대 후기에 쇼군 정부에 반대하면서 내건 슬로건. 1838년 후지타 도코(藤田東湖)가 다이묘 도쿠가와 나리아키의 요청에 따라 1838년에 작성한 정치 서적인『고도간기 술의(弘道館記述義)』에 처음 나왔다. 이 운동은 황권을 회복시키고 야만인들, 구체적으로 기독교인들의 입국을 거부하는 것이었다. 이 아이디어는 1825년에 처음 나왔는데 미토 학파의 일원인 아이자와 세이시사이(會澤正志齋)가『신론(新論)』이라는 책에서 처음 사용했다. 아이자와는 국가의 가장 높은 정신적 권위인 천황의 권위 아래 국가를 통합하는 것이 국민의 뜻이라고 주장했다. 이 운동은 1868년의 메이지 유신을 가져온 최초의 원동력이었다.

쇼군 將軍 글자 그대로 뜻은 '야만인을 정복하는 대장군(征夷大將軍)'인데 뒤의 두 글자만 줄여서 부르는 것. 가마쿠라 시대(1192~1333)에 천황이 가장 막강한 군사 실력자에게 내린 칭호인데 1192년 미나모토노 요리토모에게 수여했다. 가마쿠라 시대에는 총 9대에 걸친 쇼군이 있었다. 무로마치 시대(1333~1574)에는 아시카가 가문의 지도자들에게 수여되었고 총 15대에 걸친 쇼군이 있었다. 1603년에 도쿠가와 이에야스가 쇼군 칭호를 받았고 그의 후손들이 1868년까지 이 지위를 유지했으며 총 15대에 걸친 쇼군이 있었다. 쇼군은 천황을 대신하여 국가를 다스리는 군사 독재자였고, 천황은 일본의 정신적 지도자로 남았다. 쇼군의 권력은 시대에 따라 달랐다. 가마쿠라 시대에 만도코로, 사무라이도코로, 몬추고의 3대 기관을 도움을 받아가며 국가를 다스렸다. 아시가가 쇼군들도 이와 유사한 방식으로 통치했다. 에도 시대 (1616~1868)에 쇼군은 다이로 협의회의 도움을 받았고 다이로 협의회는 메쓰케, 로주, 와카도시요리의 3개 기관을 통하여 정부를 통제했다.

스즈키 다이세쓰 鈴木大拙 1870~1966. 철학자. 가나자와 현 출생. 가마쿠라의 엔가쿠지에서 선불교 훈련을 받은 후 미국으로 건너가 1897년에서 1910년까지 머물렀다. 미국에 체류하는 동안 여러 권의 동양 철학책을 영어로 번역했다. 1907년에 『대승불교의 개요』를 발간했다. 일본으로 돌아와서는 가쿠슈인 학원의 영어 교수가 되었고 베아트리스 레인과 결혼했다. 레인은 스즈키가 죽을 때까지 그의 옆에서 협력자로 일했다. 1921년 그는 교토에 있는 오타니 대학의 불교학 교수가 되었고 『동양의 불교』라는 잡지를 창간했다. 그는 이 잡지에 발표한 글들을 모아서 『선불교 에세이』 (전3권)로 펴냈다. 일본 학술원의 회원으로 선출되어 1949년 문화훈장을 받았다. 그는 해외로 널리 여행하면서 선불교의 가르침을 널리 퍼뜨렸다. 그의 다른 저서로는 『선불교 입문』(1934), 『선불교 매뉴얼』(1935), 『능가경 연구』(1930) 등이 있다. 스즈키는 1946년 선불교 스승인 샤쿠 쇼엔(1859~1919)을 추모하기 위하여 '마쓰가오카문고'라는 도서관을 가마쿠라에 설립했다. 이 도서관의 컬렉션은 일본, 중국, 유럽 등지에서 나온 5만 권의 선불교 관련 서적을 보유하고 있다.

시편 psalms 기독교의 구약성경 중 시서와 지혜서로 분류되는 책들 중 하나. 히브리어로 시편은 세페르 테힐림(sefer tehillim)이라고 하는데, "찬양의 책"이라는 뜻이다. 제작 연대는 기원전 1500년에서 기원전 500년 정도로 추정된다. 총 150편의 노래로 되어 있다. 150편은 다섯 그룹으로 나뉘는데 1~41편은 다윗의 생애와 신앙, 42~72편은 역사적 사실의 기술, 73~99는 예식용 찬가, 96~106편은 바빌론 유수 이전의 정서와 역사, 107~150편은 바빌론 유수와 예루살렘으로의 귀환을 다루고 있다. 시편의 저자는 다윗 왕으로 보는 것이 통설이다. 그는 목동, 음악가, 전사, 왕, 부모, 애인, 죄를 지은 자 등 다양한 경험을 갖추었으므로 이런 문학적 노래를 지을 수 있는 배경이 충분하다고 생각된다. 많은 노래에서 다윗은 자신의 죄악에 대한 커다란 슬픔을 노래한다. 루스는 『국화와 칼』 9장에서 루스가 인용한 시편 51편의 말은 이러하다. "내가 죄악

중에서 출생하였음이여, 어머니가 죄 중에서 나를 잉태하였나이다." 어머니의 죄악은 인간의 원죄를 가리키는 것으로서, 인간의 몸은 죄를 짓고 타락하려는 경향이 있음을 지적한 것이다. 시편 51편은 이스라엘의 다윗 왕이 부르는 노래인데 왕은 신하 우리아를 일부러 전선에 내보내 죽게 하고 우리아의 아내인 밧세바와 정을 통하여 아들 솔로몬을 낳았다. 이 노래는 그런 일이 벌어진 뒤 예언자 나탄이 찾아왔을 때 다윗이 그 일을 참회하면서 한 말이다. 이런 고사에서 알 수 있듯이, 인간은 하느님과 다르게 순수한 영혼으로만 존재할 수 없고, 그 영혼에 더하여 신체를 가지고 있는 존재이므로, 그 몸을 가지고 태어났다는 것이 이미 죄라고 기독교 신학은 가르친다. 그리하여 루스 베네딕트에 의하면, 서양인은 자신의 내부에 있는 죄악을 당연시하고, 소년에서 성년에 이르는 성장기 내내 그 죄악과 맞서 싸워 결국에는 착한 사람이 되라는 가르침을 받는다. 이렇게 하여 서양인의 정신 내에는 선과 악, 육체와 정신의 2분법이 명확하게 정립되고 인생은 곧 선과 악이 쟁투하는 무대라고 여기게 된다. 루스 베네딕트에 의하면 이것이 서양의 죄의식 문화의 원천이라는 것이다.

엘리엇 Charles Norton Edgcumbe Eliot 1862~1931. 영국의 외교관 겸 학자. 1919년에서 1922년까지 일본 주재 영국 대사를 지냈다. 1929년 일본으로 다시 돌아와 일본 종교 연구에 진력했다. 그의 가장 중요한 저서로는 『극동에서 보낸 편지』(1907), 『힌두교와 불교』(1921), 『일본 불교』(1935)가 있다.

엠브리 John Fee Embree 1908~50. 미국의 민족지학자. 뉴헤이븐에서 태어나 일본 사회를 전문적으로 연구했다. 가장 잘 알려진 저서로는 『스에무라: 일본의 마을』(1939), 『일본 농촌 지역에서의 종교의 사회적 기능』(시카고 대학), 『류큐 제도의 혈연 집단 분포』(AJPA, 필라델피아)』 등이 있다. 그는 또한 태국 사회도 연구했다.

오쿠마 시게노부 大隈重信 1838~1922. 사가 현의 사무라이 가문에서 태어나 어릴 때부터 영어와 네덜란드어를 배웠다. 1868년 나가사키를 떠나 교토로 가서 천황파를 적극 지지했다. 유럽과 미국을 순방한 이와쿠라 파견단에 합류하여 유람한 후 귀국하여 1873년부터 81년까지 도쿄에서 참사관을 지냈다. 그 후 재무부 내에서 여러 보직을 맡다가 1896~97년에 외무부 장관에 임명되었고, 1898년 이토 히로부미에 이어 총리에 올랐다. 그는 극좌 청년에게 암살을 당할 뻔한 후에 정계에서 은퇴했으나 그 후 복귀하여 1914년에서 1916년 10월까지 총리를 지내면서 1916년에 러시아와 동맹조약을 체결했다. 1882년에 도쿄에 와세다 대학을 설립했다. 사후에 『오쿠마 문존』

이라는 문서 컬렉션을 남겼는데 메이치 시대의 역사를 밝혀 주는 소중한 정보이다.

이토 히로부미 伊藤博文 1841~1909. 일본의 정치가. 야마구치 현 조슈파에 속하는 영지에 살던 농가 출신. 14세에 사무라이 가문에 입양되어 이토라는 성을 받았다. 나가사키로 가서 유럽 군사 기술을 배웠다. 1863년 조슈파의 우두머리가 그를 사무라이로 만들었다. 시모노세키 포격 사건을 겪으면서 서양의 군비가 막강하다는 것을 깨닫고 일본의 개방정책을 주장하게 되었다. 메이지 유신 이후에 효고 현의 지사가 되었다. 1870년 미국으로 파견되어 그 나라의 화폐 제도를 연구했다. 1872년 유럽과 미국을 시찰하는 이와쿠라 시찰단의 일원이 되었다. 사이고 다카모리의 반란을 진압하는 데 일조한 후에 내무부 장관에 임명되었다. 일본이 입헌군주국으로 거듭나야 한다고 확신하고 헌법 제정을 밀어붙여 1889년 2월 11일 헌법이 공포되었다. 일본 의회는 양원제였고 이토는 상원의 의장이 되었다. 1892년에서 96년까지 총리로 재직했다. 1903년 천황은 그를 추밀원 원장으로 임명했다. 러일전쟁 후에 한국으로 건너와 1905년 을사보호조약을 체결했고, 그에 따라 러시아는 한국에 대한 일본의 영향력을 인정했다. 1906년 한국 주재 통감으로 임명되었다가 1909년 사임하고 다시 추밀원 원장이 되었다. 그는 하얼빈 시찰 여행을 떠났다가 1909년 10월 26일 하얼빈 역에서 한국인 애국지사 안중근에게 살해되었다.

일물 一物 선불교에서 자아(自我)를 가리키는 말인데, 시심마(是甚麽: 이것은 무엇인가?)와 같은 말이다. 화두는 화두로 푼다는 말이 있는데, 다음 두 화두가 일물에 대한 설명으로 유명하다. 옛적에 약산(藥山)이 좌선하려고 하는데 석두(石頭)가 물었다. "그대가 이곳에서 무엇을 하고 있는가?" 약산이 대답했다. "일물도 하지 않습니다." 석두가 다시 말했다. "이러한 것이 한가히 앉은(좌선) 것이다." 약산이 다시 석두에게 대답했다. "한가히 앉는다면 그것도 하는 것이 됩니다." 석두가 과연 그렇구나 하고 말했다.
　옛적에 엄양(嚴陽)이 조주(趙州)에게 물었다. "한 물건(一物)도 가져오지 않을 때에는 어떻게 해야 합니까?" 조주가 "내려놓아라."라고 대답했다. 엄양이 다시 물기를, "한 물건도 가지고 오지 않았는데 무엇을 내려놓으라는 말씀입니까?" 그러자 조주가 "내려놓지 못하겠거든 다시 짊어지고 가거라." 이 말에 엄양이 크게 깨달았다. 조주가 말한, 내려놓는다는 것은 자아에 집착하지 말라는 뜻이다. 그러자 엄양이 '자아라는 것이 원래 공인데 무엇을 내려놓으라는 것입니까' 하고 반문하자 조주는 그렇다면 다시 짊어지라고 말한 것은 그 자아를 바탕으로 하여 그 자아에 집착하지 않는 방법을 연마하라는 뜻이다. 이 자아를 불가에서는 대단히 소중하게 여긴다. 그리하여 붓다는 열반하기 직전에 제자들에게 이런 말을 남겼다. "나는 이미 인생의 여로를 지나 나이 80이 되었다. 이 세상에 있을 때 자기 자신(자아)을 의지처로 하라. 법을 등불로 삼고 다른 것을 의지하지 마라" 했다. 그 법을 깨우치려면 결국 자아에 의존할 수밖에 없다는 것이다. 이렇게 볼 때 무아는 자아가 없다는 뜻이 아니라, 나라는 존재에 대해서 집착하지 말라는 뜻이다. 루스 베네딕트는 『국화와 칼』 11장에서 무아를 '생각하는 나'가 없는 상태로 해석했는데, 이는 선불교의 가르침과는 다른 것이다.(→ 깨달음)

일본인 임시수용소 Japanese-American Relocation Camp 제2차 세계대전 중 미국 정부는 수천 명에 달하는 일본계 미국인들을 여러 군데의 임시수용소에 분산하여 일시 구금했다. 1941년 일본이 진주만을 폭격했을 때 미국에는 12만 7,000명의 일본계 미국인들이 있었는데 주로 서부 해안에 살고 있었다. 진주만 폭격 직후 미국 내의 일본계 미국인들이 일본의 제5열(간첩)이 될 것이라는 소문이 나돌았다. 1942년 초 루스벨트 정부는 일본계 미국인들을 서부 해안으로부터 격리시키라는 압박을 받았다. 그리하여 1942년 초 미국 정부는 충성심이나 시민권 소지에 관계없이 모든 일본계 미국인들을 서부 해안에서 철수하라는 명령을 내렸다. 당시 서부 해안은 미국의 취약 지역으로 간주되었다. 그리하여 미국 정부는 캘리포니아, 아이다호, 유타, 애리조나, 와이오밍, 콜로라도, 아칸소 등지에 10개의 임시수용소를 건설하여 이들을 수용했다. 1942년 9월에 이르러 10만 명이 입소했다. 수용소 내에서 주요 행정 보직이 닛세이(2세)에게만 주어지자 잇세이 부모 세대는 어른이라는 전통적인 대접을 박탈당했다. 루스벨트 대통령은 1944년 재선되면서 철수 명령을 취소했고 1945년 말에 모든 수용소가 문을 닫았다. 1968년 일본계 미국인들은 전쟁 중에 몰수당했던 재산을 돌려받았고, 1988년 미 의회는 보상법안을 통과시켜 임시수용소에 수용됐던 미국인 생존자들에게 2만 달러의 보상금을 지급했다. 미국은 이 일본인 임시수용소를 부끄러운 역사로 기억하고 있다. 루스 베네딕트는 이 임시수용소에 수용돼 있던 일본인들과 많은 인터뷰를 하여 일본인 관련 자료를 얻었다.

일솜씨 본능 workmanship instinct 미국의 경제학자 소스타인 베블런(1857~1929)의 저서 『유한계급론』에 나오는 용어. 평화를 좋다고 보고 무익한 삶이나 소비를 불쾌하게 여기는 본능으로 강력한 자기표현의 욕구이다. 베블런은 금전 문화나 유한계급 문화가 일솜씨 본능 중 경쟁의 측면을 강조하는 것이라고 말한다. 이상적인 인간은 평화, 선의, 경제적 효율성을 중시한다. 그는 자신을 합목적적 행위를 수행하는 중추적 행위자라고 생각한다. 그는 모든 행위에서 어떤 구체적, 객관적, 몰개성적 목적을 달성하기를 바란다. 이런 목적을 추구하는 행위자이기 때문에 구체적 효과를 올릴 수 있는 일을 좋아하고, 그렇지 못한 일은 무의미하게 생각하여 싫어한다. 일솜씨 본능 때문에 인간은 생산적 효율성과 일용에 도움이 되는 것을 우호적 시선으로 바라본다. 이 본능은 모든 사람에게 깃들어 있으며 모든 상황에서도 그 존재를 드러낸다. 따라서 어떤 소비가 아무리 낭비적일지라도 거기에는 이 본능에 부응하는 측면(경쟁에서의 승리)이 있다. 이 본능은 약탈적 기질보다 더 근본적이고 더 오래된 것이다. 일솜씨 본능에서 약탈적 기질이 특별하게 발전되어 나왔으며, 비록 그 기질이 무척 오래됐음에도 불구하고 상대적으로 일솜씨 본능보다 뒤늦게 나타난 후대의 변종이다.

자이바쓰 財閥 일본의 강력한 산업 가문들이 만들어낸 산업 및 금융 회사들인데, 본사가 이 모든 회사들을 일사불란하게 지휘했다. 대부분의 자이바쓰는 메이지 시대와 다이쇼 시대에 만들어졌다. 하지만 그 중 일부는 17세기부터 활동했던 회사들도 있다. 대규모 자이바쓰로는 미쓰이(17세기 창립), 미쓰비시(19세기), 스미토모(17세기), 야스다(은행), 아사노(시멘트), 가와사키, 노무라, 리켄 등이다. 자이바쓰는 제2차 세계 대전 동안에 군사 정부와 전쟁 수행 노력에 재정적 지원을 했다. 이 과두제적인 자이바쓰는 1946년 7월 23일 천황의 칙령에 의해 해체되었다. 자이바쓰 산하의 여러 회사들은 각자 독립적인 회사로 분리되었다. 그러나 1953년 대부분의 자이바쓰가 다시 구성되었는데, 일본의 경제 체제는 위계질서와 상하관계(오야붕-코붕 관계)를 밑바탕으로 하기 때문이다.

정언명령 categorical imperative 칸트의 용어. 칸트는 순수이성에 입각하여 내린 판단은 사람에 따라 이율배반이 될 수 있다고 보았다. 가령 하느님의 존재, 자유의지, 영혼의 불멸은 있다고 증명할 수도 있고, 없다고 증명할 수도 있으니 이율배반이 된다. 그러나 윤리의 문제에 있어서 칸트는 다르게 규정한다. 그는 인간의 의지를 자율적인 것과, 타율적인 것으로 나눈다. 자율적인 것은 개인 내부의 원칙에서 나오는 것으로, 개인의 욕망이나 성향과 상관없이 작동할 수 있다. 칸트는 '의무', '존경', '법의 정신' 등을 자율 의지로 보아 이것으로 윤리의 바탕을 삼았다. 이 자율 의지가 정언명령의 밑바탕이며 가언명령(hypothetical imperative)과 대립한다. 그리하여 이 세상에서 선량한 것은 선량한(자율적이기 때문에) 의지뿐이라고 보는데, 이것을 가리켜 의무론적 윤리학이라고 한다.

가언명령이 조건부적 명령이라면 정언명령은 무조건적 명령이다. 이 명령을 구체적 문장으로 표현하면 다음과 같다. "그대의 행동 규칙이 그대의 의지에 의하여 온 세상의 보편적 법칙이 되는 것처럼 행동하라." 이 정언명령의 관점에서 볼 때 가장 비윤리적 행동은 거짓말을 하는 것이다. 그것은 개인의 내적 불일치와 이중적 성격을 보여 주는 것이기 때문이다. 칸트는 정언명령을 또 다른 방식으로는 이렇게 표현했다. "모든 사람을 그 자체로 하나의 목적으로 대하고, 결코 수단으로 대하지 말라."

조주 趙州 778~897. 중국 당나라의 선승으로 남악 대사의 문하이다. 속성은 학 씨이며 산둥성 조주 학향 출신이다. 조주는 그가 불법을 널리 편 지명을 따서 부르는 이름이다. 어린 시절에 출가하여 남천 선사에게 배워서 깨달음을 얻었고 그 후 20년간 남천을 모셨다. 나이 80이 되자 대중의 청에 의하여 조주성 동쪽 관음원에 머물면서 선풍을 크게 날렸다. 조주는 개인적으로 3조 승찬 대사의 사물을 구분하려 들지 말라는 신심명(信心銘)을 좋아하여 조주의 화두에는 구분을 초월해야 한다는 가르침이 많다. 조주가 가르친 화두를 모아놓은 책인 『조주록』에는 총 525개의 화두가 수록되어 있는데 그 중에서도 무자공안(→ **화두**), 정전백수자(뜰 앞의 잣나무) 공안(→ **화두**), 방하착(내려놓아라) 공안(→ **일물**), 만법귀일 공안(→ **화두**), 남천참묘 공안(→ **화두**)이 유명하다.

트위들덤과 트위들비 Tweedledum and Tweedlebee 두 단어의 철자가 보여 주듯이 별 차이가 없다. 존 바이런(1692~1763)이 음악사상에서 별 차이도 없는 두 음악학파, 즉 헨델파와 보논치니파가 시시콜콜하게 싸우는 것을 조롱하여 두 파의 모습이 결국 트위들덤과 트위들비가 아니냐고 한 데서 유래한 말. 그 후에 사상이나 의견이 거의 같은 두 사람을 일컫는 말로 전용되었다. 루이스 캐럴의 『거울 나라의 앨리스』에서는 두 명의 뚱보 난쟁이에게 이 이름이 붙여졌다.

페리 Matthew Calbraith Perry 1794~1858. 미국 해군 장교. 1852년 페리는 네 척의 배(증기선 두 척과 범선 두 척)를 이끌고 동양으로의 항해에 나섰다. 처음에 류큐 제도에 들렀다가 1853년 7월 8일 에도 만에 들어서서 우라가 바로 앞에 닻을 내렸다. 그는 쇼군 정부에 신임장을 제출하고 난파당한 선원들에 대한 인도적 조치와 무역과 보급을 위한 개항을 요청했다. 그는 이어 홍콩을 향해 떠났다가 1854년 2월 일본 측의 답변을 듣기 위해 다시 에도 만에 들어섰는데 이번에는 9척의 배를 이끌고 왔다. 1854년 3월 31일, 그는 쇼군 정부에 가나가와 조약의 서명을 강요하여 관철시켰다. 이 조약에 따라 쇼군 정부는 선박들의 재보급을 위해 시모다와 하코다테의 두 항구를 개항하고 시모다에 미국 영사관을 설치하는 데 동의했다. 페리는 이어 혼슈 해안과 류큐 열도를 탐사하고 미국으로 돌아갔다. 검은색을 칠한 페리의 배들은 일본인들에게 강한 인상을 주었고, 그 배들을 구로후네(黑船)라고 불렀다. 부하 선원들에 의해 '올드 배트'라는 애칭으로 불렸던 페리는 그가 그토록 소망했던 지중해 함대의 함대장으로 승진하지 못한 채 사망했다.

포츠머스 조약 Treaty of Portsmouth 1905년 9월, 러일 전쟁 결과 미국 대통령 시어도어 루스벨트의 주선으로 미국 뉴햄프셔 주 포츠머스에서 일본 전권 대사 고무라 주타로와 러시아 전권 대사 세르게이 비테 사이에 체결된 강화조약. 이 조약으로 일본은 조선 반도에 대한 군사적, 경제적 지배권을 확보했고, 러시아는 중국 산둥성의 뤼순항과 다롄항의 조차지와, 장춘 남쪽의 만주철도 부설권을 일본에 양도했다. 이 조약은 1905년 12월 일본과 중국 사이에 맺어진 또 다른 조약에 의해 추인되었다. 그러나 일본은 이 조약으로 그들이 얻고자 하는 모든 것을 얻지는 못했다. 특히 전쟁 배상금과 사할린 섬의 양도를 얻어내지 못했다. 러시아와 일본 사이에서 중재자 역할을 했던 루스벨트 대통령은 일본이 극동에서 강대 세력으로 부상하는 것을 우려하여 압력을 넣었던 것이다. 그래서 일본은 사할린 섬의 남쪽 절반(가라후토)을 얻는 데 만족해야 했다. 이 당시 일본인들은 일본이 승전국인데도 미국의 방해로 러시아로부터 충분한 보상을 얻지 못했다고 분통을 터트렸다.

퓨리터니즘 Puritanism 퓨리턴은 16세기 후반 영국의 국교가 설립되었을 때, 국교가 아직도 가톨릭교회의 예식을 너무 많이 간직하고 있다고 반기를 든 종교 집단이다. 퓨리턴은 그 후 교리를 두고서 그들 중에서도 분파가 생겨났는데 이런 분파 중 하나인 스크루비의 요크셔 마을에 살던 퓨리턴들이 박해를 두려워하여 먼저 1608년에 네덜란드로 피신했다가 이어 1620년에 뉴잉글랜드의 플리머스로 이주해 왔는데 이들을 가리켜 필그림스 파더(Pilgrim's Father)라고 한다. 종교적으로 퓨리턴은 칼뱅주의의 다섯 교리를 신봉했다. 그 교리는 첫째, 구원예정설, 둘째, 제한적 구속(그리스도가 선민들만을 위해 희생되었다는 것), 셋째, 인간의 총체적 타락(인간은 낙원 추방 이후 타락한 존재이다), 넷째, 무상의 은총, 다섯째 성인들의 은총 유지(선민들은 설사 실수하는 일이 있더라도 은총에서 멀어지지 않는다)이다.

퓨리턴들은 특히 셋째 사항 인간이 원래 악을 저지르려는 경향이 있는 완전 타락한 존재라고 보아 그 악을 철저히 단속하는 것을 강조했다. 뉴잉글랜드의 매사추세츠 주에 정착한 퓨리턴들은 이런 도덕 강조의 반작용으로 마술을 믿는 경향이 있었다. 그리하여 1692년 2월 세일럼 마을에서 한 무리의 10대 소녀들이 발작을 일으켜서 몸을 비틀고 얼굴을 찡그리고 고함을 치는 일이 발생했다. 처음에 소녀들은 그런 현상이 그 누구의 탓도 아니라고 했으나 어른들이 자꾸만 캐묻자 그게 마녀와 마귀의 소행이었다고 자백했다. 그리하여 마녀 사냥이 벌어졌는데 마녀는 대부분 중년 부인들이었다. 이들을 신속히 체포했는데도 소녀들의 발작은 멈추지 않았다. 그리하여 1692년 여름에 이르러 수백 명을 기소하여 27명을 재판에 넘겨 그 중 19명을 목매달아 죽였다. 그러나 그 후 주 당국이 개입하여 주지사는 10월초 더 이상의 재판을 금지시켰다. 그리고 1693년 1월에 이르러 감옥에 있던 52명의 피의자들을 모두 석방했다. 역사가들은 퓨리턴들의 지나친 도덕의식에 죄의식과 공포가 결합되어 그들의 도덕적 해이에 대한 희생양으로 마녀 재판이 진행되었다고 판단한다. 루스 베네딕트는 현대 미국인의 죄의식의 근원으로 이 퓨리터니즘을 들고 있는데, 특히 세일럼 마녀 재판을 의식한 듯하다. 그러나 현대 미국에서는 퓨리터니즘의 영향이 그리 크다고 할 수 없으며 H. L. 멩켄 같은 문화비평가는 이런 유명한 말을 했다. "퓨리턴은 어디선가 어떤 사람이 즐거운 시간을 보내고 있는데 '나만 거기서 **빠진** 게 아닌가' 하고 의심하는 사람이다."

프라이멀 신 primal scene 프로이트가 1914년에 작성하고 1918년에 발표한 유아신경증의 사례인 『늑대인간』에서 처음 등장한 정신분석 용어. 정신분석 면담 당시 25세이던 늑대인간(프로이트가 환자의 정체를 감추기 위해 붙인 별명)은, 면담이 진행되던 도중에, 창문 밖에 늑대 예닐곱 마리가 호두나무 위에 서 있던 어릴 적의 악몽을 이야기한다. 이 악몽에 나온 한 늑대의 귀가 V자를 상징하는데, 이 V자는 이것 이외에도 나비, 5시를 가리키는 로마자 V, 어머니 혹은 세탁부의 이름에서 M자를 뒤집어 놓은 형태, 가정부 나냐와 정원사의 성관계에서 정원사가 취하는 자세 V 등을 상징한다. 그리고 마지막으로 늑대인간 부모의 성관계 장면을 상징하기도 하는데, 이 장면을 가리켜 '프라이멀 신'이라고 한다. 이 늑대인간의 사례는 현재가 과거를 바꿔놓은 대표적인 사례로 널리 인용된다. 늑대인간은, 자신이 한 살 반이 되었을 때 부모의 성관계 장면을 보았다고 마음속으로 기억하고 있다. 그러나 그가 그 장면을 실제로 목격한 것은 대여섯 살쯤이었다. 이 경우에는, 대여섯 살 때의 기억이 그보다 앞선 기억을 수정해 놓은 것으로 과거가 현재를 바꿔놓은 것으로, 인간의 무의식 속에서는 시간이 이처럼 뒤죽박죽이 되는가 하면, 아예 시간 개념이 없어지는 사례로 인용된다. 이 늑대인간 사례 연구에서 프라이멀 신이라는 말이 처음 나왔는데, 이 원초적 장면은 꼭 성적인 것에만 국한되지 않는다. 개인이 일생의 어떤 시점에서 겪었던 충격적 사건이나 말, 그리고 행동 등이 모두 프라이멀 신을 구성한다. 『국화와 칼』의 사례를 들면, 8장에서 마키노 요시오가 미국인 선교사에게 조롱을 당한 것, 10장에서 미시마가 세 살 무렵에 다정한 친근감은 건방진 태도라고 하여 그런 감정을 압살한 것, 12장에서 스기모토 부인이 아버지에게 질책을 당한 것이 등이 프라이멀 신의 범주에 들어간다.

프로이트 Sigmund Freud 1856~1939. 유대계 오스트리아인. 1900년에 『꿈의 해석』을 발표하여 꿈이 인간의 잠재의식을 보여 주는 것이라는 주장을 폈다. 1923년 이후에 인간의 의식을 이드-에고-슈퍼에고의 3중 구조로 정립했다. 이드는 어린아이가 태어날 때 선천적으로 가지고 있는 원초적 드라이브이고, 에고는 이드가 현실에 적응하면서 생겨난 사회적 의식이고, 에고에 도덕적 의식이 부과된 것을 슈퍼에고라고 규정했다. 그는 성적 욕망인 리비도가 인간의 행동에서 가장 중요한 요소라고 보았다. 그는 불안과 신경증의 근원을 깊이 연구한 결과, 개인의 자유로운 행동을 보장해 주는 허용적인 사회를 이상적인 사회로 보게 되었다. 그는 불안과 신경증은 정신적 억압에서 온다고 보았고, 그 억압은 대체로 무의식 속에 감추어져 있는데 그 감추어진 원인을 밝혀내면 신경증이 사라진다고 보았다. 그는 쇼펜하우어의 영향을 많이 받아서 인생을 비관적으로 보았고, 특히 인간을 하찮은 존재로 여기는 경향이 있었다. 또한 문명을 에로스(삶의 본능)와 타나토스(죽음 혹은 파괴의 본능) 사이의 갈등으로 보았다. 1933년 나치 정권 시절에 그의 학문은 유대인에게나 해당되는 사악한 학문으로 비난되면서 그의 책들이 베를린 광장에서 불태워졌다. 『국화와 칼』 5장 끝부분에 "제시된 조언은 프로이트적인 것이라고 할 수 없으나 그래도 아주 일본적인 조언이다."라는 문장은, "프로이트적인 것"은 프로이트가 성을 억압함으로써 신경증이 생긴다고 주장한 점을 감안할 때, '조언자는 자유로운 성생활을 억제하라는 쪽으로 조언했으므로 프로이트적이 아니다'라고 한 것이다. 그러나 『국화와 칼』을 읽는 데 도움이 되는 프로이트의 용어는 프라이멀 신, 트라우마, 정신 경제, 죽음의 본능 등인데, 루스 베네딕트는 특히 정신 경제라는 말을 네 번이나 사용하고 있다.

헌 Lafcadio Hearn 1850~1904. 미국의 작가. 그리스의 레프카스 섬에서 아일랜드 장교 아버지와 그리스 어머니 사이에서 태어났다. 아일랜드, 영국, 프랑스 등에서 교육을 받고 1869년 미국으로 이민 갔다. 한쪽 눈이 잘 보이지 않는 장애가 있었으나 프랑스 소설을 영어로 번역하고 신문기자로 활약하면서 생계를 이어갔다. 1889년 배질 홀 체임벌린의 초청으로 일본으로 건너가서 시마네 현의 영어 교사 자리를 얻었다. 2년 뒤 하급 사무라이 집안의 딸인 고이즈미 세쓰코와 결혼했다. 그 다음해에 구마모토 대학의 교수가 되어 일본을 다룬 첫 번째 책인 『익숙하지 않은 일본의 인상들』(1894)을 썼다. 일본 문화를 사랑하여 1894년 일본인으로 귀화했으며 아내의 성을 따서 고이즈미 야쿠모(小泉八雲)로 개명했다. 또다시 체임벌린의 소개로 도쿄 대학의 영문과 교수가 되었다. 그가 쓴 가장 유명한 책은 『일본: 해석을 위한 시도』(1904)인데, 1904년 9월 26일 헌의 사망 직후에 발간되었다.

혜능 慧能 638~713. 속성은 노 씨이고 허베이성(河北省) 범양 사람이나 태어나기는 광둥성(廣東省) 신주 신흥현에서 태어났다. 6조 대사라는 이름으로 널리 알려져 있다. 어려서부터 어렵게 자라나 항상 나무를 베어다 팔아 어머니를 봉양했다. 하루는 시장에서 어느 스님이 『금강경』 독송하는 것을 듣고서 출가할 마음을 품었다. 24세 때에 후베이성(湖北省) 황매현 기주동산의 동산원으로 5조 홍인대사를 찾아갔다. 그곳에서 행자로 8개월 간 방앗간에서 일했는데, 어느 날 "보리는 본래 나무가 아니고 명경도 거울이 아니다. 본래 일물도 없느니 어느 곳에 먼지가 끼겠는가." 라는 유명한 게송을 짓고 이로 인해 5조 홍인으로부터 의발을 전해 받고 남쪽으로 갔다. 그 후 16년간 홍인의 가르침을 지키면서 사냥꾼들 틈에 같이 살면서 은둔했다. 677년에 광둥성 남해에 있는 법성사로 갔다. 그 후 광둥성의 소주와 광주에서 살면서 40여 년 간 설법했다. 그 가운데서도 소주 대범사에서 행한 설법을 편집한 것이 후에 『육조단경(六祖壇經)』이라는 선가의 고전이 되었다. 당나라 현종 3년(744)에 입적했다.

호일 Edmund Hoyle 1672~1769. 영국의 작가. 카드 게임에 대하여 최초로 전문적인 내용의 저서를 집필했다. 1741년 이전의 삶에 대해서는 알려진 것이 없으나 법조계에 종사했던 것으로 추정되고 있다. 1741년부터 자신이 지도하던 학생들에게 휘스트 게임의 요령을 가르치다가 『휘스트 게임 소론』(1742)이라는 책을 펴냈는데 그의 생전에 13쇄를 찍었다. 1864년까지 그가 규정한 게임의 룰이 공식적인 룰로 채택되었고 그의 책은 1764과 1768년에 각각 프랑스어와 독일어로 번역이 되었다. 그는 장기에 대한 소론(1761)과 다른 게임에 대한 책도 썼다. 그는 개연성의 법칙에도 밝아서 그의 게임 책 뒤에다 연령별 평생 연금을 받을 수 있는 확률표를 제시하여 사람들의 주목을 받았다. 그는 연금을 오래 타기 위해 97세까지 살았다는 말도 나온다. 영미권에서는 "호일에 따르면(according to Hoyle)"이라는 말은 '가장 좋은 게임의 규칙에 의하면', '규칙대로', '공정하게' 등의 뜻을 가지고 있다.

화두 話頭 공안과 상호 교환적으로 쓰이는 말. 공안의 원뜻은 관공서의 문서를 가리키며 공정하여 위반하면 안 되는 법령이며 그 법령에 의하여 옳고 그른 것을 판단하는 표준이라는 뜻이다. 여기에서 전하여 선종의 선사가 심지를 밝게 깨달은 사연이나 학승을 인도하던 사실을 기록하여 후세에 공부하는 규범이 된 것이다. 선문에서 수행하는 조사들의 말과 행동이 모범이 되어 커다란 권위를 가졌고, 학승이 깨우치고 못 깨우친 것을 판정하는 기준이므로 공안이라고 한다. 화두의 화는 공안에서 제일 먼저 나오는 1절(節)을 가리키고 두는 어조사로서 별 뜻이 없다.

루스 베네딕트는 『국화와 칼』에서 다음과 같은 일곱 개의 화두를 제시한다.

1) "길 위에서 부처를 만나면 부처를 죽이고, 조사(祖師)를 만나면 조사를 죽이고, 아라한을 만나면 아라한을 죽여라!" 2) '한 손바닥에서 나는 손뼉 소리를 듣는다고 생각하기' 3) '자신이 어머니의 태내에 잉태되기 전에 어머니를 그리워한다.' 4) '자신의 시체를 끌고 오는 자는 누구인가?' 5) '나를 향해 걸어오고 있는 자는 누구인가?' 6) '모든 것은 일(一)로 돌아간다. 그러면 일은 어디로 돌아가는가?' 7) 제자: 어떻게 하면 생과 사의 윤회를 벗어날 수 있을까요? 스승: 너를 그 속에 집어넣은 자는 누구인가?

1)은 임제선사의 『임제록』에 나오는 화두이다. 2)와 3)은 어느 선사의 화두인지 불분명한데 불교에서 말하는 모순의 극복을 구체적으로 제시한 것이다. 『유마경』의 "관중생품"에는 보살이 중생을 바라보는 방식이 구체적으로 열거되어 있는데 인용하면 이러하다. "마법사가 자신이 만들어낸 허깨비를 보듯이, 거울에 비친 얼굴을 보듯이, 아지랑이에 떠오르는 물과 같이, 되돌아 나오는 메아리같이, 허공에 모여든 구름과 같이, 물방울이 처음 생겨나는 순간처럼 보아야 한다. 썩은 씨앗으로부터 싹이 나오듯이, 거북이 털로 만든 털옷같이, 막 죽으려고 하는 이가 즐거워하듯이 보아야 한다. 태어날 때부터 앞 못 보는 이가 온갖 물건을 잘도 알듯이, 허공을 나는 새가 흔적을 남기듯이, 거세당한 남자가 남근이 있듯이, 석녀가 아이를 낳듯이, 원인이 없이 불이 나듯이 보아야 한다." 이 유마경에 의거하여 선사들은 모순의 사례를 많이 제시했다. 가령 허공에다 말뚝 박기, 바람 없이 물결을 일으키기 같은 표현이 그런 경우이다. 따라서 '한 손바닥으로는 손뼉 쳐서 나는 소리'는, 거세당한 남자가 남근이 있다고 말하는 것처럼 모순이다. 자신이 어머니의 태내에 잉태되기 전에는 부모미생전 (父母未生前: 부모가 아직 탄생하기 이전에)라는 말로도 표현되는데, 석녀가 아이를 낳는다고 말하는 것처럼 모순이다. 4)는 앙산(仰山)선사의 화두인데 『고봉화상선요(高峰和尙禪要)』에 나오고 5)는 남악의 화두 6)은 조주의 화두이고 7)은 『전등록』에 나오는 달마와 혜가의 문답이다.

6)의 화두는 조주 선사가 포삼이 무게 일곱 근(4.2kg)이나 된다고 했으니 말이 안 되는 얘기를 한 것이다. 왜 이런 모순되는 얘기를 했을까? 하나(일물)가 원래 공이므로 돌아가고 말고 할 것이 없는데, 그런 상황은 모르고 그런 질문을 하는 학승이 지금 말이 안 되는 질문을 하고 있다는 뜻이다. 위에 인용된 화두를 빌어서 말한다면 "하나가 어디로 돌아갑니까?"라고 질문하는 학승은 "제가 지금 거북이 털로 만든 털옷을 입었습니다."라고 말하는 거나 다름없다는 것이다. 원래 없는 것(거북이 털)을 있다고 보는 것이나, 원래 있지도 않은 것에 되돌아가려고 하는 것 등은 무게 일곱 근 포삼이 있다고 말하는 것처럼 모순이라는 것이다. 다시 말해 모순을 모순으로 지적하고 있는 것이다.

모순을 하나의 드라마로 보여 주는 것으로는 남천참묘(南泉斬猫: 남천이 고양이를 베다)의 화두가 있다. 송나라 무문혜개(無門慧開, 1183~1260)가 지은『무문관(無門關)』은 여러 선록(禪錄) 중에서 화두 48개를 뽑아서 소개한 책인데, 그 중 제14과에 들어 있는 화두는 이러하다. 한번은 절의 동쪽, 서쪽에 따로 거처하는 승려들이 고양이 한 마리를 서로 차지하려고 말다툼을 벌였다. 남천이 이 광경을 보고 고양이를 움켜잡고 말했다. "너희 중 누구든지 바른말 한마디를 하면 이 고양이를 살려주고 그렇지 않으면 죽여 버리겠다." 승려들이 아무 말도 하지 못하자 남천은 고양이를 베어버렸다. 마침 외출 중이었던 조주가 저녁에 돌아오자 남천은 그에게 사건의 전말을 알려 주었다. 조주는 그 말을 듣고서 아무 대꾸도 하지 않고 신발을 벗어 머리 위에 이고 밖으로 걸어 나갔다. 남천이 탄식하며 말했다. "자네가 그곳에 있었더라면 고양이를 살렸을 텐데…."

『선(禪)의 황금시대』라는 책을 쓴 오경웅(吳經熊)은 이렇게 해설한다. 남천은 승려들이 고양이에 집착하는 것을 보고서 집착을 끊어버려야 한다는 것을 보여 주기 위해 고양이를 단칼에 베었다. 조주는 진리(道)의 세계에서는 이 세상의 가치가 뒤바뀌어 있으며 어떤 대상에 집착하여 옳으니 그르니 하는 것은 허망한 행동임을 보여 주기 위해 신발을 머리에 이었다. 오경웅의 해석에는 이런 속담이 밑받침되어 있다. "신발이 아무리 고와도 베개 위에 놓을 수 없고, 갓이 비록 더러워졌다고 하더라도 신 밑에 깔지 못한다." 곧 이러한 세상의 가치(신발과 베개를 구분하여 보는 이분법)를 불가에서는 뛰어넘어야 한다는 것이다. 오경웅의 설명에 덧붙여 깨달음에 대한 얘기를 해보면 이러하다. 깨달음이 무엇이냐고 묻는 것은 곧 도(道)가 무엇이냐고 묻는 것이다. 만약 이 질문에 대답하려는 사람이 "도는 어디에나 있고 어느 사물에나 깃들여 있다"는 생각을 갖고 있다면 그 대답은 이렇게 나오게 될 것이다.

깨달음이란 무엇입니까?

그것은 뜰 앞의 잣나무니라.

깨달음이란 무엇입니까?

그것은 마(麻) 세 근이니라.

깨달음이란 무엇입니까?

그것은 마른 똥이니라.

깨달음이란 무엇입니까?

그것은 한 송이 꽃이니라.

깨달음이란 무엇입니까?

그것은 마음도 부처도 아무것도 아니니라.

　남천참묘 화두는 깨달음을 얻은 스승이, 제자가 깨달음을 얻었음을 확실히 인정하는 행동의 드라마다. 깨달음을 얻은 사람이 하는 행동은 모두 도(道)를 가리킨다. 설령 조주가 신발을 벗어 머리에 이지 않고, 갑자기 옷을 벗는다거나 느닷없이 땅바닥에 드러누워 잤더라도 남천은 "자네가 그곳에 있었더라면 고양이를 살렸을 텐데…." 하고 똑같은 말을 했을 것이다. 이 화두는 깨달음이란 이심전심(以心傳心)으로 확인되는 것이지 말로 증명할 수 있는 어떤 것이 아니라는 메시지를 전한다.

　이처럼 화두는 사물을 구분하지 말라고 가르친다. 구분하지 않는 것의 정수를 보여 주는 조주의 화두는 무자(無字) 공안이다. 학승이 조주 선사에게 묻는다. "스님, 개에게 불성(佛性)이 있습니까?" 선사가 대답한다. "없다." 무자 공안은 이게 전부이다. 부처님은 분명 개에게도 불성이 있다고 했는데 선사는 왜 없다고 했을까? 만약 조주가 '예'라고 대답했다면 학승은 '그럼 개가 부처란 말입니까?'라고 되물었을 것이고, 만약 '아니오'라고 대답했다면 학승은 '왜 부처님의 말씀을 부정하십니까?' 하고 물었을 것이다. 이것은 루스 베네딕트가 『국화와 칼』에서 말한 양 뿔의 딜레마이다. 이 무자 공안의 해석은 많은 선불교 수행자의 깊은 명상의 대상이 되어 왔다. 조선시대의 고승인 서산대사는 『선가귀감』에서 이 무자 공안이야말로 수도자의 최고 관문이라고 말했다.

　이 공안의 해석은 이러하다. 조주는 예스와 노라는 2분법의 대답을 거부하고 무(無: 없다)라는 제3의 대답을 내놓은 것이다. 조주는 사물에 대하여 '그렇다'와 '아니다' 혹은 '있다'와 '없다'를 구분할 것이 아니라 그것을 초월하는 것이 도이고 또 삶의 깨달음이라고 암시한 것이다. 조주의 스승 남천 화상은 "도(道)는 사물 밖에 있는 것이 아니며, 사물(뜰 앞의 잣나무)을 떠나서는 도가 없다"라고 했다. 즉 삶을 열심히 사는 것이 도의 깨우침이지 딴 것이 없다는 주장이다. 그래서 도겐 선사는 그의 저서 『정법안장(正法眼藏)』에서 "깨달음 얻은 이후 달라진 것은 없고 단지 눈은 수평이고 코는 수직이라는 것을 알았을 뿐"이라고 말했다. 루스 베네딕트는 도겐의 이 유명한 말을 『국화와 칼』 11장에서 인용하고 있다. 남천이나 도겐의 말은 『묘법연화경(妙法蓮華經)』 "여래수량품(如來壽量品)"에 나오는 말, "내(붓다)가 항상 이 사바세계에 있으면서 설법을 하여 왔건만, 사람들이 미혹하여 나를 보지 못하는 것뿐이다."를 변주한 것에 지나지 않는다. 『우파니샤드』에서는 "타트 트밤 아시(tat tvam asi: 나는 저것이다)"라는 가르침이 있는데 우리가 정말로 삶에 몰입하면 내가 곧 삶이라는 느낌이 드는 순간들이 있는데, 이때에는 주관도 객관도 주인도 손님도 예스도 노도 없는 그런 상태가 되는 것이다. 그리고 이런 상태를 늘 유지하는 사람을 가리켜 깨달은 사람이라고 한다.

황금률 golden rule 대부분의 종교와 도덕률에서 가장 근본적인 도덕으로 자리 잡은 법칙.
"남에게 대접을 받고자 하는 대로 너희도 남을 대접하라. 이것이 율법이요 선지자니라."(마태복음 7장 12절) 이 말은 기원전 1세기의 유대인 랍비인 힐렐의 다음과 같은 말과 유사하다. "이웃의 입장이 되어보기 전까지는 이웃을 판단하지 말라. 네가 이웃으로부터 받고 싶지 않은 대접을 네 이웃에게 하지 말라. 이것이 가장 중요한 법률이다. 그 나머지 것들은 모두 각주에 불과하다." 중국의 공자도 『논어』 위령공편에서 이와 비슷한 말을 했다. "자신이 원하지 않는 일은 남에게 베풀지 마라." 군자가 한평생 가져야 할 마음은 남을 먼저 생각하는 것인데 이것을 한자로는 서(恕: 남을 헤아려 생각하다)이다. 내가 하고 싶지 않은 일, 내가 당하고 싶지 않은 일은 남에게 시키지 않는 것이다. 칸트는 자신의 정언명령이 이 황금률을 적절히 표현했을 뿐만 아니라 강화한 것이라고 생각했다.(→ **정언명령**)

히로히토 裕仁 1901~1989. 일본의 124대 천황. 다이쇼 천황의 아들로 태어나 1926년에 황위에 올랐고 연호는 쇼와(昭和)이다. 그는 1921년 아버지 다이쇼 천황이 정신이상 증세를 보이자 섭정 자리에 올랐다. 나가코 공주와 결혼하여 2남 4녀를 두었다. 온건한 자유주의자인 히로히토 천황은 공개적으로 자신의 의사를 표명할 수 없었고, 의회의 결정을 그대로 추인해야 하는 입장이라서 직접적인 권력을 행사하지는 않았다. 그렇지만 때때로 자신의 의사를 관철시킨 일도 있었는데, 1936년 2월 26일 군사 쿠데타가 발생하자 쿠데타를 무력으로 진압할 것을 지시하기도 했다. 그는 1941년 11월 장군들의 강요에 의해 미국, 영국, 네덜란드에 선전 포고를 했다. 또 1945년 일본이 패전한 후에 포츠담 선언에 서명하는 데 동의했다. 1946년에 제정된 일본 헌법은 그를 국가의 상징으로 남겨 두고 모든 정치적 권력을 박탈했다. 이로 인해 그는 자신이 좋아하는 취미인 해양생물학에 몰두할 수 있었고 여러 편의 관련 논문을 쓰기도 했다. 해외를 여행한 최초의 일본 천황이 되기도 했는데 1971년 10월에 유럽과 파리를, 1975년에는 미국을 방문했다. 그는 1989년 1월에 사망했다. 그의 아들 아키히토(1933~)가 천황 자리에 올라 헤이세이(平成)이라는 연호를 사용했다. 아키히토는 2019년 양위하여 그의 아들 나루히토(德仁)가 황위에 올랐고 레이와(令和)라는 연호가 2019년 4월에 발표되었다. 루스 베네딕트는 『국화와 칼』에서 일본 천황의 위력을 잘 진단하여 맥아더 사령부가 일본의 천황제도를 폐지하지 않고 그대로 존속하는 데 일조했다. 히로히토는 패전 직후인 1945년 1월 맥아더 사령부의 권고를 받아들여 자신은 신이 아니라고 선언했는데, 이에 대해서는 『국화와 칼』 6장의 "메이지 장관들의 천황 사상" 부분을 참조할 것.

『국화와 칼』, 일본 문화 연구의 최고봉

일본은 우리와 지리적으로 가장 가까운 나라이므로 그 나라에 대해서 잘
알아야 할 필요가 있다. 이 책은 먼저 『국화의 칼』의 내용을 요약하고, 그
다음에 그 요약을 바탕으로 미국과 일본의 문화를 비교하여 그 차이를 도
표로 제시한다. 그런 비교를 바탕으로 이 책이 집필된 1946년 당시의 일
본인 모습을 보여 주는 일본의 저명한 장편소설 『세설(細雪)』과 『국화와
칼』을 비교한다. 그 다음에는 『국화와 칼』에 대한 찬반양론을 검토한다.
여기까지 책의 내용과 관련 정보를 파악한 다음에는 이 책의 이해에 도움
이 되는 사상가들을 소개하고, 그것을 바탕으로 수치 문화와 정신 경제가
어떻게 상호작용하고, 또 어떤 결과를 가져오는지 살펴본다. 그리고 마지
막으로 한국인과 일본인의 바람직한 관계를 언급하기로 한다.

『국화와 칼』의 내용 요약
—

루스는 1장에서 자신의 연구 과제가 일본인의 행동 양식임을 밝히고
일본인은 모순적 존재라고 선언한다. 루스는 일본인을 형용할 때 'but
also(그러나 또한)'라는 접속사와 부사가 필요하다고 말한다. 일본인은 예의

바르다. '그러나 또한' '오만하고 위압적이다'라는 식으로 정반대의 모순이 나타난다는 것이다. 일본인은 아름다움을 사랑한다. '그러나 또한' 공격성이 엄청나다. 이런 여러 가지 모순을 요약하여 일본 문화를 국화와 칼이라고 정의한다. 2장에서 루스는 일본인 전쟁포로에 대해서 언급하면서 전쟁 중에 결사 항전하며 결코 항복하지 않을 것 같던 일본군이 일단 포로로 잡힌 뒤에는 180도 행동을 바꾸어 미군에 협조하는 것을 보고서 더욱 일본인은 모순적인 존재라고 생각한다. 그러나 문화의 다양성을 인정하는 루스는 미국인의 눈으로 보면 모순으로 보이지만 일본인의 눈으로 보면 전혀 모순이 아니라고 전제하면서, 왜 그런 모순적 양상을 보이는지 원인을 찾아 나선다.

3장에서 루스는 일본이 계층적 위계질서를 존중하는 신분제 사회라고 규정한다. 따라서 일본 사회에서는 자신의 신분에 알맞은 자리를 각자 알아서 찾아가는 것이 무엇보다도 중요한 사회 적응의 방식이다. 이어 루스는 일본의 중세 시대를 간략하게 개관하면서 사농공상과 불가촉천민의 다섯 계급이 있었으며 실제 통치는 천황보다 쇼군이 맡아서 했음을 개관한다. 4장에서는 메이지 유신을 다루면서 격리된 황궁에서 거의 유폐된 것이나 다름없던 천황이 일약 일본 사회의 최고 상징으로 등장하게 된 배경을 설명한다. 이러한 위계질서 지향성이 '대동아공영권'이라는 대의명분을 만들어냈고, 그런 사상을 바탕으로 외국에 대한 침략을 단행한다. 루스는 일본인은 그 나름대로 대의명분에 입장하여 그런 행동을 벌였지만, 주변의 외국인들이 그런 침략에 전혀 찬성하지 않는다는 사실을 일본이 모르는 데 문제가 있다고 지적한다.

5장에서는 엄격한 위계질서 사회에서 개인들의 행동이 온(恩)과 기리(義理), 그리고 기무(義務) 등에 의해 감시, 제재, 승인되는 과정을 살펴본다. 이런 온과 기리 때문에 일본인은 세상과 시대에 대한 일종의 부채의식을 갖게 되었다. 6장에서는 온을 갚지 않는 사람을 사회 부적응자로 본다. 가장 먼저 온을 갚아야 할 대상은 천황이고 그 다음에 각 위계질서에 따른 상급자들, 가령 부모, 학교 선생, 직장의 상사 등에 입은 온을 반드시 갚아주어야 하고 그렇게 해야 기리를 올바르게 수행한 것이 된다. 7장에서 루스는 일본의 온가에시(은혜에 대한 보답)는 미국식 관점으로 보면 금전 거래의 체결 및 이행과 비슷한 것이라고 본다. 남의 돈을 빌리면 반드시 갚아야 하듯이, 남의 은혜를 입었으면 그것을 이자까지 쳐서 반드시 갚는 것이 일본인의 생활 철학이다. 이렇게 볼 때 온과 기리는 상호 불가분의 관계이다.

8장은 자신의 이름에 대한 기리를 설명한다. 누가 자신에게 모욕이나 조롱을 가했는데 그것을 그대로 둔다는 것은 이름에 대한 기리를 지키지 못하는 것이므로, 그런 사람은 사회 부적응자가 된다. 그래서 일본인은 기리와 분수(계층제도)에 맞는 삶을 무엇보다 중요하게 여긴다. 일본인은 자기 이름의 기리(체면)를 지키지 못하면 죽음으로써 그 오명을 씻는다. 이와 관련하여 자살은 자신의 명예를 지키는 한 방식이 된다. 여기서 루스는 일본인의 공격성(공격적 태도)에 주목한다. 이름에 대한 기리를 지키지 못해 좌절하는 지식인들이 먼저 그 심리적 에너지가 우울증으로 바뀌었다가 심한 경우에 자살에 이르는데 그것은 그 에너지(공격성)가 자신을 공격한 것이 된다. 하지만 이처럼 내부를 향하던 에너지가 국가적 사명 등의 외부적 출구를 찾게 되면 이번에는 밖으로 표출되어, 주변국에 대한 공격으로 전환된다. 이것이 일본이 제2차 세계대전을 일으킨 부분적 원인이다. 공격성은 자기를 향한 것(자살)이 되기도 하지만 방향을 바꾸어 놓으면 남을 향한 것(침략)이 된다는 것이다.

9장은 인간적 감정의 영역으로 일본인의 자유로운 성도덕과 여러 가지 인간적 감정의 측면을 다루는데 루스는 일본인의 기리의 완수와 미국인의 행복의 추구라는 개념을 서로 대비시킨다. 10장은 미덕의 딜레마를 다룬 장으로서, 충성과 의리의 갈등, 효성과 의무의 갈등을 서로 대비시키면서 이런 도덕적 딜레마가 극명하게 드러난 일본의 영웅담 『주신구라』를 소개한다. 여기서 루스는 칼의 지저분한 녹과 대비되는 '반짝거리는 빛(shining brilliance)'이라는 표현을 두 번 사용한다. 이어 루스는 일본의 문화를 외부의 제재를 깊이 의식하는 수치(하지) 문화로 규정한다. 11장은 불교의 화두를 소개하면서 일본인이 자신의 수치를 극복하는 방식을 진단한다. 스즈키를 인용하면서 '관찰하는 나'를 없애서 수치를 이겨내고 그리하여 일본인은 공격적인 행동에 자유롭게 나서게 된다고 풀이한다.

12장은 일본인 아이의 성장 과정을 서술한 것이다. 일본인 아이는 6세가 될 때까지는 집안에서 한없는 사랑을 받다가 6세 이후에는 외부의 제재를 의식하는 생활을 하게 되면서 이때 외부의 제재에 대한 두려움과 좌절이 너무 심각하여 일본인의 이원적(모순적) 성격이 형성된다고 진단한다. 이 장에서 루스는 10장에서 썼던 칼의 '반짝거리는 빛'이라는 표현을 다시 쓴다. 그러면서 일본인이 그들의 공격성을 이 칼의 '반짝거리는 빛'으로 다스려서 합리적인 존재로 발전해 가기를 기원한다. 여기서 칼의 개념을 국화(아름다움 혹은 반짝거림)의 개념으로 종합하려는 해석의 태도를 엿볼 수 있다. 13장은 패전 후의 일본을 다룬 것으로, 과거 일본이 러일 전쟁에서 승리했을 때 전승국으로 관대함을 보였던 것처럼, 이번에는 패전국으로서 의연히 현 상황을 받아들이는 관대함을 보임으로써 국가의 발전을 이룩해야 한다는 말로 끝맺고 있다.

미국 문화와 일본 문화의 비교

루스는 미국의 대일본 승전일(1945년 8월 14일)에서 한 달이 지난 시점에서

『국화와 칼』의 집필에 들어갔다. 그녀가 이 책의 원고를 집필할 때 가제는 "일본인의 캐릭터"였다. 루스가 1946년 여름 이 책을 탈고하고 나서 당초 사용하려고 했던 책 제목은 "우리와 일본인"이었다. 우리는 이 제목만으로도 저자가 책을 어떤 방향으로 집필하려 했는지 분명하게 알 수 있다. 그러나 호튼 미플린 출판사에서 책 제목이 너무 평범하다고 판단하여 "연꽃과 칼"이 어떻겠느냐고 역제안 해오자 루스는 "국화와 칼"이라고 수정하여 이것이 최종 제목으로 결정되었다.

사실 비교는 어떤 개념을 이해하는 데 가장 중요한 수단이다. 여기서 언어학자 페르디낭 드 소쉬르의 이론이 도움이 된다. 소쉬르는 단어가 의미를 갖게 되는 것은 다른 단어와의 관계에 의해서 비로소 가능해진다고 말한다. 가령 갈색 물체들을 수백 개 보여 주면서 갈색이 무엇인지를 가르치면 학생들은 갈색의 의미를 파악하지 못한다. 그러나 학생에게 갈색과 적색, 갈색과 주황색, 갈색과 회색, 갈색과 노란색, 갈색과 흑색 등을 같이 보여 주면 학생은 갈색이 무엇인지 금방 알아차린다. 이처럼 학생이 갈색의 의미를 파악하는 것은 갈색과 다른 색깔의 관계를 파악해야만 비로소 가능해진다. 즉 갈색(단어)은 그 자체의 본질을 가진 독립된 개념이 아니라 색깔(언어) 체계의 한 부분을 이루는 용어이며, 색깔 체계 내의 다른 용어와의 관계에 의해 비로소 그 의미가 규정되는 것이다. 그러면서 소쉬르는 이렇게 부연한다. 언어는 실체가 없다. 단지, 생리적, 심리적, 정신적 힘이 그때그때 단독으로 혹은 서로 결합하여 만들어진다. 그런데도 모든 구별, 모든 용어, 언어학의 모든 기술 방식이 마치 언어에 실체가 있다는 무의식적 가정 아래 이루어진다. 그러므로 언어 이론을 정립할 때 가장 중요한 일은, 이러한 무의식적인 가정의 틀을 분쇄하는 것이다.

언어와 문화는 유사한 점이 많다. 일본인은 그들끼리 있을 때는 자신들이 어떤 문화 속에 사는지 잘 모른다. 루스가 말한 대로 "자신이 숨을 쉬고 있는 공기"를 의식하지 못하는 것과 같다. 그래서 루스는 미국 문화와 일본 문화를 상호 비교하면서 논지를 펼쳐나가고 있는데 우리는 『국화와 칼』속에서 제시된 두 문화의 차이를 미리 알아두고 이 책을 읽어나가면 훨씬 이해가 빨라진다. 루스가 이 책의 전편에 걸쳐서 제시한 두 문화의 비교를 도표로 만들어 보면 다음과 같다.

항목	미국	일본
사회 체제	민주제	신분제
사회 내 자리	평등과 자유로움	미리 정해져 있음
국가 개념	필요악	아주 선량한 존재
국가의 상징	성조기	천황
애국심	개인의 자유와 병존	개인보다 더 중요한 것
새 법률에 대한 복종	개인 자유의 침해	천황에 대한 보은
인간관계	평등한 수평관계	수직적인 상하관계
종교	기독교	불교와 신도
윤리규범	원론적(십계명)	상황적(신분별)
핵심 사상	자유와 평등	의리와 보은
가정 내 태도	형식이 없음	형식을 준수함
인생관	도전과 모험	고통과 슬픔
인생의 평화기	성년 시기	유년과 노년
인생살이	자유로운 목표	정해진 목표
상처한 아버지의 재혼	이해함	원하지 않음
세상에 대한 부채의식	없음	있음
인생의 목적	행복의 추구	의무의 완수
자수성가의 부자	노력을 평가해 줌	근본 없는 나리킨
교육 시작	생후부터	6세 이후
문화	죄의식 문화	수치 문화
문화의 상징	아메리칸 아담	국화와 칼
성문화	유보적	개방적
성적 즐거움	금기가 많음	금기가 없음
섹스	신학적으로 죄악시함	죄악시하지 않음

육체적 쾌락	본능적으로 아는 것	학습의 대상
동성애	금기시함	금기시하지 않음
자위행위	엄격하게 금지함	죄악으로 보지 않음
음주행위	가급적 억제	관대하게 허용함
의식	일관된 '나'	관찰하는 '나'의 제거
사물의 관점	구체적	추상적
행동의 제재	개인의 양심	집단의 시선
모욕과 조롱	사소하면 용납	용납 안 됨
사랑	무상으로 주는 것	엄청난 부채
친절과 관대함	아무 조건이 없음	반드시 조건이 있음
은혜	상황별 보답	반드시 갚아야 하는 것
자존심의 근거	개인의 자유	은혜 되갚기
효도 개념	상황별 복종	절대 복종
자기희생	선택적	필수적
농담	자주 함	별로 하지 않음
공격성	대상을 향함	자기를 향함
행동 양식	일관성 유지	180도 전환 가능
행동의 지도(地圖)	없음	있음
자살	절망적 행위	명예 회복의 수단
폭력과 개인적 복수	존중하지 않음	존중함
체면치레	정직을 선호	방어적인 행위
경쟁의 효과	긍정적	부정적
직접적 경쟁	효과적으로 생각함	가능하면 피하려 함
선물 주고받기	필요할 때	지나치게 자주 함
친절과 복수	정반대의 것으로 인식	동일한 미덕이 될 수 있음
권태의 원인	이상과 현실의 괴리	막연한 내적 불안
선과 악	엄격하게 구분함	상황에 따라 악이 선도 됨
성실성	개인의 양심	외부의 제재
육아와 가정	자기희생	상호교환
자아의식	일관성 중시	무아를 지향
성장 곡선	U자 거꾸로 곡선	U자 형 곡선
가문의 대 잇기	그리 중요하지 않음	아주 중요함

작품 해설

(노트: 아메리칸 아담은 책 속에서는 나오지 않으나 일본의 문화 상징과 대비하기 위하여 제시해 보았다. 아메리칸 아담은 종교적 측면에서는 **퓨리터니즘**으로 설명되고, 세속적으로는 "미국의 꿈(아메리칸 드림)"으로 설명되기도 하고, 또 호레이쇼 앨저("가난한 사람이 부자가 되다") 스토리로 설명되기도 하는데, 신대륙인 미국이 지상낙원을 회복할 수 있는 가능성의 땅이라는 것이다. 이 신화에서 미국은 인류의 새로운 낙원 혹은 새로운 에덴동산으로 간주된다. 그리하여 아메리칸 아담은 새 역사의 출발에 즈음하여 영웅적인 순진성과 엄청난 잠재력을 갖춘 진정한 미국인으로 정의된다. 그래서 미국인은 자신을 아메리칸 아담 혹은 이브로 생각하기를 좋아한다.)

『국화와 칼』과 『세설』

루스는 나쓰메 소세키의 『봇짱』을 읽으면서 일본인의 대표적 행동 양식인 '온(恩: 은혜)'을 제대로 파악하게 되었다고 말한 바 있는데 옮긴이는 다른 일본 소설을 가지고 일본인의 세 가지 유형을 설명해 보겠다.

다니자키 준이치로(谷崎潤一郎, 1886~1965)는 20세기 일본 문학의 거장으로 칭송되는 소설가이다. 일본 최초로 노벨문학상을 수상한 것이 1968년이었는데 준이치로가 조금만 더 오래 살았더라면 틀림없이 그가 수상했을 것이라고 일본 문학의 유명한 영역자인 에드워드 사이덴스티커는 말했다. 프랑스의 사르트르는 일본을 방문했을 때, 교토 근처의 준이치로 묘소를 제일 먼저 참배하여 이 대표적인 일본 작가에게 경의를 표했다. 준이치로는 일본적 에로스를 깊이 천착한 작가였고 그 에로스가 곧 선과 악을 초월하는 아름다움이라고 보았다. 준이치로의 대표작 『세설』은 1946~48년 동안 3년에 걸쳐서 상중하 세 권으로 발간된 장편소설이다. 원래 작가가 이 소설을 쓰기 시작한 것은 태평양 전쟁이 발발한 이듬해인 1942년이었다. 1943년 『주오코론(中央公論)』 신년호와 4월호에 실렸고

7월호에도 실릴 예정이었으나 당시의 군국주의 정부로부터 "시국과 맞지 않는 소설이다"라는 판정을 받아 발표 금지되었다가 종전 후에야 비로소 작품 전체가 발표되었다.

이 소설은 『국화와 칼』이 다루고 있는 1940년대 후반의 일본인을 묘사한 작품이다. 나는 이 소설이 루스의 저서를 이해하는 데 도움이 된다고 본다. 나는 한국어 번역판으로 이 소설을 먼저 읽었고, 최근에는 가와바타 야스나리의 『설국』을 번역하여 일본에 최초로 노벨 문학상을 안겨준 영역자 에드워드 사이덴스티커의 영역본 『마키오카 자매들』(1957)로 다시 한 번 읽었다. 영역본 제목은 원서의 제목과는 다르게 등장인물들이 속한 가문(마키오카)의 이름을 제시하고 있다.

4명의 마키오카 자매를 말해 보면 이러하다. 마키오카 가문은 전쟁 전에 오사카에서 호상으로서 상류층 집안이었으나 지금은 가세가 기울어져 가고 있다. 큰 언니 쓰루코는 결혼하여 오사카의 큰 집에서 살면서 일본의 전통대로 다른 작은 집들에 대하여 권위를 내세운다. 둘째 언니 사치코는 은행원과 결혼하여 오사카 외곽의 작은 도시 아시야로 분가해 나갔다. 미혼인 밑의 두 동생은 이 작은 언니를 더 부담 없이 생각하여 그녀의 집에 살고 있다. 셋째인 유키코는 서른 살인데 아직도 미혼이다. 젊은 시절에 혼담을 너무 많이 거절하여 마키오카 가문은 영락한 집안 주제에 너무 거만하다는 소문이 나기에 이르렀다. 막내 다에코는 25세인데 세련되고 고집이 세면서 자유분방한 남성 교제를 한다.

이 네 자매 중 가장 중요한 인물은 셋째인 유키코이고, 핵심 주제는 그녀의 혼처를 찾는 것이다. 유키코는 소설의 끝부분에 이르러 시골의 유복한 집 상속남에게 시집을 간다. 유키코는 우아한 일본 숙녀의 자질을 모두 갖추고 있다. 수동적이고, 우아하고, 온유하며, 다도, 꽃꽂이, 서예, 시가 등에 조예가 깊다. "부끄러움을 잘 타는 사람으로 남들 앞에서 말도 잘 못하지만, 겉보기와는 달리 꾹 참기만 하는 것도 아니다. 뭐든지 묵묵히 자기가 하고 싶은 대로 하는 사람이며 보기와는 다르게 외출을 좋아하고, 내성적인 것 같지만 화려한 것을 좋아하는 여자"이다. 루스가 『국화와 칼』 서문에서 일본인에 대해서 말한, '그러나 또한'의 모순적 특성을 그대로 갖고 있는 여자이다. 막내 다에코는 미래의 불안한 모습을 고스란히 드러낸다. 그녀는 현대적 여성으로 집안에서 벗어나 자신만의 커리어를 확립하려고 애쓴다. 일련의 남자 교제 끝에 결혼도 안 했는데 임신을 하고 바텐더의 아내로 결말이 난다.

둘째 언니 사치코는 자상하고 배려 깊은 인물로 집안의 조화와 화합을 위해 온 힘을 기울이면서 어린 시절에 누렸던 상류층 호상의 집안 분위기를 유지하려 애쓴다. 제일 비극적인 인물은 큰 언니 쓰루코이다. 새로운 문물에 대하여 비타협적인 쓰루코는 돈 문제와 대가족 유지 등으로 골머리를 앓다가 남편의 사업이 부진하여 오사카의 정든 집을 뒤로 하고 살벌한 경쟁이 판칠 뿐만 아니라 마쓰오카라는 가문 이름은 아무런 의미도 없는 도쿄로 이사를 가야 한다.

이 소설을 하나의 상징으로 본다면 마키오카 집안은 1940년대 중반의 일본 사회이다. 큰 언니 쓰루코는 아주 오래 전의 일본인, 사치코는 메이지 유신 전의 일본인, 유키코는 유신 후의 일본인, 그리고 다에코는 종전 후의 일본인이다. 즉 이 소설은 일본의 난만한 전통이 페리 제독에 의한 개국 이래 서양 문물의 파고를 맞이하여 점점 희석되어 가는 과정을 묘사한다.

이 소설을 읽은 독자는 왜 제목이 '세설(가랑눈 혹은 가늘게 내리는 눈)일까' 하고 의문을 품게 된다. 작품에는 눈 얘기가 전혀 안 나오기 때문이다. 그래서 추상적인 것보다 구체적인 것을 좋아하는 서양인을 위하여 사이덴스티커는 책 제목을 『세설』에서 "마키오카 자매들"이라고 아예 바꾸어

버렸다. 나는 이번에 영역본을 읽으면서 책 제목과 관련하여 이런 생각을 하게 되었다. 세설은 일본어로 읽으면 사사메유키이다. 그리고 이 작품의 주인공 유키코는 작중에서 유키라는 애칭으로 불린다. 그렇다면 세설은 점점 가늘어지는 유키라는 뜻이 된다.

한편 일본은 눈의 나라이다. 가와바타 야스나리가 1968년 일본 최초로 노벨 문학상을 수상했을 때 스웨덴 한림원은 일본 문화를 가장 섬세하게 드러낸 작가라고 평가했는데 수상작은 『설국(雪國)』이었다. 여기서 과거 일본의 전통이 많이 남아 있던 시절의 일본 문화는 한 마디로 설국, 즉 큰 눈이 내린 아주 깨끗한 풍경으로 상상해 볼 수 있다. 패전 이래 서양의 문물이 밀려오기 시작하는 일본은 이제 눈발이 가늘어지는 가랑눈의 상태이다. 다니자키는 아마도 사치코(대설), 유키코(세설), 다에코(무설)로 세 일본인의 패턴을 제시하고 싶어 했을 것이다. 따라서 '세설(가랑눈)'이라는 제목은 "점점 사라져가는 일본의 전통 문화"라는 언외의 메시지를 던지고 있다.

『세설』 1권 19장에서 마키오카 3자매가 헤이안 신궁으로 봄꽃 놀이를 나갔을 때 사치코는 이런 시를 쓴다.

헤이안 신궁에서 지는 꽃을 보고
가는 봄을 섭섭하여, 지는 꽃
소맷자락에 숨겨두면 좋았을 것을

여기서 작품의 제목 가랑눈은 지는 꽃과 대칭을 이룬다. 그리하여 꽃, 산화, 죽음, 아름다움, 그리고 공격성으로 이어지는 일본 문화의 패턴이 집약된다.(→ 마코토)

루스 베네딕트는 『국화와 칼』의 부제로 '일본 문화의 패턴(patterns of

Japanese culture)'이라고 하여 패턴이란 단어에 복수형(patterns)을 쓰고 있다. 나는 1940년대의 일본인을 세 유형으로 분류한다면 사치코, 유키코, 다에코가 된다고 본다. 루스는 13장에서 일본인이 결국 다에코 스타일로 나가야 한다고 말한다. 그렇다면 지금 현재(2019년)의 일본에는 다에코 같은 사람이 훨씬 더 많을까? 무라카미 하루키의 『노르웨이의 숲』 같은 소설을 읽으면 그 소설의 주인공처럼 일본인은 이념에는 무관심하고 자유분방하며 성적으로 개방적인 인물일 것 같은 느낌을 받게 된다. 그렇지만 여전히 일본에는 사치코와 유키코 같은 유형의 일본인도 많을 것으로 생각한다.

『국화와 칼』에 대한 비판과 옹호
———

이 저서에 대한 비판은 대략 다음 여섯 가지로 나누어 볼 수 있다.

첫째, 일본 현지 조사가 결여되어 있어 믿을 만한 일본인의 모습이라고 볼 수 없다.

둘째, 일본의 역사적, 사회적 전통을 총체적으로 다루지 않은 일면적 연구이다.

셋째, 연구 조사에 동원된 샘플이 제한적이어서 일본인의 평균적 모습을 옳게 반영했다고 볼 수 없다.

넷째, 승전국의 관점에서 패전국 일본을 바라본 것으로 우월적 지위가 노골적으로 드러나며 미국의 문화를 일방적으로 강요한다.

다섯째, 객관적 사실 관계가 맞지 않는 부분들이 있다.

여섯째, 제시된 에피소드들에서 교훈을 이끌어내는 시적이면서도 문학적인 방식을 취하고 있고 그래서 과학적 저서라기보다 문학 서적에 더 가깝다.

옮긴이는『국화와 칼』의 텍스트를 근거로 이와 같은 비판에 대하여 루스를 옹호해보고자 한다.

첫 번째 비판은 루스 자신이 이미 책 앞에서 현지 조사를 하지 못해 이 연구를 완전한 것으로 보지 않는다고 말했으므로, 시비의 대상이 되지 못한다. 그런데『국화와 칼』의 일본어판(光文社, 2008) 번역자인 쓰노다 야스마사(角田安正)는 역자 후기에서 이런 재미있는 말을 하고 있다.

"1971년에 모스크바에서 출판되어 호평을 얻은『사쿠라의 가지』라는 일본인을 논한 책자가 있다. 소련『프라우다』지의 도쿄 특파원으로 근무했던 오치니코프가 저자이다. 일본에서도 화제가 되어 두 종류의 일본어 번역판이 나왔다. 자본주의 국가인 일본을 오로지 비판만 하던 소련 공산당 기관지에 '일본의 실상을 호의적인 입장에서 알려준 특파원이 나왔다'라는 것이 일본의 대체적인 인상이었다. 실제로『사쿠라의 가지』에는 오치니코프가 흥미진진하게 겪었던 일본의 체험이 많이 들어가 있다. 그러나 기존의 일본인론에 뭔가 새로운 것을 보태 준 것은 별로 없다. 특히『국화와 칼』로부터 인용한 것이 너무 많다. 인용이 많을 뿐만 아니라 지문의 약 4분의 1 정도가『국화와 칼』을 그대로 베낀 것이라 해도 과언이 아니다.『사쿠라의 가지』는 일본인과 일본 문화에 관심을 갖고 있는 러시아 사람들에게『국화와 칼』, 더 나아가 루스 베네딕트의 이름을 알려 주었다는 면에서 특히 공로가 큰 것 같다."

이 글에서 알 수 있듯이, 현지에 가서 오래 산다고 해서 자동적으로 그 나라 문화의 정수를 꿰뚫어보게 되는 것은 아니다. 비록 원거리에서 관련 자료를 검토하고 일본계 미국인을 인터뷰하면서 얻은 자료이긴 하지만, 그 자료 속에서 일본 문화를 심층적으로 바라볼 수 있는 형안이 더 중요한 것이다. 이에 대하여 루스 자신이 서언(1장)에서 이렇게 말하고 있다.

"(일본인과 직접 상대하며 정보를 얻는) 인류학자는 일본에서 살아본 경험이 있는 아주 유능한 서구 관찰자들과 똑같은 행동을 하는 것이다. 하지만 이렇게 하는 것이 인류학자가 제공할 수 있는 것의 전부라면, 그는 일본에 살면서 일본인을 관찰한 외국인 거주자들의 귀중한 연구서에 더 이상 보탤 것이 없게 된다. 그러나 문화인류학자는 관련 분야에서 오랜 훈련을 쌓은 결과로, 자신이 어떤 특정한 자격을 가지고 있다고 생각한다. 그리하여 그는 기존의 연구자와 관찰자들이 많은 자료를 내놓은 분야에서 그 자신만의 고유한 기여를 함으로써 자신의 노고에 보람을 느끼게 되는 것이다."

두 번째 비판도 루스의 서언에서 이미 대답이 된 것이다. 루스는 자신이 일본의 역사서를 쓰려고 하는 것이 아님을 분명하게 말했다. 따라서 이 비판은 지금 이 순간(1945) 일본인의 행동 방식을 예측하려고 쓴 책을 상대로, 왜 1045년 혹은 545년의 일본인의 행동 방식은 쓰지 않느냐고 묻는 것과 똑같다. 비유적으로 말하자면 1945년에 일본어로 쓰인 소설 『세설』을 읽으려고 하는 사람에게, 왜 무라사키 시키부가 쓴 헤이안 시대의 장편소설 『겐지 이야기』(976~1015)를 읽지 않느냐고 주문하는 것이다.

셋째 비판은 타당한 점이 있다. 루스가 인터뷰한 사람은 메이지 시대나 다이쇼 시대에 미국으로 건너간 일본계 미국인(잇세이), 혹은 일본인 포로로 잡힌 사람들이었기 때문이다. 이들은 비유적으로 말하자면 『세설』의 사치코나 유키코에 더 가까운 사람들이다. 그러나 이런 샘플의 한계에도 불구하고 일본인의 모습을 잘 포착했다는 것이 일본 평론가들의 중론이다.

네 번째 비판에 대해서 말해 보면, 『국화와 칼』 속에는 그런 느낌을 줄지도 모르겠다고 느껴지는 부분이 있다. 가령 5장에서는 이런 말이 나온다. "사소한 것에 대한 이런 민감한 반응, 이런 고통스러운 마음가짐은 미국의 경우에는 청소년 깡패의 기록이나 신경증 환자의 사례집에서만 나오는 것이다." 또 7장에는 이런 말도 나온다. "일본인은 사소한 말과 행동도 다 머릿속에 기억해 둔다. 미국인 같으면 전혀 의무 사항이 된다고 보지 않고서 가볍게 내던지는 말이나 행동도 그들은 소홀히 하지 않는 것이다. 그러니 이 복잡한 세상에서는 아주 조심스럽게 움직이지 않으면 안 된다." 또 10장의 마지막 문단(미시마의 사례)은 얼핏 읽으면 '일본인은 답답하고 미국인은 관대하다. 일본인은 고식적이고 미국인은 활달하다'라는 식으로 말하고 있는 것처럼 보인다. 그러나 책의 전체적인 주제—미국인과 일본인의 비교—라는 관점에서 보면 꼭 그렇게 볼 수 없다. 루스는 비교의 관점에서 미국인을 꼬집는 말도 주저하지 않기 때문이다. 위에서 미국인과 일본인의 비교를 도표로 보인 바 있는데, 그것을 보면 루스가 일방적으로 일본인을 기이하게 보는 것이 아님을 분명하게 알 수 있다. 가령 6장에서 새로운 법률에 철저하게 저항하는 미국인의 모습을 서술한 게 그런 경우이다. 루스는 서언(1장)에서 일본인의 모순적 성격을 미국인의 관점에서 설명하는 것이 아니라 일본인의 관점으로 설명해 보겠다고 분명하게 밝혔다. 그러니 전승국 국민의 우월한 태도 운운은 맞지 않는 비판이다. 이것은 1945년 이후 일본이 발전해온 과정을 살펴보면 루스의 조언(일본은 미국적 방식을 채택해야 한다)이 옳았다는 것으로 증명된다. 일본은 민주제를 시행했고, 자본주의 방식에 의하여 경제 발전을 이루었으며, 전쟁을 포기한 평화적 국가가 되었다.

다섯 번째 비평은 만신(800만의 신을 4만의 신으로 잘못 표기한 것), 나마무기 사건(사건 발생 장소가 요코하마인데 조슈로 착각한 것), 천황칙어(일부 자구의 번역이 정확하지 못하다) 등에서 세부 사항이 틀렸다는 지적이다. 이러한 지적은 너무나 사소하여 비평이라고 할 수도 없는 것들이다. 더 나아가 '이름에 대한 기리'라는 일본어는 없다고 지적하는 비평가도 있다. 그러나 루스는 8장에서 "일본인은 내가 여기서 '이름에 대한 기리'라고 부르는 것에 대하여 별도의 용어를 가지고 있지 않다."라고 분명하게 말하고 있다.

여섯 번째 비평은 100퍼센트 옳은 말이다. 이 책은 문화 인류학 책이라기보다 에세이 혹은 소설에 더 가깝다. 소설이라고 하여 저자가 창작했다는 얘기는 아니고, 구체적 사건과 사례들을 많이 제시한 다음에 그로부터 결론을 이끌어내기 때문이다. 책 속에 제시된 많은 구체적 사례들은 그런 느낌을 더욱 강화한다. 루스는 자신의 논문 「인류학과 인문학」의 결론에서 이런 말을 했다. "인류학자들이 인간의 마음을 주제로 삼을 때, 과학의 방법과 인문학의 방법은 상호 보완하게 될 것이다… 우리는 과학은 물론이고 인문학으로부터 배울 때, 우리의 문화나 지구 반대편에 있는 문화에 대한 적절한 연구가 성취를 이룰 수 있을 것이다." 루스는 자신의 책이 인류학 플러스 인문학이 되기를 바랐는데, 우리는 이 책을 어느 정도 읽어 나가다 보면 마침내 소설을 읽는 것처럼 흥미진진하게 읽게 된다. 이것을 위해 루스는 많은 구체적 사례를 들었다. 상처한 아버지의 재혼에 반대한 자식들(5장), 스기모토 부인의 어릴 적 이야기(12장), 사악한 시어머니의 사례(6장), 연대 훈련에 나갔는데 수통의 물을 마시면 안 된다는 연대장의 명령을 지키다가 갈증과 탈진으로 사망한 다섯 명의 병사(6장). 그러나 일본의 성문화(10장)나 육아문화(12장)에 루스 자신의 자기 지칭성이 없었더라면 그런 여실한 분석이 가능했을까? 저자가 자신에게 정말로 절실한 문제를 아주 간절한 태도로 기술해 나가고 있기에 독자를 감동시키는 것이다.

『국화와 칼』의 이해에 도움 되는 사상가

먼저 프랑스의 귀족 출신 저술가 알렉시 드 토크빌(1805~59)이 있다. 루스는 토크빌에 대하여 3장과 8장에서 두 번 언급하고 있다. 간략하게 말하면 이 프랑스 귀족이 신생국가인 미국을 돌아다보고 앞으로 미국과 러시아가 세계를 이끌어가는 두 강대국이 될 것이라고 예언했는데 실제로 그렇게 되었다는 것이다. 루스가 토크빌을 두 번이나 거론한 것은 일본도 자신(루스)이 13장에서 내린 예언—일본이 예전과 다른 합리적인 방식으로 국가 건설 사업을 한다면 곧 다시 대국으로 발전할 것이다—이 그대로 실현되기를 바라는 마음에서였을 것이다.

루스가 토크빌을 인용한 것은 은연중에 그녀가 일본을 바라보는 관점이 반영되어 있다. 귀족제 출신의 토크빌이 미국을 바라보면서 앞으로 세계는 미국과 같은 민주제로 나아갈 것이라고 관찰했듯이, 민주제의 평민 출신인 루스가 신분제인 일본을 바라보면서 앞으로 일본이 민주제로 나아가야 살 길이 있다고 말하고 싶은 것이다.

독일의 사상가 니체는 『국화와 칼』 11장에서 언급되고 있다. 루스 베네딕트가 니체를 인용한 것은 선의 깨달음 상태를 니체의 아폴로적 합리성에 비유하기 위해서인데 그 부분을 인용하면 이러하다. "그 자신의 존재와 시민적 이름을 유지하는 것." 이 문장은 니체의 『비극의 탄생』 섹션 8에 나오는데, 그 문단을 번역해 보면 다음과 같다.

"주신(디오니소스) 송가는 본질적으로 다른 모든 코러스의 노래와는 다르다. 엄숙하게 아폴로의 신전으로 행진해 가는 성녀들은 손에 월계수 가지를 들고 행진의 찬가를 부르지만, 그들은 그 자신의 본질적 존재와 시민적 이름을 유지한다. 반면에 주신송가의 코러스는 시민적 과거와 사회적 신분이 완전 망각된 캐릭터로 변모해 버린다. 그들은 사회의 영역 밖에 사는 그들의 신(디오니소스)을 섬기는 무시간적 존재가 된다. 그리스인들의 다른 모든 코러스적 서정시는 아폴로적인 단독 가수가 부르는 노래를 크게 강화한 것에 지나지 않는다. 그러나 주신 송가에서 우리는 무의식적인 배우들의 공동체를 마주 대하게 된다. 그 배우들은 그들 자신은 물론이고 상대방 배우도 변모된 캐릭터라고 생각하는 것이다."

니체가 그리스인을 아폴로(지성) 형과 디오니소스(야성) 형으로 구분한
것은 루스 베네딕트의 사상에 결정적 영향을 미쳤다. 루스는 니체로부터
힌트를 얻어 사람의 퍼스낼리티를 디오니소스 형과 아폴로 형으로 나누
고 있다. 디오니소스는 바쿠스라는 이름을 갖기도 하는데 술과 도취의 신
이다. 일상생활의 단조로운 반복에서 벗어나 어떤 황홀한 경지의 정신 상
태에 도달하는 것을 지향한다. 아폴로는 그런 도취적인 경험을 불신하고
질서정연한 일상생활을 따르기를 좋아한다. 루스는 바로 이런 성격 유형
을 1936년에 발표한 『문화의 패턴』에서도 북아메리카의 인디언족 분류
에 적용한 바 있다. 그러나 아폴로/디오니소스라는 이상적 인간형은 하
나의 지적 구조물에 불과하다. 일본이든 미국이든 한국이든 그 사회의 어
느 누구도 이에 꼭 맞는 성격을 가질 수는 없다. 한 민족의 국민성을 이야
기할 때 우리는 사실 집합적인 이상적 퍼스낼리티를 말하는 것이다. 그러
나 어떤 사회가 되었든 구성원 대다수는 성장과정 중에서 그 사회의 사
상, 교육, 훈계, 금언, 상벌규칙 등의 다양한 제도적 장치를 통하여 그 이
상적 퍼스낼리티에 가깝게 다가가도록 단련된다.

그녀는 또한 여성의 정체성을 고민하던 시기에 쓴 여성운동가 메리 울
스턴크래프트의 전기에서 또다시 다음과 같은 니체의 말을 제사로 인용
했다. "그대들이 실패하거나 절반쯤 성공하거나 절반쯤 난파한 사람이라
는 것은 얼마나 놀라운가! 하지만 인간의 미래는 그대들이 노력하고 갈
등하는 데 있지 않은가? 인간의 가장 심오하고 가장 경이로운 희망이 바
로 거기에 있는 것이다." 루스가 일본 문화를 '국화와 칼'이라고 규정한
것도 실은 니체의 개념에서 영향을 받은 것이다. 니체는 『비극의 탄생』
섹션 5에서 "존재와 세상이 영원히 정당화되는 것은, 그것들이 오로지
미학적 현상으로 나타날 때뿐이다."라는 말을 했는데, 국화의 정돈된 꽃
잎과 칼의 반짝거리는 빛을 대구처럼 맞세우면서 일본의 정신을 설명한

것은 바로 이 니체의 아포리즘을 그대로 따른 것이다.

『국화와 칼』에서 프로이트의 이름이 등장하는 것은 5장 『도쿄 정신분석학 저널』의 인기 기사를 언급할 때, 딱 한 번뿐이지만, 루스는 11장과 12장에 걸쳐서 정신 경제(psychic economy)라는 프로이트의 용어를 네 번 사용하고 있다. 이 용어는 루스의 논지를 이해하는 데 결정적인 단서가 된다. 정신 경제는 프로이트가 인간의 마음을 설명하는 두 이론인 역동적 이론과 경제적 이론 중 후자의 것이다. 역동적 이론은 정신현상을 본능과 관련시켜서, 어떤 대치하는 정신적 힘들의 갈등 및 결과로 파악하는 관점이다. 이에 반하여 경제적 이론은 통칭 수력학(hydraulics)이라고 한다. 수력학은 말 그대로 정신의 에너지를 물에다 비유하여, 그 물이 정신(마음)의 지형을 따라서 움푹 파인 곳에서는 가두어져 흐르지 않으며, 비탈에서는 빠르게 흐르고, 평지에서는 천천히 흐르는 것 등을 말한다. 가두어져 흐르지 않는 물의 상태를 트라우마(깊은 정신적 상흔)라고 한다. 정신분석의 4개 기본 개념은 무의식, 전이, 드라이브(충동), 반복인데 정신의 수력학은 이 중 뒤의 둘과 깊은 관련이 있다. 프로이트는 강박적인 반복과 관련하여 그것이 죽음의 드라이브와 관련이 있다고 보았다. 정신의 수력학에서 볼 때 어떤 상흔을 가지고 있는 사람은 어떤 고통스러운 상황에 다시 놓이고 싶어 하는 반복적인 경향을 보인다는 것이다. 정신 수력학의 궁극적인 목적은 사람이 이런 강박적인 반복의 순환을 깨트리도록 도와주는 것이다. 프로이트는 『정신분석입문 강의』에서 에너지의 수력학을 이렇게 설명하고 있다. "가령 어떤 정신적 충격을 값으로 따져 1000이라고 할 때, 그 충격을 당하는 주체의 충격 수용 능력이 300밖에 되지 않으면 그 나머지 700을 다시 청구하기 위해 그 충격적 사건이 자꾸만 기억 속에서 되풀이 된다. 이것이 반복이고 정신의 수력학이다."

그리스 소설가 니코스 카찬차키스는 1934년에 일본을 방문하고서 『일본 여행』이라는 여행기를 펴냈다. 이 책에서 그는 일본 문화를 요약하는 말로 사쿠라, 고코로(마음), 테러의 3단어를 들었고, 일본 문화 전체를 가리켜 "돌의 정원"이라고 했다. 카잔차키스는 이 "돌의 정원"이라는 불안정한 긴장에 커다란 매력을 느껴서 이 제목으로 소설을 쓰기도 했다. 사쿠라는 국화로, 고코로는 수치(羞恥)를 피하려는 일본인의 정신경제로, 테러는 칼(공격성)로 번역해 놓으면 루스의 주장을 그대로 예고한 것이 된다. 카잔차키스는 조용한 정원이 언제 허물어질지 모르는 불안한 긴장감을 갖고 있는데 거기에 큰 매력이 있다고 했다.

『국화와 칼』 10장 끝부분에서도 '일본식 정원'이라는 말이 나오는데 일본에서만 통하는 규범이라는 뜻으로 사용하고 있다. 12장 끝부분에서도 루스는 '일본식' 정원을 거론하고 있다. 서로 다른 시기에 일본을 연구한 두 서양인이 거의 비슷한 증언을 하고 있는 것이다.

수치 문화, 정신 경제, 국화와 칼

루스는 미국인의 삶의 목적은 행복의 추구이지만, 일본인의 그것은 의무의 완수라고 말한다. 미국인이 행복을 추구하는 데 있어서 그 주체는 개인의 양심인 반면에, 일본인이 의무를 완수하는 주체는 일본인 개인의 양심이 아니라, 외부에 이미 설정되어 있는 행동의 지도(地圖)라고 말한다. 따라서 일본인은 그 지도에 나온 길을 그대로 따라갔느냐(행동했느냐) 여부에 따라 좋은 사람 혹은 나쁜 사람이 결정된다. 그 행동의 성공 여부를 결정하는 것은 외부 사람들의 시선이기 때문에 일본은 남들을 무척 의식하게 되고, 그 시선에 부합하지 못하면 수치심을 느끼게 된다. 이 수치심은 일본 문화에서 선악을 구분하는 중요한 기준이다. 다시 말해 수치를 느끼게 하는 것은 악이고, 수치를 없애 주는 것은 선이며, 수치라는 정신적 개념은 고통이라는 신체적 현상과 동일한 것으로 인식된다. 이런 수치 때문에 일본인은 자살하는 경우가 많다. 여기에 착안하여 루스는 일본의 문화를 '수치 중심의 문화'라고 규정한다. 이에 반해 미국인은 자신의 양심에 어긋나는 일을 했을 때 죄의식을 느끼게 되므로, 미국의 문화는 '죄의식 문화'라는 것이다.

이어 루스는 11장에서 일본인이 자기 단련의 과정에서 수치를 이겨내는 방법을 설명한다. 루스는 스즈키의 옵서빙 아이(observing I: 관찰하는 나)의 개념을 취하여, 이 관찰하는 나를 잃어버리는 상태를 무아(無我, 일본어 발음으로 '무가')의 상태로 규정한다. 일본인은 평소 무겁게 느끼던 수치의 부담을 이것 덕분에 벗어버리고 평소와는 다르게 자유롭게 행동하면서, 억눌려 있던 상태(무기력이나 우울증)에서 벗어나 공격적인 행동에 나선다. 11장에서 루스는 이렇게 말하고 있다. "이러한 '무가'의 개념은 일본인들이 자기 감시와 자기 감독을 얼마나 큰 부담으로 여기고 있는지 잘 보여 주는 증거이다. 일본인들은 이런 구속을 느끼지 않으면 자유롭고 효율적인 사람이 될 수 있다고 말한다. 반면에 미국인들은 이런 '관찰하는 나'를 이성의 원칙과 같은 것으로 여긴다. 그래서 위기 상황에서도 '재치와 정신을 잃지 않은' 자기 자신을 자랑스럽게 여긴다." 이어 루스는 무아를 "죽은 셈치고"에 연결시킨다. "따지고 보면 '무가'의 철학이 곧 '죽은 셈치고'의 철학이다. 이 상태의 사람은 모든 자기 감시와 공포를 내던지게 된다. 그는 죽은 자, 이미 올바른 행동 방침에 대해 걱정하지 않는 사람이 된다. 죽은 자는 더 이상 '온'을 되갚아야 할 필요가 없다. 그는 자유이다. 따라서 '죽은 셈치고 산다'는 갈등에서 완전히 벗어나는 것을 의미한다."

그리고 마지막으로 서양인과 일본인을 이렇게 비교한다. "서양의 관점에서 볼 때, 일본의 '무가'와 '죽은 셈치고'는 양심을 배제한 것처럼 보인다. 일본인이 말하는 '관찰하는 나' 혹은 '방해하는 나'는 개인의 행동을 판단하는 검열관이다. 이것은 동서양의 심리 차이를 극명하게 보여 준다. 우리가 어떤 미국인을 가리켜 의식이 없다고 말한다면, 잘못을 저지르고도 죄책감을 느끼지 못한다는 뜻이다. 하지만 일본에서는 더 이상 긴장하지 않고 장애를 느끼지 않는 사람의 뜻으로 사용한다."

여기서 우리는 '관찰하는 나'에 대하여 의문을 갖게 된다. 이 '관찰하는 나'는 선불교의 공안(화두)을 소개하는 과정에서 나온 것이다. 루스는 11장에서 남악의 **일물**(一物) 공안을 소개하는데 그 부분을 인용해 보면 이러하다. "하지만 그런 노력 끝에 얻어진 위대한 지혜가 무엇인지 선승의 언행록을 찾아보면 다소 허탈한 느낌을 받는다. 예를 들어 남악은 '나를 향해 걸어오는 자는 누구인가?'라는 화두를 8년 동안 궁리하다가 마침내 깨달음을 얻었다. 그의 말은 이러하다. '여기에 한 물건이 존재한다고 말한 순간, 나는 전체를 생략하는 것이 된다.(Even when one affirms there is something here, one omits the whole).'" 이 영어 문장은 스즈키 다이세쓰의 『선불교 에세이』에서 인용한 것이라고 하는데, 이 영문으로는 도저히 일물 공안의 뜻을 파악할 수가 없다.(→ **일물, 깨달음, 남악, 혜능, 조주, 화두**) 루스는 11장에서 조주의 **만법귀일**(萬法歸一) 화두를 인용했으므로 그 답변도 알았을 텐데, 이것 역시 남악의 공안 못지않게 실망스럽게 여겼을 것이다. 이 화두는 『벽암록』 45장에 나온다. 학승이 조주에게 물었다. "모든 것은 일로 돌아갑니다. 그러면 일은 어디로 돌아갑니까?" 이 질문에 조주가 대답한다. "내가 청주에 있을 때 옷 한 벌을 지었는데 무게가 일곱 근이나 되었지." 옷 한 벌의 원어는 포삼(布衫)인데 포는 베를 말하고 삼은 윗도리에 입는 홑옷을 가리킨다. 요즘으로 말하자면 여름 점퍼 같은 것인데, 이 옷의 무게가 일곱 근(4.2kg)이나 된다고 했으니 말이 안 되는 얘기이다.(→ **화두**)

루스는 이 '관찰하는 나'를 '생각하는 나'와 같은 것으로 본다. 그런데 공안 속의 '관찰하는 나'는 루스가 말한 그런 '나'가 아니다. 선불교에서는 관찰하는 나가 없어진다고 해서 루스가 말한 것처럼 생각하는 '나'가 없어진다고 보지 않는다. 만약 생각(의식)이 없어진다면 어떻게 깨달음을 의식할 수 있겠는가? 그렇다면 선불교의 '관찰하는 나'는 정확하게 어떤 의미인가? '관찰하는 나'는 곧 '구분하는 나'인 것이다. '구분하는 나'가 없어지는 것은 사물의 두 가지 측면(선과 악, 행운과 불운, 슬픔과 기쁨, 죽음과 삶)을 구분하지 않고 초월하는 것일 뿐 '생각하는 나'가 없어지는 것이 아니다. 이런 상태를 가리켜 아상(我相: 구분하는 나, 영어로는 self)에 집착하지 않는다고 한다. 『금강경』은 아상뿐만 아니라 인상(人相: 사람, person), 중생상(衆生相: 보통 사람, common man), 수자상(壽者相: 존재, being)에도 집착하지 말 것을 가르친다. 또한 조주는 아상, 인상, 중생상, 수자상을 모두 내려놓아야 비로소 깨달을 수 있다고 말한다. 바로 이것이 선불교에서 말하는 '관찰하는 나(정확하게는 구분하는 나)'이고 그런 나를 초월하는 것이 무아의 진정한 뜻이다.

루스는 또한 일본인의 행동 규범은 수치를 피하는 쪽으로 작용한다면서 정신 경제라는 개념을 원용한다. 그 수치를 피하지 못했을 때, 그것은 일본인에게 트라우마가 된다. 루스는 12장에서 어린아이에게 수치의 트라우마가 만들어지는 과정을 자세하게 살펴본다. 아이가 8~9세가 될 때까지는 거의 무한정의 사랑을 받다가 초등학교에 들어가면 외부의 제재가 시작되고, 부모는 그런 제재에 대하여 아이의 편을 들어주는 것이 아니라, 외부의 편을 들어주면서 아이에게 외부의 제재에 부응하지 못했을 때의 수치심을 일찍 심어준다는 것이다. 이 수치는 트라우마를 느끼는 것을 가리키는데 그런 상황이 벌어진 장면을 가리켜 프라이멀 신이라고 한다. 루스는 일본인의 대표적 트라우마 세 가지를 예로 드는데 8장의 마키노 요시오, 10장의 미스 미시마, 그리고 12장의 스기모토 부인이다. 마키노는 서양인 선교사에게 조롱당한 일을 평생 동안 반복적으로 기억하고 있고, 스기모토 부인은 아버지에게서 질책 당한 일을 평생 동안 잊지 못한다. 이것은 수치(고통의 다른 이름)를 제거하려는 포트-다 게임이고, 미시마의 경우는 자신의 적응 능력이 세 살 무렵에 멈추어 버렸다고 말함으로써, 그것이 정신경제 상 하나의 트라우마로 굳어진 상태를 보여 준다.

프로이트의 포트-다 게임은 『쾌락 원칙을 넘어서』(1920)라는 논문에서 주장된 것으로서, 인간의 마음은 긴장을 완전히 제거할 수 있는 것처럼, 달리 말하면서 마음을 소멸의 상태로까지 축소시킬 수 있는 것처럼 행동한다는 것이다. 이런 주장의 증거로 프로이트는 인간의 반복하려는 충동을 제시한다. 반복의 두 가지 형태는 첫째 트라우마성 신경증 환자의 꿈과, 둘째 아이들의 놀이 원칙이다. 프로이트는 원래 아이들의 반복성 놀이가 그 자체로 쾌락을 추구하는 행위라고 보았으나, 어린아이가 실패에 실을 달아서 노는 놀이인 포트-다 놀이를 관찰하고서 반복이 백퍼센트 쾌락만 있는 게 아님을 발견했다. 포트-다 게임을 하는 어린아이는 실패를 침대 가장자리에 던지면서, 오오(oooh)라고 발음한다. 이 발음은 독일어의 fort(멀리 떠난, 즉 없다)라는 말로 표현될 수 있다. 그러다가 아이는 실패를 다시 자기 가까이 잡아당기면서 기쁨에 찬 모습으로 아아(aa)라고 발음한다. 이 아아는 독일어의 da(여기에 다시 온, 즉 있다)의 뜻이다. 이 아기의 어머니는 바깥에서 일을 해야 하기 때문에 하루 몇 시간씩 자기 아들을 방안에 혼자 둘 수밖에 없었다. 이 18개월의 아기가 그런 놀이를 반복하는 것은 어머니가 사라지고(포트) 나타나는(다) 고통스러운 체험을 참는 포기의 대가이다. 여기서 포트-다는 쾌락의 유무를 가리키는 것이지만, 동시에 고통의 유무를 가리키기도 한다.

프로이트는 이 반복의 현상에서 두 가지 서로 다른 정신적 경향을 발견한다. 하나는 마음속 최초의 인상을 되풀이하여 그것을 숙달하고 거기서 쾌락을 다시 얻어내려는(고통을 제거하려는) 경향이다. 다른 하나는 반복에는 쾌락 원칙을 넘어서는 즉 쾌락 원칙과 불일치하는 경향이 있다는 것이다. 반복이 어느 정도까지는 에너지의 구속 혹은 적응을 위해서 필요한 요소이다. 그러나 이 반복이 지루할 정도로 계속되면 그것은 적응하기 위한 것이라기보다 그 이전의 덜 전화된 정신적 위치(즉 죽음)를 회복하려는 수단이 된다. 여기서 프로이트는 반복하려는 충동이 역사적으로 원시적인 상태 또는 에너지의 완전한 배출(즉 죽음)을 이루는 그 상태로 되돌아가려는 노력도 깃들어 있다고 주장한다. 이것이 프로이트가 말하는 에로스(삶의 본능)에 맞서는 타나토스(죽음의 본능)이다. 이것을 예증하는 구체적 사례로는 이탈리아의 화학자 겸 문필가인 프리모 레비를 들 수 있다. 레비는 제2차 세계대전 당시 아우슈비츠에 끌려가 무수한 죽음과 고통을 보면서 살아남아 고국 이탈리아로 돌아왔다. 그러나 그는 종전 후 마음속에서 이 포트-다 게임을 무수히 반복하다가 결국 1987년 4월 이탈리아의 토리노 자택에서 스스로 목숨을 끊었다. 그는 『이것이 인간인가』, 『주기율표』 등의 문학 작품을 통해 시대의 진상을 알렸고, 스스로도 이야기가 최고의 치료제라며 과거의 고통을 극복하려 했으나 끝내 그 고통에서 벗어나지 못했다.

위에서 말한 세 명의 일본인은 이 반복의 게임을 보여 주는 사례이다. 그리고 『국화와 칼』은 일본인의 포트-다 게임을 다음 네 문장에서 보여 주고 있다.

"그는 이제 진지한 인생의 단계에 들어선 것이다. 그는 어릴 적의 특혜를 점진적으로 거부당하면서 어른의 자기만족을 점점 더 강하게 느끼게 되지만, 유아기의 천국 같은 체험은 결코 그의 기억 속에서 사라지지 않는다. 그의 인생철학은 유아기의 기억에 크게 의존한다. 그는 '인간적 감정'을 용인하면서 유아기의 특혜로 되돌아가는 것이다. 그는 성년기 내내 인생의 '자유로운 영역'에서 자기만족을 추구하면서 그(유아기의) 기억을

다시 체험하는 것이다."(12장)

"일본인의 의식에 깊이 각인되어 있는 이 이원성 때문에, 일본인은 어른이 되어서 과도한 낭만적인 연애에 몰두하다가 180도 방향을 전환하여 가족에게 100퍼센트 굴복해 버린다. 그들은 극단적으로 과도한 의무를 받아들이면서도 동시에 쾌락과 편안함에 몰두한다. 자중의 가르침으로 적극적 행동에 나서기를 꺼리는가 하면 때로는 거의 무모하다싶을 정도로 용감하다. 그들은 위계적 상황에서는 아주 순종적이다가도 상부로부터의 통제를 고분고분 따르지 않는다. 평소 아주 공손한 태도를 취하면서도 마음 한 쪽에 오만한 구석이 있다. 그들은 군대에서 지독한 훈련도 견뎌내지만 반항적인 태도를 보이기도 한다. 그들은 아주 보수적인가 하면 새로운 방식에도 마음이 끌린다."(12장)

"어린 시절의 기억에 좀 더 사로잡힌 사람들은 어른이 되어 그들에게 요구되는 모든 것에서 깊은 불안감을 느끼면서, 이제는 더 이상 통하지 않는 어릴 적의 의존적 심리상태에 더욱 기울어지려 한다. 그들은 자신이 실패를 하면 그것이 권위에 대한 공격이라고 느끼며, 이 때문에 뭔가 도전을 하려고 하면 실패를 미리 걱정하기 때문에 엄청난 혼란과 동요에 빠져들게 된다."(12장)

"때때로 일본인은 엄청나게 공격적인 행동을 하면서 폭발한다. 미국인의 경우처럼 그들의 원칙이나 자유가 도전받아서가 아니라, 남들이 자신을 모욕하거나 비방한다는 것을 발견했기 때문에 그렇게 폭발하는 것이다. 그러면 그들의 위험스러운 자아가 분출하여, 그것이 가능할 경우에는 비방자를 향해 무시무시한 공격을 감행하고, 그것이 안 될 경우에는 자기 자신을 공격하여 내파(內破: 자살)한다."(12장)

그런데 우리의 의문은 이런 수치를 피하려는 정신 경제가 과연 루스가 말한 것처럼 '일본인에게만 과도하게 나타나는가' 하는 것이다. 그것은 다른 나라 사람들 가령 미국인에게도 적용될 수 있는 것이 아닌가? 정신 경제 때문에 일본인이 자살을 하는 것처럼 서양인도 자살을 하는 것이 아 닌가? 이 경우 수치와 죄의식의 구분은 정신경제의 관점에서 보자면, 같 은 마음의 에너지가 개인에 따라 어느 쪽에 더 몰려 있는가에 따라 달라 질 뿐, 반드시 문화의 패턴에 따라 달라진다고 보기는 어려운 것이다.

여기서 구체적 사례를 하나 들어보겠다. 미국 소설가 어니스트 헤밍웨 이는 원래 감수성이 예민하고, 책을 쓰고 싶어 하고, 사려 깊고 부드러운, 여성적인 사람이었다. 그러나 전쟁, 투우, 사냥, 권투 등에 집중하면서 마 초의 상징처럼 전 세계적으로 알려지게 되자, 평생 강인한 남자와 원시적 야성성의 페르소나(가면)를 쓰고 다녔다. 1920년대에 발간된 헤밍웨이의 장편소설이나 단편집의 높은 성취와는 다르게, 1940년대 이후 헤밍웨이 작품들이 성공을 거두지 못하고 계속 후퇴하게 된 것은 이런 페르소나를 그 자신의 본 모습으로 착각했기 때문이다. 이것은 헤밍웨이의 생활 측면 에서도 부작용을 가져왔다. 우선 과도하게 술을 마시게 되었고 그 후유증 으로 신체가 허약해지면서 내면의 갈등을 제대로 다스리지 못하여 심한 우울증과 과도한 피해망상증에 빠졌다. 억압당한 것은 반드시 복수를 하 는데 그것은 정신도 마찬가지이다. 프로이트는 억압된 것의 귀환(return of the repressed)을 말하면서, 그 억압된 것은 결국 표면 위로 떠올라 신경증이 된다고 했다. 헤밍웨이의 경우, 억압된 것은 죄의식이 아니라 수치에 더 가깝다.

마지막으로, '국화와 칼은 일본인의 의식 속에서는 같은 것이 아닌가' 하는 점이다. 루스는 책의 1장 서두에서 일본인의 성격이 '그러나 또한' 으로 수식되는 모순적 특성을 갖고 있다고 말하면서 이 책의 전편에 걸쳐 서 그런 특징을 탐구한다. 그리하여 8장, 9장, 12장 등에서 아름다움과 공 격성을 서로 연결시키는 발언을 계속 한다. "일본의 윤리에서 기리는 두 가지 정반대의 것을 동일한 미덕으로 여긴다. 어떤 가신이 자신의 영주에 대하여 죽을 때까지 충성하는 것도 미덕이고, 그 자신이 영주로부터 모욕을 당했다고 생각하면 태도를 180도 전환하여 그 영주에게 엄청난 적개심을 품는 것도 미덕이다."(8장) 일본의 학자 오가쿠라는 복수를 아침 목욕에 비유하면서 이렇게 말한다. "이렇게 하여(복수를 실행함으로써) 일본인은 만개한 벚꽃처럼 평온하고 아름답게 보이는 깨끗하고 오염되지 않은 생활을 한다."(8장) "그들은 일관되게 선과 악을 명확하게 나누는 인생관을 거부해 왔다. 일본인은 인간이 두 개의 영혼을 갖고 있다고 생각한다. 하지만 그 두 영혼을 선량한 충동 vs 나쁜 충동으로 분류하지 않는다. 두 영혼은 '온순한' 영혼과 '거친' 영혼인데 모든 인간—더 나아가 모든 나라—이 그러하듯이, 인간은 '온순해져야' 할 때가 있는가 하면, '거칠게 나와야' 할 때가 있는 것이다."(9장)

책 제목인 『국화와 칼』은 일견 정반대의 것처럼 보이지만, 루스는 12장에서 국화의 정돈된 꽃잎과 칼의 반짝거리는 빛을 서로 연결시켜 그 두 가지가 일본 정신이라는 같은 뿌리에서 나온 것인 듯한 암시를 하고 있다. 일본인의 모순적 특징들이 그들의 내부에서 불안한 방식으로 동거하면서 때로는 남들에 대한 공격성(이웃 국가에 대한 침략)으로, 때로는 자신에 대한 공격성(자살행위)으로 나타난다고 말한다. 하나는 침략이고, 하나는 자살이니까 겉으로 나타난 것은 정반대지만, 그 뿌리는 공격성인 것이다. 비유적으로 말하자면 눈과 비는 하늘로 올라간 수증기가 서로 다르게 나타나는 자연현상이지만 그 본질은 결국 물인 것이다. 마찬가지로 국화의 정돈된 꽃잎과 칼의 반짝거리는 빛도 겉으로는 서로 다르게 보이지만, 수치를 피하려 애쓰는 일본인의 정신경제가 빚어낸 동일한 현상인 것이다. 실제로 루스는 일본인의 태도가 충성에서 반역으로 180도 방향 전환이 가능하다고 말했고 그것이 일본에서는 미덕으로 여겨진다고 말하기도 했다.

이렇게 논지를 전개해 왔으니 일본 문화에서는 국화가 곧 칼이고, 칼이 곧 국화라고 말해도 무방할 텐데 루스는 그렇게 말하지 않는다. 단지 잘 닦아낸 칼의 반짝거리는 빛을 국화의 정돈된 꽃잎에 대구(對句)처럼 맞세우는 등 비유적으로만 말한다. 다시 말해 국화는 국화고, 칼은 칼이지 실은 그 둘이 같은 것이라고 말하지 않는다. 있는 것과 없는 것을 구분하면서 있으면서 없다고 말하는 것은 모순이라고 가르치는 아리스토텔레스식 사물 분류의 관점에서 본다면 국화가 곧 칼이라는 명제는 받아들이기 어렵다. 그래서 루스는 10장에서 이런 말을 하고 있다. "우리(미국인)는 사람들을 이런 식으로 레이블을 붙이고 그들의 다음 번 행동이 바로 앞전의 행동과 똑같을 것이라고 기대한다. 사람은 관대하거나 인색하거나, 호의적이거나 의심 많거나, 보수적이거나 진보적이지(이거 아니면 저것이지), 관대하면서 동시에 인색할 수는 없다(이것이면서 저것일 수는 없다). 우리는 사람들이 어떤 특정한 정치 이데올로기를 지지하면 반대 이데올로기에 대해서는 맞서 싸울 것으로 기대한다."

그러나 위에서 살펴본 '관찰하는 나'의 관점이나 정신 경제의 관점에서 보자면, A와 B는 겉보기에는 서로 다른 것이나, A가 B가 될 수도 있고 더 나아가 A와 B는 같은 것이라고 볼 수도 있다. 이런 논리의 연장선상에서, 국화와 칼도 일본인의 정신이 만들어낸, 겉만 다른 형상일 뿐 본질은 같은 것이라고 주장할 수 있다. 이렇게 하여 국화와 칼, 정신 경제, 수치 문화를 종합적으로 판단해 보면, 죄의식 문화와 수치 문화는 서로 뚜렷이 구분될 수 있는 것이 아니고 굳이 구분한다면 종류의 차이라기보다는 정도의 차이 정도로 보아야 한다. 실제로 루스 자신도 "일본인들도 때때로 개인의 죄의식이 쌓이는 것에 대하여 퓨리턴 못지않게 반발하고 있다." (10장)라는 말을 하고 있다.

왜 『국화와 칼』을 읽어야 하는가?

일본 정부 관광국(JNTO) 통계에 따르면 2018년 한 해 동안 일본을 방문한 우리나라 사람이 753만 명이었다고 한다. 이처럼 교류가 빈번하지만 일본과 일본인은 부담 없이 말하기가 쉽지 않은 화제이다. 그렇지만 『국화와 칼』을 읽은 이상 이 화제를 피해갈 수가 없게 되었고 조심스럽게 이 책을 읽어야 하는 필요와 관련하여 간단히 언급해 보고자 한다. 먼저 여행, 유학, 취업 등으로 일본에 건너가서 한동안 살다 온 한국인은 대개 다음과 같은 세 단계를 거쳐 가게 된다.

첫째, 일본에 건너가기 전에는 과거 일제의 강점기 생각을 하면서 제국주의자, 침략자, 사무라이, 툭하면 한국을 비난하는 나라 등으로 생각한다.

둘째, 일본에 잠깐 머무르는 사이에 일본인의 친절함, 개인적 배려, 예의바름, 청결함 등에 감동을 받고서 자신이 과거에 일본을 잘못 알았다고 생각하게 된다.

셋째, 그러나 그들과 어느 정도 알게 되어, 국가나 단체 특히 천황에 대해서 한국인 특유의 솔직한 얘기를 꺼내면 갑자기 태도가 돌변하여 공격적으로 나온다. 그래서 일본에 오래 살면 살수록 일본인은 정말 알기 어렵고, 뭐가 뭔지 잘 모르겠다는 반응이 나온다.

이처럼 일본인의 모순적 모습에 당황하게 되면 자연스럽게 그들에 대해 더 알고 싶어 관련 서적이나 참고 책자를 찾게 된다. 그런 때, 일본인이나 한국인이 쓴 일본인론을 읽으면 큰 도움이 되지 않는다. 사건의 당사자들이 상대방에 대해서 말하는 얘기는 결국 감정적으로 흐르기가 쉽기 때문이다. 이어령 선생은 『축소지향의 일본인』(1982)을 출간한 후의 한 인터뷰에서 지금까지 빵과 밥을 비교해 왔는데 이제는 밥과 밥을 비교할 때라면서 일본인과 한국인의 상호 비교가 더 중요하다고 말했다. 하지만 위에서 소쉬르 얘기를 한 것처럼, 차이가 많이 나는 대상과 비교할 때 차이의 본질을 훨씬 더 쉽게 파악할 수 있다. 그래서 여전히 빵과 밥의 비교가 중요한데 거기에 가장 알맞은 책이 바로 『국화와 칼』인 것이다.

나는 이 책의 여러 챕터들 중에서 특히 12장(어린아이는 배운다)을 가장 재미있게 읽었다.

우선 거기에 묘사되어 있는 일본 아이들의 성장 과정은 우리 한국인의 그것과 상당히 비슷하다. 이 장에서 형제들 사이의 노블레스 오블리주라는 말이 나오는데, 옮긴이도 어린 시절에 두 살 아래 여동생과 다툴 때마다 어머니가 "네가 위이니 네가 참아야 한다.", "지는 게 이기는 거야."라고 말씀하시던 것을 지금도 생생하게 기억한다. 그 당시에는 어머니의 말씀이 노블레스 오블리주를 가리키는 것임을 전혀 알지 못하고, 어머니가 여동생 편만 일방적으로 든다는 섭섭한 생각을 했으나 지금은 참으로 맞는 말씀이라고 생각한다. 그 후 나도 두 아들을 키우면서 형제가 싸울 때마다 역시 어머니가 한 말씀을 반복해 왔다.

루스는 12장에서 8~9세가 될 때까지 아이에게 무한한 사랑을 베풀다가 갑자기 따뜻한 봄날이 혹독한 겨울로 바뀌어 심한 추위를 느끼는 것처럼 아이가 거기에서 일종의 정신적 충격을 받고서 그것이 일종의 트라우마가 된다고 진단한다. 루스는 이것을 단절적 훈육(무한한 사랑에서 갑작스러운 단련으로의 방향 전환)으로 진단했다. 그러나 이런 진단은 동양인의 관점에서 다르게 생각해 볼 여지가 있다. 일본이나 한국의 부모는 자녀를 너무 사랑하는 나머지 아이가 아직 어리다고 생각하여 그렇게 되는 측면도 있는 것이다. 옮긴이는 루스의 진단이 위에서 도표로 제시한 문화의 차이에서 나온 것으로 본다. 서양인은 인생을 도전과 모험이라고 생각하지만, 우리 동양인은 인생은 고해라고 여기는 것이다.

그러니 자식에 대해서도 아직 어릴 때 조금 더 사랑을 받으며 자라 인생의 모진 풍파에 견딜 수 있는 힘을 기르라는 뜻으로 그렇게 대하는 것이다. 비유적으로 말하자면, 포도나무는 아직 어리고 약한 포도송이가 있으면 즉시 넓게 퍼지는 잎으로 그늘을 드리워 그것을 보살피며 맹렬한 태양으로부터 구해낸다. 그러다가 포도가 어느 정도 자라서 햇볕을 받아 익어야 하는 때가 오면 그 보호의 잎사귀를 떨어뜨린다. 하나의 구체적인 사례로서, 옮긴이의 고등학교 동창 중 동기들보다 한 살 많은 친구 얘기를 해보고 싶다. 그 친구의 고향 집은 낙동강변의 어떤 마을에 있었는데 초등학교는 집에서 강을 건너야 하는 곳에 있었다. 그래서 친구의 부모님은 어린 것이 나룻배로 강을 건너면서 학교를 다니는 것이 너무 안 되어서 1년을 묵혔다가 초등학교에 넣었다는 것이다. 루스가 말하는 도전과 모험을 좋아하는 미국인이라면 아마도 8세가 아니라 7세, 6세에도 취학하는 것을 더 자랑스럽게 여겼을지 모른다.

루스는 또한 일본인의 공격적 태도에 대하여 그들 뒤에서 움직이고 있는 아름다움의 감각을 지적한다. 위에서 말한 칼의 생생하게 '반짝거리는 빛(shining brilliance)'이 그것이다. 동시에 일본인이 아주 친절하게 대할 때 그 뒤에서 움직이는 심리적 에너지의 뿌리인 공격성을 살펴본다. 루스는 그 모순을 설명하기 위하여 많은 사례를 들었다. 악마는 디테일에 있다는 말도 있지만 설득하는 힘도 디테일에 있는 것이다. 그렇지만 루스는 결국에는 일본인이 이성 쪽으로 옮겨갈 것이라고 예상했다. 실제로 종전 후의 국제 관계에서 일본은 미국을 든든한 동맹국으로 삼아 그런 쪽으로 이행해 갔고 경제대국으로 거듭 났다.

그러나 아무리 오랜 세월이 흘러가도 일본인은 일본어를 사용하고, 일본이라는 땅에서 사는 이상, 그들의 근본적인 생의 무드는 어느 정도 남아 있다고 보아야 한다. 루스 베네딕트가 말하는 "문화의 패턴"이라는 것도 결국 이 근본적 생의 무드를 지적한 것에 지나지 않는다. 『국화와 칼』

에서 구체적 사례들과 함께 잘 설명되어 있는 온가에시(보은), 기리(의리), 기무(의무), 마코토(진실한 마음), 닌조(인정) 등의 단어가 일본인에게 미친 영향은 이루 말할 수 없이 깊고 넓은 것이다. 가령 기리와 닌조의 갈등을 보여 주는 구체적 것으로 이런 사무라이의 이야기가 있다. 그 사무라이는 갑이라는 영주를 위해 일하지만(기리) 을이라는 영주의 아들을 비밀리에 구해야만 한다(닌조). 갑의 복수에 대한 욕구를 만족시키고 동시에 을의 혈통을 구하기 위해 사무라이는 교묘하게 다른 아이의 머리로 바꿔치기 해서 갑에게 바친다. 그것은 바로 자신의 외아들의 머리였다. 여기에 더하여 일본인의 문화를 설명하는 아와레(슬픔), 와비(나른함), 사비(절제와 단순함), 유겐(신비, 우아, 매혹, 슬픔), 아마에(어리광) 같은 심리적 단어들도 있다. 지리적으로 볼 때, 일본에서 자주 발생하는 지진은 그들에게 엄청난 심리적 영향을 미쳤다. 언제 죽을지 모르는 심리 상태는 인생의 즐거움에 더욱 집착하게 되어 아름다움과 공격성이라는 대조적 쌍둥이를 만들어내는 계기가 되었다.

이런 배경을 염두에 두고서 『국화와 칼』을 읽어 나가면 우리는 미국인과 일본인을 비교하다가 어느덧 미국인과 한국인을 비교하는 우리 자신을 발견하게 된다. 요즘에는 한국 학생들이 미국 유학도 많이 떠나고, 또 한국의 상사 주재원들도 미국에 많이 나가 있다. 역설적일지 모르겠으나 일본인을 바라보는 미국인의 시각을 통하여, 우리 자신을 돌아다보는 계기가 되는 것이다. 이렇게 되어 우리는 『국화와 칼』을 읽는 동안에 먼 길을 빙 돌아서, 일본인을 잘 아는 것은 결국 우리 한국인을 잘 아는 것과 통하는 것임을 알게 된다. 일본인과 우리를 비교해 보면 먼저 인생이 고해라고 생각하는 인생관에서는 서로 유사하다. 그러나 인생의 목표에 있어서는 의무의 완성이라기보다 행복의 추구라고 생각하는 편에 더 가깝다. 그리고 은혜의 되갚기라는 측면에서 우리는 미국인에게 더 가깝지 않나 생각한다. 일본처럼 충성과 배반이 하나의 선 위에서 공존하는 그런 경향은 보이지 않기 때문이다. 우리 한국인은 조선시대의 할아버지들이 반드시 읽었다고 하는 책『소학』의 가르침에서 큰 영향을 받았다고 생각한다. 『소학』의 제5편 75조에는 이런 말이 나온다.

"은혜와 원수를 분명히 한다(恩讐分明)는 네 글자는 도(道)가 있는 자의 말이 아니요, 좋은 사람이 없다(無好人)는 세 글자는 덕(德)이 있는 자의 말이 아니다. 후생은 마땅히 경계하라."

그리고 이어지는 집해(集解)에서는 이런 설명이 나온다.

"공자가 말씀하시기를 '덕으로써 덕을 갚고, 곧음으로써 원한을 갚는다' 하셨으니, 만약 원한이 있음에 반드시 보복할 것을 생각한다면, 어찌 도가 있는 자이겠는가?" 맹자가 말씀하시기를 "사람의 본성이 모두 선하니 사람마다 모두 요임금이나 순임금 같은 어질고 착한 군자가 될 수 있다." 하셨으니 만일 자신이 몸담고 사는 세상을 지저분하고 경박한 세상이라고 여겨서 좋은 사람이 없다고 한다면 어찌 덕이 있는 자이겠는가?"

우리 한국인도 일본인처럼 은혜를 갚아야 한다는 것은 알지만, 원수에 대해서는 일본인처럼 반드시 보복하는 것을 기리(義理)로 여기는 것이 아니라 오히려 용서하는 마음이 더 강하다. 30여 년 전에 "민나 도로보데스(みんな泥棒です: 모두가 도둑이다)"라는 일본어 표현이 텔레비전 드라마에서 나와 세간에 유행했는데, 우리 한국인은 이 세상에는 여전히 도둑보다는 좋은 사람이 더 많이 살고 있다고 생각한다. 또한 은근과 끈기를 민족의 특징으로 삼고 있는 한국인은 미국이나 일본에 비해서 공격성은 현저히 떨어진다. 이처럼 생각나는 대로 한국인 칸에 들어갈 만한 사항 몇 가지를 말해 보았는데, 이 책을 읽는 독자는 위에서 제시한 미국 문화와 일본 문화의 대조표 중 일본인 칸 옆에다 한국인 칸을 하나 마음속으로 마련하고서 거기다 ○×표를 치면서 한 번 체크해 보기를 권한다.

『국화와 칼』을 읽고 있으면 미국 소설 『모비 딕』을 떠올리게 된다. 에이허브 선장은 하얀 고래 모비 딕에게 다리 한쪽을 물어뜯긴 후 복수의 일념으로 가득하다. 하얀 고래의 하얀 색깔은 바다 위를 유유하게 떠가는 평온과 선량함의 상징인가 하면 공포와 사악함의 상징이기도 하다. 모비 딕을 반드시 죽여 복수하려는 에이허브는 그 복수심 때문에 결국 모비 딕과 함께 바닷속으로 가라앉아 공멸하고 만다. 이러한 항해의 전말을 서술하는 이슈메일은 고래의 뱃속에 들어갔으나 살아나온 요나의 분신답게, 에이허브가 사랑과 관용을 베풀어서 '너도 살고 나도 살자고 했더라면 얼마나 좋았을까' 하고 끝판에 가서 아쉬워한다. 위에서 국화와 칼은 같은 마음의 뿌리에서 나온, 같은 사물의 두 현상이라고 했는데 비유적으로 말하자면 모비 딕의 하얀 색깔 같은 것이다. 그러므로 우리는 일본인을 대할 때 그들의 아름다운(친절한) 태도를 만나면 그 뒤에 어른거리는 공격성을 잊지 말아야 하고, 반대로 그들의 공격적인 태도에 접하면 그 뒤에 은밀하게 작동하는 아름다운 태도를 기억할 수 있어야 한다.

루스 베네딕트 연보

1887년　**출생**　6월 5일 뉴욕 주에서 출생. 태어난 직후에 열병을 앓아 한쪽 귀의
청력을 잃었으나 실제로 그것을 깨닫게 된 것은 5~6세 때였음.
이 때문에 상대방의 말을 잘 알아듣지 못해 말이 어눌하게 나왔
고 때로는 말을 더듬기까지 했음.

1888년　**1세**　외과의사인 아버지 프레더릭 풀턴이 환자 수술을 하다가 주삿바
늘로부터 세균 감염이 되어 병에 걸림. 루스의 부모는 어머니 베
아트리스 풀턴의 친정인 섀터 농장(뉴욕 주 노리치)으로 내려감.
12월, 여동생 마저리가 태어남. 18개월 아래인 이 예쁘고 쾌활하
고 적응력 높은 여동생 때문에 우울하고 신경질적인 루스는 유
년 시절에 불리한 비교의 대상이 되어 많은 어려움을 겪음.

1889년　**2세**　3월 26일 촉망받는 의사였던 아버지 프레더릭 풀턴이 병으로 사
망. 이때 루스는 생후 21개월이었는데, 아버지의 죽음이 자신에
게 큰 트라우마가 되었다고, 훗날(48세 무렵) 루스 자신이 작성한
"내 어린 시절의 이야기"에서 밝힘. 이 글은 같은 인류학자인 마
거릿 미드가 개인 생활사 연구 차원에서 루스 베네딕트에게 의
뢰하여 비공식적으로 작성된 것임. 이 글에서 루스는 자신은 어
린 시절 두 세계에서 살았는데, 하나는 아버지로 대표되는 죽음
의 세계이고, 다른 하나는 어머니로 대표되는 혼란과 슬픔의 세

계라고 말함. 특히 어머니가 아버지의 얼굴을 기억하라고 어린 루스를 죽은 아버지의 얼굴에 들이대며 강요한 것이 자신에게는 커다란 트라우마로 남게 되었다고 밝힘.

1894년   7세   어머니 베아트리스가 미주리 주 세인트조지프 고등학교의 교사로 임명되어 그곳으로 두 자매가 어머니와 함께 내려감. "내 어린 시절의 이야기"를 보면 어머니는 온순한 마저리를 좋아하고, 신경질적인데다 갑작스럽게 발작 비슷한 증상을 보이는 루스에게 많은 부담을 느낀 듯함. 특히 어머니는 루스가 어린 마저리를 때려서 부상을 입히지 않을까 많이 걱정했음. 이 때문에 루스와 어머니의 사이는 별로 좋지 않았으며, 루스 자신도 "내 어린 시절의 이야기"에서 자신은 어머니를 싫어했다면서 그럴수록 돌아가신 아버지에 대한 그리움이 커졌다고 밝힘.

1896년   9세   어머니가 미네소타 주 오와토나의 교사로 전근을 감. 유럽인 이민자들이 4분의 1이나 되는 동네에 정착함.

1898년   11세   가을에 루스 가족은 뉴욕 주 버팔로로 이사를 감. 이곳으로 이사한 후, 루스가 유소년 시대 이래에 자주 보였던 신경질적 발작이 최후로 있었음. 이때부터 루스는 우울증의 경향을 보였음. 어머니 베아트리스는 학교 교사보다 수입이 안정적이고 장기 근무할 수 있는 버팔로 공립도서관의 사서로 전직함. 이 해 4월에 미국·스페인 전쟁이 벌어짐.

1902~04년   15~17세   이모 매미 섀턱의 주선으로, 루스는 세인트 마거릿 여학교에 여동생 마저리와 함께 입학, 3년 내내 장학금을 받음. 루스는 이 학교를 평균 99점으로 졸업했고, 여동생 마저리는 평균 98.7점으로 졸업함. 세인트 마거릿 여학교의 교장은 그 학교에 1년에 한 명씩 배서 대학에 진학하는 여학생 한 명에게 4년 전액 장학금을 지원하는 후원자가 있다고 루스의 어머니에게 알려옴. 그 후원자의 작고한 남편은 배서 대학의 발전에 특별한 관심을 보였고, 재능 있는 여학생을 그 대학에 보내는 것이 생전의 소원이었다고

함. 그러나 교장은 루스와 마저리 중 누구를 골라야 할지 망설였는데 후원자가 두 명 모두에게 장학금을 주는 데 동의함. 루스 자매는 그 후 여러 해 동안 그 후원자가 누구인지 알지 못했음. 후원자는 F. F. 톰슨 부인이었는데 비서를 시켜서 루스의 어머니에게 이런 편지를 보내 옴. "톰슨 부인은 당신의 두 딸, 루스와 마저리 풀턴을 1905년 9월의 배서 대학 장학금 수령자 명단에 올리게 되어 기쁘게 생각합니다."

| 1905년 | 18세 | 어머니 베아트리스의 모교인 배서 여자대학 영문과에 입학. 루스는 미국에서 여자가 대학에 들어가는 것이 허용된 세 번째 세대였음. 배서 대학의 교수들은 대부분은 1~2세대 대졸자 미혼여성이었는데, 루스는 이들로부터 여권운동에 대한 가르침을 받음. 니체의 저서인 『차라투스트라는 이렇게 말했다』, 『비극의 탄생』 등을 읽음. 특히 후자의 책은 루스에게 큰 영향을 미쳤음. 이 책으로부터 아폴로 개념과 디오니소스 개념을 배워서 후일 페프로 인디언과 평원 인디언의 비교 연구에 응용함. |

| 1909년 | 22세 | 봄에 배서 대학을 졸업함. 가을부터 장학금을 얻어서 1년간 유럽 여행에 나서서 프랑스, 이탈리아, 독일, 영국에서 각각 몇 개월씩 보냈음. |

| 1910년 | 23세 | 뉴욕 주 버팔로의 자선사업협회(CSO)에서 근무함. |

| 1911년 | 24세 | 여동생 마저리와 남편 로버트 프리맨 부부가 캘리포니아 파사데나로 이사 옴. 프리맨은 파사데나 장로교 교회의 목사로 임명받았음. 마저리는 이때 이미 아들을 하나 두었고, 또 임신을 하고 있어서 곧 두 번째 아이를 낳을 예정이었음. 자매의 어머니 베아트리스 풀턴은 버팔로 공립 도서관에서 은퇴하여 마저리 네 집으로 들어와 육아를 거들게 됨.
루스는 이 당시 캘리포니아 주의 로스앤젤레스와 파사데나 등의 고등학교에서 1914년까지 영어 교사로 근무함. 이때 미국 서부의 한국인, 일본인, 중국인에 대해서 관심을 갖게 되었다고 루 |

스는 일기에 적음. 또 이 당시 일기에다 미국 사회의 여성 차별에 대하여 불만을 토로함. 이때부터 자신의 정체성과 인생의 의미를 묻는 고뇌가 더욱 심해짐.

1913년   26세   8월에 대학 동창생의 오빠인 생화학자 스탠리 R. 베네딕트와 교제함.

1914년   27세   6월 스탠리 베네딕트와 결혼. 뉴욕 주의 더글러스 매너에 정착함. 이때부터 여러 해 동안 추리소설과 여성운동 활동가의 전기를 습작했으나 출판에 이르지는 못함. 아이를 낳기를 원했으나 위험한 수술을 하지 않으면 임신이 불가능하다는 얘기를 들음. 남편이 그 수술을 거부하면서 출산을 포기하게 됨. 자녀에 대한 희망이 사라지자 여성의 정체성과 자아 회복에 대하여 특별히 관심이 높아짐.

1917년   30세   이 무렵 교육과 사회 활동 분야에서 여성이 남성과 완전 평등한 지위를 누려야 한다고 주장한 여성운동가 메리 울스턴크래프트의 전기를 작성하여 호튼 미플린 출판사에 원고를 보냈으나 출판이 거부됨. 이 글은 루스 사후인 1959년 마거릿 미드가 편집한 책 『작업 중인 인류학자: 루스 베네딕트』에 실림. 이 전기의 내용은 다음과 같음.
메리 울스턴크래프트(1759~97)는 불우한 가정의 장녀로 태어나 아버지의 술주정과 폭력을 견디면서 컸는데 손아래 두 여동생과 남동생을 뒷바라지 하는 등 오로지 의무와 자비만이 여성의 의무인 줄 알고 컸으나 20대가 되면서 여성도 남성과 동등한 권리가 있다고 자각하게 되었다. 그녀는 무엇보다도 인간의 이성을 존중했다. 프랑스에서 대혁명이 터지자 혁명의 원동력인 인간의 이성을 현장에서 직접 파악하고 싶다며 파리에 건너가 혁명의 역사를 집필하던 중 길버트 임레이라는 미국인을 만나 패니라는 딸을 하나 낳게 된다. 그녀는 순수한 마음으로 임레이를 사랑했으나 그 남자는 바람둥이여서 곧 메리를 버렸다. 그 후 메리는 딸 패니를 데리고 런던으로 돌아와 철학자 윌리엄 고드윈(1756~1836)의 그룹에 들어가 문학 활동을 하다가 고드윈과 결혼하고, 두 번째 딸 메리(훗날 의붓어머니의 학대로 괴로워하다가 17세에 시인 셸리와 가출하여 그의 부인이 된 다음 『프랑켄슈타인』이라는 소설을 쓴 여류 작가)를 낳은 후 두 달 만에 출산 후유증으로 사망했다. 그러나 메리 울스턴크래프트는 여성의 인권을 주장하고 그것을 실천하면서 인생의 목적을 성취한 여자로 높이 평가된다.

이 글을 쓸 당시 루스 베네딕트는 남편과는 사이가 벌어졌고 인생의 목적을 알지 못해 방황했는데 온갖 어려움에도 불구하고 인생의 의미를 찾아내고 만족한 상태로 죽은 메리 울스턴크래프트에게서 자신의 롤 모델을 본 듯함.

1919년 32세   루스, 자신의 인생을 다시 개척하기 위하여, 사회연구를 위한 뉴 스쿨에 입학하여 2년간 인류학 강의를 들음.

1921년 34세   봄에 컬럼비아 대학의 대학원 인류학과 박사과정에 입학. 프란츠 보아스의 제자가 됨. 대학 시절부터 제2외국어로 꾸준히 독일어를 공부한 것이 독일계인 보아스 밑에서 공부하는 데 도움을 줌. 그러나 한쪽 귀가 들리지 않아 처음에는 보아스의 독일어 억양이 섞인 영어를 잘 알아듣지 못해 어려움을 겪었음. 곧 뛰어난 학문적 재능을 인정받아 보아스의 제자 집단에 들어감. 9월에 박사과정을 수료하고 「북아메리카의 수호신 개념」을 박사 학위 논문으로 제출함.

1922년 35세   에드워드 사피어로부터 박사 학위 논문을 크게 칭찬하는 편지를 받음. 이후 3년간 사피어와 서로 각자가 쓴 시를 주고받는 문학 동지가 됨. 가을부터 버나드 대학에서 보아스의 조수로 교단에 섬. 이 무렵 버나드 대학의 학부생인 마거릿 미드를 만났고 두 사람은 평생 문화인류학 연구를 공유하는 친밀한 동료가 됨. 가을에 세라노족 현지 조사를 나감. 이후 평원 인디언들에 대한 현지답사를 1926년까지 계속함.

1923년 36세   컬럼비아 대학에서 박사학위 취득. 이후 1931년까지 이 대학 인류학과의 비상근 강사가 됨.

| 1924년 | 37세 | 주니족의 현지답사를 함. |

1925년 38세 앤 싱글턴이라는 필명으로 쓴 씨가 처음으로 『뉴 포에트리』 지에 게재됨. 이후 여러 해 동안 여러 잡지에 시를 발표. 이해부터 1939년까지 『아메리카 민속학 잡지』의 편집장으로 근무함.

1926년 39세 버나드 대학에서 1927년까지 인류학을 강의. 9월 로마에서 개최된 아메리카학 국제회의에 참석.

1927년 40세 아메리카 민속학회 회장으로 1년간 근무함.

1928년 41세 뉴욕에서 9월에 개최된 아메리카학 국제대회에서 「남서부 여러 문화의 심리학적 유형들」이라는 보고서를 제출. 이것은 아메리카 인디언 문화의 유형화를 시도한 논문임. 그 동안 써 온 시들을 시집으로 묶어내려고 출판사를 접촉했으나 상업성이 떨어진다는 이유로 거절당함. 이후 시 쓰기를 포기함.

1930년 43세 남편 스탠리 베네딕트 사망. 생화학자였던 남편은 제1차 세계대전 중에 전쟁 지원 노력의 일환으로 실험실에서 독가스 실험을 자주 했는데 이때 일부 중독이 되어 건강을 해쳤고 그 후유증으로 46세라는 젊은 나이에 사망함.

1931년 44세 보아스의 주선으로 컬럼비아 대학의 조교수로 채용되어 처음으로 경제적 안정을 얻음. 연간 기본급은 3,600달러였음. 학생들을 인솔하여 메스칼레로 아파치족에 대한 현지답사를 함. 『코치디 인디언의 이야기』를 발간.

1932년 45세 여름에 1920년대의 연구를 집대성한 책 『문화의 패턴』 집필에 착수.

1934년	47세	뉴욕 과학 아카데미의 회원이 됨. 10월에 『문화의 패턴』을 발간하여 언론으로부터 호평을 받음.
1935년	48세	『주니족 신화』를 발간. 미국으로 이주해 온 정신분석학자 카렌 호나이와 학문적으로 교류함. 자신의 성 정체성 때문에 정신분석에 관심을 기울였고 성적 경향을 정상과 비정상으로 나누는 기존의 구별에 대하여 심한 거부감과 의문을 품게 되었음.
1936년	49세	보아스의 영향 아래, 인종 차별주의와 반유대주의에 맞서 싸우는 진보교육협회(PEA)의 회원이 됨. 이후 반나치 운동에 적극 가담함. 6월에 남편 스탠리가 사망하면서 남긴 신탁 자금을 상속하여 제자들의 현지답사 작업을 재정적으로 지원함.
1937년	50세	부교수로 승진. 카렌 호나이가 『우리 시대의 신경증적 성격』을 발간함. 루스는 『비정상 심리와 사회 심리의 저널』에 호나이 책의 서평을 썼는데 저자로부터 "내 책의 핵심 포인트를 당신처럼 정확하게 끄집어낸 평론가는 없었다."고 칭찬하는 편지를 받음. 심리학, 정신분석, 문화 인류학을 서로 연결시켜서 문화의 여러 가지 패턴을 구상하는 것이 루스의 주된 관심사가 됨. 정신분석에 깊은 관심을 갖게 되면서, 동성애가 과연 정상/비정상으로 구분될 수 있는 성적 취향인가 하는, 더욱 깊은 의문을 갖게 됨.
1938년	51세	나탈리 레이먼드와 함께 과테말라 여행.
1939년	52세	몬태나 주와 캐나다 앨버타 주에서 블랙풋족에 대상으로 현지 조사 작업을 지도. 여름에 1년간 연구 휴가를 받아서 캘리포니아 주 파사데나에서 『민족: 그 과학과 정치』의 집필에 전념. 9월에 독일이 폴란드를 침공하면서 제2차 세계대전이 발발함.
1940년	53세	『민족: 그 과학과 정치』 발간. 가을에 컬럼비아 대학으로 돌아옴.
1941년	54세	봄에, 브린 모어 대학에서 애나 쇼 기념 강연을 하면서 시너지(상

승작용) 이론을 발표. 이 강의는 사회의 여러 제도들이 서로 협력하여 조화롭고 정력적인 효과를 내는 과정을 분석한 것인데, 고도의 상승작용이 벌어지는 문화에서는 개인과 사회의 이익이 서로 합치할 때 사회 전체의 결합이 강력해진다는 내용임.

1943년　**56세**　여름에 전쟁공보청 산하의 해외정보부 기초분석과의 주임으로서 워싱턴으로 감. 루마니아, 태국, 독일, 핀란드, 덴마크, 노르웨이, 네덜란드, 프랑스, 폴란드 등의 민족성에 대하여 연구하여 그 보고서를 작성.

1944년　**57세**　6월 해외정보부 기초분석과에 그대로 적을 둔 채로 같은 부서의 외국전의(外國戰意) 조사과에서 일본 연구에 착수. 당시 미국 내 여러 군데에 퍼져 있던 일본인 임시수용소에 들어와 있던 일본계 미국인들과, 일본군 포로 심문서, 일본의 출판물, 소설, 영화 등을 이용하여 일본을 분석.

1945년　**58세**　여름에 독일 현지 조사를 해달라는 요청을 군 당국으로부터 받았으나 신체검사를 통과하지 못해 불발로 끝남.

1946년　**59세**　11월, 『국화와 칼』을 발간. 컬럼비아 대학에 복직. 12월 아메리카 인류학 학회의 회장으로 취임. 대학 사회에서 루스 베네딕트는 제자 논문 심사와 관련하여 "현명한 할머니"와 "마녀"라는 두 가지 별명으로 불림. 그녀를 존중하고 따르는 학생들은 전자의 이름으로 불렀으나 그렇지 않은 학생들은 후자의 이름으로 부름. 특히 리처드 체이스(Richard Chase, 1914~62)는 컬럼비아 대학에서 영문학 박사학위를 받고 모교의 교수가 되어 『미국 소설과 전통』(1957)을 써내는 등 미국 문학 연구자로 높은 명성을 얻은 사람인데, 신화를 다룬 체이스의 박사 논문 심사위원회에 루스 베네딕트가 심사위원으로 올랐으나, 루스가 체이스의 신화를 다룬 방식이 마음에 들지 않는다며, 체이스에게 자신을 위원회명단에서 빼달라고 하여 제외되었음. 루스는 사람들을 상대로 할 때에는 아주 예의바른 사람이었으나, 논문 심사에서는 자기의 철학과 다르면 용납하지 못했음. 『주니족 신화』 등 평생에 걸쳐서 신화를 연구해 온 루스는 신화를 인간 이해의 진지한 주제로 여겼기에 그것을 문학 분석의 한 방법으로 본 체이스의 태도가 불성실하다고 여긴 것임.

1947년	60세	4월에 미 해군의 조사국의 지원으로, 문화상대주의의 입장에 입각하여 여러 나라의 국민성을 분석하는 대형 프로젝트 '컬럼비아 대학 현대문화연구'를 발족시킴.
1948년	61세	7월에 정교수로 승진함. 여름에 체코슬로바키아에서 개최된 유네스코 주최의 세미나에 출석. 루스는 이 무렵 자신이 곧 죽으리라는 것을 알았으며 죽음을 두려워하지 않았다고 함. 귀국 닷새 후인 9월 17일 관상동맥 혈전증(심장마비)으로 사망. 사망 후에 여동생 마저리는 언니에 대해서 이렇게 말함. "언니의 우울증 악마(blue devils)가 이 무렵에는 완전 사라져서 정말로 삶을 사랑하는 태도를 보였다. 죽음을 동경하고 사모하던 언니의 예전 태도는 새로 발견된 삶에 대한 사랑과 합쳐졌다. 언니는 아주 평온했다." 마거릿 미드는 "사망 며칠 전 지인으로부터 몸 상태가 어떠냐는 질문에 그녀는 평온하게 웃으며 내 친구들이 다 알아서 해줄 거예요."라 말했다고 증언했다.

* 루스 베네딕트 연보와 옮긴이의 말 중 "저자의 생애"는 마거릿 M. 캐프리(Margaret M. Caffrey) 교수가 집필한 루스 베네딕트 전기 『루스 베네딕트: 이 땅의 이방인(*Ruth Benedict: Stranger in This Land*)』(1989)에 의거하여 작성되었음.-옮긴이